일본인의 한국인식

일본인의 한국인식

장세균

| 머리말 |

이 책은 학술을 목적으로 쓴 책이 아니다. 정확한 기억은 없지만 필자는 어느 책에선가 일본인은 한국인을 제3국인으로 본다는 글을 접하고 적지 않은 충격을 받은 적이 있었다. 제3국인이란 무슨 뜻인가? 한국인은 일본인들에게 외국인도 아니고 그렇다고 본국인도 아닌 단지 일본의 속국인, 더 정확히 표현한다면 식민지인이라는 뜻일 것이다. 제2차 세계대전이 종지부를 찍고 1945년 8월 15일, 엄연한 독립국이 된 대한민국을 그들은 아직도 식민지인으로 인식했다는 것이다.

지금의 일본 젊은 세대들은 한국에 대한 강한 멸시의식 내지는 우월의식은 없겠지만 노년의 일본인들이 갖은 한국인에 대한 우월의식 내지 멸시의식은 그 뿌리가 그들의 왜곡된 역사 지식에 근거하고 있다.

소위 한국에 대한 우월의식의 발원지는 임나일본부任那日本府라는 존재이다. 그들의 주장에 의하면 임나일본부는 지금으로부터 1500년 전 서기 4세기 중엽쯤 일본 열도의 왜가 한반도 남쪽으로 진출해서 가야와 그 주변을 정복한 후 임나일본부라는 통치 기구를 만들어 한반도 남부를 약 3백 년간 지배했다는 것이다.

사실과 다른 이런 왜곡된 정복 사관은 세월이 흐른 후 결국은 에도江戸시대 말기에 접어들어 한반도를 다시 정복해야 한다는 정한론征韓論을 낳게 한 배경이 되기도 했다.

 메이지明治시대가 되자 서구 열강들의 식민지 쟁탈전에 뒤늦게 뛰어든 일본 명치 정부의 꾸준한 공작으로 1910년 한·일 합방으로 우리 한반도가 그들의 통치 아래 놓이게 된 것은 우리가 잘 아는 저간의 뼈아픈 우리 근대사이다.

 일본 지식인들 중에는 간혹 한국을 긍정적으로 또는 우월적 문화 민족으로 인식해 주는 사람도 가끔 있었지만 대부분의 지식인과 정치인들은 잘못된 역사 왜곡에서 비롯된 정복 사관에 중독되어 한국인을 멸시하는 부정적 의식이 일반적이었다고 볼 수 있다.

 이 책은 부족한 대로 일본 시대별로 구분하여 그 시대 당시의 일본 지식인, 정치인들의 한국관을 소개하려고 한다. 다만 심한 자료 부족으로 체계성과 정밀성이 완벽치 못함을 인정하지 않을 수 없다.

 하우봉님의 저서로부터 많은 도움을 받았음을 밝힌다.

2024년 가을
편저자 정세균

contents

chapter 01

제1장 한국 고대사 왜곡의 진원지震源地   10
제2장 일본 가마쿠라鎌倉 (1185-1333) 시대 이전의 한국인식   23
제3장 일본 가마쿠라鎌倉 (1185-1333) 시대의 한국인식   26
제4장 일본 무로마치室町 (1336-1573) 시대의 한국인식   29
제5장 조선 전기前期의 조선 지식인들의 일본관   33

chapter 02

제1장 일본 도요토미 히데요시豊臣秀吉 정권의 조선 인식   46
제2장 도요토미 히데요시 시대 조선 지식인의 일본관   59
제3장 일본 에도江戶 시대의 한국관   65
제4장 일본 에도 시대 정한론征韓論   93
제5장 일본 에도江戶 시대 일본 서민들이 본 한국   98
제6장 일본 에도江戶 막부幕府 시대 조선 지식인의 일본관   103

chapter 03

제1장 메이지明治 시대 일본 지식인과 정치인의 한국관　　114
제2장 메이지明治 시대 한국과 관련된 정론政論들　　241
제3장 일본 메이지 시대 조선 지식인들의 일본관　　258
제4장 일본 다이쇼大正 그리고 쇼와昭和 시대 일본 정치인 또는
　　　지식인들의 한국관　　274

chapter 04

제1장 조선 총독부가 바라본 3·1운동　　348
제2장 조선 총독부가 바라본 한국관　　353
제3장 조선에 거주했던 일본인이 본 한국관　　358
제4장 일제 강점기 조선 지식인들의 일본관　　372
제5장 1945년 일본 패망 후 일본 좌익 잡지 세카이世界에서 보여
　　　지는 한국관　　382

chapter 05

제1장 일본인의 혐한론嫌韓論　　　　　　　　　　　　410
제2장 해방 후 한국 지식인의 일본관　　　　　　　　　416
제3장 일본의 한국에 대한 혐한론嫌韓論의 새로운 등장　421
제4장 일본 보수의 역사 보수 본류와 비주류　　　　　431
제5장 일본 전 수상 아베 신조의 한국관　　　　　　　438

부록

주석　　　　　　　　　　　　　　　　　　　　　　　448
참고문헌　　　　　　　　　　　　　　　　　　　　　461

chapter 01

제1장

한국 고대사 왜곡의 진원지震源地

1. 고사기古事記

어느 나라든지 그 나라의 역사를 기술한 역사서가 있기 마련이다.

우리에게도 우리 고대사를 밝혀주는 삼국사기, 삼국유사, 제왕운기와 같은 역사서들이 있다. 우리가 잘 아는 삼국사기는 고려 인종의 명에 따라 김부식이 주도하여 서기 1145년 경에 고구려 백제 신라의 역사를 기록한 역사서이며 삼국유사는 고려의 승려인 일연一然이 고려 충렬왕 7년, 1281년에 삼국시대의 역사를 기록한 역사서이다. 『제왕운기帝王韻紀』는 고려때 학자인 이승휴李承休가 1287년 충렬왕 13년에 한국과 중국의 역사를 시詩의 형식으로 쓴 역사서이다.

일본에 있어서는 일본 최초의 역사서는 고사기古史記라고 할 수 있는데 갱메이元明(707-715) 천황의 명을 받아 **오노 야스마로**가 지은 역사책으로 712년에 완성되었던 것으로서 일본에서 가장 오래된 신화와 전설을 기록한 역사서로 알려져 있다. 일본인들이 한국보다도 약 400년 먼저 쓰여진 역사서라고 자랑하고 있는데 이 역사서가 만들어 질때는 그 당시의 일본의 정치적 상황과 관련된 것으로써 당시 일본의 천황은 강력한 중앙 집권화 정책을 추구했고 **임신의 난** 이래로 천황의 정통성을 확립해야 할 필요성이 있었다. 고사기의 원본은 현재 현존하지 않고 필사본 형태로 몇 가지 사본이 존재하고 있다.

그 내용은 일본에서 신대神代라 불리는 신화 창조로부터 시작해 스이코推古천황시대에 이르는 여러 가지 사건과 함께 고대 일본의 수많은 노래들을 수록하고 있다. 책 제목인『고사기古史紀』는 원래는 단순히 **오래된 책**이라는 뜻의 보통 명사이었을 뿐 정식 이름은 아니었는데 그 제목을 **야스마로**가 붙였는지는 모르겠으나 **고사기**는 상 중 하 세 권으로 나뉘는데 천황가의 계보와 신화 전설 등을 중심으로 구성되었으며 상권上圈은 신들의 이야기에 관한 것이고 중권中圈은 각 대代의 천황까지 하권下圈은 16대부터 33대 천황까지의 내용으로 되어있다.

2.『일본서기日本書記』

일본서기는 일본에 존재하는 가장 오래된 편년체로 기록된 정사正史로 알려져 있으며 총 30권이다. 고사기古史紀까지 포함하면 현존하는 역사서로는 두 번째로 오래된 역사서라고 할 수도 있다. 이 역사서 역시도 일본인들이 한국보다도 약 400년 먼저 쓴 역사서라고 자랑하고 있다. 일본의 신화 시대부터 제41대 지토우持統천황의 시대까지를 취급하고 있으며 왕실을 중심으로 한 순純 한문의 편년체로 구성되어 있다 편년체란 역사를 연대 순으로 기록하는 체재로서 기전체와는 다르다. 기전체란 개인들의 역사를 모아서 한시대의 역사를 구성하는 체제이다. 편년체인 일본서기는 그 편찬 자료로는 제기帝紀, 구사舊辭, 제기諸家에서 내려오는 전승기록傳承記錄, 정부의 공식기록 개인의 수기手紀, 사찰寺刹의 내력을 적은 사원寺院등 그리고 백제의 역사를 기록한『백제기』,『백제본기』,『백제신찬』등의 한국측의 자료와 중국측의 역사 자료인『위서魏書』,『진서晉書』등의 사서史書를 병용하고 있어 일본에서는 비교적 객관적으로 서술한 역사서라고 자부는 하고 있다.

이 역사서 속에는 백제와 관련된 방대한 자료가 있기 때문에 한국 고대사 연구에 많은 도움이 될수도 있지만 그러나 이 속에서는 한국과의 관계를 다루면서 왜倭의 **진구황후**가 한반도 남부의 신라와 가야를 정복했다는 황당무계한 대목도 있고 또한 연대에 있어서도 백제의 기년紀年과는 120년의 차이가 있어 한국의 역사 학자 중에는 사서史書가 아니라 거짓말을 말하는 사서詐書라고 폄하하는 학자도 있다. 그리고 일본서기의 내용은 일본 내부 자료로는 일정 부분 신빙성이 높다고도 볼 수 있지만 외국과의 관계 부분에 있어서는 액면 그대로 받아들일 수 없다는 것이 한·중·일 세 나라 학계의 공통된 의견이기도 하다.

위에서 언급한 두 역사서는 나중에 한일 관계 역사 왜곡에 잘못된 근거를 제공하게 된 문제의 역사서이기도 하다.

특히 일본 중국과 관계되었던 우리 역사에 깊은 연구를 했던 문정창은『일본 서기』에 대해서 다음과 같은 상세한 내용과 더불어 비판적 주장을 제기했다.

"일본 상고사에 관한 자료는 『일본서기日本書紀』, 『고사기古事記』, 『신찬성씨록新撰姓氏錄』의 세 책이 기본이다. 『일본 서기』와 『고사기』는 모두 백제계인 갱메이 여제元明 女帝(711-720)때 백제계의 사가史家 안만려安萬侶에 의해 편찬되었다. 이들 자료가 말하고 있는 것과 같이 미생시대彌生時代에 시작된 고조선 사람의 이주移駐와 그 후의 활동에 의해 성취한 일본 민족과 그 국가 생성 과정은 참으로 복잡하였다.

주지하듯이 고조선 계통의 사람중에는 부여계, 고구려계, 백제계, 신라계의 사람들이 있는데 일본 민족과 그 국가의 형성은 이 네 부류 사람들의 혼성에 의한 것이다.

BC 200-A.D 400년 경까지 일본 열도列島 안에서 고조선 계통 사람의 역사 활동은 토지주土蜘蛛, 주유侏儒, 아이누 등 원주민의 흡수, 동화에서 시작되는 지방 정권의 성립 단계였다. 거기에 5세기 초, 고구려의 광개토왕 군軍이 일본 열도에 진출했던 것을 계기로 갑자기 각지에 흩어져 있던 삼한계三韓系 세력이 각기 머리를 들고 또 대륙으로부터 삼한계三韓系 사람들이 밀물같이 일본 열도로 밀어 닥쳤다. 이렇게 해서 성립한 계열별 세력이 자기 모국을 배경으로 서로 어지럽게 패권을 다투게 되었던 것이다. 이 난투亂鬪는 3세기간 이어졌는데 그중 백중세를 이룬 것은 신라 백제의 두 세력이었다.

백제계의 갱메이 여제元明 女帝(즉위708)는 신라계 세력인 천무天武 문무文武의 정권이 39년간 계속된 후였다. 갱메이 여제女帝는 즉위 다음해에 **히어다노 아레**稗田阿禮와 **안만려**安萬侶에게 명하여 최초로 이야기 식의 『고사기』를 정리 편찬케 하고 다음에 이것을 자료로 하여 **안만려**安萬侶에게 일본국의 정사正史인 『일본 서기』를 편찬 시켰다. 이 사업은 11년을 소비했을 만큼, 안만려安萬侶의 『**일본 서기**』 편찬은 어려운 일 중의 어려운 일이었다.

신라 백제가 전개한 쟁패전爭霸戰 300년 동안, 양자간에 있어서 역사를 다루는 사권史權의 싸움과 그로 인한 사서史書의 개작改作은 회回를 거듭했다. 일본에 있어서 사기史記의 편찬은 오우진應神왕 15년(284년), 백제 사가史家인 **아직기阿直岐**가 오우진應神 조朝의 사관史官에 취임하게 됨에 따라 시작되었다고 생각되지만 그 후 신라, 백제 양계兩系의 정권이 교체될 때 마다 서로 전조前朝의 사기史記를 모두 태워 버리기도 했다.

그중에서도 이와 같은 피해가 심했던 것은 백제계의 코우교구 여왕皇極女王 (642-645)이 신라계 코우토쿠왕孝德王 (645-654)에게 정권을 탈취 당했을 때 그때까지의 백제계 역대 왕조가 편찬하여 보관해 온 『**천황기**天皇記』와 『**국기**國記』를 소각해 버린 일이었다. 그러나 다행히 **후네노 후히토 에사카**船史惠尺가 그 불탄 나머지를 수습할 수가 있었다. 백제계의 역사가인 **안만려安萬侶**는 이 타다 남은 사기史記와 당사자들이 갖고 있던 기억 등을 기초로 하여 일본서기를 편찬 한 것이다. 일본 역사를 편찬하는 **안만려安萬侶** 앞에는 각종의 어려움이 가로 놓여 있었는데 그중 가장 심각한 것은 다음과 같은 점이었다.

① 이주移住한 고조선인古朝鮮人들의 정착 과정을 어떻게 표현할 것인가
② 쟁패전爭霸戰으로 꾸며진 각 왕조의 관계를 어떻게 취급할 것인가
③ 왕조가 교체될 때마다 피비린내 나게 전개된 왕위 쟁탈전을 어떻게 취급할 것인가.
④ 여러 번 행해진 삼한 삼국 세력의 일본 국내로의 진출과 그 작용을

어떻게 취급할 것인가

이들 어려운 문제를 **안만려安萬侶**는 대체로 다음과 같은 방법으로 처리하였다.

① 쟁탈전에 의해 교체된 혈통이 다른 각 왕자들을 신라계 진무왕神武王을 국조國祖로 하고 부자父子 상속제에 따라서 계승된 것처럼 계통을 세웠다.
② 일본 국내의 왕위 쟁탈전과 삼한 삼국이 고대 일본국에 대해 가한 정복과 그 밖의 작용을 은어隱語, 비유어比喩語, 또는 가요歌謠로 전하였다.
③ 고조선인古朝鮮人의 일본 열도 진출의 시작을 일본 열도의 개벽開闢과 비교하여 **준남자准南子**의 천문훈天文訓과 같은 필법筆法으로 장식하였다. 진무조神武朝의 시작은 AD 1세기 무렵이라 하는 것이 일본 고대사학의 통념이다. 일본서기 신대神代 상 하권은 편자인 안만려의 독특한 기술형식에 의하여 구성되어 있다.[1]

그리고 고대 한일 관계사의 연구에 있어서 주목할 만한 사실이 있다. 우리의 역사서인 삼국사기는 왜가 신라를 26회나 침입하였다고 조목조목 쓰고 있으면서도 백제와 왜와의 관계에 관해서는 거의 언급하지 않고 있다. 한편 일본서기는 백제와 왜와의 교섭에 관하여 상세하기 그지없다. 일본서기가 전하는 백제와 왜와의 관계는 오히려 주종主從관계 또는 본가本家와 분가分家적이다. 더구나 일본서기는 8세기 초엽에 편찬된 생생한 기록이며 삼국사기는 그 보다도 400년 뒤에 만들어진 산물이다. 또한 일본 국가는 8세기 말까지 백제 신라 고구려의 영향 아래에서 생성하고 발달하였다. 일본서기의 저자인 **안만려**安萬侶는 이와 같은 역사 사실을 은어隱語, 비유어比喩語, 화가和歌 등으로 극명하게 나타냈지만 후세의 사람들에 의해 대부분이 삭제 또는 왜곡되었다.[2]

3. 임나일본부

서기 4-6세기에 걸쳐 일본이 한반도 남부에 **임나일본부**라는 일본 통치기구를 세워 한반도 남부 지방을 일본의 식민지로 만들었다는 주장인데 일본에서는 이를 가르켜 **남조선 경영론**, **남선 경영론**이라고도 한다. 불행히도 세계의 여려 나라 교과서들도 일본측의 일방적인 이런 주장을 그대로 받아 들여 표기하고 있다는 것이 큰 문제인 것이다. 한마디로 말해 지금으로부터 약 1500년 전에 한반도의 남부는 일본의 식민지였다는 것이다.

임나일본부에 관한 연구는 임진왜란이 끝난후 서기 1600년대 초에 시작되어 1800년대 말에는 본격적인 문헌 고증에 의해 정설로 뿌리 내림과 동시에 세계 각국에 소개되었던 것이다. 예를 들어 일본의 역사학자 **스에마쓰 야스카즈**末 松保和는 대일본사大日本史의 한 부분으로 한국과 일본관계를 논하는 일한관계日韓關係를 정리한 후, 제2차 세계 대전 후에 학문적 체계를 갖춰서 일본이 조선의 남쪽을 지배했다는 **남선 경영론**를 완성시켰는데 이것이 소위 일본의 **임나 흥망사**였다.

이 책의 논리는 이미 서기 200년 경에는 일본의 고대사회가 부강하여 외국에 식민지를 경영할 정도였다는 것이며 일본 제국이 한반도를 지배하는 것은 당연하다는 논리로 발전되었던 것이다. 현재도 일부 일본의 교과서와 극우 집단의 글속에 수록되어 일본인의 한국에 대한 편견과 우월감의 원천이 되고 있다.

임나일본부설은 일본의 한국에 대한 제국주의적 침략행위를 정당화하는 도구로 이용되었던 것이며 일본인과 한국인은 본래 같은 뿌리에서 태어났다는 **일선 동조론**과 평행선을 이루면서 35년간의 조선에 대한 식민지 지배의 합리화를 위한 관념적 버팀목이 되었다. 그리고 **메이지** 이후 근대 일본에서 고대 조선과 일본의 관계라 할 조일朝日관계를 어떻게 바라보았는가라는 문제는 단순한 고대 관계가 아니라 일본인의 조선에 대한 의식과 깊이 관련되어 있다. 이는 현재에도 변함이 없다. 메이지(1868년)에 들어와 일본 정부가 발행한 지폐에는 한 사람의 인물 초상이 인쇄되었다.

첫 번째 인물 초상은 '**진구황후**神功皇后'였다. 소위 '**진구황후**'는 신神의 계시를 받아 조선을 공략하여 신라를 항복시키고 백제와 고구려를 복종시켰다는 **삼한 정벌**의 주역으로『고사기古事記』와『일본서기日本書紀』에 등장하는 전설상의 인물이다. 일본인들은 일상적으로도 사용되는 지폐를 통해서도 조선을 **정벌의 대상**으로 인식했던것이다. 또한 일본 정부는 교육정책을 통해서도 옛 태고 시절부터 일본이 조선을 지배했다는 의식을 지니도록 강요했다. **진구 황후 지폐**는 한 가지 사례에 불과할 뿐이다. 이를 통해 알수 있듯이 메이지 이후 현재에 이르기까지 일본인의 조선에 대한 의식을 고려할 때 고대古代 이야기는 현재와도 결코 분리될수 없는 아주 중요한 점이다.

그런데 일본인의 지리 감각으로는 도카이도東海島 신간센新幹線이 달리는 **태평양 벨트 지대**가 일본에서 가장 발달된 지역 ,더욱이 태평양을 통해 미국과 유럽으로 향할 수 있는 일본의 **바깥 현관**이라는 이미지가 강하다 이에 비해 조선, 중국 동북, 시베리아로 향하는 동해에 면한 지역은 과거에 **안쪽 일본**이라 불렸던 것처럼 **뒤쳐진 지역** 이라는 느낌을 지니고 있다고 생각하는 일본 사람들이 여전히 많다. 이러한 지리적 감각은 물론 왜곡된 역사의식에서 형성되어 온 것이다.[3]

다시 임나일본부에 대해 논의 해본다면『**일본 역사 대사전**』에서는 임나任那는 370년경부터 562년까지 약 200년간 일본이 남부 조선에 가졌던 식민지적 지명이라고 하고 있다. 그리고 4세기 중엽부터 6세기 중엽까지 약 200년간 일본이 조선 남부에 가졌던 식민지적 명칭이며 이는 낙동강 유역에서부터 섬진강 유역까지 포함된다고 하고 있다. 이와 같은 결론은 왜倭 왕조가 4세기 후반에 우리 한국의 남부 지역에 출병出兵해서 백제와 신라와 가야를 복속시켰을 뿐만 아니라 특히 가야에 대해서는 **임나일본부任那 日本府**라는 기관을 설치하여 직접 통치를 구축하고 이곳을 거점으로 하여 고구려와 세력을 다투면서 6세기 중엽까지 존속했다는 것이다.[4]

그러나 **일본 역사 대사전**에는 위와 같이 적혀 있으나 일본의 제2차 대전의 패전과 더불어 광복을 찾은후 **임나일본부** 존재 자체의 신빙성에 의문을 갖게 되면서 이에 대한 반론이 제기되었다. 서기 200년경 즉 3세기 초에 일본에는 **야마토 정권**이 있었는데 과연 이 **야마토 정권**이 한반도에 진출할 수 있는 통치력이 있었는지가 의심의 중심이 되었고 가장 중요한 반박은 임나일본부에서 나오는 단어인 **일본**이라는 말은 7세기 이후에나 쓰인 단어로서 일본이 말하는 **왜**가 한반도 남쪽을 지배했다는 그 시기와는 400년의 차이가 난다는 점이다. **왜**를 일본이라는 국호로 정한 것은 **임나일본부**가 있었다고 비정하는 시기보다 한참 후세 사람인 일본의 **텐무 왕天武** (673-686)으로 여겨지고 있다. 우리가 알고 있는 광개토왕 즉 호태왕 비문에도 **일본**이라는 단어는 나오지 않으며 단지 **왜**로 표시되었다.

그리고 『**한국 고대 지명의 어원 연구**』라는 책을 쓴 국어학자 **이병선**은 '임나일본부'에 대해서 설득력있는 주장을 다음과 같이 내놓았다.

> "임나任那 문제를 바로 이해하기 위해서는 일본서기 임나 기사에 나타난 많은 지명들의 올바른 비정比定부터 앞서 밝혀야하니 이를 위해서는 고대 국명國名 지명地名에 대한 기원起源과 유래由來, 동계同系 지명地名의 분포分布, 고대 음운音韻의 변화, 표기상表記上의 문제 등 지명에 대한 연구를 하지 않아서는 안된다. 즉 임나 지명을 연구하기 위해서는 고대 한국어에 대한 언어학적 지식이 있어야한다. 고대 지명과 고대어古代語에 대한 지식이 없이 함부로 임나 지명을 비정比定하는 것은 위험한 일이다. 그릇된 임나 지명의 비정比定에 의해서 내려진 임나사任那史는 사상누각沙上樓閣에 불과하다. 일본 역사가들의 **임나사** 연구의 허점이 여기에 있다." [5]

이병선에 의하면
일본이 한반도 남부 가야 지방에 있었다는 **임나**는 고대 지명을 고대어

적古代語的으로 분석해 본 결과 **임나**는 지금의 대마도에 있다고 결론지었다.

이와 달리 북한의 역사 학자 **김석형**은 **초기 조일 관계사**라는 그의 저서에서 보다 다각적인 측면에서 분석하여 일본측 주장과는 반대로 오히려 조선의 삼한 또는 삼국(고구려 백재 신라)이 일본에 진출하여 그 나라들의 **분국**과 같은 소국들을 일본에 건설했다는 **일본 '분국설'**을 주장하여 일본 사학계에 크나큰 충격을 주었다. 그의 주장 내용을 지면상 전부 보여 줄수는 없으나 그의 저서 서문편에 해당되는 제1편은 다음과 같이 시작된다

"5세기 이전 시기(기원 전후 시기까지) 의 조일朝日 관계사의 주된 내용은 조선의 본국本國들과 일본 땅에 있은 조선 계통의 소국小國들과의 관계이다. 이 시기에 아직 통일적 중심이 없었던 일본 땅에서 벌어진 조선 계통 소국들의 호상互相관계에 대하여는 알길이 없고 다만 조선 계통 소국들과 그의 본국과의 관계가 오늘 우리가 알수 있는 전부라고 말할 수 있다. 조선과 일본의 옛 기록에 나오는 이 시기 조일 관계 자료는 바로 조선 본국과 일본 땅에 있은 조선 계통 소국과의 관계를 말하는 것이라고 생각한다."

일본으로의 조선 이주민들의 본국과의 관계는 아주 일찍부터 즉 이주移住 직후 부터 년대年代로 말하면 저(일본) 땅에서 **야요이 시대**가 시작되었다고 하는 기원전 4-3세기 또는 3-2세기 부터이다. 그러나 이 시기 조일 관계를 전해주는 일본측 기록은 없다. 이 관계를 전해주는 유일한

기록이 라고 필자가 생각하는 『삼국사기』와 같은 것을 통해서 알수 있는 사실들은 설화說話적인 것들을 포함해서 기원 전후 시기부터 5세기 말까지의 것이다. 그러므로 『삼국사기』가 전하는 조일 관계 사건들은 기원 전후 시기부터 시작되며 5세기 말로써 그것은 일단락을 갖게 된다.

이 시기에 일본 땅으로 이주해간 조선 사람들은 자기들이 살던 본국 고장의 이름을 따서 이주 해서 사는 마을과 고을, 소국에다 이름을 붙였다. 일본 열도 서부 도처에 조선 이름이 굵직 굵직한 것만도 해도 **가라**, **시라기**, **고마**, **구다라**, **아라** 등의 이름이 붙은 마을 고을, 소국들이 생겼고 이들은 일찍부터 본국과 접촉을 가졌을 것이다. 그리고 조선에서 부르는 왜, 또는 왜인이라는 것도 당연히 처음에는 이들이 사는 고장 또는 이들 자신이었을 것이다. 이 조선 계통의 마을, 고을 소국들과 거기 사는 사람들은 조선에서 볼때는 왜 또는 왜인이며 일본 땅에서 볼때는 가라, 시라기, 고마, 구다라였다.

우리는 삼국사기의 5세기 이전의 왜는 기본적으로 이러한 일본 땅의 **가라**, **시라기**, **고마**, **구다라** 등이며 그중에서도 조선 가까이 있는 북규슈나 이즈모 **시마네현**지방의 왜들이라는 견지에서 출발한다.

일본 열도에는 여려 곳에 구다라, 고마, 미마나, 가라, 시라기, 가 있었다고 보이지만 본장에서 보는 백제 소국 즉 북규슈의 백제 소국은 후꾸오까현의 야메시八女市와 구마모토현 다마나玉名군과 아시가다葦北군을 중심으로 하는 일대이며, **가라 소국**은 후꾸호까현 이도시마糸島군과 무나가다宗像군을 중심으로 하는 일대이고, 시라기 소국은 같은 현 다가와田川군을 중심으로 하였을 것이다.

이즈모 지방의 신라 소국은 히노가와 하류 일대이거나 마쯔에松江시가 있는 옛 오우意宇군 일대에로 추정할 수 있을 것이다.

백제 가라 신라등, 조선의 나라들과 북규슈, 이즈모 지방에 진출한 이주민들의 소국과의 관계는 매우 오래고 다양하였다. 삼국사기의 5세기 이전 기사가 이 관계를 전한다고 본다.[6]

제2장

일본 가마쿠라鎌倉 (1185-1333) 시대 이전의 한국인식

일본 역사에서 가마쿠라鎌倉시대는 가마쿠라에 막부幕府를 설치한 서기 1185년부터 1333년까지 약 150년간을 일컫는 것이다 우리 한국으로 말하면 고려 후기쯤의 시대로 볼 수 있을 것이다.

일본 가마쿠라 시대 이전의 시대에 살았던 일본인이 우리 한국을 어떻게 인식했던가는 일본인 **우에다**上田正昭에게서 잘 드러난다 그는 "고대 귀족의 국제의식"(일본 고대 국가 논문)라는 책에서

"만약 3, 4, 5세기를 전기前期로 하고 7, 8세기를 후기後期로 했을 경우 전기前期의 중국으로 부터의 책봉체제, 조공형식에 의한 중국과의 밀접한 관계가 후기後期에 가서는 거꾸로 책봉 체제로부터의 자립화自立化가 눈에 띠고 또 7세기에 가서는 한국을 짐짓 변방국가로 보는 즉 번국시蕃國視보는 태도가 노골화 되어 간다."

라고 지적했다. 일본에서 과거에 있었다는 **왜**의 다섯 왕이 중국에 요청해서 중국이 왜의 다섯왕의 호칭을 425년에는 진(珍: 反正天皇) 또는 일본 인덕왕仁德王의 경우에는 **사지절도왜사持節都倭 백제 신라 임나 진한 모한 육국제군사안동대장군**六國諸軍事安東大將軍 **왜국왕** 이라 불러주었고 478년에는 왜의 무(武: 雄略天皇)왕을 **사지절도독왜, 신라 임나 가라 진한 모한 육국군사안동대장군, 왜왕**(宋書: 동이전)이라 불러주어서 현실적으로는 왜가 한반도를 행정적으로는 지배하지 못했을지라도 중국은 그렇게 인식했을것이라는 것이다.

일본은 6세기부터 7세기에 걸쳐 특히 **쇼토쿠태자**聖德太子에 의해 실시되었던 중국에 대한 외교정책은 중국 **수**隨나라 황제인 **양제**煬帝에 의해서 불려졌던 왜국왕倭國王이라는 호칭을 없애고 왜왕을 **천자**天子라 스스로 자칭하며 중국의 책봉 체제로부터 이탈코자 했으며 그의 이러한 탈脫 중국 정책은 한반도의 여러 나라에 대한 우월적인 정치적 지위를 나타내는 것이라는 것이다.

서기 7세기는 중국 **당**唐나라의 건국과 함께 동아시아 세 나라에 정치적 변동이 일어났던 시기이다. 일본은 이 시기에 중국에 대해 조공의 관념을 버리고 외국과는 화해하고 예를 갖춘다는 **화외모례**化外慕禮의 입장을 취한다는 것으로써 이것에 입각해서 중국에 **견당사**遣唐使를 파견했던 것이다. 이런 상황에서 당연히 한국에 대해서는 중국에 속한 주변의 나라라는 뜻의 **번속국**蕃屬國 즉 번국蕃國이라는 인식을 갖게 되었다는 것이다.[7]

이러한 한국관이 가장 잘 표현되었던 것은 서기 753년 (경덕왕 12년 일본 天平勝寶)에 중국 당唐나라에서 **정월삭의식**正月朔儀式의 연회에서 였다. 그 자리에는 참석한 사신들 나라의 국력과 **등위**等位에 따라 석차를 배치할 때 일본은 서쪽 반열의 두 번째로 **토번**(吐蕃: 지금의 티베트)의 아래에 지정되었고 **신라**는 동쪽 반열의 첫 번째로 대식국(大食國: 사라센 페르시아 아라비아)의 위에 지정되었다. 일본이 신라보다 **하위**下位에 배치된 조치에 대해서 그 당시 일본의 사신은

"예로부터 지금까지 신라가 일본에 조공한 것이 오래되었다."

고 하면서 격렬하게 항의 하였다. 이러한 행위는 신라가 동쪽 반열의 위에 착석하는 것은 부당하다는 요청이었다. 이런 일본측의 항의가 받아들여져 일본의 석차가 변경되었다. 이 분쟁에 대해서 일본의 **사카모토**坂元義種씨가 그의 논문 '**고대 동아시아의 국제 관계**'에서 중국이 일본 사신의 석차 변경요구를 받아들인 것을 신라가 묵인했던 이유는 중국의 사서 수서隨書『왜국전』에 쓰여있는

신라 백제는 모두 왜를 **대국**으로 생각하였다.

라는 인식이 일반적으로 깔여 있기 때문이었다고 보고 있다.[8]

제3장

일본 가마쿠라鎌倉 (1185-1333) 시대의 한국인식

　일본에서 가마쿠라鎌倉시대라고 히는 시기는 미나모토모 요리모源賴朝라는 장군이 가마쿠라에 바쿠후幕府를 열고 서기 1185년부터 서기 1333년 까지 약 159년간 일본을 지배했던 시기를 지칭하는 것이다

　우리 역사와 비교해 본다면 서기 918년부터 서기 1392년까지 존재했던 고려 왕조의 후기쯤에나 해당 되었던 시기라고도 볼 수 있다.

　신라시대부터 고려 시대를 통해서 오랜 기간동안 일본과의 국가 차원의 정상적인 국교는 없었다 하겠으나 민간 무역의 형태로 양국간의 통교通交와 문물의 교류는 빈번하였고 특히 일본 북규우슈北九州의 다자이후大宰府나 하까다博多가 중심지로서 번성하였다. 가마쿠라 바쿠후가 설치된 이후에도 서부 일본의 토호土豪들은 대륙과도 활발한 통산을 계속하였다. 그러나 고려 말기인 1274년 원종 15년과 1281년 충렬왕 7년에 두 번에 걸쳐서 몽고의 원나라와 고려의 연합군이 일본을 정벌한 대사건이 있었다. 원나라와 고려의 여몽 연합군이 일본을 정벌하지는 못했으나 고려

와 원나라의 전쟁 준비로 보나 일본의 방어에 있어서 삼국三國에 각각 큰 영향을 주게 되었고 일본의 정치를 주도했던 **가마쿠라 바쿠후**는 이로 인해 쓰러지게 되었다. 이런 과정에서 일본의 가난한 빈민貧民들은 먹을 것을 찾아 우리나라 해안을 노략질하였는데 이것이 고려 말의 잦은 왜구 침입이었던 것이다.[9]

몽고의 원나라는 고려를 정벌한 후 정동행성政東行省 즉 동쪽에 있는 원나라의 파견부라는 뜻의 행성을 설치했다. 그리고 1274년에 1차 일본 원정과 그 뒤 1281년의 2차 일본 원정을 시도했으나 일본 정벌에는 실패했었다.

일본에서는 1274년의 고려와 원나라의 여몽연합군의 일본 원정을 **분메이의 역**(文永의 役)이라 부르고 1281년의 여몽 연합군의 일본 원정을 **코안의 역**(弘安의 役)이라 부르는데 원나라의 쿠빌라이 칸은 그의 사위인 고려의 충렬왕에게 강압으로 일본 원정에 참가하게 했으며 900척의 함선까지도 고려가 건설하게 하여 고려에게 막대한 부담을 주었으며 1차 원정에는 고려군이 1만 5천 명이 참전하였다고 하고 2차 원정에서는 2만여 명이 참전하였다 하는데 이 전쟁에서 전사한 고려 군인은 무려 1만 5천 명이라고도 한다. 엄청난 준비를 했던 1, 2차 여몽연합군의 일본 원정 소식은 일본인에게 엄청난 충격을 주었던 것 같다. 여몽연합군의 일본 원정 실패는 군사력이나 전략 전술의 부족 때문이 아니라 갑자기 일본의 태풍 때문이었고 천하 제일의 몽고군도 바다 싸움인 해전에는 약할 수 밖에는 없었다. 일본인은 그당시 일본 열도에 불었던 태풍을 일컬어 신神이 일본을 위해서 불어준 바람이라 해서 **신풍神風**이라 붙였다. 그리고 고려와 몽고의 연합군의 일본 침공이 종료된 이후의 일본의 대외 인식, 특히

한국관을 뚜렷히 보여주는 것은 별로 없지만 몽고 고려군을 격퇴했기 때문에 일본이 신의 보호를 받고 있다는 신국관神國觀이 증폭되었다는 것이다. 이후 대외 위기가 있을 때마다 신의 가호를 기원하는 **신국 사상**이 고양되었다.10)

제4장

일본 무로마치室町 (1336-1573) 시대의 한국인식

　일본 역사에 있어서 **무로마치室町** 시대는 아시카가 다카우지足利尊氏가 막부幕府를 설치한 1336년부터 무로마치 막부의 쇼군將軍이 존속한 1573년까지의 237년간을 가르킨다. 일본의 이 시기를 한국의 역사와 비교해 본다면 고려 26대 충숙왕 말기 부터 조선 왕조 중기까지의 시기를 말한다고 볼 수 있다.

　가마쿠라鎌倉 말기부터 진행된 지방정권에 대한 중앙정권의 약화에 따라 한반도 연안에서 왜구의 약탈은 격화되어 갔다. 왜구는 1350년 고려 충정왕 2년때부터 특히 심해졌는데 어떤 때는 북쪽으로 올라가 고려 수도인 개경을 위협하는 정도였다. 고려는 이 때문에 왜구의 금압을 요청하는 사자使者들을 일본에 보내기도 했었다. 이에 일본의 막부는 고려의 금압 요청을 수락하겠다는 뜻으로 사신使臣을 고려에 보내기도 했다 그 후 특히 적극적으로 양국간의 교섭의 재개를 원했던 것은 일본의 아시카가 요시미츠足利義滿로 그는 1398년, 조선의 태조 7년에 교류를 요청하였다.

한반도에서는 그 이전에 고려왕조에서 조선왕조로 교체되었었으며 태조 이성계李成桂는 사신을 일본에 파견하여 왜구 금압을 요청한바 있었다. 요시미츠足利義滿는 여기에 응해 왜구 금압의 약속과 더불어 서계書契도 조선에 보냈다. 그 내용은 다음과 같다.

"두 하늘이 기쁜 마음으로 영원히 맺어지는 것을 실로 기원합니다. 그러나 우리나라의 장군과 신하는 예부터 다른 나라와 교류한 일이 없습니다. 그래서 보내주신 교서에 대해 바로 답을 할 수 없었습니다. 이에 승려 모씨에게 명하여 서계를 쓰게 하되 경의를 다 하도록 하였습니다. 지금 신승臣僧 수윤壽允을 파견하여 실정을 자세히 말씀드리도록 하겠으니 널이 살펴주시기 바랍니다."

—『선린국보기善隣國寶記』상

이 서계에 나타난 바와 같이 여기에는 조선에 대해서 멸시하는 멸시관蔑視觀도 일본이 우월하다는 우월관優越觀도 없으며 양국간의 원활한 교류를 원하는 자세가 뚜렷하게 나타나 있다.[11]

1401년 태종 원년, 일본 요시미츠가 사자使者를 파견하자 조선 정부는 그 답례로서 일본에 보빙사를 파견하였고 요시미츠는 북산저北山邸에서 그들을 접견하였다. 다나카田中健夫의 **중세 대외관계사**에 의하면 요시미츠로부터 요시아키義昭 (1537-1597) 무로마치 막부의 제15대 장군이자 마지막 장군에 이르기까지 일본을 내방했던 조선의 사절은 61회에 달했다고 한다. 이러한 밀접한 양국간의 관계속에서 일본에서 말하는 **오에이應永의 외구外寇**가 발생했는데 우리는 이것을 **대마도 정벌**또는 **기해동**

정기해동정己亥東征이라 부르는 사건이다. 1419년(세종 원년) 6월에 조선은 상왕 태종의 명에 의해 삼군 도찰사인 이종무李宗茂이하 17,285명 병선 227척을 거느리고 대마도를 공격하였다. 조선으로서는 왜구의 근원지를 박멸하는 것이 그 목적이었다. 이 침입사건은 2개월 뒤에야 일본 조정에 보고되었는데 과거에 있었던 몽고와 고려와의 연합군이 다시 침입했다고 인식한 나머지 **몽고와 고려가 함께 연합하여 병선 500척으로 대마도에 밀어닥쳤다.** 라고 오해했다. 이때의 보고 내용 중 군사의 숫자, 병선 수는 모두 오류이다. 그런데 여기에서 주목해야 할 점은 적선賊船이 물러간 이유는 폭풍때문이라고 지적하여 또다시 신神이 보호해준다는 **신국사상神國思想**을 고양시키고 있다는 사실이다. 과거 고려때 있었던 몽고 고려의 연합군의 2차례의 일본 원정이 태풍 때문에 실패했던 점을 다시 상기 시키는 대목이다. 어느것이나 국가의 위기라고 생각되었던 국난國難이 있을 때마다 신神의 보호 가호에 의해 국가가 평화와 안전을 누렸다고 하는 것이다.

이런 일이 있은 후에도 조선왕조에서도 왜구의 실정을 알고 1423년 세종 5년 때 사절을 일본에 파견했으며 그때 일본 장군 요시모치義持 (무로마치 막부의 제4대 장군)도 이 사절을 접견하므로써 양국 간의 국교는 회복되었다.

이런 상태에서 1443년 세종21년 아시카가 요시노리足利義敎 (무로마치 막부의 제6대 장군)의 서거에 대한 위로와 그 뒤를 이은 요시가쓰義勝 (무로마치 막부의 7대 장군)의 즉위卽位를 축하하기 위한 교류가 지속되었는데 그 당시 일본을 방문했던 조선측 사신들은 정사에 변효문卞孝文 부사 윤인보尹仁甫 서정관에 신숙주申叔舟였다. 이런 조선측 사신들을 영접했던 나카하라中原康富의 일기에는 일본인의 조선에 대한 인식이 표현되었다.

"근자에 고려인이 내조하였습니다. 그런데 지금 여러 대명大名들에게 나누어진 국역國役에서 돈이 충분히 들어오지 않는 상태이니 고려인을 교토에 들어오게 하는 것은 불가하여 돌려 보내야 할것입니다. … 고려문제에 있어서는 옛날 신공황후가 퇴치한 이래로 일본에와서 복속하는 것은 삼한三韓이 모두 한 가지이다….”

위의 일기를 통해서 볼 때 첫째는 고려를 고구려와 동일시 하고 있는 것은 외국 실정에 대한 이해가 천박하다는 점이다. 약 50년 전인 1392년에 조선왕조가 성립되었고 조선의 태조 정종 태종을 거쳐 세종의 25년의 시기였으며 그동안 끊임없이 무역이 계속되고 있었던 상태에서 바로 이웃나라의 흥망에 대해서 정확한 인식을 결여했다는 것은 기이하기조차하다. 둘째는 **신공황후 퇴치**라는 발언이다. 여기에는 신공황후 전설을 역사적 사실로 만들었던 일본의 역사책 『**일본서기**』이래로 조선에 대한 우월적이고 조공국으로 보는 한국관이 그대로 계승되었음을 인정하지 않을수 없다.[12]

제5장

조선 전기前期의 조선 지식인들의 일본관

    일본인이 어떻게 우리 한국을 보았는가에 대해서 궁금했던 것과 같이 우리 조상들은 조선이 건국된후 조선 초기에 일본에 대해서 어떤 인식을 가졌는가도 아울러 궁금하기는 마차기지 일 것이다. 일반 민중은 일본에 대한 정보가 절대 부족하기 때문에 일본에 대한 별다른 인식이 없었을 것이다. 그러나 조선 지식인의 경우에는 다를 것이다.

    조선의 지식인들이라고 한다면 중국의 경서를 읽히고 과거를 시험 볼 수 있는 한학漢學 중심의 지식인들을 가르킨다 할 것이다. 그러나 그들 중에서도 특히 조선 땅을 벗어나 이국異國 땅을 밝아본 사람들일 것이다. 그래서 일본을 직접 가보았던 조선 통신사들의 **일본관**이 상당히 흥미로운 대목이라 할 수 있을 것이다.

1. 송희경宋希璟 (1376-1446)

고려 우왕 2년(1376년) 공홍도公洪道 연산군連山郡에서 사제감사司宰監事 송현덕宋玄德의 아들로 출생하였다. 1402년(태종 2) 별과에 급제하여 관계官界에 들어간 후 사간원司諫院 정언正言, 예문관藝文館 수찬修撰을 역임하였고 36세 때인 1411년(태종 11년)에는 성절사聖節使의 서상관書狀官으로 중국 명明나라에 다녀왔다. 1420년(세종 2)에는 천지승僉知承 문원사文院使에 승진 한뒤 바로 회례사回禮使로 선발되어 일본에 파견되었다. 송희경이 일본을 어떻게 보았는가는 그가 회례사로 일본에 사신으로써 가게된 배경을 간단하게나마 살펴볼 필요가 있을 것이다.

송희경이 회례사로 사행使行을 간 시기는 바로 그 전 해인 1419년(세종 원년)의 대마도 정벌로 인해 조선과 일본 사이에 긴장이 조성된 상황이었다. 일본에서는 대마도를 관장하고 있었던 쇼우니 미츠사다小貳滿貞가 일본의 무로마치 막부室町幕府 장군將軍에게 조선의 대마도 정벌의 사실을 과장 왜곡되게 보고 하였다. 또 그당시 중국의 명明나라가 조선과 연합하여 일본을 치러 온다는 소문이 유포되어 있었다. 이것이 당시 일본인 사이에 널리 퍼져 있었던 **원구元寇 (고려 원나라 연합군의 일본 침공을 일본인들이 부르는 역사적 용어)** 이래의 대외 공포심과 결합되어 일본의 인심이 흉흉하였고 막부에서도 소이전小貳殿의 보고를 사실대로 믿어 조선에 대해 좋지 않은 감정을 가지게 되었다. 이에 일본 막부에서는 량예亮倪일행을 사신으로 보내 조선이 대마도를 정벌한 의도와 조선의 확실한 태도를 알아보고자 했다. 일본 국왕(막부 장군 足利義持)의 사승使僧인 량예亮倪 일행은 1419년 11월에 조선에 도착하였다. 세종은 이듬해 정월 량아亮倪 일행을 접견하고 대마도 정벌에 관한 이유와 경위를 설명하고 일본이 요청한 대장경을 하사下賜하는 한편 회례사를 파견함으로써 보빙하게 하고 동시에 조선인 피로인의 쇄환을 요청하였다. 조선 정부로서도 대마도 정벌이 왜구 침입에 따른 대마도에 대한 징계를 위한 것이지 다른 지역이나 무로마치 정부室町政府에 대한 침략도 아니고 비우호적인 입장을 가지고 있는 것은 아니며 또 중국 명나라와의 연합이라는 사실이 근거없음을 알리고 회유할 필요를 느껴 회례사를 일본에 파견토록 결정하였다.

송희경 일행은 이처럼 미묘한 상황속에서 일본을 방문하게 되었다.[13]

송희경이 일본으로 사행使行을 떠나기 전에는 일본에 관한 지식이 별로 없었던 듯하다. 예컨대 처음 대마도에 도착했을 때에는 소이전小貳殿을 대마도 도주島主로 알고 있었을 정도였다. 그런 만큼 그가 쓴 『일본행록日本行錄』에도 일본의 정치 사회 문화등에 대한 분석적인 글은 없고 대부분 견문한 바 즉흥적인 느낌을 적어 놓은 정도이다. 또 일본에 있을 당시 상황이 몹시 긴박하고 일본내의 인심이 흉흉하여 무사히 귀국할 수 있을까를 염려할 정도였으므로 일본의 문물에 대해 깊이 있게 관찰할 여유도 부족했었다고 여겨진다. 그러나 당시로서는 아주 희귀한 기록이고 **송희경**의 식견이 높은 만큼 비교적 광범한 분야에 걸쳐있다. 『일본행록日本行錄』에 나오는 송희경의 서술을 통해 그의 일본인식의 어떠했는가를 정리해 본다.

(가) 송희경이 본 일본인의 민족관

첫째 송희경은 기본적으로 일본을 야만시 하는 화이관華夷觀의 입장에서 일본인을 오랑캐 또는 적적賊으로 보는 이적시夷敵視 관념을 소유하고 있었던 것같다. 그는 조선과 일본과의 외교관계에 대해서는 **한 집안**一家이라고 하면서 상당히 우호적인 친근감을 표시하였다. 그러나 대등한 입장이 아니고 화이적華夷的 내지는 **상하적**上下的 **관계**로 인식하고 있었다. 즉 그는 조선을 이웃 나라인 **상국**上國으로 자칭하고 조선의 사신을 '**천사**天使'라고 하였다. 한편 일본에 대해서는 구주탐재九州探題의 노래와 그들의 언어를 듣고 오랑캐의 소리'라고 하였고 일본인을 '**원인**遠人', '**원융**元戎', '**도이**島夷'등으로 표현하였다. 특히 대마도에 대해서는 **부용국**附庸國 내지는 **속국**屬國으로 보았다.

둘째 송희경은 민족 내지 집단으로서의 일본인에 대한 관념과 개인적인 체험사이에 간격이 있었다. 즉 그는 전체로서의 일본 민족관과 달리 개인적으로 만나 대화를 나눈 개인들에 대해서는 우호적으로 인식하는 경우가 많았다. 예컨대 사행 중 처음부터 끝까지 행동한 량예亮倪와 감호監護 등수야전藤狩野殿에 대해서

"왜풍倭風**이 없고 근후**勤厚**함이 조선인과 다름없었다."**

라고 평하고 있다. 송희경은 사행중 무로마치 막부室町幕府 장군의 권력과 대마도주, 소이전小貳殿, 구주탐제(九州探題: 군사 보조기관) 등의 관계에 대해 알게 되었다. 이것은 그 당시 조선으로서도 직접 관계가 있는 문제였던 만큼 비교적 상세히 기술하였다. 첫째, 그는 무로마치 막부室町幕府가 수호대명守護大名과 해적들을 통제할 수 있는 능력이 없음을 알게 되었다. 사행 중, 그는 일본 국왕 앞으로 가는 사신임에도 불구하고 해적의 습격을 계속 우려해야 할 정도로 지방에서 막부 장군의 권위가 인정되지 않음을 알수 있었다. 이 점 조선측으로서는 막부 장군의 권력의 실상을 처음으로 정확히 파악 한 것으로 그 후 조선의 대일對日 통교通交 대책 수

립에 큰 영향을 주었다.

둘째는 조선과의 관계에 있어 주요한 세력들에 대해 송희경의 평가를 보면 우선 당시의 막부 장군인 야시카가 요시모치足利義持에 대해서는 부정적이었다. 그는

"혼미하며 성격이 광포하다 본디 완악한 풍습에 젖어 좋은 말이 없다."

등으로 논평하였고 지주地主라고 비하적인 표현을 사용하였다.

한편 **송희경**은 일본의 천황에 관해서나 막부 장군과의 정치적인 권력관계 등에 대한 언급이 전혀 없는 것으로 보아 일본의 정치제도에 대한 포괄적인 이해는 없었다고 보인다.

송희경은 일본의 농업기술 토지 소유제도 조세제도 등에 대해 실용적 입장에서 관심을 가지고 기술하였다. 특히 일본의 농업에 대해 깊은 관심을 가졌는데 1년에 3모작三毛作을 하는 농작법에 대해 감탄을 하면서 계절에 따라 보리와 밀, 벼, 메밀을 차례로 심는 순서와 그러한 농작을 가능케하는 수리 시설에 대해서도 자세히 소개하였다.

(나) 송희경의 일본 문화관

송희경은 일본의 문화와 풍속에 대해서는 상대적으로 많은 기술을 남기고 있다. 첫째, 그는 일본 문화에 대해

"아득한 창해가 중화中華을 가로 막아 의복도 말도 다르고 법도도 틀리네"

라고 하여 그것이 기본적으로 중화中華의 것과 다르다고 규정하였다. 즉 조선 = 중화(중국), 일본 = 이적夷狄이라는 기본적인 인식을 가지고 있었다고 할 수 있다. 일본의 유교문화에 대해서는 별다른 언급이 없는 편

이지만 기본적으로 문화文化 상국연上國然하는 자세를 전제로 그것의 미숙성을 지적하였다. 예컨대 일본의 농업 기술을 칭찬하면서도

"인의仁義만 있다면 자랑할만 하겠네"

라고 말하여 일본 유교 문화수준의 낮음을 표현하였다.

둘째 일본의 불교 문화에 대해서는 그가 유숙한 장소가 대부분 사찰이었고 같이 대화를 나누고 창화唱和를 한 인물중에 승려가 많았기 때문인지 비교적 자세히 언급하였다. 우선 일본에서의 불교 성행 양상이 그에게는 신기하였던 것 같다. 예컨대

"그 지방 풍속이 모두 불교에 귀속되어 있는데 중들이 제일 즐겁구나"

라고 하였고

"양인 남녀의 절반이 중이 된다."

라고 사실 이상으로 과장되게 인식하기도 하였다. 그는 자신이 접촉한 승려들에 대해서는 호감을 표시하는 경우가 많았으나 한편으로 불교 사원이 곳곳에 있으면서도 일반 백성은 경제적으로 아주 어렵게 지내는 사정을 비꼬기도 하였고 일본의 중이 결혼하는 것에 대해서는

"일본에는 기이한 일이 많구나"

라고 논평하였다.

셋째, 일본의 풍속에 대한 송희경의 인식인데 율령국가가 시작한 이래 600년간 쇄국 상태하에서 독특한 문화를 이룩해 온 일본의 문화와 풍속은 당시 유학자가 보기에 낯설고 기이한 것이 적지 않았음은 당연할 것이다. 송희경은 일본의 그러한 풍속에 대해서 기이한 풍속이라고 하면서 창녀唱女와 남색男色을 소개하였고 막부 장군 아래의 대명大名이나 관료들이 자기 부인을 장군에게 바치는 대접 방식에 대해서도 언급하면서

"가장 기이한 일"

이라고 논평하였다. 그는 자신이 접한 일본인들의 태도를 보고
"이국異國의 풍속도 예의를 아는구나 일본의 유속도 또한 아름답다."
등으로 호의적으로 평가 하기도 하였다.14)

2. 신숙주申叔舟 (1417-1475 / 태종 17-성종 6)

신숙주

신숙주는 1417년 공조 우참판工曹 右參判 신장申檣의 아들로 태어나 1475년 성종 6년에 죽었다. 태종에서 성종에 이르기까지 7대에 걸친 시기에 살았던 그는 조선 초기 통치 체제 확립과 대외관계의 관장과 학문의 발전등 다방면에 걸쳐 큰 활동을 한 인물이다.

신숙주의 대일對日 관계에 있어서는 1443년 통신사에서 서장관으로 일본 경도京都까지 가서 사행使行을 돌아오는 귀로歸路에 대마도에 들러 조선 초기 한일간 교린체제를 제도적으로 확립한 것이라고 할 수 있는 계해약조의 체결에 일조一助를 하였다. 신숙주는 문장에 능하였고 외국어에도 능통하였다고 한다. 그가 약관의 나이에 일본 사행에 서장관書狀官으로 선발되었던 이유도 그의 문장력 때문이었다.15)

그가 쓴 『해동제국기海東諸國紀』는 1471년에 예조 판서에 있으면서 성종의 명에 의해 저술된 것이다.

신숙주는 일본 민족을 보는 핵심은 **화이관**華夷觀에 바탕을 두었다고 볼 수 있다. 신숙주도 결론부터 말하면 송희경과 마찬가지로 **화이론적** 입장에서 일본을 **이적시**夷狄視 했다고 볼 수 있다. 즉 그는 해동제국기海東諸國紀 서序에서 일본을 이적夷狄이라고 표현하면서 해동제국기를 저술한 의도도 이적을 대하는 방책의 일환이라고 하였다. 또 일본의 모든 통교자通交者에 대해 **래조**來朝라고 표현하여 **화이관적** 인식을 나타내었다.

일본의 무로마치 막부室町幕府는 후에 들어서는 도쿠가와 막부德川幕府와는 다르게 일본 전국의 대명大名에 대한 통제력이 미약하였다. 그래서 조선과의 관계에 있어서도 막부 뿐만 아니라 각 지역의 대명大名들이나 호족豪族들이 독자적으로 조선과 통교通交를 맺는 **다원적인 통교체제**를 취하고 있었다. 그러나 그것은 정상적인 국가 대 국가의 외교 관계라고 하기에는 이상한 것이었다.

그리고 이 시기에 일본측 제후大名들은 조선에 사신을 보낼 때 서계書契에 조선을 높이 보는 **조선상국관**朝鮮上國觀내지 조선을 큰 나라로 보는 조선대국관朝鮮大國觀을 표시하였다.

예컨대 당시 일본 각지의 사신들은 조선의 세조世祖에 대해 불심佛心의 천자天子라고 친하였다. 무로마치 막부室町幕府의 8대 장군인 아시카가 요시마사足利義政대에 이르러서는 즉 조선을 **상국**上國이라 하였고 또 조선의 국왕에 대해서도 조선과 일본간의 국서國書에서 통상적으로 사용해왔던 전하殿下 대신에 폐하陛下라는 더 높은 존칭을 사용하기도 했다.[16]

한편으로 신숙주의 일본 민족 전체에 대한 언급은 별로 없지만 단지 『해동제국기』에서 그들의 습성은 강하고 사나우며 무술에 정련精練하고 주즙舟楫에 익숙하다. … 만약 도리道理대로 잘 어루만져 주면 예절을 차려 조빙하고 그렇지 못하면 문득 함부로 표락한다. … 변사變詐하기를 온갖 방법을 다 쓰며 욕심이 한정 없으므로 조금이라도 그 의사에 거슬리게 되면 문득 성낸 말을 한다.

라고 평하였다. 그의 다년간에 걸친 외교적 경험과 체험에서 나온 것으로 보이는데 긍정적인 평가라고 할 수 없겠다.

그러나 **신숙주**는 일본 이적관夷狄觀을 가지고 있었으나 일본을 멸시하거나 무시하는 표현을 쓴 적은 거의 없었다.

신숙주는 일본 정부의 권력 구조에 관심을 가지면서 일본의 정치행태와 정치권력 조선 정부와의 외교 교섭의 주체(대상) 등에 대한 인식이 어떠 하였는가에 대한 문제이다.

일본의 정치 체제에 대해서는 신숙주는

"국왕 이하 여러 대신들은 모두 분봉된 땅이 있어 봉건 제후처럼 세습한다. 마치 중국의 봉건 제후처럼 되어서 그다지(국왕)에게 통속되지 않았다."

라고 하여 중국의 봉건제도와 같은 지방 분건적인 체제로 보았다. 또 당시의 막부幕府와 지방의 제후大明 세력들간의 권력관계에 대해서도 정확한 관찰력을 보여주고 있다. 실제 신숙주는 무로마치 막부室町幕府의 수호대명守護大名들과의 세력관계에 대해 많은 관심을 기울였는데 그것은 왜구 금압과 관련하여 조선과 일본의 교류의 기본 목적과도 관계가 깊은 문제 때문이었다.

다음으로 일본 막부 장군과 천황의 관계와 조선 정부와의 외교 교섭 대상에 대해서는

"국정과 이웃나라와의 외교 관계에 대해서도 천황은 모두 관여 하지 않는다."

라고 하여 천황이 내정內政 뿐만 아니라 외교에 대해서도 권한이 없다는 사실을 정확히 인식하였다. 따라서 일본 막부 장군은 **일본 국왕**日本 國王으로 조선 국왕과의 대등한 교섭 대상으로서의 지위를 인정하였다. 그러나 천황이 비록 실권이 없다 하더라도 일본 국내에서 차지하고 있는 비중이 간단치 않음을 알고 있었다. 즉

"국왕은 그 나라에서는 감히 왕이라 일컫지 않고 다만 어소御所**라 일컬을 뿐이며 명령 문서는 명교서**明教書**라고 한다."**

라고 하여 막부 장군이 국내에서는 '**왕**王'이라 칭하지 않고 '**어소**御所'로 불리우고 있으며 형식적으로 천황의 신하 임을 지적하였다. 신숙주는 일본의 천황이 비록 대내외적으로 실권은 없었지만 상징적으로나마 최고 통치자임을 인식하였던 같다.

일본 경제에 대해 신숙주는 사행할 때 일본에서 견문한 바를 바탕으로 화폐 사용의 일반화와 상업의 발달을 인정하였으며 **박다**博多를 중심으로 한 해와 무역도 활발했음을 지적하였다. 그런데 특히 신숙주가 주목한 것은 당시 조일朝日 무역과 관련해 일본으로부터의 주된 수입품과 특산물에 대한 관심이었다. 당시 조일관계는 조선 측으로서는 왜구 금압 등 정치적인 측면에 비중을 두었지만 무역이 차지하는 비중도 결코 적지 않았다. 그래서 그는 8도 66주에서 당시 지배계급의 수요와 무기 제조 상 필수 불가결 하면서도 산출되지 않아 일본으로부터 수입할 수밖에 없었던 유황,

금, 동, 수철, 철, 염료 약제, 호초등에 대해 산지產地별로 나누어 상세히 기록하였다. 신숙주는 일본의 사회적 성격에 대해서는 직접적으로 언급한 것은 없지만 일본인들이 무술에 정련하고 창검을 잘쓰며 주집舟楫에 익숙하다는 점과 형벌제도가 엄격하다는 점등을 기술하여 일본 사회가 기본적으로 상무적尙武的 사회임을 지적하였다.[17]

chapter

02

제1장

일본 도요토미 히데요시豊臣秀吉 정권의 조선 인식

　일본의 **도요토미 히데요시**豊秀吉라는 인물은 우리에게 너무도 잘 알려진 사람이며 우리에게 고통을 많이 준 인물이기도 하다. 서기 1592년부터 1598년까지 략 7년 동안 우리 강토를 침략한 사건을 그들 일본은 **분로쿠 게이쪼오**文祿慶長**의 역役**이라 부른다. 우리는 임진왜란이라고 표현하고 있다.

　일본의 역사에 있어서 **오닌의 난**亂 이후 서기 1467년부터 1568년까지의 약 100년간을 그들은 **전국**戰國 **시대**라고 부른다. 전국 시대라는 표현은 중국 역사에서 기원전 770년부터 기원전 221년 까지의 549년간을 춘추전국春秋戰國 시대라고 불렀던 것을 모방한 것이다. 중국 고대 국가였던 주周나라가 힘을 잃고 수도를 낙읍洛邑으로 천도한 후 기원전 770년부터 기원전 403년 까지의 367년간을 **춘추 시대**라고 불렀다. 이 기간동안 각 지역의 제후들이 세력 다툼을 했는데 그 가운데 가장 강强 한 나라를 춘추 오패五覇라 부른다. 제齊나라, 진晉나라, 초楚나라, 월越나라, 오吳나라를 말한다. 그 후 중국이 더욱 살벌한 전쟁터가 되었던 전국戰國시대는 기원전 403 년부터 기원전 221년 까지의 282년간을 말한다. 이 시기를 전국戰國 시대 라고 명명한 것은 그만큼 제후들 간에 전쟁이 많았고 극렬했다는 뜻에서 소위 싸우는 **전쟁의 시대**라고 이름 붙여 **전국 시대**라고 했던 것이다. 이 기간 동안 국력이 강했던 국가를 **전국 칠웅七雄**이라고 이름 붙였다. 위魏나라, 제齊나라, 초楚·위魏나라, 연燕나라, 한韓나라, 조趙나라 칠국을 말하는 것이다. 중국의 '전국 시대'의 명칭을 빌려서 일본의 1467년부터 1568년까지를 '**전국戰國 시대**'라고 부르는데 그만큼 일본이 무로마치室町 시대 혼란으로 분열된 각 지역에서 다이묘大明들이 자기세력을 넓히기 위해 전쟁을 다반사로 했던 일본의 정치적 혼란기 백년을 가르켜 중국 전국 시대의 명칭을 모방하여 일본의 **전국 시대**라고 부른 것이다. 소위 무로마치 막부室町幕府와 슈고 다이묘를 주축으로하는 무사 계급의 통일 조직이 분열하면서 일어난 무력 투쟁의 시대이다. 전국의 군웅들이 자신의 영지를 확장하고 패권을 잡기 위해 전쟁을 되풀이 하고 있을 무렵을 말한다. 전국을 통일해 나가는데 결정적 승기를 잡았던 "**오다 노부나가**"가 뜻밖에 죽자 결국 그의 부하였던 **도요토미**가 통일의 위업을 달성하게 되었다.

　도요토미 히데요시 아버지는 오와리(지금의 나고야)에서 농민이자 하급 보병인 기노시타木下彌右衛門이고 그의 어머니 역시도 오와리 사람이었다. 히데요시 아버지는 **오다 노부나가**의 아버지 노부히데의 부하로 있다가 부상 때문에 평민이 되었다. 히데요사는 서민 출신이 분명한데도 불구하고 여러 가지 터무니 없는 이야기가 나오게 된 것은 히데요시가 일본 천하를 통치한 인물이 되었기 때문에 나중에 그의 가문과 신분을 그럴듯하게 장식한 것이다. 히데요시의 소년 시절에 관한 이야기가 전해지지만 그 전부는 알수가 없다. 그러나 외모는 원숭이와 비슷했던 것만은 사실인 듯 하다. 오다 노부가나의 부하로서 히데요시의 존재가 부각되기 시작한 것은 1566년 스노타 성을 쌓을 때 부터이다.[18]

오다 노부나가의 막바지 통일 대업을 이어받아 일본을 사실상 통일을 완성한 **도요토미 히데요시**는 1585년 7월에 간파쿠關白에 - 취임한 그 해 9월에 심복인 히토츠야나기 스에야스─柳末安에게 중국 명明나라를 정복하겠다는 포부를 털어놓았다. 히데요시는 간파쿠 취임 직후부터 동아시아 정복계획을 구상하고 있었던 것이다.[19]

그리고 도요토미 히데요시는 막대한 부富를 획득하고 영달榮達을 누리며 절대 군주가 되어 66명의 다이묘를 거느리면서 그들 66명의 다이묘들은 각각의 봉록封祿과 능력에 맞춰 금, 은, 재보와 곡물을 끊임없이 그에게 헌상했다. 도요토미 히데요시 에게는 유일한 아들인 **쓰루마츠**鶴松가 있었으나 세 살때 죽었는데 이때 그는 아들의 죽음을 슬퍼한 나머지 그의 누나의 아들인 조카 히데츠구秀次에게 천하를 물려주고 강대한 군대를 이끌고 중국으로 건너가 그 영토를 무력으로 정복하고자 하는 과업에 여생을 바치기로 결심하였다.

명예롭고 훌륭한 그와 같은 과업을 기도했던 일본 최초의 군주로 후세에 자신의 이름을 불멸의 것으로 만들어 영원히 기억될 수 있게 하기 위해서였다.[20]

관백으로 취임한지 2년째인 1587년 5월에 시마즈島津 세력이 히데요시에게 복속한 직후에 히데요시는 그의 부인에게 분부하길 잇키壹岐와 쓰시마도 굴복했으니 이제 조선의 국왕에게 일본 조정朝廷을 알현하도록 하라고 했으며 만일 알현치 않으면 내년에 처벌할 것이며 살아있는 동안에는 중국 명나라를 손에 넣겠다는 포부를 말하기도 했다. 그리고 규슈를 평정한 후에 조선을 복속시키려는 방침과 함께 류큐琉球도 겨냥했다.

쓰시마와 조선의 관계에 대해서 히데요시는

'조선은 지금까지 쓰시마의 별장에 지나지 않는다.'

라고 생각하고 있었다. 즉 조선은 쓰시마의 도주인 소씨宗氏에게 복속되어 있다고 이해했던 것이다. 이것은 마치 **류구**가 **시마쓰**씨에게 종속되었다고 보는 시각인 것이다.[21]

도요토미 히데요시가 중국 명나라를 쳐들어 가겠다는 **입당**入唐 의지를 공식적으로 표명했던 것은 1586년(선조 18년 天正 13) 이었다고 한다. 직접적으로 행동이 개시된 것은 1587년(선조 20년 天正 15) 그가 일본 규슈 평정을 위해 사쓰마薩摩에 있는 태평사泰平寺라는 절에 있을 때 대마도의 도주島主 소오 요시토目宗義調에게 명령을 해 조선 국왕의 일본 조정으로의 출두를 요구케 한 것 부터였다.

소오 요시토의 이들인 소오 요시토모宗義智는 바로 그의 가신家臣인 다치바나 야스히로에게 서계書契를 맡겨 선조에게 요청했는데 선조는 이웃 간의 화목을 의미하는 **인호화친**隣好和親은 희망하지만 무력을 과시하는 것은 반대한다고 하며 응하지 않았다.

그러자 1589년 요시토모는 선승禪僧인 겐소玄蘇를 정관正官으로 자기는 부관으로 하여 조선으로 건너갔다. 한양에 머물면서 조선 조정과 교섭했던 결과 겨우 조선 왕조는 통신사를 파견하는 것으로 타협을 하였다.[22]

그렇다면 조선과 일본의 중간에서 중간 역할을 했던 쓰시마에 대해서 조선은 어떤 인식을 가지고 있었던 것일까?

임진왜란 당시 조선의 영의정이었던 유성룡은 말하길

"쓰시마의 태수 소 모리나가宗盛長는 대대로 섬을 지키며 우리나라를 섬겨왔다."(징비록)

라고 기록하고 있다. 이런 내용은 조선 왕조 실록(세종 실록 원년 5월)에도

대마도(쓰시마)는 우리나라와 더불어 물 하나를 서로 바라보며 우리 품안에 있는것이거늘

이라고 기록되었을 뿐만 아니라 더 자세히는

"대마도(쓰시마)는 본래 우리 땅인데 다만 궁벽하게 막혀있고 또 좁고 누추하므로 왜노倭奴가 거류하게 두었더니…"

라고 기록되었다.[23]

결국 위에서 말한 대로 일본측 대리 쓰시마(대마도) 도주와 조선의 조정朝庭간의 타협으로 조선측이 그해 1589년 11월에 통신사 정사正使에 **황윤길** 부사副使에 **김성일** 서정관에 허성을 결정하고 그 다음해인 1590년에 3월에 그들은 일본을 향해 서울을 출발했다.[24]

일본을 댜녀온 정사 황윤길과 부사 김성일의 보고 내용은 서로가 상반되었다. 황윤길은

"도요토마 히데요시의 눈의 광채가 빛나는 것으로 보아 담력과 지략이 인물입니다 반드시 전쟁이 일어날 실마리가 있다고 생각합니다."

이에 반해 부사 김성일의 보고는

"도요토미의 눈은 쥐새끼와 같아 두려워 할바가 못됩니다. 신은 그러한 정세와 기미를 본적이 없습니다."

이렇게 서로가 상반된 주장을 하게 된데는 정사 황윤길은 서인西人이었고 부사 황윤길은 동인東人이었다. 이런 일은 당시 조선의 당쟁黨爭과도 관련이 있었다. 조정은 의견이 분열되어 논쟁하였는데 같은 동인이었던 좌의정 **유성룡柳成龍**이 부사 김성일의 주장을 지지하였다.[25]

임진왜란을 일으키기 일년 전 1591년에 도요토미 히데요시는 **신분통제령身分統制令**을 발포하여 군사와 농업을 엄격히 분리하는 병농분리兵農分離 방침을 유지케 하고 특히 하급 무사가 상인 계층인 조닝町人 또는 농민인 하쿠쇼百姓가 되는 것을 엄금하여 병력 확보에만 주력했다.

그 다음해인 1592년 3월 1일에 중국 명나라 정복을 위한 동원령을 일본의 모든 다이묘들에게 내리고 **구로다 나가마사黑田長政, 고니시 유키나가小西行長, 가토 기요마사加藤淸正**에게 나고야의 축성築城을 지사했다. 이와 같은 지시를 하달下達받은 가토 기요마사는 내년 3월에 중국 명나라로 쳐들어가면 중국에서 20개의 지방을 분배받을 것이라고 자기 가신들에게 전달했다.[26]

1592년 3월 13일 히데요시는 약 16만의 병력을 9개로 편성하여 조선 출정을 명령했다. 1592년 4월 13일에 일본 제1군의 왜선이 바다를 꽉 메운 채 부산포로 몰려들면서 소위 **임진왜란**이 시작된 것이다.

일본군은 파죽지세破竹之勢로 서울로 진격하여 그해 5월 16일에 **가토 기요마사**로부터 서울을 점령했다는 것과 조선 국왕의 도망을 보고 했다. 이에 히데요시는 가토 기요마사에게 9개에 걸친 지시를 내렸다.

그 첫째는 조선 국왕을 수색하여 찾아 내라는 것과 조선 국왕에게는 **간**

닌분扶 忍分을 지급하라고 했는데 선조宣祖가 도주한 것에 대해 유감을 표명했다.

여기서 말하는 **간닌분**이란 일본 중세 때 주군主君이 사무라이에게 생계보조금으로 주었던 녹祿을 말하는데 히데요시는 자기에게 복속한 다이묘들에게 이 간닌분을 주었다. 둘째는 서울을 비롯하여 조선 각지의 일본군이 점령한 지역 그리고 이울러 조선 백성을 다루는 방법에 대한 지시이다.

예를 든다면 조선에 들어간 일본 군사는 **난폭하고 무법한 행동**이 없도록 할것과 조선 각지의 농민들을 마을로 복귀케 하여 살게 하고 법규를 제정해 줄것과 이상과 같은 지시를 **가토 기요마사**와 **고니시 유키나가**가 현지의 실정에 맞게 실시할 것을 명했다. 그리고 동시에 군량의 점검과 비축, 서울을 비롯하여 히데요시가 숙박할 곳을 건축하고 그와 함께 도로를 정비할 것을 지시했다.[27]

그리고 히데요시는 조선 침략후 불과 20일에 조선의 수도 한양을 점령했다는 보고를 받자 급히 중국 정복후의 계획을 다음과 같이 발표하였다.

(1) 천황을 중국의 수도 북경에서 맞이한다.
(2) 북경의 주위에 천황의 직할지를 만든다.
(3) 일본은 황족이 다스리게 한다.
(4) 일본과 중국에 각각 관백關白을 둔다.
(5) 조선 국왕을 일본에 이동시킨다.
(6) 모든 다이묘大名에게는 많은 토지를 준다.
(7) 히데요시는 영파에 주거를 마련한다.
(8) 인도 정복에 착수한다.

히데요시는 이 같은 계획을 실현함으로써 후세에 길이 그의 이름을 남기려 생각했다.[28]

일본군의 당면 목표는 조선을 중국 명나라 정복의 견인차로 만들려는 것이었다. 이를 위해서 서울에 히데요시 거처를 건축하고 조선 농민으로부터 군량을 징발하여 명나라까지의 원정 준비를 든든히 한다는 계획이었다.

그리고 조선으로 건너간 일본 다이묘大名들은 다음과 같이 조선 전역에 배치되었다. 경상도는 **모리 데루모토**, 전라도는 **고바야카와 다카카제**, 충청도는 **시코쿠 다이묘大名**들에게, 강원도는 **모리 요시나라** 경기도는 **우키타 히데이에** 황해도는 **구로다 나가마사** 함경도는 **가토 기요마사** 평안도는 **고니시 유키나가**이다.[29]

서울을 점령했던 일본군은 5월 27일부터 28일까지 고니시 유키나가, 가토 기요마사의 일본군은 임진강을 건너는데 성공했다. 이때 조선군이 패주하는 모습에 대해서는 조선측 기록에

부원수 이빈은 한 발의 화살도 당기지 못하고 몸을 감추었고 상하上下의 모든 군사들도 일시에 궤멸했다. 이양원 등은 적군이 이미 임진강을 넘었음을 듣고 곧 흩어져 함경도로 향했다.

라고 되어 있다.(寄齊史草 下 壬辰日錄 一 壬辰 5월 27일)

여기서 약 1세기에 걸친 전국의 전란 속에서 단련된 일본측의 전투 기술과 조선의 양반지주제兩班地主制하에서 일본과 같은 전투를 체험해보지 못한 조선측의 전투 기술 상태를 엿볼 수 있다. 이와 함께 주목해야 할 것은 이 임진강 전투 승리 때 일본군 속에서 신神의 보호를 받고 있다고 의식하는 **신국의식神國意識**이 발휘되고 있음을 임진강 전투에 참전했던 **다지리 아키타네田尻鑑種**가 쓴 고려일기高麗日記에 일본 진구神功황후의 **삼한**

정벌이야기 속에서 보여진다.

진구 황후께서 신라를 퇴치하려고 모든 신들을 잇키壹岐섬에 모으셨다. 태양신이 노와 키를 잡고 대마무신은 깃대를 잡고 배를 출발시켰다. 적들도 바다위에 나타나 방어해 왔지만 일본 신들의 힘과 위엄이 강하여 신라를 추적했다. 진구 황후는 여자의 몸으로서 게다가 임신중이었는데 돌아오는 길에 지쿠젠筑前의 바다 우라치浦地에서 해산 하셨다.

임진강 전투에 **진구 황후 전설**이 등장한 것이다.

또한 일본의 가토 기요마사의 가신家臣인 시모카와 효다이부下川兵大夫는 말히길 조선 출병에 앞서 그의 주군主軍인 가토 기요마사가

"옛부터 진구 황후, 오진應神 천황 이래 삼한三韓에서 일본에 조공을 바쳐왔으나 근래에는 그러한 습관도 사라져 버렸다. … 내가 선수를 쳐 조선 국왕을 잡아 일본에 조공을 바치게 하겠다."

라고 말했다는 것이다.[30]

조선에 출정에 선두에 섰었던 1592년 6월 10일에 황해도 안성역安城驛에서 포로로 잡은 현지 조선인을 길 안내자로 삼고자 했다. 이 당시 상황도 가토 기요마사의 가신家臣인 다지리 아키타네의 **고려일기**에 다음과 같이 나온다.

가토는 함경도로 가게 되었는데 길에서 조선 백성 두 사람을 사로잡아 길 잡이로 삼았다. 한 사람은 그 길을 모른다고 하고 사절하자

그를 죽였고 한 사람은 두려워서 그대로 따랐다. … 길 안내를 강요 당한 한 사람은 함경도 길을 모른다며 이를 거절했기에 가토에게 참 살 당했던 것이다. 나머지 한 사람은 이에 겁을 먹고 길 안내를 하 게 되었다. 가토의 군대는 함경도와 강원도의 경계인 노리현을 넘 어 같은 달 17일 함경도 안변安邊으로 들어갔다.

— (고려일기 1592년 6월 17일)

가토는 함경남도 안변을 본영으로 삼고 그리고 화령會寧으로 향해서 여기에서 조선의 왕자 임해군臨海君과 순화군順和君을 잡았다. 이 두 왕자는 화령의 조선의 관리였던 국경인鞠景仁등이 붙잡아서 가토에게 투항하고 넘겨준 것이었다.31)

함경도에 침입한 가토는 곧바로 함경도 백성들에게 방榜을 써서 붙였다. 그것은

(1) 도요토미 히데요시는 조선 국정의 개혁을 위해 군대를 파견했으나 조선 국왕을 서울을 벗어나 버렸다 그러나 우리는 조선 국왕을 처벌하지 않는다.
(2) 우리의 행동을 이해하는 조선인에게는 마을에서 안주할 수 있도록 보장한다.
(3) 일본인들은 많은 장수들을 조선 8도에 파견하여 다스리기로 했다. 함경도는 가토 기요마사가 다스리며 도리에 벗어나는 일은 없을 것이다. 조선의 농민들은 속히 집으로 돌아가서 농경에 힘쓰라는 내용이다.32)

가토 기요마사와 니베시마 등은 함경도 각지에 주둔지를 마련하여 징발과 규율과 법도를 철저히 했다. 가토 기요마사 자신은
"제가 관할 하고 있는 지역은 백성들도 모두 제 위치에서 생활하고 지금까지는 평안하니 안심하셔도 됩니다."
라고 히젠의 나고야에 보고했다. 가토 기요마사와 달리 조선 침략에 동원되었던 다른 다이묘大名들은 조선 농민들을 잘 통활하지 못했다. 가토 기요마사가 함경도 농민들의 통솔에 성공할 수 있었던 함경도의 상황을 『**조선왕조실록**』은 다음과 같이 기록하고 있다고 한다.

> 함경도는 조선 국왕의 덕화德化가 미치지 못하여 원한을 품은 자가 많았다. 국왕이 평양에서 의주로 이주하고 함경도로는 오지 않는다는 정보를 입수한 그들은 이것을 좋은 기회라고 여기고 방자하게도 반란을 일으켰다. 또한 명천 길주의 백성은 왕자의 도주로逃走路를 일일이 써 붙여 걸어 놓아 추적할 수 있겠끔 했다. 게다가 일반 조선 군인들도 반란을 일으켜 자기 상관을 살해하는 등 함경도 치안은 무법천지로 공포에 빠졌다.

그렇다면 이와 같은 사태를 초래한 함경도는 그 특징으로서 첫째는 중앙에서 파견된 관료와 여진女眞을 포함한 토착세력과의 알력이 있었다. 함경도 특히 관북 지역은 고려 시대부터 여진이 거주하여 타민족의 혼합 거주 지역이 되어 있었다. 그로 인해 **여진의 반란**이 끊이지 않았다.
그와 함께 오랜 시간에 걸쳐 조선 백성과 이민족 여진족이 공존하여 토착세력을 형성하게 되었다. 그 때문에 가토 기요마사가 함경도를 침입했

을 때 중앙 관료에 대한 토착 세력의 반감이 머리를 들게 했다. 그 일례로서 여진족이 함경북도 병마사 한극함韓克誠을 가토에게 넘겨 주어버린 것이다.

이렇게 함경도는 토박이인 토착 세력에다 중앙에서 온 유배자가 더 하여져서 국가 권력에 대한 반감의 온상이 되어 있었다. 그리고 평안도와 함경도 출신자에는 양반이 되는 길이 막혀 있었던 것이다. 이런 상태에서 **가토**의 함경도 침입과 동시에

"세왕을 세우자 조정을 갈아 치우자"

라는 슬로건으로 한 토착 토호층의 반란이 일어난 것이다. 가토 기요마사 눈에 바친 함경도에 대해서 가토는 말하길

"이곳 회령會寧이라는 곳은 일본으로 말하면 하치조지마八丈島나 이오지마硫黃島등과 같은 죄인들의 유배지로서 조선 국내에서는 서울에서 온 죄인을 있게 하고 주변의 들을 개간케 하여 '조'나 '피'를 경작하여 살아가게 했다."

이런 내용들은 주로 함경북도에 관련된 것 이지만 함경남도에 대해서도 가토 기요마사는 말하길

"백성들은 모두 산속에서 나와서 제가 도착하기를 기다렸다고 합니다."

라는 보고를 상부에 했다.[33]

서기 1592년 선조 25년 4월 14일 도요토미 히데요시의 부산을 시작으로 한 조선 침략전쟁의 7년간은 조선에게 엄청난 인명 사상과 전 국토의 황폐화를 가져왔다. 일본의 조선 침략 이유에 대해서는 현재 여려가지 학설이 있다.

첫째는 통상 무역의 부흥이라는 설說이다. 둘째는 도요토미 히데요시

의 공명심, 야심이라고 하는 설說인데 1590년(선조 23년 天正 18)에 히데요시가 조선 통신사에게 주었던 서계 속에 다음과 같은 구절이 있는데 이 내용이 히데요시의 공명심 야심을 들어 낸다는 것이다.

> 한번에 넘어 바로 중국 명나라로 들어가 400여주에 우리나라의 풍속을 옮기고자 한다. … 내가 원하는 바는 다른 것이 아니고 단지 세 나라(조선 일본 중국)에 좋은 명예를 나타내고자 할 따름이다.
> ― 『선조 수정 실록』 제25권

조선에서는 유성룡의 징비록懲毖錄에도 역시 도요토미 히데요시의 외국 침략의 야망을 들고 있다. 최근의 연구로써 이형석李炯錫씨의 『**임진 전란사**』가 있는데 그 책속에서 히데요시의 침략 원인에 대해서는 다음과 같이 서술하고 있다.

> 전국 시대부터 전장戰場을 누비고 달려 무예武藝와 전법戰法을 몸에 익힌 백전 노련의 군병軍兵들의 웅지雄志를 해외로 향해 떨치게 하려고 한 것이 히데요시의 원대한 계획이었다. … 그리고 다이묘大名들의 세력과 재력을 억제하고 그들의 전력 소모를 도모하는 방책을 취한 것이다 그리고 심리적인 이유로서는 친동생인 히데니가秀長와 장남長男 쓰루 마츠의 죽음도 해외 침략의 추진력이 되었다.[34]

제2장

도요토미 히데요시 시대 조선 지식인의 일본관

일본에 대한 나름대로의 어떤 견해와 식견를 가질수 있는 지식인이라면 일본을 직접 목격한 인물이어야 할 것이다. 그렇다면 일본을 직접 보고 경험한 사람이라면 당연히 일본을 사신으로 갔던 통신사 일행일 것이다.

1. 황신黃愼 (1560-1617)

조선 선조때 병조 좌랑을 거쳐 일본 통신사가 되어 중국 명나라 사신과 함께 일본을 왕래하는등 공功을 세워 공조 판서 호조판서를 지냈다.

도요토미 히데요시가 조선을 침략한 1592년 이후 4년이 지난 후 1596년에 조선은 황신黃愼을 일본에 통신사로 보냈다. 4년 전인 1592년 4월에 부산에 상륙한 일본군은 서울로 북진北進 한 후 두 갈래로 나뉘어 **고니기 유키나가**小西行長는 평안도로 **가토 기요마사**加藤淸正 장군은 함경도로 향했다. 고니시기 유기나가 군대는 6월에 평양을 탈환하는데 성공했고 가토 기요마사 군대는 함경도 회령에서 두 왕자를 포로로 삼아 이 일대를 제압했다. 그러나 이윽고 조선 각지에서의 의병 투쟁, 이순신 장군의 활약, 중국 명나라 군의 참전등의 요인으로 전세戰勢는 일변一變 했다. 일본군은 한양까지 후퇴할 수밖에 없었다.

그 전에 평양에서는 명나라의 **심유경沈惟敬**과 일본의 고니시기 유기나가가 서로 접촉하여 화의和義를 논의했다. 그리고 다음해 1593년 5월에 고니시기 유기나가가 명나라 군사의 사신 두 사람을 **히데요시** 대본영인 히제肥前와 나고야名護屋에 안내하여 명나라와 일본과의 강화조건을 마무하게 되었고 히데요시는 명나라를 향해 7개 항목을 제시했다. 그중에서 명나라 황제의 딸을 일본 국왕의 후비后妃로 할 것, 감합勘合 무역을 부활할 것, 조선 왕자와 대신大臣 한 두사람이 인질이 될 것 등이었다. 중요한 것은 조선의 남반부 4도(경상, 충청 전라 한양을 제외한 경기와 각도)를 일본에 넘기는 **할양안**이 7항목에 들어 있었다.

조선 통신사를 이런 와중에 맞추어 파견했던 것이다. 일행 390명은 8월에 부산을 떠나 윤 8월 18일에 사카이에 도착했다.

황신黃愼은 이때의 기행을 『**일본 왕환 일기**』에 기록했는데 그가 일본을 어떻게 보았지는를 아는 것도 그 당시 조선 사대부들의 일본관을 조금이나마 엿볼 수 있을 것이다.

> "대개 왜국의 면적은 우리나라 면적보다는 넓기는 하나 이름있는 산이나 큰 강물이 없고 본래 풍토와 물산物産이 모두 우리나라에 미치지 못한다. **후지산**이라는 산이 이 나라의 동쪽에 있어 가장 큰 산

이라고는 하나 형승의 아름다움은 별로 볼만한 것이 없다. 그 나라는 천지의 동남쪽에 있기 때문에 바람과 기후가 매우 온화하고 따뜻해 한 겨울의 날씨도 마치 우리나라의 6-9월과 같다. 항상 9-10월 사이에 무 등의 채소를 심어서 겨울 동안 식용으로 삼는다.

깊은 겨울이라도 얼음이나 눈이 없고 통신사가 쓰시마 섬에 돌아와서야 처음 싸락눈을 보았는데 역시 녹아 버리고 얼어 붙지 않았다. … 나라 안에는 소위 **천황**이라는 자가 있는데 지극히 높아 나랏일에는 참견하지 않으며 다만 매일 세 차례 목욕하고 한 차례 하늘에 참배할 뿐이다. … 그리고 국민 가운데 문자를 해독하는 사람은 승려와 공족뿐이다. **상인商人**이 가장 부귀하여 그 이득이 배가 되기 때문에 세금이 조금 무겁다. 나라의 크고 작은 비용을 상인들에게 책임 지운다. 농민은 전답마다 그 절반을 거두어 들이고 그 이외에는 부역이 없다."

라고 했다. 일본인들의 인간성을 언급하는 대목이 있는데 다음과 같다.

"사람들의 성질은 경박하나 영리하고 또한 자못 **솔직하다** 남의 말을 잘 믿는다. 말이 간곡하고 정성을 다해 아녀자와 같다. 또한 사는 것을 가볍게 여기고 협기俠氣를 부리며 병들어 죽는 것을 욕으로 여기고 싸우다 죽는 것을 영광으로 여긴다. … 원통한 일이 있으면 바로 칼로 배를 갈라 스스로 해명한다. 원수가 있으면 반드시 칼을 빼서 갚는다." 35)

2. 강항姜沆 (1567-1618)

조선 중기의 문신文臣이며 의병장이 되었다. 임진왜란 때 의병장으로 활약했으며 **정유재란**丁酉再亂때 일본에 포로로 끌려가 그곳에서 성리학을 전하였고 1600년에 일본을 탈출했다. 그는 일본에서 1597년부터 1600년까지 포로 생활을 하던중 일본의 무사들에게 다음과 같은 질문을 던졌다.

"삶을 좋아하고 죽음을 싫어하는 것(好生惡死)은 사람이나 물物이나 마음이 같은 법인데 일본 사람들이 유독 죽음을 즐기고 삶을 싫어하는 것(樂死惡生)은 어쩐 일이냐?"

임진왜란을 직접 경험하고 일본에서 포로로 생활하던 강항의 눈에는 인간으로서 당연히 가져야 할 삶을 긍정하려는 의지를 일본 무사들에게서 찾아볼 수가 없었던 것이다.[36]

일본의 무사들은 평상시에도 '**죽음**'에 신경을 집중해야 했다. 일본의 전국시대(1468-1567)의 무장武將으로 임진왜란과 정유재란에도 참가했던 **구로다 나카마사**黑田長政가 남긴 유언에는

"**대저**大抵 무사는 매일 죽음을 궁구하지 않으면 일마다 실수를 저지를 수 있다. 매일 아침 저녁으로 칼을 스스로 닦아야 하며 오늘 하루를 무사히 지낼수 있는지는 이 두자루 칼에 달려 있음을 삼가 잊지 않는 것이 중요하다."

라는 말이 보인다. 무사의 마음가짐을 기술한 **야마모또 조오초오**山本常朝**의 하가꾸레**葉隱에서는

"무사도武士道란 죽음을 깨닫는 것이다. 생生과 사死 둘중의 하나를 선택해야 한다면 죽음을 선택하면 된다."

라고 하여 무사에게는 삶보다 죽음이 더 가치가 있음을 강조했고

"자나 깨나 죽음을 염두에 두고 언제나 죽을 몸이 되어 있을 때 무사도의 각오가 몸에 배어 일생동안 큰 탈없이 무사로서의 책무를 다하게 되는 것이다."

라고 하여 자신이 어떻게 죽어야 하는지를 언제나 염두에 두며 살아야 한다고 주장했다.37)

강항은 임진왜란때 조선에 항복해온 일본 무사들의 모습을 다음과 같이 묘사했다.

"그들은 겨우 포대기를 벗어나게 되면 바로 장관將官의 집에 기식寄食하며 평생 부모와 형제를 보지도 못하고 고향과 이웃 마을에 들어가지도 못한 채 사방으로 전쟁에 종사한다. 출동만 하면 열흘이나 한 달이 걸리기 때문에 비록 처자妻子가 있어도 그 얼굴을 거의 볼 수가 없다. 그러므로 장관이나 농민에게는 처자妻子가 있으나 그 나머지는 태반이 처자가 없어 고향이나 부모를 그리워하는 정이 조금도 없었다."

최전선에서 싸워야 하는 하급 무사들은 어려서부터 장관의 집에 붙어서 얻어 먹기 때문에 부모와 떨어져 살아야하고 결혼도 하지 않았기 때문에 가족이나 고향에 대한 정을 모른다는 것이다. 강항의 눈으로 볼 때 일본 무사들은 가족간의 유대를 중시하는 유교사회와 전혀 다른 환경에서

생존하는 것이다.

인간의 생명을 경시하는 풍조는 무사에게만 한정된 것이 아니었다. 일본의 **전국시대**戰國時代에서는 과감하게 죽는 것을 칭송하는 분위기가 사회 전체를 지배하고 있었다. 강항은 당시 일본 사회의 분위기를 다음과 같이 묘사했다.

> 격분하여 분쟁이 일어나 결투하게 되는 경우 그 상대를 찔러 죽이고 나서 또 자신도 곧 목을 찌르거나 배를 가르거나 합니다. 그러면 사람들은 '참다운 대장부다.'라고 감탄하며 애석히 여기지 않는 이가 없고 그 자손에게 '너는 곧 과감하게 죽은 사람의 후손이다.'라고 하여 지위 높은 사람과 혼인도 할 수 있었다.

이는 예로부터 무사 사회에 존재하던 **아다우찌**仇討를 말하는 것으로 보인다 **아다우치**는 곧 복수행위를 의미한다. 복수를 수행하여 원수를 죽이고서 자신도 자결하면 그 자손들이 큰 명예를 얻는 모습을 묘사한 것이다. 이러한 풍습은 그 후 에도江戶 시대에도 강하게 남아있었다.[38]

제3장

일본 에도江戶 시대의 한국관

일본 **에도**江戶 **시대**란 **도쿠가와 이에야스**가 일본 천황으로부터 정이대장군征夷大將軍에 임명된 1603년에서 15대 쇼군 **도쿠가와 요시노부**가 대정봉환大政奉還한 1867년 10월 까지 265년 동안을 가르킨다. 이 기간 동안 권력의 중추기관인 **바쿠후**幕府가 에도(江戶: 지금의 도쿄)에 있었기 때문에 붙여진 명칭이다. 조선을 침략했던 **도요토미 히데요시**가 1598년 8월에 죽은뒤 정권 운영을 위임 받은 **도쿠가와 이에야스**는 1600년 9월 **세키가하라** 전투에서 승리하여 실질적으로 전국의 패권을 장악했으며 도요토미 히데요시가 만든 전국 지배 체제인 바쿠후幕府 체재를 이어 받았다. 그리고 도쿠가와 이에야스는 다이묘大名들과 토지 지배권을 통한 군사적 주종主從관계를 맺었다.[39]

일본 **에도**江戶 **시대**에는 일본과 조선간에 평화로운 국교國交가 계속되었다 외국과는 쇄국鎖國 중인데도 조선과는 정식으로 외교 관계를 유지했으며 그리고 조선과의 우호友好에도 힘을 썼다. 조선은 일본에 사신使臣을

12차례 보냈다. 조선의 사신 일행은 수백명에 달하는 숫자였으며 세토나이카이瀨戶內海를 항해하며 병고兵庫에 상륙해서 동해도(東海道: 大阪에서 동경에 이르는 육상 교통로)가 붐비는 행렬을 이루고 **강호**(江戶: 지금의 도쿄)에 이르렀다. 일본 막부幕府는 연도沿道의 여러 다이묘大名들에게 명하여 사신 일행을 후하게 대접하게 했으며 강호江戶에서는 귀중한 빈객賓客으로 우대했다. 막부는 조선에 경의를 표했고 우호관계의 유지에 힘썼던 것이다.[40]

1. 에도시대 일본 유학자들의 한국관

　에도 시대 당시의 지식층 특히 **유자**儒者들은 조선의 학문과 학자들을 존중했다. 에도 시대의 유학儒學의 기초를 쌓은 **후지와라 세이카**藤原惺窩 **(1561-1619), 하야시 라잔**林羅山 **(1583-1657)**은 모두 조선의 유학을 배워서 자신의 학문을 형성했다. 세이카惺窩는 세키가하라(關原: 도쿠가와 이에야스가 일본 전역을 제패한 전쟁) 전쟁 직후에 도쿠가와 이에야스에게 불려가서 **어전**御前 강의를 했는데 그때 그는 조선 의복을 본딴 심의深衣를 입고 나와서 조선에서 인쇄한 한문으로 된 책으로 강의했다. 그는 유학을 승려의 손에서부터 유자儒者의 손으로 옮겨 유학의 독립을 꾀한 사람이다. 그의 학문의 기초에는 조선의 유학 특히 이퇴계李退溪의 주자학朱子學이었다.

　하야시 라잔林羅山은 **후지와라 세이카**藤元惺窩보다도 한층 강렬하게 조선의 학문에 경도했다. 그의 장서藏書중에는 그리고 도쿠가와 이에야스 서고書庫에도 매우 많은 숫자의 조선 책이 있었다. 그는 유학은 물론 역사, 문학, 의학, 병학兵學등에 대해서도 조선의 책을 통해서 배웠다.

그도 후지와라 세이카와 마찬가지로 조선의 학자 중에 **이퇴계**李退溪를 존경했다. 사토우나오가타佐藤直方 (1650-1769), 타니진잔谷秦山 (1748-1803) 등도 이퇴계의 책을 읽고 커다란 감명을 받았다. 그들에게는 많은 제자나 후계자가 있어서 각지에 산재하고 있었다. 이퇴계의 학풍은 그러한 사람들을 통해서 일본의 여러 지방에 때로는 외딴 시골에 까지 전해졌다.

이를테면 웅본雄本에서는 오오츠카 타야大塚退野 (1677-1750)라는 유자儒者가 있어서 퇴계退溪의 가르침을 전했으며 그 퇴계의 학풍은 뒷날까지 웅본雄本에 남아서 요코이 쇼우닌橫井小楠 (1809-1869) 모토다 나가자네元田永孚 (1818-1891)에게 영향을 미쳤다.

1719년에 조선 통신사의 수행원으로 일본에 간 **신유한**申維翰은 그의 저서 **해유록**海遊錄속에서 퇴계의 저작이 일본인들에게 널리 읽혀지고 퇴계의 자손이나 그의 생전의 기호嗜好에 대해서까지 일본인들로 부터 질문을 받았으며 또한 일본인들이 조선의 유자儒者들 이름들을 상세하게 알고 있는 것 등에 대해서 경탄하며 적고 있다. 당시 일본의 지식인이 조선의 학자 그리고 학문을 높이 평가하고 있음을 알수 있다.

그리고 그 당시 일본인이 배웠던 것은 조선 문화의 일면으로써 깊은 조선 인식에 입각하여 조선 문화 그것을 민들어낸 조선인을 존경한 것은 아니었다. 조선 문화의 일면 특히 봉건적 질서 형성에 이바지한 **주자학**朱子學의 학습이라는 측면으로부터 존경심이 생긴 것이다. 이러한 제약이 있다 하드래도 당시 지식층 가운데 지배적 지위를 차지한 일본의 유자儒者가 조선의 학문이나 학자들에게 경의를 표했다는 것은 주목할 만한 일이다.

그런데 이러한 존경심은 세월의 흐름에 따라 언제 부터인지 일본인 의식속에서 사라지고 이러한 사실이 있었다는 것조차 잊고 있었다. 일본이 조선을 지배하고 있던 시대에 **융화정책融化政策** 입장에서 이러한 사실을 단편적으로 모은 일은 있었지만 그냥 흘러버리고 말았다. 이제 새로운 입장에서 다시 문제 삼아도 좋을 것이다. 아직 알려지지 않은채 잊혀진 사실이 분명히 많이 있을 것임에 틀림없다.

그러한 사실의 발굴은 앞으로 남겨진 중요한 과제중의 하나이다. 이처럼 조선의 학자 그리고 학문에 대한 존경의 념念이 있었던 반면에 조선에 대한 우월감도 존재하였다.

(가) 하야시 라잔林羅山 (1853-1657)의 한국관

도쿠가와 이에야스의 측근으로서 학문 외교 분야에서 활약했던 사람이다.

하야시 라잔은 13세부터 건인사建仁寺에 들어가 불교를 공부하고 좌선을 닦았으며 후에는 중국의 송학宋學을 신봉하여 주자朱子의 저서를 열심히 읽었다.

그의 스승은 '**후지와라 세이카**藤原惺窩'로서 그는 조선의 유학을 존경했던 사람이기도 했다. '하야시 라잔'이 처음으로 조선 사절단이었던 승僧 **유정惟精대사**를 면접한 것은 라잔의 나이 23세 때요 유정 대사大使의 나이는 62세 때였으며 이때 대단한 인상을 유정으로부터 받은 것 같다. 유정대사가 일본을 방문한 목적은 표면적으로는 '**오사카 평정 일본 지역 통합의 축**'라는 명분이었지만 내실은 일본 국

하야시 라잔

정의 탐색, 그리고 일본에 잡혀온 조선인 포로 송환을 목적으로 한 것이었다. 주자학을 공부한 하야시 라잔이었지만 유정대사가 일본 방문에 대해서 기술했던 끝 부분에서 그의 조선관이 드러나 있다.

"원래 조선은 예부터 우리나라의 서쪽 울타리였었다. 지금 그들이 내방來訪함에 있어서 후하게 접대하는데 이것은 또한 먼나라 사람과 제후를 편하게 해주려는 뜻이 아니겠는가"

조선을 예부터 서번西蕃 즉 서쪽 울타리라고 생각하는것과 후하게 접대한다고 하는 기술은 조선에 대한 우월관의 표현인 것이다. 그 후에 1636년에도 조선으로부터 통신사가 일본에 내빙했는데 이 통신사에게 단군신화와 기자 설화를 비롯한 한국 역사와 이퇴계에 관한 생각을 쓰시마 도주島主인 소오 요시나라宗義成를 통해 질문장을 보냈는데 그 질문장 중에 다음과 같은 기술이 있다.

"다른 나라 사람들이 우리나라에 조공을 받친 일이 많다. 하물며 귀국이 우리나라에 사절을 보낸 것은 예부터 셀수 없지 않은가"
— 林羅山 文集 제14권

이것은 일본 무로마치 시대의 1377년 고려 우왕 3년 때 왜구의 금압禁壓을 요청하기 위해 일본에 내빙來聘했던 정몽주에 관한 질문 가운데 한 구절인데 그 당시 조선 사절 모두를 조공을 위해 온 빙례사聘禮使로 잘못 해석함으로써 한국을 일본의 부용국附庸國으로 보는 것으로 하야시 라잔의 조선 의식을 나타내고 있다.[41]

(나) 아라이 하쿠세이 新井 白石 (1657-1735)의 한국관

아라이 하쿠세이는 일본에서는 근세 전반을 통해 보기 드문 학자로 일컬어 지고 있으며 주자학을 비롯해 국학 양학洋學에도 깊은 관심과 조예를 가지고 많은 저서를 남긴 석학碩學이었다. 그는 1709년부터 1717년 까지 장군 **도쿠가와 이에노부**德川家宣 와 **도쿠가와 이에쓰구**德川家繼를 보좌하여 막부의 정치를 담당하였다.[42]

아라이 하쿠세이

본래 **에도 시대**에 조선 통신사의 일본 방문은 도요토미 히데요시의 조선 침략을 반성한 도쿠가와 이에야스가 조선 왕조와의 국교 회복을 바라는 강한 요청으로서 실현된 것이었다. 그래서 조선 통신사에 대한 대우는 정중을 다했다.

예우와 격식은 칙사勅使 이상으로 했고 그 예우는 3대 도쿠가와 이에미쓰 때에 정착되고 이후 부터는 이에 대우는 선례先例를 따랐다.

그러나 **아라이 하쿠세이**는 의례를 간소화 한다는 명목하에 일본의 위신을 높이는 방향으로 개혁을 꾀하며 많은 점에서 선례先例와 다른 예식을 조선 통신사 측이 받아 들이도록 했다. 이러는 과정에서 양자 간에는 긴장감이 생겨났다. 아라이 하쿠세이는 조선측의 중요한 서적을 예를 들면 "해동 제국기", "징비록", "경국대전", "고사 촬요", "팔도관직", "양조국서", "필원잡기"등을 독파하고 그 해석 위해 통신사 개혁안이 아닌 **대우 개악안**改惡案을 주도 면밀하게 만들었다.

그 개악안은 첫째 통신사가 통과하는 곳의 향연을 감소시켜 식사 내용을 간소화 했다. 둘째, 조선 통신사가 객관客官에 들어갈 때 가마에서 내리게 했다. 셋째 통신사가 에도에 도착했을 때 로주老主가 객관을 방문하게 되어 있는 것을 **고케**(高家: 막부의 의식 관례를 전담하는 관리)로 대신했다. 넷째 막부의 사자使者가 객관을 방문할 때 삼사(정사, 부사, 종사관)의 송영送迎은 계단 아래서 송영했다.

다섯째 **쇼군**(막부의 최고 장군)과 만날 때의 자리는 고산케(御三家: 이에야스 아들, 요시나오, 오와라 요리노부) 수준이었던 것을 **고케**와 같은 자리로 내린다. 여섯째 통신사 향응때 "**고산케**"가 배석하고 있었던 것을 격하시켜 응접역의 다이요大名로 바꾸었다. 일곱번째 막부에 제출하는 국서國書는 일본국 대군大君으로 되어 있던 것을 **일본 국왕**國王으로 고쳤다

그러나 도쿠가와 이에미쓰 방식을 고쳐 통신사 측이 따르게 했기 때문에 정사 조태억趙泰億을 비롯한 통신사측의 큰 반발을 초래하였다.[43]

이상과 같은 조선 통신사 대우에 있어서 아리이 하쿠세이가 주장했던 것은 어디까지나 두 나라의 대등관계에서 오는 대등 호례好禮의 **예분론**禮分論이었으며 그것도 예기禮記를 비롯하여 고금의 전례前例를 참고 하고 한일 양국에 있어서 서신을 서로 교환했던 전례를 조사해서 나온 사고思考요 제안 이었던 것이다. 조선을 멸시하고 조공국으로 보았던 것은 아니다. 어떤 점에 있어서는 아리이 하쿠세이는 합리주의적인 태도를 유지했다고 볼 수 있으나 그의 말년에는 그에게도 조선에 대한 **멸시관**이 표현되었다.[44]

(다) 나카이 치구잔中井竹山 (1730-1804)의 한국관

나카이 치구잔은 1730년 (영조 6) 오사카에서 태어났다. 아버지는 슈

안鰲庵 동생은 리겐履軒으로 함께 유학자로 이름을 떨쳤다. 나카이 지쿠잔이 살았던 시대는 에도江戶 전기前期에 해당하는 시기로써 문예와 학문이 발달했던 시기이다.

1789년 정치 경제 사회 전반에 관한 개혁안인 **초모위언**草茅危言을 지었는데 그 제4권에 **조선의 일**에 그의 한국관이 전개되었다. 이 책의 내용은 여러 다이묘大名의 조선 통신사들에 대한 지나친 향응, 통신사 일행의 무례無禮 그들이 묵는 객관에서의 **한시문**漢詩文을 주고 받는 것이 주는 폐해, 역지 빙례를 권장하는 것에 대해서이다. 다이묘들의 조선 통신사에 대한 향응에 대해서는 다음과 같은 구절이 있다.

"신공神功의 원정遠征 이래, 조선이 우리나라에 복종하고 조공을 바친 속국인 사실은 역대로 오랫동안 끊어지지 않았는데 지금의 형세는 이와 다르다. 그 까닭은 도쿠가와 정권의 초기에 도요토미가 **무**武를 더럽힌 형국(임진왜란의 실패를 말함)을 마무리 짓고 일시의 방편으로 교린을 맺으려고 하였기 때문이다. 그들도 이전과 같이 우리의 **황경**(皇京: 당시 천황이 있었던 곳 지금의 교토)에 조공을 하려 하지 않고 다만 우호를 통하게 되니 속국이라 하기 어렵고 이것은 빙사를 손님 대접하는 예로서 대우 하지 않을수 없다."

이것은 명백히 조선을 역사적으로 **조공국** 속국으로 인식하는 사상이다. 그리고 도쿠가와 막부의 일시적인 교린정책에 의해 조선과 수교修交는 했지만 본래는 일본 조정에 조공하는 것이 정당하다고 하는 논리인 것이다. 그리고 여러 **다이묘**大名들은 이런 사정을 모르고 더구나 당초에는 일본 국력의 강성함을 과시하기 위한 항응이었던 것이 지금은 막대한 비용을 지출하게 되어 가 번藩의 재정을 곤궁하게 한다는 것을 지적하면서

"조선의 통신사들은 본래 기울어져가는 변방邊方의 사신일 뿐이다"

라고 경시하면서 당분간은 향응響應을 정지한 후 옛날식으로 고쳐 재개해야 할 것이라고 제안하였다. 조선 통신사들이 묵는 객관客館에 있어서 일본인들이 통신사들에게서 한문으로 된 **한시漢詩**를 얻기 위해서 몰려드는 폐해에 대해서는 이미 1655년 (효종 6년)의 사행使行에 수행했던 종사관이었던 남용익南龍翼이 쓴 그의 부상록扶桑錄에서도 그 상황을

낮이고 밤이고 모여 들어서 손을 모아 글을 달라고 애걸하였다.

라고 하며 아주 곤혹 스로웠다고 기술하였으며 그 후 1682년 숙종 8년에 일본 사행에 참가했던 김지남金指南이 쓴 **동사일록東槎日錄**에도 다음과 같이 쓰여 있다.

시詩를 구하고 글씨를 구하는 부탁 때문에 가는 곳마다 견딜수가 없었다. 사관(舍館 객사)에 도착하자 마자 그 나라의 관리들로부터 궁중에서 심부름하는 왜인들 까지 종이와 벼루 먹을 가지고 와서 날마다 간절하게 요구 했다. 나는 **시詩**에 대해서는 더욱 모르는 터여서 부끄러운 생각이 들었지만 무엇이라 거절할 수 없어서 반드시 같이 동행했던 홍도장, 성백규에게 부탁하였다. 그리고 글씨에 대해서는 내가 비록 큰 재주는 없지만 좋은 종이와 깨끗한 비단이 눈앞에 와 쌓였고 글씨를 구하는 자가 많아서 가라고 쫓아도 가지 않는 지라 이에 부끄러움을 잊고 붓을 휘둘러 마침내 고역苦役을 치뤘다.

이러한 일본인의 태도가 조선 통신사들에게 일본인에 대해서 낮게 보는 **멸시감**蔑視感을 조장했다고 나카이 치쿠잔은 지적했다.[45]

(라) 아메노모리 호슈雨森芳洲 (1668-1755)의 한국관

에도 시대에 조선 통신사가 12차례 일본을 방문하는 동안 **아메노모리 호슈**만큼 조선 통신사와 많이 접촉한 시간이 길었던 인물은 달리 없다. 또 세상에 나온 적 지않은 아메노모리 호슈에 관한 평전이나 사전류事典類에서는 그를 시종일관始終一貫 **에도 시대**를 통틀어 제일로 조선을 이해했던 조선의 **이해자**理解者로 평가하고 있다.[46)]

아메노모리 호슈

아메 노모리 호슈는 1668년 (현종 9년)에 오마국近江國 이카고군伊香郡 아메노모리향雨森鄕에서 태어났다. 그의 나이 17세에 에도(江戸: 지금의 도쿄)로 나와 **기노시타 쥰인**의 문하로 들어가서 공부를 했고 그 후 1689년 그의 나이 21세에 에도에 있는 쓰시마 번저藩邸에서 관리로 종사하였다. 2년 후에야 비로소 그는 쓰시마 땅을 밟게 되었다.

다음해 1692년에는 나가사키에 유학하였다가 돌아온 후 1696년에는 중국어를 익히기 위해 다시 나가사키로 갔다. 그가 처음으로 한반도에 건너갔던 것은 1702년 숙종 28년 대마도주 즉, 쓰시마 도주인 **소오 요시마사**宗義眞가 은거함에 따라 도주의 교체 사실을 보고 하기 위해 파견되었던 것이다. 다음해인 1703년에는 한국어를 익히기 위해 다시 조선의 왜관으로 건너가 3년간 머물렀다. 그의 한국에 대한 인식이 구체성을 띤 것은 이 시기였으며『**교린수지**交隣須知』를 저술하여 한국어를 공부하는 사람들에게 길잡이로 쓰도록 한것도 이 시기의 일이었다.

그의 조선관을 가장 명확히 표현하고 있는 것은 1728년 (영조 4년)에 저술되었던 『교린수지交隣須知』이다 이 책의 내용은 조선 일본 양국의 실무자 답게 조, 일양국의 구체적인 외교 교섭의 양상에 대해 언급한 것이 대부분이다. 예를 든다면 조선과의 무역에 있어서 조선 동래부 관리와의 교류 방법, 쌀을 사는 일, 소송을 하는 송사訟事, 조선에 있는 왜관에서 조선인에 대한 대응 방법, 1682년과 1719년에 조선 통신사의 일본 방문시에 통신사에 대한 대응에 대한 반성, 왜관에서의 생활, 왜관에서의 조선인 도적의 처리등, 서술 내용이 광범위한 분야에 걸치고 있다. 한국인에 근본적인 인식의 필요성을 설명하고 있다. 서두의 한구절에 다음과 같은 내용이 있다.

"조선과 교류하고 접할때의 법도는 제일 먼저 인정과 일의 형세를 아는 것이 중요하다. 그 내용이 조리를 분별하고 여러 가지 일을 이해하여야 한다. 조리를 분별한다고 하는 것은 역관들과 상인들은 모두가 해야 하는 것이므로 일에 따라 각각 구별하고 사려思慮를 더해 알맞게 대응하여 처리하는 것을 말한다."

이것은 조선과 교섭에 있어서 그 나라의 안정과 형세를 알고 일의 방향과 줄거리 내지 조리의 필요성을 훈계한 것이다. 또 그는 말하길
"일본과 조선은 여러 가지 일의 풍속이 다르며 좋아하는 기호도 그에 따라 다르다. 그러므로 이와 같은 점에 견디지 못하고 일본의 풍습을 가지고 조선인과 교류하려고 하면 일에 따라 어긋나는 일이 많을 것이다."
라고 하면서 조선과 일본이 같은 문자를 사용하는 데서 오는 오해를 지적하고 일본 고유의 해석 방법을 적용하는 것이 부당함을 주의 시키고 있

다. 조선 서적에 있어서 일본 관계를 기술하는 부분을 잘 이해하도록 하면서 다음과 같이 기술하고 있다.

"예부터 조선의 서적에 **적국敵國**이라는 용어가 나오는데 이것은 대등한 의례를 갖추는 나라對禮之國이라는 뜻이다. 그런데 일본에서는 그에 대한 이해가 없기 때문에 우리는 이와 같이 성실과 신의로서 이웃간의 우호를 맺으려고 해도 조선에서는 지금도 옛 원한을 잊지 않았다고 하면서 일본을 원수의 나라라는 의미로 **적국敵國**이러고 썼다고 이해했던 것이다.

또 쓰시마가 조선을 위해 일본의 해적을 막았다고 한 사실을 기록하여 쓰시마는 조선의 울타리라는 뜻에서 조선의 **번병藩屛**이라고 하였는데 이것을 일본 또는 쓰시마의 책에다 그대로 옮겨 적었다. **번병藩屛**이라는 낱말은 하인이 주인에 대해 쓰는 용어이다. 이러한 점에 생각이 미치지 않은 사람이 있었던 것이다. 이와 같은 일은 우리들이나 학문이 얕은 사람에게는 그 폐해를 면하기 어려운 것이다. 문자를 능숙히 읽어 분별하지 않으면 안될 것이다. 하여튼 우리나라(쓰시마)의 뜻이 저쪽(조선)과 몹시 다르므로 학문과 재주가 뛰어난 사람을 뽑지 않으면 안될 것이다."

라고 하였다. 조선의 문물에 대해서는 말하길

"학교와 역관의 시설이 조선의 전 지역에 널리 퍼져 있는데 우리나라에는 없다. **경서經書**를 존중하고 학문을 숭상함으로 풍속이 엄숙하다."

라고 하여 조선의 학문과 예악禮樂등의 진보면을 인정하고 있다. 그렇지만 한편으로는 조선에는 일본과 달리 **화가和歌**가 없다고 비판했다. **아메 노모리 호슈**는 에도 시대 전全 시기를 통해서 걸출했던 외교 이론의 소유자이며 학문과 체험이 종합된 한국 인식의 소유자 였다.[47]

2. 에도 시대 일본 국학자들國學者의 한국관

일본의 **국학**國學이란 일본의 고전古典을 통한 일본 고대사 연구를 통해서 일본의 정체성을 확립할려는 학문이다.

에도江戶 시대 초기에 **미토미쓰쿠니**水戶光國는 조선의 사서史書『동국통감東國通鑑』을 출판했는데 그 서문을 쓴 **임춘제**(林春齊: 1618-1680)는 서문 중에서 조선은 **스사노오노미코토**素盞嗚尊가 경력經歷한 곳이며 미코토는 조선의 삼한三韓의 시조始祖라고 까지 쓰고 있다.

이것은 한참 후에는 조선과 일본은 조상이 같다는 **일선동조론**日鮮同祖論과 같은 주장으로서 태고太古에 있어서 일본이 조선 지배를 상정하여 조선에 대한 우월한 지위를 주장했던 것이다.

이러한 의식은 일본의 역사서인『**고사기**古事記』나『**일본서기**日本書紀』가 저작된 시대부터 고대 중세를 통하여 존재했으며 에도江戶시대까지 이어져 왔다. 조선의 학문을 존경한 유자들도 한편으로는 같은 생각을 가지고 있었다.『동국통감東國通鑑』을 쓴 **하야시 슌사이**林春齊는 하야시 라잔林羅山의 아들이다.

그도 조선의 학문 수준이 높음을 알고 있었음에 틀림없다. 그런데도 일본의 건국 신화에 대해서는 일본의 우월한 지위를 주장하고 있는 것이다.

하라이 하쿠세키(新井白石: 1657-1725)같은 유자儒者도 일본 고전을 연구하여 일본의 조선 지배를 주장했다. 한국에 대한 일본의 우월한 지위를 가장 강력하게 주장한 사람은 일본의 **국학자들**이었다. 국학자들은 주지하는 비와같이 잊혀졌던 일본 고전의 우수성을 발견하여 그것을 연구하고 신국神國인 일본의 모습을 그려냈거니와 그 고전의 연구에서 국학자가 조선에 대해서 생각한 것은 대고太古에 있어서 일본의 **신**神이나 천황이 조선을 지배했으며 때로는 일본의 신神이 조선의 신神 혹은 왕이 되었으며 조선의 왕이나 귀족이 일본에 복속服屬했다는 것이다.

국학자들은 일본 건국의 기원을 소급해서 일본의 조선 지배를 주장했다. 이러한 생각은 예부터 일본인의 의식속에 흐르고 있었는데 국학자들은 고전 연구를 통해서 특히 강하게 주장했던 것이다.

일본의 국학이 일본인의 정신 성장에 큰 역할을 한 것은 다 아는 바 이지만 일본인의 조선관 형성에 있어서는 커다란 문제를 낳았다. 더구나 이러한 조선관은 후대에 중대한 영향을 끼쳤다. 나중에 **명치**明治시대 이후 일본의 대륙 침략 과장에서 특히 조선 병합倂合후의 조선 지배 시기에 일본의 조선 침략의 유력한 관념적 지주支柱가 되었던 **일선 동조론**日鮮同祖論은 이런 국학의 전통을 이은 것이다.

이처럼 에도江戶 시대의 조선관에는 서로 대립하는 경향이 있었다. 하지만 에도 막부의 조선에 대한 우호적 정책하에서는 조선의 뛰어난 학문, 그것을 만들어낸 조선의 학자들에 대한 존경의 염念이 강했다.

이윽고 에도 막부 말기末期가 되어 **구미 열강**歐美 列强의 함선艦船이 일본에 내항來航하고 일본인이 그들로부터의 외압外押이 두려워 위기감을 갖는 시대가 되자 조선을 바라보는 관점에 커다란 변화가 나타난 것이다.

하야시 시헤이(林子平: 1738-1793)는 1785년에 삼국통람도설三國通覽圖說을 저술하여 한국이 유구(琉毬: 오끼나와) 蝦夷(북해도)와 더불어 일본의 국방에 깊은 관계가 있음을 서술하고 한국에 대한 깊은 연구가 필요함을 주창하였다. 거기에는 열강列强에 대항하기 위한 국방상 견지에서 한국을 보려는 의식이 명백히 생기고 있다. 이는 한국관의 커다란 전환이다.

그 이후 바다를 지키자는 해방海防이나 서양을 물리치자는 **양이攘夷**를 주장한 사람 모두가 같은 관점에서 한국을 보았다. 이 생각은 일본의 방어를 위해서는 한국 기타 아시아의 여러 나라를 다른 열강이 차지하기 전에 일본이 먼저 차지해야 한다는 의식을 낳게 했다.[48]

(가) 모토오리 노리나가本居宣長 (1730-1801)

국학자國學者인 **모토오리 노리나가**는 1730년 (영조6년) 이세국(伊勢國: 지금의 三重縣) 마쓰사가松坡에서 목면 장수의 아들로 태어났다. 아버지가 죽은후 가업을 버리고 교토에 가서 의술을 배웠으며 얼마 후에는 **마쓰사가**에 돌아와 소아과를 개업하는 한편으로 1763년에는 **마붙이**에게 입문하여 본격적으로 고전 연구의

모토오리 노리나가

길로 들어섰다. 그 다음해 부터 시작하였던 일본 역사책인 『**고사기**』의 주석은 1786년부터 『고사기 전』으로 출판되었으며 1798년(정조 10년)에 완성되었다. 이것을 중심으로 90종 260여권에 달하는 방대한 저술을 남겼다.[49]

원래 국학國學이란 도쿠가와 시대 중반에 발생한 **국수주의 학문**이다. 서양의 **학學**을 일컫는 **난학蘭學**과 함께 에도 시대의 양대 학문이라 할 수 있다. 국학의 연구 범위에는 고사기, 일본서기, 만연집, 겐지 모노가타리 등이 포함되어 있는 것이다. 일본 고대사에 관한 『고사기 전』을 펴낸 **모토오리 노리나가**는 국학자의 범위에 드는 학자로서 그가 쓴 『**어융개안馭戎慨**

言』속에 그의 한국관이 나타나 있다.

　　신공황후가 **신**神의 가르침에 따라 스스로 신라를 평정하러 가셨습니다. 그 왕이 곧 배 앞으로 나와 여러 가지 말로 받들어 모신 이래로 항상 80척의 공물을 바쳐왔다고 한다. 이때 고구려 백제 두 나라도 같이 공물을 바치러 왔다. 그 이후로 **삼한**三韓의 한국, 또 그 주변의 나라들도 한결같이 황조의 법에 따라 섬겼던 사실은 세상 사람들이 잘 알고 있는 바와 같다.

　위의 글에서 알수 있듯이 그의 학문의 출발점이『고사기古事記』,『일본서기日本書紀』에 있는 이상은 사고思考의 모든 것이 여기에서 벗어나지 않는 것은 당연하겠지만 **신공황후** 전설을 역사적인 사실로 서술하고 일본에 대한 한국의 조공 역사를 필연이라고 인식하고 있다. 도요토미 히데요시豊臣秀吉의 한국 침략에 대해서도

　"이라하여 조선을 평정하신 그 위세가 만국蠻國들과 저 중국의 당唐 나라까지 점점 더욱더 펼쳐나간 것은 오로지 오와리국尾張國에 모신 아쓰다熱田의 대신大神인 **구사나기노쓰루기**草薙御劍 일본의 3종 신기神器중의 하나의 공적이었던 것이다."

　라고 찬미하고 있다. 일본 에도 막부는 **나가사키** 한 곳만을 외국에 개방했는데 이곳에서 대외 무역이 이루어졌는데 이곳에 오는 외국 무역 선박을 일본에 대한 조공이라고 까지 해석함으로서 그의 일본에 대한 숭배는 광신狂信에 가까웠다는 평을 듣기도 했다.[50]

(나) 다다 요시토시多田義後 (1618-1750)

에도江戶 중기 시대의 국학자로서 고전 연구로 명성을 날리면서 그의 학문적 성격과는 다른 **한국관**을 전개했던 인물이다. 그의 저작 **남령유고南領遺稿**속에 다음과 같은 구절이 있다.

자칫하면 일본 사람은 신神의 백성이니 다른 나라의 것을 빌릴만한 것이 없다고 말하는 무리들이 있다. 그런 까닭으로 조선의 인삼은 예로 들 만한 것이다. 이러한 사실을 말함으로써 유학자 등에 의해 조소당하고 훈계 받는데 이르는 것이다. 사물은 천지에 통하니 어느 나라의 것 우리나라의 것이라고 구별한 이치가 없다.

그의 고전 연구로부터 양성된 **신국사관神國史觀** 즉 신이 특별히 일본을 보호해준다는 사고의 지나친 자존심에서 울어 나는 국가 의식을 경계하고 다른 나라의 유용한 것을 배척하지 말며 조선의 **인삼**같이 효용있는 것은 수입해야 한다고 권장했던 인물로서 일본에 있어서 여러가지 기술의 발달은 고대로부터 외국으로부터 배운 결과라는 사고도 그는 가지고 있었다. 그의 저술에 **곤양만록昆陽漫錄**이 있는데 다음과 같은 구절이 있다.

"조선의 금양잡록(衿陽雜錄 조선의 농서)에 곡식의 품목이 기술되어 있는데 우리나라에 없는 것이 있다. 조선으로 하여금 공물을 바치게 하여 농작을 시험에 보면 백성에게 이익이 되는 바가 있을 것이다."

일본에 없는 물산物産으로 유용한 것이 조선에서 산출되고 있으면 조공케 하여 시험 경작해 보자는 그에게도 전통적인 복속관服屬觀 또는 조선에 대한 우월의식이 내제하고 있다.[51]

(다) 하야시 시헤이林子平 (1738-1793)

하야시 시헤이를 소개하기에 앞서 그가 살았던 시기의 일본의 국제 정세를 알아야 할 것이다. 1778년에 러시아 선박이 일본의 **에조**(蝦夷地: 지금의 홋카이도)에 정박하여 러시아와의 통상을 강압적으로 요구해 왔다. 에도 막부는 통상하는 나라로서는 조선과 유구 그리고 통상의 대상국으로서는 오로지 중국과 네덜란드로만 국한했던 것인데 러시아가 뛰어 들어 통상을 요구했던 것은 에도 막부의 쇄국 정책을 근본부터 흔드는 것이었다.

하야시 시헤이

이에 따라 대외적 긴장이 고조 되는 분위기 속에서 가장 이웃에 접해 있는 조선에 먼저 관심이 향해졌고 종래의 한국관에 변화가 생긴 것은 당연한 것이었다. 변화된 한국관을 제일 먼저 주장했던 인물이 바로 **하야시 시헤이**였다.

그는 1738년 (영조 14)에 에도에서 태어났다. 그의 아버지는 에도 막부의 전직 신하였다. 그의 28세 때에는 내정 전반에 관해 나라를 잘 살게 하기 위한 부국건의富國建議를 번주藩主에게 올렸다.

그 뒤에도에 유학하고 그의 38세 때인 1775년에는 나카사키에 유학하여 네덜란드 사람으로부터 러시아의 남하南下정책을 듣고서 국방문제에 전념하여 병학, 지리학을 연구하였으며 에도에 돌아와서는 뛰어난 난학자蘭學者들과 교류하면서 유럽의 지식을 흡수하는데 노력했다. 그러한 연구 결실로 **삼국통람도설**三國通覽圖說이 있다. 이 저술의 본래 모형은 29년 전의 『**부국건의**』속에 내재되어 있었다. 그『부국건의』속에 이런 구절이 있다.

그런데 일본은 조선, 유구, 에조 이 세 나라와 국경이 접해져 있습니다. 만일 이들 나라가 불의의 변變을 일으켜서 잘 훈련된 병마兵馬로서 밀어 닥친다면 일본은 파죽지세破竹之勢로 무너지게 될 것입니다. 어떻게든 천하의 병마를 조련시켜 두어야 하겠지만 힘이 미치지 못한다면 하다못해 주군主君만이라도 인마人馬를 조련해 두어야 할 것입니다.

조선을 비롯한 세 나라로부터의 공격에 대비하여 국방 대책과 군사 훈련을 경고한 내용이다. 그가 쓴 『삼국도통도설』에도 다음과 같은 구절이 나온다.

무릇 세 나라는 그 영토가 우리나라에 접하여 있는 실로 이웃나라이다. 우리나라 사람은 귀인, 천인, 문인, 무사할 것 없이 모두 알아야 하는 것은 이 세 나라의 지리이다. 또한 정치 상황에 따라서 세 나라에 들어갈 징후가 있어도 이 지도를 품에 품을 때는 세 나라의 지역 내부가 일목요연一目瞭然하고 눈과 눈섶에 있는 것처럼 태연하게 그쪽으로 이를 수가 있다. 이에 소생小生은 이 지도를 만들어 세상 사람들에게 보이는 바이며 작으나마 군사 기술에 도움 되는 바가 있을 것이다.

위의 문장은 단순이 일본의 방위에 머물지 않고 여차하면 **한반도 침략**을 하겠다는 내심을 품고 있는 것이다. 이러한 발상이 뒤의 조선을 침공할 것을 주장한 사토 노부히로佐藤信淵, 하시모토 사나이橋本左內같은 조선

진공론자進攻論者를 낳게 한 것이다. 그는 부산의 **왜관**을 병사들이 주둔하는 병영兵營이라고 간주하고 전략상의 전진 거점으로 이해하고 있었다. 또 조선 왕조가 수백 사람의 쓰시마 사람들의 체재滯在를 허가하고 있는 것은 일본에 조선이 굴종하고 있는 증거로 오인하고 있었다. 또 그는 한국인의 민족성에 대해서 말하길

"그 나라의 인물은 모두 일본 중국 등의 사람보다 장대하고 근육과 체격이 강하다. 먹는 양도 대개 일본 사람 2인분의 음식을 조선 사람이 다 먹는다. 그런데도 그 **심기心機**가 너무나 느리고 아둔하며 일하지 않는다. 그런 까닭으로 태합(太閤: 도요토미 히데요시를 말함)의 조선 정벌에 쉽게 패했다."

이 구절은 대식한大息漢 느리다 둔하다고 표현한 것은 명백히 조선에 대한 멸시적인 관념이다.[52]

(라) 요시다 쇼인吉田 松陰 (1830-1859)

요시다 쇼인은 에도江戸 막부 말기에 막부幕府에 대해서 **반체제反體制** 운동을 벌였던 자들에게 지대한 영향을 주었던 인물이며 특히 **죠슈번長州藩** 출신의 정치인들에게 정치 이념을 제공했다고 높이 평가받고 있다. 제2차 세계대전 중에는 그가 부르짖었던 아마도 **다마시이大和魂**가 일본 군국주의에 악용되어 싸우겠다는 전의戰意를 돋우는 에너지가 되었지만 전후戰後에 그의 사상 구조에 대한 정치精

요시다 쇼인

致한 분석과 연구가 많이 발표되었다. 전쟁 직후 바로 출판되었던 나라씨의 『요시다 쇼인』은 필자도 탐독한 것이었는데 그 내용 가운데

"쇼인이 평범한 수단을 상실하고 절망과 고립속에서 생각해낸 하나의 길은 나폴레옹의 유럽 봉건 사회에 대한 해방전쟁 이었고 그 전쟁중에 울렸던 자유의 함성이었다."

라는 부분에서 젊은 시절의 필자는 감명을 받았었다. 또 크로체(Croce)가 "모든 역사는 현재로부터 쓰여지지 않으면 안된다."
라고 말한 것을 원용하여 **요시다 쇼인**이 여러 사람 중에서 뛰어난 독특한 시론時論을 전개했던 것도 거기에 있었더라는 해석도 신선한 지적이었다. 최근에는 **혁명 사상가 요시다 쇼인**寺尾五郞이라는 연구도 있고 또 여전히 국가주의, 황실 중심주의의 사상가, 교육자로서의 평가를 내리고 있는 역사가도 많다.

그런 의미에서 이상과 같은 다양한 평가에 의해 요시다 쇼인에 대한 연구는 더욱더 가열되어 가는 풍조이다. 바꾸아 말하자면 요시다 쇼인은 오늘도 아직 살아 있다고 표현할 수 있겠다.

그는 1830년 (순조 30년) 8월 4일 **죠슈번**長州藩 하기萩에서 태어났는데 그의 부친은 반半은 농민이요 반은 사무라이인 반농반사半農半士로서 낮은 죠슈번 사무라이 였으나 가풍家風은 엄격하였다. 그의 5세 때 **야마가류**(山 鹿그流: 병학의 일파) 병학 사범인 **요시다 겐로**吉田賢良가 죽자 요시다 가문의 양자로 들어가 그 가문을 계승하였으며 숙부 다마키玉本文之進의 교육을 받으면서 **야마가류** 군사학자의 길을 걷기 시작하였다. 이러한 과

정에서 서양 진법陣法에도 관심을 넓혔는데 그의 생에에 큰 전기가 되었던 것은 규수의 히라도平戶 **나가사키**로의 유학이었다. 히라도平戶 체재 50여 일 동안에는 80권의 책을 나가사키에서의 20여 일 동안에는 26권의 유럽에 관계된 서적을 독파하였다 한다. 요시다 쇼인에게 있어서는 최초의 집중적이고 본격적인 유럽 지식의 획득이라 할 수 있겠다. 그는 여기서 군사학 전문가로서 **적敵**은 유럽인이라고 하는 자각自覺에 이르렀는데 더구나 유럽 제국의 군사력은 이미 그가 배운 일본 병학으로서는 상상할 수도 없는 파괴력을 가졌다는 사실을 알게 되었다. 그것은 국내 제후(다이묘)의 대립을 가상해서 만들어진 **야마가류** 병학兵學의 효용성에 대한 실망과 반성이기도 하였다. 이것은 나아가 에도江戶로의 유학을 촉진했고 양학을 배우기 위해 **사쿠마 쇼잔**(佐久間象山: 막부 말기의 양학자)에게 입문하는 쪽으로 발전하였다.

이후의 그의 행적을 간략히 살펴보면 동북지방 여행의 강행, **번藩**으로부터의 추방, **하기**에서의 근신勤愼 다시 막부幕府로 나아가 **쇼잔**에게 사사師事, 야산옥野山獄에의 유수幽囚, 이듬해 여기에서 출옥하여 미쓰시다무라 쥬쿠松下村塾의 개설, 막부 정치 비판, 유럽정보 수집, 1857년에는 막부의 로쥬老主인 마나베 아키카쓰間部詮勝를 향한 요격邀擊을 기도하다가 포박되어 다시 유폐되고 막부의 명에 의해 에도에 호송되어 옥중에서 참수되었다.

그의 생애는 29년으로서는 파란과 명상, 반복된 실천과 사유의 연속이었다. 격동의 정국속에서 스스로 그 파동에 몸을 던지면서 그는 많은 사유와 포부를 남겼는데 그 속에 **한국관**도 또한 내포되어 있다. 미국으로의 밀항이 폭로되어 **하기**로 호송되기 직전의 1854년 11월 에도 **덴바장**

의 감옥에서 스승 **료잔** 앞으로 보내기 위해 작성된 『유수록幽囚錄』이 그것이다. 먼저 **자서**에서 다음과 같이 서술하였다.

"옛 고대에는 신하로 따르지 않는 곳이 있으면 해내海內, 해외海外를 막론하고 동서東西로 정벌하여 반드시 강경하게 제거해 버렸다. 근년에 이르어 러시아, 미국이 맹렬하게 밀려 오는데 관리官吏는 구차하게 편의적으로 처분한다. 이것이 어찌 영세永世토록 변하지 않겠는가 **황천**皇天이 우리나라를 사랑하고 돌보아 주시고 반드시 장차 영명英明하고 밝은 군주를 내셔서 한번 옛날의 번성함으로 돌아가는 바 있을 것이다."

앞 부분의 한 구절은 명백한 남의 나라에 대한 **정복 사관**史觀이다. 이러한 관념은 바로 양이론攘夷論과 연관되면서 동시에 러시아 미국으로 부터의 외압에 대한 저항 논리의 근간이 되기도 한다. 또한 그가 말하는 "옛날의 번성함"
이라는 구절도 **신공황후**의 출병出兵을 의미하고 있음은 명백하다고 볼 수 있다. 그가 쓴 **황천**皇天 **황은**皇恩이라는 문자는 그의 정치 이념이 천황을 중심으로 란 군주체재에 있으며 이 체재 아래서 외세의 압력을 극복하고 국가의 안전을 확보함을 지향하고 있는 것이다. 53)
그의 '**유수록**'에는 일본 스진 천황崇神 시대에 있었던 임나任那의 일본으로의 조공과 신공황후의 신라 정복, 유라쿠雄略 천황 8년에 있었던 고구려 정벌등이 일본서기, 『**고사기**』에 나왔음을 인용하면서 한반도의 일본으로의 조공 상황의 개요概要가 서술되어 있다. 이러한 사실을 바탕으로 조선 왕조가 부산에 왜관을 설치하고도 일본인의 상경上京을 허락하지 않는점, 일본 막부의 장군이 교체될 때는 조선 통신사를 보내야 하는데 막부 장군인 **도쿠가와 이에요시**家慶, **도쿠가와 이에사다**家定의 취임식에 참석해야 하는데 1811년 이래로 조선이 통신사를 보내지 않았던 것을 비난했다. 이런 통신사의 불참석을 조선이 거만하다 하여 옛날 상태의 "조공국"으로 되돌려야 한다는 주장을 했던 것이다. 그의 주장에는 다음과 같은 표현도 있다.

"지금 시급히 군사적인 장비를 준비하여 함선艦船과 대포가 대충 갖추어 지면 마땅히 바로 **애조**를 개간하여 제후(다이묘)를 봉封하고 또 그 사이를 틈타 캄차카, 오호츠크를 탈취하고 **유구**琉球를 타일러서 일본 천황에게 알현케 하기 위해 모이는 것을 국내 제후諸侯와 같이 하도록 하고 조선을 책責하여 인질을 바치게 하고 조공하는 것을 옛날의 번성하던 때와 같이 하고 북쪽으로는 만주의 땅을 분할하고 남쪽으로는 대만臺灣, 필리핀 제도를 손에 넣어 점점 진취의 위세威勢를 보여야만 할 것이다."

이런 표현은 명백히 군사력에 의한 **아시아 탈취론**奪取論이다.
이러한 생각의 밑바닥에는 포루투갈, 스페인, 영국, 프랑스 여러 나라가 지금은 일본의 이웃이 되었자만 일본의 서구 열강들의 식민지 쟁탈전의 한복판에 있다는 외세에 대한 위기감에서 나온것이라는 생각도 드는 것이다. 그의 적극적 **방위론**은 다음 구절에서도 확인된다.

"나무가 서는 것은 스스로 서는 것이고 나라가 존재하는 것 또한 스스로 존재하는 것이다. 어찌 외부로부터 기다리는 것이 되겠는가? 외부로부터 제압당하는 것은 있을수 없다. 그럼으로써 바깥을 제압할 수 있다. (유수기)"

그의 이와 같은 논리는 정치적 **"당위론"**이라기보다는 군사학자로서의 전략론이다. 그는 유럽 열강의 아시아 진출을 명확하게 파악하고 그것에 대해 일본의 국가 안전을 유지하는 방책으로서 이웃 나라를 탈취奪取할 것을 제시한 것이다. 그는 특히 한국에 대해서는 조선은 본래 일본의 조공국이었기 때문에 새삼스럽게 군사를 보낼 필요는 없고 문책만 하면 옛 상태로 돌아가 조공할 것이라고 판단하였다.

요시다 쇼인에게 있어서는 조선은 그저 유구(오늘날의 오키나와)와 같은 정도의 나라로 인식하였다. 그의 조선에 대한 인식은 다음 구절에서 단적으로 나타난다.

"러시아 아메리카는 일정하게 도모하여 절연히 이것(동아시아 여러나라)을 쳐부술 것이다. 신의信義를 오랑캐에 잃으면 안된다. 다만 규칙을 엄격하게 하고 그 사이에 국력을 길러 얻기 쉬운 조선, 만주, 중국을 쳐 올라간다. 교역에서 러시아에 잃은 바를 **조선과 만주**에서 보상 받아야 한다."

이 논리는 잠시 동안 러시아 미국과 수호하여 외세의 압력을 피해 가면서 그 사이에 국력을 배양하고 그런 뒤에 동아시아를 침략하여 영토를 확창함으로서 러시아 아메리카와의 교역에서 일어난 손해를 보상받는다는 것이다. 먼나라와 사귀고 가까운 나라를 친다는 일종의 **원교근공책**遠交近攻策으로 동아시아의 여러 나라의 희생위에 유럽 열강과의 우호를 유지하겠다는 유럽 중심주의 논리이다.

요시다 쇼인의 사상은 결과적으로 나중에 메이지 유신을 성공시켰던 그의 문하생門下生들에 의해 그대로 메이지 정부의 외교 정책에 반영되어 대對 조선 외교의 기초를 이루었다.54)

지금도 요시다 쇼인吉田松陰이 제자들을 가르쳤던 유명한 **쇼우카손쥬구**松下村塾은 장주추長州萩(山口縣萩市)에 귀중하게 보존되어 있다.

요시다 쇼인이 사용했던 강의실이라고 해보아야 겨우 6개의 다다미가 있는 1간의 방房이었다. 도대체 이것은 학교라기 보다는 개인의 글방이나 헛간 같은 오두막집을 개조했던거라고 한다. 또 글방 뒤에 나란히 있는 3개의 간막이 방은 다다미 10개 정도가 놓여있는 빈방인데 요시다 쇼인이 제자들과 함께 만들었던 구조물로서 이런 사설私設 글방의 면적을 합쳐 보이아 다마미 10개 정도의 공간이었다.

게다가 요시다 쇼인이 여기에서 제자의 교육에 몰두했던 기간은 2년 정도였다. 그렇지만 이 좁은 공간에서 **다카스기 신사쿠**高衫晉作, **쿠사카 겡즈이**久坂玄瑞, **산도타카요시**桂小五郎, 그 유명한 **이토 히로부미**伊藤博文, **야마가타 아리토모**山縣有朋, **시나가와 야지로**品川弥二郎, **마에바라잇세이**前原一誠, **야마다아키요시**出田顯義, **야스시노무라**野村靖, **요시다토시마로**吉田念稔麿, 즉 에도 막부 말기 그리고 그 후 메이지明治정부 유산維新의 위인들이 기라성綺羅星처럼 배출되었던 것이다.55)

그것은 교육에 있어서 중요한 것은 시설이 훌륭하느냐가 아니라 가르치는 교육자의 교육정신이 중요함을 말해주는 것이라 할 것이다.

(마) 가쓰 가이슈勝海舟 (1823-1899)

근세 일본인의 한국관은 에도 말기에 이르러 폭발 직전의 양상을 보이기 시작했다. 조선의 **강화도 사건**을 계기로 일본의 동아시아 침략주의 정신이 에도 막부 이후 메이지 정부 내의 **사이고 다카모리**西鄕隆盛, **이카가키 다이스케**坂垣退助등의 조선을 정벌하자는 **정한론**征韓論으로 표출되었

가쓰 가이슈

던 것이다. 에도江戶 막부 말기에 있어서 한국관을 대표할 수 있는 사람은 **가쓰 가이슈**勝海舟이다. 그는 난학蘭學과 군사학이라 할 수 있는 병학兵學에 통달하여 막부의 번서蕃書 번역계에 채용되었고 그 뒤 미일米日수호조약 비준 사절使節을 태운 배를 직접 지휘하여 미국 직접 가기도 했다. 그는 다음과 같이 언급하기도 했다.

"원래 조선은 나약한 나라로서 지금도 개화되었다고 말할 수 없다. 여러 가지 제도와 문물도 갖추어지지 않았고 군사적인 무비武備에 이르러서는 더욱 소홀하며 궁술을 유용하게 여기는 정도이며 그 나머지는 돌팔매질등 이외에는 없다고 한다."

조선의 무기가 활과 돌팔매질 혹은 자갈을 던지는 기계뿐이라고 한 것은 조선에 대한 인식 부족이라고 할 수 있다. 조선은 임진왜란 당시에도 조선 수군의 거북선 그리고 육지에서 사용되었던 **호준포**虎峻砲, **승자총**勝字銃등

이 있었고 일본군을 많이 살상했던 진천뢰震天雷등도 있었다. 그는 조선을 상대로 한 교전 실무 전문가라 할 수 있는 쓰시마 로주인 오시마大島正朝라는 사람의 방문을 받은 자리에서 해외 정세와 국방에 관한 논의 가운데서 다음과 같은 발언을 했다.

"지금 바야흐로 아시아 가운데서 구라파인(유럽인)에게 저항할만한 나라는 없다. 모두 규모가 협소하여 그들의 원대한 계책에 미치지 못하기 때문이다. 우리의 방책은 지금 우리나라에서 함선을 내어 널리 아시아 각국의 군주에게 설득하여 **합종 연횡**合從 連橫으로 연합하여 함께 해군을 원대히 하고 서로 있는 것 없는 것을 통하게 하여 학술을 연구하지 않으면 그들의 유린을 피할 수 없을 것이다. 우선 제일 먼저 이웃 나라 조선부터 이것을 설득시키고 그 뒤 중국에 미치고자 한다."

— 해주일기海舟日記 해주전집 제9권

이것은 유럽 열강과 아시아 각국과의 국력 차이가 현격함을 인식하고 아시아 제국의 조속한 연합 특히 해군의 확충, 기술의 상호 교류등의 필요성을 조선 그리고 중국에 설득시키고자 한 것이다. 최초의 아시아 연대론 또는 공동 방위론으로 아주 주목할만한 주장이었다.[56]

제4장

일본 에도 시대 정한론征韓論

일본의 에도江戶 시대 말기에 일본의 국력을 해외로 뻗어 나가야 한다는 해외웅비론海外雄飛論 즉 아시아 침략론은 외국의 압력에 의한 위기감에서 생겨난 착상着想으로서 당시 일본 국내 상황에서는 실현 가능성이 없었다. 그런데 그 다음 명치明治 시대 이후가 되며는 그것은 정부 수뇌부에 의해 받아들여지면서 현실성이 있는 정책론으로 발전했다. 여기에 나타난 정책이 바로 조선을 정벌해야 한다는 것이 **정한론征韓論**이다.

정한론을 일찍이 제창한 사람은 **기도 다카요시**木戶孝允 (1833-1877)이다.

그는 1868년 명치明治 원년元年 12월 14일의 일기속에서

"일본 사절使節을 조선에 파견하여 그들의 예의가 없는 무례無禮함을 문책하고 그들이 만약 불복할때는 그 죄를 따지기 위해서 그 나라를 공격하여 크게 **신주**(神主: 일본의 자존적인 표현 역자)의 위엄을 신

장伸張 시킬 것을 바란다."

라고 쓰고 있다. 또한 1869년 정월 1일 **오오무라마스지로우**大村益次郎 (1824-1869)에게 보낸 편지에서는

"조선 문제는 황국皇國의 국체國體가 관련되어 있음으로서 오늘날 우내宇內의 조리條理를 헤아려서 동해에 빛을 발하게 하는 것은 이에 비롯되는 것으로 생각합니다."

라고 쓰고 있다. 아러한 생각에서 **기도 다카요시**는 조선으로의 사절 파견을 내각內閣에 제안했다. 그 제안에 따라서 이듬해 1870년 10월에 정부는 조선에 사절을 보내서 국교의 회복을 꾀했다. 그 때 외무경外務卿인 **시와노부요시**澤宣嘉 (1835-1873)는

"조선에는 옛날 상고上古에 **스사노오미코토**素盞鳴尊가 친히 정벌한 경험이 있다. 열성조列聖祖께서 완무綏撫한 나라로서 그 국맥國脈의 소장消長여하는 우리나라의 안위安危에 관련 된 바이다. 하물며 근래 러시아의 세력이 뻗침에 있어서 우리 일본 제국이 이를 연구 하지 않는다면 나라의 존망存亡을 헤아릴수 없는 것이다. 이때에 즈음하여 사신을 파견하는 것은 지금 최대의 급선무이다."

라고 하였다. 말로는 사신使臣을 파견하는 것이라고 했지만 그 목적은 조선을 제압하는데 있었다. 그 당시에는 조선에서는 **대원군**大院君이 정권을 잡고 쇄국 정책을 취하고 있었다. 그러므로 일본의 국교회복 제안은 거부 당하였다. 그때 사절로서 조선에 온 **사다소이이치로**佐田素一郎

(1832-1907)는 조선으로부터 귀국하여 **건백서建白書**를 제출하여 격렬한 정한론을 주장했다.

그 일절一節에 다음과 같은 말이 있다.

"조선은 황국皇國즉 일본을 멸시하여 문자에 불손함이 있다고 하여 이로써 치욕을 황국에 끼쳤다. 임금이 욕을 당하면 신하는 죽음이 있을 뿐이다. 실로 함께 하늘을 같이 할 수 없는 도적이다. 반드시 이를 쳐 없애야 한다."

라고 했다.

사다소이치로佐田素一郎와 동행한 모리야마 시게루森山茂 (1842-1913)도 입론立論의 형식은 다르지만 정한론을 주장했다. 그 요지는
"앞으로 다시 조선과 담판하여 만약 듣지 않을 때는 50만 명의 사족(士族: 사무라이)을 동원하여 조선으로 진격하게 한다 이제 유신의 대업은 이루어졌으나 사방에 뜻을 얻지 못한 자가 영기英氣를 써보지 못한 채 변화가 일어나기를 바라고 있다.

그러므로 이 기회를 틈타서 불만을 품고 있는 **사족(士族: 사무라이)**을 한반도로 이식하는 것은 일본의 내란內亂을 밖으로 돌리는 방법이기도 하다. 동시에 국가 이익을 해외에서 개척하는 기초이기도 하다. 이 어찌 일거양득一擧兩得의 방책方策 아니겠는가 조선을 치는 데는 기선, 군함은 필요치가 않다. 다만 무사들이 가벼운 배를 타고 해협을 횡단하도록 일임만 하면 된다."

라는 것이었다. 이상 **기도 다카요시, 사다소이치로, 하야시 산모** 등의

말에 의하면 조선은 무례한 나라로서 일본의 위무威武를 보여 주어어야 할 나라이며 불평을 품은 무사군武士群을 조선으로 이주시켜야 할 나라이고 러시아가 먼저 빼앗기 전에 먼저 제압해야 할 나리이다. 대등한 국교를 상대로는 전혀 생각지 않았다는 점이 주목된다. 조선에 대한 일본의 우월한 지위가 자명한 것처럼 생각되고 있다. 이러한 의식의 배후에는 조선은 옛부터 일본의 속국屬國이었다고 하는 생각이 있었던 것이다.[57]

또한 근대에 있어서 1840년부터 50년대에 걸쳐서 서양 식민주의에 의한 아시아 침략이 격렬해지고 거기에다 미국의 검은배 **흑선**黑船의 위기를 맞이했던 일본의 지식층은 일본의 안전보장에 대한 의식이 높아졌다.

그 일환으로써 아시아에 걸쳐서 일본이 선도자 역할을 할만하다는 자부심이 대두되었다.

예를 든다면 마쓰야마센松山藩의 유학자인 야마다 **호우코구**山田方谷는 1861년 일본군을 3종류로 나누어 하나는 대만을 공격하고 다른 하나는 조선으로 침공하고 그 뒤 다른 하나는 중국 대륙을 침공하자는 주장을 펼쳤다. 야마다山田는 그 위에 그런 침략의 목적으로서 당나라 고대 풍습의 재현을 주장했다.

조선을 침략하자는 것은 군사적 전략일 뿐만 아니라 아시아적 가치 부흥을 목적으로 한다는 것이다. 이와 같은 지도적 역할이 일본이라는 의식을 표현한다는 것이다. 쇄국鎖國에 반대하고 미국으로의 밀항密航까지 시도했던 **요시다 쇼인**吉田松蔭도 서구의 질서에 순종했던 것이다. 국력을 양성해서 조선 만주 등을 분리시켜 일본에 복종하도록 해야 한다고 주장했다.

주목할 만한 것은 거기에 있어서도 일본의 황도皇道의 정신 신주神州의 광휘光輝가 동아시아에 널리 퍼져야 한다고 주장했던 것이다. 이와 같은 일본 에도江戶 막부幕府 말기 시대 일본의 지식인들 주장의 배후에는 조선이나 중국은 오랜 **구습舊習**에 빠져 있어서 서양 세력에 대항할 수 없고 일본 만이 일본 독자의 정신으로 대항하지 않으면 안된다는 잠재의식이 깔려 있다.

명치明治 정부가 발족되자 이와 같은 사고방식에서 일본과 조선과의 관계라 하더라도 오랜 전통의 관습에 사로잡히지 않고 서양적 근대적 정책을 취할려고 했다.[58)]

제5장

일본 에도江戶 시대 일본 서민들이 본 한국

  에도 막부幕府의 요직에 있었던 **아라이 하쿠세키**新井白石 그리고 조선 문제의 전문가였던 **아메노모리 호슈**雨森芳州같은 지식인뿐만 아니라 에도 시대의 **서민들은** 조선에 대해서 어떤 견해를 가졌을까가 궁금할 것이다.

  서민들이 써서 남긴 기록들이 존재하지 않는 이상 서민들의 한국관을 판단할 자료는 조선에서 온 조선 통신사가 남긴 기록과 그것에다 대마도로부터 에도를 향해 온 통신사행이 상호 접대와 교류에 관한 기록이지만 그것으로부터 조선관의 한 부분을 어느정도 추측하는 것이 가능하리라 보는 것이다. 일본 서민들은 조선을 일단은 **시문**詩文의 나라, 한문 문학의 모범을 보여주는 나라였다고 보았을 것이다. 이런 일은 조선 통신사 일행이 에도江戶를 향해 가는 도중에 각 지방의 서민들의 반응 속에 나타나 있었던 것이다.

  1719년에 일본을 방문했던 조선 통신사 사절단은 지식인뿐만 아니라 일반인들이 통신사들의 글씨를 구할려는 태도에 경탄한다고 쓴 것이 기록으로 남아있다.

"먼곳으로 부터도 우리들의 **시**詩를 구할려는 사람들의 발길이 끊이지 않고 종이를 책상위에 올려놓고 글씨를 써 달라고 구걸한다. 쓰는 것이 끝나면 또 장작을 쌓듯이 종이를 또 올려놓는다. 정원에서 하찮은 일을 하는 사람도 우리들의 글씨를 구하지 않는 사람이 없을 정도이다 글자를 하나 얻으면 머리위에 손을 얹고 절을 한다. 마치 비싼 고가의 물건을 얻은 것 같이 생각하여 글씨를 잘 썼느냐 못 썼느냐는 것은 있을수가 없다."

조선이 **시문**詩文의 나라로써 많은 존경을 받았다고 볼 수 있다.
또 한편으로는 일본 승려들 사이에서는 조선은 불교를 업신여기는 나라로 강하게 인식되어 있었다.
조선 통신사의 수행원과 일본 승려 사이에 다음과 같은 이야기가 기록에 남아 있다.

"일본 측 장로가 묻는다. 조선의 **사찰제도**는 무엇과 비슷합니까 그리고 **승법**僧法은 또 어떠하며 **종파**宗派가 있는가 거기에 답해서 말하길 우리나라는 유교를 존중하고 불교를 배척하기에 불교 사찰은 모두 산속 깊은 곳에 있어 백성의 민속民俗과 합쳐지지 않고 있으며 조선의 사대부는 삭발하지 않고 불교를 떠받들지 않는다."

한편으로 이와 같은 사상적인 것 보다는 당시의 서민들 사이에서 조선이라고 한다면 **조선 인삼**을 상기하는 사람이 많았다는 것은 말할 필요가 없다 일본 **가부기**歌舞枝에도 조선 **인삼**을 밀수하는 이야기가 나와 있을 정도이다.

또 조선 통신사의 일원이 일본인으로부터 조선 인삼이 **야생적**인가 또는 인공으로 재배하는것인가를 질문 받았다는 기록도 있다. 동시에 인삼은 당시에 가격이 높은 고가의 물건이었기에 암거래의 대상이 되기 쉬었고 통신사 가운데 그와같은 암거래의 중거래 역할을 하는 자도 있었다. 따라서 당당하게 행렬을 꾸미고 예식에 쫓아서 외교를 했던 통신사의 이면에는 부패와 음모가 있었다고 하는 것이다. 이것이 나중에는 일본 가부기歌舞枝의 제목이 되기도 했다고 한다.59)

가부기歌舞枝란 일본의 전통적인 민중 연극이다. 에도 시대에 바로 이런 '**카부키**'속에 등장하는 조선인을 어떻게 묘사했는가를 통해 일본 민중들의 조선관을 조금이나마 알수 있을 것이다.

1719년 **도쿠가와 요시무네**德川吉宗의 장군將軍 취임식을 축하하기 위해서 제9화 조선 통신사가 일본에 왔었다. 조선 통신사는 배에서 **세토나이카이**瀨戶內海를 향해서 오사카만大坂灣에 상륙하여 경도京都에 들리기로 되어 있었다. 에도 막부는 조선 통신사가 내방來訪할 때마다 통행로의 정비 등을 오사카 주변에 사는 농민들에게 명령했다. 오사카 경도 사람들은 이국인 하면 조선 통신사로 알고 있었으며 조선 통신사가 올 것을 사전에 알고 있었다. 그런 국가적 행사를 노리고 당시 오사카, 경도에서 인기를 누리고 있었던 2대 **정유리**淨瑠璃작가인 **치가마츠몽자에몽**近松門左衛門과 **키노카이옹**紀海音이 조선을 주제로 해서 정유리 작품을 창작하고 있었다.

먼저 **지카마쓰몬자에몬**近松門左衛門의 정유리 가부기 작품은 지금도 140점이 현존하는데 오작 한 작품만이 조선과 조선인이 등장한다. 그 작품은 1719년에 조선 통신사가 오사카大坂을 방문하기 전에 **죽본좌**竹本座에서 처음으로 초연初演되었다.

그것은 '**본조 삼국지**本朝 三國志'이다. '본조 삼국지'에는 도요토미 히데요시豊臣秀吉의 조선 침략이 묘사 되었다. 조선이 '**고려국**'이라고 명명되었는데 조선이 일본국에 조공을 거부한것에 대해 분격해서 조선 침략이 시작되었다는 것이다.

히데요시는 조선 침략에 즈음해서 전쟁 승리를 기원하기 위해서 주길신사住吉神社에 참배했었다. 거기에 상기想起되었던 것은 일본 **신공황후**神功皇后의 삼한三韓 정벌의 옛날 고사古事였던 것이다.

히데요시의 가신家臣이었던 **가토 기요마사**加藤淸正와 **고니시유키나가**小西行長는 히데요시의 군대를 지휘해서 조선반도를 북상北上해서 순식간에 조선의 수도인 한성을 점령했다. 그 장면에서 고려 즉 조선은 두 장군에 의해서 정복당했다는 것이다. 이 작품의 마지막 대목에서 소위 이총耳塚즉 **귀무덤**이 등장한다. 히데요시의 조선 침략 때 전투에 참가했던 무장武將들은 히데요시로부터 상찬賞讚을 받기 위해 조선인의 코를 베어서 소금에 절여서 히데요시에게 보냈다. 조선의 일반 민중들이 희생되었던 것이다.

히데요시는 그것을 부처에게 음식을 받친다는 뜻에서 **귀무덤**을 만들었고 이 무덤이 에도시대 이래로 **이총**耳塚 즉 **귀무덤**으로 불리워 졌다. 이 귀무덤은 현재 경도京都에서 히데요시를 제사 지내는 풍국신사豊國神社앞에 사적史蹟으로 남아있다. 이 작품속에서 귀무덤은 조선과의 전쟁에서 승리를 했다는 증거로서 위치해있다.

또 이 작품의 마지막 대목에서 조선군 맹장猛將인 **목사판관**牧司判官의 반격도 묘사했지만 그러나 목사판관은 가토 기요마사加藤淸正와 고니시 유키나가小西行長에 의해 간단히 패해 포로가 되었고 조선 국왕도 생포되었다. 포박 되었던 조선 국왕은 앞으로 일본에 조공을 할것이며 조선의 노예가 되겠으니 목숨만은 살려달라고 애원했다.

지카마츠몽자에몬根松門左衛門은 일본 민중들이 인기를 양분했던 키노카이紀海音도 '**신공황후 삼한책**神功皇后 三韓責'이라는 작품을 창작하기도 했다. 이 작품은 1719년 오사카大坂의 풍죽좌豊竹座에서 초연이 되었고 조선인이 등장하고 있다. 이 작품도 조선 통신사가 오사카를 방문하기 전에 흥행되었다. 이 작품의 전반에는 신공황후가 중요한 무인武人들을 거느리고 삼한정벌을 위해서 경도京都를 비워 든 사이에 일본 **추우아이천황**仲哀天皇의 이들인 인응忍應왕자가 모반을 일으키는 것을 신하 한 사람이 저지한다는 이야기 이지만 이 이야기 후반에 가서는 결국은 **삼한정벌**의 이야기가 되었다.

키노카이紀海音는 삼한정벌에 의해서 잘사는 조선을 지배하에 둔다면 일본이 편한 나라 **안국**安國이 된다는 것이다. 결국 신神의 보호아래 일본은 승리할 수 있다는 이야기이다.

일본을 신의 나라 **신국**神國이라 부르고 일본의 군대를 신의 병사 즉 신병神兵이라는 어휘로 표현하고 조선은 야만스런 적敵 만적蠻敵이라고 표현하고 있다. **주지강신사**住之江神社의 신神의 힘, 신력神力을 얻은 일본군은 신의 군대 신군神軍이 되어 지세가 험한 요충지에 서서 나오지 않는 조선군을 추격해서 흩어지게 하고 조선 국왕을 체포한다는 것이다. 그리고 조선 국왕의 목숨만은 살려주는 대신에 이 세상 종말 말세 말대末世末代까지 삼한三韓이 일본에 복종한다는 것이다. 이러한 작품은 후에 일본의 가부기歌舞伎에 많은 영향을 미쳤다.[60]

제6장

일본 에도江戶 막부幕府 시대 조선 지식인의 일본관

도요토미 히데요시의 갑작스런 죽음으로 전쟁(임진왜란)은 종말을 고하게 되었고 일본은 새로운 통치자가 등장하게 되었다. 새로운 통치자로 등장한 인물은 **도쿠가와 이에야스**이었다. 그는 **도쿄**에 수도를 옮기고 에도江戶 막부幕府를 열었다. 막부幕府란 일본 통치자가 전국 통치를 위해 새운 최고 통치기구를 말한다. **도쿠기와 이에야스**는 도요토미 히데요시의 조선 침략에 참여하지 않았음을 강조하면서 조선과의 평화 교류를 재안했으나 조선의 조정은 일본을 가르켜 **불구 대천지 원수**로 여겨 교류제안을 거절했다.

그러나 일본 박부의 사정도 알아보고 전란중에 일본에 억울하게 끌려간 조선인 포로 쇄환刷還을 위해서도 일본의 요청을 받아들였다. 1607년 (선조 40년)에 제1차로 **여우길**을 정사正使로 부사副使로 "경섬"을 포함해서 467명을 통신사로 파견했다. 이를 계기로 계속해서 1811년 (순조 11년)까지를 마지막으로 약 2014년 동안 12번의 통신사를 파견했었다.

이 장에서도 역시 일본에 가서 일본을 직접 목도한 조선의 지식인들이 남긴 글들이 일본을 직접 제대로 본 일본관이 될 수 있을 것이다.

1. 경섬慶暹 (1562-1620)

조선 선조때의 문신으로서 1598년 진주사陳奏使의 정사正使인 최천건崔天健을 따라 서장관書狀官으로 중국 명나라에 따라 갔으며 1607년에 홍문관 교리로서 통신사 여우길呂祐吉과 함께 통신 부사가 되어 임진왜란후 첫번째 사절로 일본에 건너가 국교를 열게 하고 임진왜란 때 일본에 잡혀간 포로 1340명을 데리고 왔다.

1607년 일본에 간 **경섬**은 일본 단오때에 행해지는 일본의 독특한 행사에 크게 놀랐다. **경섬**에 의하면 일본에서는 단오에 칼과 창을 가진 수천 명의 남자들이 한곳에 모여 두 조로 나누어서 서로 싸우기도 하고 평소 원한이 있는 사람에게 복수 하기도 하는데 이 날은 사람을 죽여도 죄가 되지 않으며 상당히 많은 사상자가 나왔다고 한다. **경섬**은 단오를 맞아 서로 칼로 상대를 죽이는 일본 남자들의 모습을 묘사하고서 다음과 같이 기록했다.

> "대개 일본의 나라 풍습인 **국속**國俗은 사람을 잘 죽이는 자를 대담하고 용감하다고 생각한다 그러므로 살인을 많이 하는 자는 비록 신분이 미천한 사람일지라도 성가聲價가 곧 배로 오르고 두려워서 도망가는 자는 비록 권문 귀족일지라도 온 나라에서 버림을 받으며 사람들에게 용납되지 못한다. 그 삶을 가볍게 여기고 죽음을 즐기는 풍습이 이와 같다."

조선인 **경섬**은 타인의 생명을 빼앗는 것에 아무런 거부감도 느끼지 않을 뿐만 아니라 오히려 남을 죽일수록 사회적으로 평가가 올라가고 싸움을 피하는 자는 겁쟁이로 불리며 사화에서 배제되는 무가武家사회의 가치관에 큰 이질감을 느낀 것이다. 그리고 그는 일본인의 성격에 대해서 다음과 같이 썼다.

"사람들이 협기俠氣를 숭상하여 삶을 가볍게 여기고 죽음을 잊어버린다.
그래서 조금만 불평이 있어도 바로 칼을 뽑아서 서로 죽이기를 조금도 거리낌없이 하며 작은 혐의嫌疑만 있어도 스스로 제 배를 갈라 죽어도 후회하지 않는다."

경섬은 일본 무사들의 성격이 개인과 개인의 관계에도 깊이 반영되어 있다고 보았다. 이어지는 글에서 그는 다음과 같이 말했다.

"남과 서로 접촉할 때는 서로 시의猜疑하고 부부가 방안에 있는데도 잠자리를 같이 하지 않고 아버지와 아들이 서로 대하는 데도 칼을 풀지 않는다. 혹은 공功을 탐내고 이익을 다툴 경우에는 아버지와 아들이 서로 모해謀害하고 형제가 서로 해치므로 자식이 생겨 열 살만 되면 다른 사람의 양자로 주고 함께 살지 않는다. 술에 취하면 술주정을 부리다 서로 칼을 뽑기 때문에 감히 마음대로 실컷 마시지 않는다. 손님을 접대 할때는 반드시 밥을 먼저 대접하고 밥을 먹은 뒤에 술을 올리는데 석잔을 넘지 않는다. 비록 경사스러운 명절일지라도 모여 마시거나 잔치 하는 일이 없다."

경섬이 볼때는 일본 사람은 가족에게도 경계심을 풀 수 없고 술을 마실때도 마음놓고 손님을 대접할 수 없는 살벌한 분위기에 위화감을 느낀 것이다.[61]

일본에 다녀온 사행원들은 조선 사화에서는 온화한 인간 관계와 정반대인 무사 사회의 기풍에 큰 거부감을 느꼈다.

일본에 다녀온 조선 문사文士 즉 통신사들이 가장 혐오감을 느낀 대상은 **타메시키리**試斬와 할복이다. **타메시키리**란 칼이 잘 드는지를 확인하기 위해서 시체를 실험 대상으로 삼아 베어 보는일을 말한다. 조선 통신사들은 타메시키리를 **시검**試劍이라 불렀는데 사행록을 보면 이 시검에 대한 기록이 도처에 보인다. 정유재란丁酉再亂때 일본에서 포로 생활을 하던 정희득鄭希得(1573-1623)은 타메시키리를 목격했을 때의 일을 자세히 기록했다. 그는 함께 포로로 끌려온 최덕양이 병으로 죽었을 때 일기에 다음과 같이 썼다.

> "이날 병으로 최덕양이 죽었는데도 왜도倭徒들이 앞을 다투어 칼을 시험한다며 시체를 갈라 놓았다. 애사哀辭를 지어 포로들에게 두루 류시諭示하고서 거두어 강 언덕에 묻고 재물을 바치고 곡哭하였다."

포로 가운데 한 사람이 병으로 죽자 무사들이 몰려와 그 시체를 칼로 베었다고 하는데 이것이 바로 타메시키리이다.[62]

2. 원중거

원중거 (1719-1790)는 숙종 45년에 태어나 주로 영,정조 대를 살다 간 인물이다. 그는 사상적으로 대단한 업적이나 개혁안을 제시하지도 못했고 관리로서 크게 현달顯達한 인물도 아니었다. 한미寒微한 무가武家 집안의 서자 출신으로서 평생을 처사處士적인 생활을 보낸 시인이요 당시로서는 흔히 볼 수 있는 주자학자의 한 사람이었다.

그러나 그가 학계에 알려지게 된 계기는 그가 쓴 **승차록**乘搓錄과 **화국지**和國志가 최근 발견되면서 부터이다. 이 두 책은 일본 사행록으로서 사료적 가치가 아주 높으며 저자인 원중거는 이른바 연암 일파의 장로격으로 그들의 일본 인식 형성에 큰 영향을 끼쳤다는 점이 밝혀져 주목의 대상이 되었다.[63]

원중거의 일본관은 그의 주자학적 세계관 속에 일본을 '**이적시**夷狄視'하는 조선의 전통적인 일본관과는 다른 독특한 측면을 지니고 있다. 물론 그는 충실한 주자 학자로서 일본에 대해서는 기본적인 **화이관**華夷觀을 가지고 있었지만 사행할때 일본인을 직접 접하고 난후 그것이 지니는 자기 폐쇄성閉鎖性과 비현실성을 자각하면서 일본에 대해서 야만시하는 **이적관**夷狄觀을 부정하고자 하였다. 즉 그는

"일본에는 총명하고 영수英秀한 사람들이 많은데 진정을 토로하고 심금心襟을 명백히 하며 시문詩文과 필어筆語도 모두 귀히 여길만해서 버릴수 없다. 그런데 우리나라 사람들은 오랑캐라고 무시하여 언뜻 보고 나부라며 헐뜯기를 좋아한다."

라고 하면서 단순한 이적관夷狄觀에서 탈피하여 그 실질을 보아야 한다

고 주장했다.64)

사실 원중거는 도쿠가와 이에야스의 막부幕府가 형성된 후 약 160년 후에 일본을 방문했기에 무기 사용이 금지된 무사들의 모습을 보았던 것이다. 그는 또한 일본 사회의 풍토가 변화하고 있음을 다음과 같이 기술하였다.

"대개 이 나라에서 전쟁을 꺼린 것이 이미 200년이 되었으므로 각주各州에서는 감히 사사로이 군사를 훈련하지 못하였다. **조총鳥銃**에 이르러서는 관청에서 기술을 시험하는 것 외에 개인적으로 총을 쏘는 자는 칼을 뽑아드는것과 같은 죄로 취급한다. 그러므로 우리 행차가 일본에 들어거서 말에 오르고 내릴 때 대포를 쏘았는데 구경하는 자들이 모두 귀를 막고 두려워서 자리를 피하였다."

원중거가 본 일본은 도요토미 히데요시 시대 말기부터 도쿠가와 시대 초기까지의 살기殺氣가 감돌던 일본과는 사뭇 달랐다. 무기 사용은 일절 금지되었고 일반인들은 총소리에 귀를 막고 두려워 했던 것이다.65)

또 일본 사행을 마치고 총체적으로 감상을 기술하였는데

"어떤 사람들은 혹은 말하길 그들과 어찌 **인의仁義**를 족히 말할 수 있겠는가라고 한다. 그러나 이는 크게 틀린 말이다. 둥근 머리와 모난 발을 하고 있어도 우리와 똑같은 눈으로 보고 귀로 듣는다. 어찌 우리만이 독특한 오기五氣와 오성五性을 가져서 그들과 다르겠는가? 하물며 그들의 총명聰明하고 전정專靜함과 의義를 사모하고

선善을 좋아하는 것, 자신의 일과 직업에 근면하고 몰두하는 점, 등에 있어서는 나는 오히려 우리나라 사람이 그들에게 험잡히지 않을까 두렵다."(乘搓錄)

라고 하면서 우리와의 동질성을 강조하고 나아가 일본인의 장점을 기탄없이 인정하였다. 한편 원중거는 **대마도** 사람에 대해서는 **이적관**夷狄觀과 함께 강한 혐오감을 표현하였다. **화국지**和國志 **천권**天卷, **풍속**風俗에서는
"대마도는 오랑캐로서 문화가 없으며 교룡 이무기와 같이 산다. 몸집이 건장하고 장대하여 내국인과는 다르다."
하고 하였을 뿐만 아니라 일본 내국인들이 항상 대마도를 만이蠻夷라고 부르며 사람 축에 끼워 주자 않는다라고 하여 일본 본토 사람과의 구분을 뚜렷이 하였다.

또 대마도 사람들이 조선과 일본 사이에서 갖은 농간을 부리며 이익을 취하는 사례를 자세하 서술한뒤
"대마도의 풍습은 흉험凶險하고 비루鄙陋하다. 우리나라에 접해서 왜관에 출입하는 자는 모두 대마도 사람이다 우리나라 사람들은 **마왜**馬倭를 가르켜 왜인倭人이라고 하는데 실은 그 풍속을 잘 모르기 때문으로 일본 내국인과는 전혀 다르다."
라고 하였다. 원중거의 이와 같은 대마도 인식은 주로 일본 사행중의 체험에서 기인했다고 보인다. 그는 대마도 사람이 일본과 조선 사이에서 부산 왜관의 '**통사배**'와 짜고 이익을 취하는 행위를 누누이 비판하였고 사행 도중에서도 대마도 사람의 행위에 대해 깊은 불신감을 지니고 있었다. 심지어는 대마도를 일본과 조선의 적敵이라고 까지 하였다.

원중거의 일본관은 화국지和國志와 승차록乘槎錄의 곳곳에서 피력되어 있자만 그러한 단편적인 인상을 종합한 총론적인 일본관이 화국지和國志의 인물조人物條에 있다. 아주 흥미롭고 격조높은 일본인론日本人論이라고 여겨지기 때문에 다소 길지만 인용해 보도록 하겠다.

"(일본인)은 인물됨이 부드러우면서도 능히 굳세고 또한 능히 유구하지 못하다. 약하면서도 능히 참고, 참을성이 있지만 또한 떨쳐 일어나지 못한다.

총명하지만 식견이 치우쳐 있고 예민하지만 기상이 좁다. 능히 겸손하면서도 남에게 양보하지 못하고 능히 베풀면서도 남을 포용하지 못한다. 새로운 것을 좋아하고 기이한 것을 숭상한다. 가까운 사람을 반기면서도 먼 사람을 돌보지 않는다. 조용한 곳을 즐기고 때지어 살기를 싫어한다. 본업本業에 만족하며 자신의 분수를 기꺼이 지킨다. 한번 정해잔 규칙을 지키되 감히 한치도 더 나가거나 물러서지 않는다. 자기의 노력으로 먹되 티끌 하나라도 주거나 받지 않는다. 대개 이는 부인이나 여자의 태도로서 침착하거나 굳세거나 세차게 일어나는 풍모가 없다. 기계 장치나 진기한 완구, 채색되고 교묘하게 아로새긴 공간 등에 몰두하지만 부지런히 일하며 나태하지 않다. 오로지 어수선함이 없이 종일 똑바로 앉아서도 게으름을 탐하거나 하품하는 기색이 없다. 사고가 나면 혹 밤이 되도록 자지 않고 항상 스스로 경계한다.

일을 만나면 힘을 하나로 합쳐 극진히 하면서 절대로 남에게 책임을 전가 하거나 시기 질투하는 습관이 없다. 그런 까닭으로 **인황人**

皇이 이것을 이용하여 태평한 정치를 이루었고 수길(秀吉: 도요토마 히데요시)이 이를 이용하여 천하에 막강한 구적寇賊을 만들었다. **가강家康**이 이들을 부림에 있어서는 또한 각기 정해진 분수를 지켜서 고요하고 소란이 없었다 만일 두터운 덕德과 넓은 도량을 가진 자가 있어 몸소 실천하면서 이끌어 나간다면 안정된 정치, 손바닥을 움지이는 것처럼 쉽게 이루어 질 것이다."(乘搓錄)

이어 원중거는 일본인들의 의식 생활에서의 검소함과 근면성을 지적하면서 이 점에서는 일본 만한 곳이 없을 것이라고 하였다.

또 신체상의 특징, 목욕, 등 청결함, 정리 정돈하는 습성, 체질과 품성의 맑음등을 소개하면서 이는 태양과 가까운 지세地勢의 영향도 있을 것이라고 하였다. 그러면서도

"맑음이 너무 승勝해서 탁함이 적고 혼魂은 여유가 있으나 백魄이 부족한 까닭으로 중화中華로 나라가지 못한다."

라고 기질적인 한계성을 지적하였다. 그리고 당시의 일찍 결혼하는 **조혼早婚** 관습등으로 인해 일본의 인구가 날로 번성하여 사람이 물고기처럼 많은데 비록 의식생활을 절약해도 그 생산되는 곡물로는 충분히 먹일수 없다고 하면서 당시 일본의 경제적 번성이 오래 가지 못할 것이라고 예상하기도 하였다.[66]

원중거는 당시 일본의 천황이 비록 실권實權은 없지만 자연법적 관념이나 법제적인 면에서 최고 통치자이며 일본 신도神道의 최고 사제司祭로서 막부幕府가 함부로 할 수 없는 권위를 가지고 있는 점을 간파하였다. 동시에 **도쿠가와 이에야스德川家康**가 계階는 종일위從一位요 직職은 우정대신右

政大臣 임任은 정이대장군征夷大將軍이라고 함으로써 막부 장군이 일본 국내에서 왕王이 아니라 형식상 천하의 신하임을 확인하였다.[67]

일본의 교통문제에 대해서도 원중거는 깊은 관심을 가지고 관찰하였다. 도로道路에서는 왕래 중 견문한바 도로의 모양 규모 표시 가로수의 독특한 도로 수치 제도등에 대해 서술하였다.

"도로 수축修築만이 아니라 운영 방식도 나태하지 않았다."

라고 평하였다. **교량橋梁**에서는 일본이 새도시를 비롯한 대도시들이 모두 다리가 발전하였음에 주목하였다.[68]

원중거는 일본 사회의 기본 성격을 형벌과 법에 의해 세워 졌으며 무가막부武家幕府가 실권을 장악하고 행사하는 무가사회武家社會라고 인식하였다. 특히 무력과 함께 가혹한 법의 운용과 형벌을 통한 법가적法家的 운영 방식에 주목하였다. 그는 또 조선과 다른 일본 사회의 특장적인 사화제도나 운영 방식에 대해 관심을 기울렸다. 직업에 대한 제도적인 차별과 사회적 인식에 있어서 조선은 사士, 농農, 공工, 상商이지만 일본은 위位, 상商, 공工, 농農이라는 대조적인 측면에 주목하였다. 즉

"일본이 풍습은 관직에 있는 자가 제일 존경을 받고 다음이 상인商人, 그 다음이 공인工人 제일 아래가 농민이다."

라고 소개하였다. 여기서 일본에서의 **관위자官位者**는 **무인武人**이라는 점을 지적하고 특히 문사文士들의 지위가 하류下流에 속한다는 점에 주목하여 일본의 무가사회武家社會적인 성격을 강조 하였다. 이와 함께 원중거는 일본 사회의 특징으로서 세습제世襲制에 주목하였다. 그는 일본사회에서 위로는 관료 제후官僚 諸侯에서 아래로는 **백직 이예百職 吏隸**까지도 세세상습世世相襲 하며 농, 공 상인들도 모두 그 직업을 세습한다고 하였다.[69]

chapter 03

제1장

메이지明治 시대 일본 지식인들과 정치인들의 한국관

역사적으로 일본에 있어서 **메이지明治**시대라고 하면 일반적으로 서기 1868년부터 메이지 천황이 사망한 1912년 7월까지 약 44년 동안을 가르킨다.

이 시대에 일본은 "에도 막부"를 중심으로 하는 봉건적 지배 체재를 타파하고 천황을 중심으로 하는 정부 아래 정치 경제 사화 문화의 모든 분야에서 급속한 근대화를 추진하면서 서구식 헌법을 통한 입헌적 정치 체제를 실현하고 산업화를 꾀하여 국민 국가적 체재를 갖추면서 서구 제국주의적 국가의 일원이 되었다. 1867년 12월에 왕을 중심으로 하는 왕정王政 복고로 막부 체재가 폐지되면서 새로 수립된 새 정부는 1868년 **무진전쟁**을 통해 구舊 막부 체제를 타도하고 1869년의 주민들의 호적을 왕에게 바치는 **"판적봉환版籍奉還"**과 다이묘大名들의 통치 지역인 **번蕃**을 오늘의 현縣으로 바꾸는 **"폐번치현廢蕃置縣"**을 통해 중앙 집권적 통일 국가를 실현하였다. 국제 사회에서는 구미열강(유럽 열강)과 대등한 강력한 국가를 건설하기 위해 메이지 정부는 유럽의 여러 나라들에서 제도, 지식, 기술등을 적극적으로 도입하여 잘살고 강한 부국강병富國强兵 식산, 흥업 문명 개화의 정책을 추진했다. 징병제徵兵制의 제정, 철도 부설, 관영 공장의 설치, 학제學制 공포, 유럽에 이와쿠라 사절단 파견등, 이른바 일본의 강력한 개혁을 했던 시기이다.[70]

1. 사이고 다카모리西鄕隆盛 (1827-1877)

사이고 다카모리는 메이지 유신의 최대 공로자이다. 동시에 메이지 정부에서 조선을 정복해야 한다는 **정한론征韓論**의 상징적 인물이기도 하다.[71]

사이고 다카모리는 1827년에 "**사쓰마번**"의 하급무사의 아들로 태어났다. 그는 이미 27세에 싸쓰마 번주藩主인 **시마즈 나리아키라**島津齊彬에게 발탁되어 그의 측근

사이고 다카모리

으로 활약하였다. 번주藩主인 **시마즈히사미츠**島津久光의 시대에는 멀리 유배를 당한 적이 있었지만 쓰마번의 막부 타도파打倒派의 주역으로 활약하였으며 에도 막부가 타도되고 메이지 정부가 새로 들어서자 참의參議, 육군대장으로 영전되었으나 정한론 논쟁에서 패하기도 했고 그 후 사이고 다카모리는 고향으로 낙향하여 사립학교를 중심으로 자제들을 양성하여 그의 고향인 **가고시마**에서는 사무라이 계급인 사족士族의 정치제재가 유

지되었다. 그러나 메이지 신新 정부는 사족士族을 해체하고 서양식 징병제를 채택하자 이에 불만을 가진 사족士族들을 모아 반反정부 투쟁을 하는 과정에서 메이지 정부군과 1877년에 **서남西南** 전쟁을 했으나 결국 패하자 그는 자결하였다.

그가 죽기 전 조선에서는 대권군이 집권하면서 쇄국정책을 내걸었으며 일본에 대해서도 강경정책을 썼다. 일본과의 교류를 위한 **조일 교섭**은 정체되었고 서구 열강의 중국 아시아 침략은 점점 격화되어 갔다. 이전 부터 조선에 파견되어 있었던 일본 **외무성의 소록 오리야마**森山茂가 귀국하여 조선 조정의 강경정책과 부산에 거주하는 일본인에 대한 식량공급 중지, 일본 상품의 수입 금지, 반일 운동의 확대등을 보고하였다. 이 보고는 메이지 정부와 국내에서 조선을 침략하자는 **조선 출병론**을 크게 자극하는 결과가 되었다. 메이지 정부의 각료의 한 사람은 말하길 이는 일본 조정의 위상에 관한 문제이며 국가의 치욕에 관계 된다고 하여 부산 주재 일본인 보호를 위해 군함, 수척, 육군 약간을 파견할 것을 놓고 각의閣議에서 논의하게 되었다.[72)]

이와 같은 "조선 출병론"에 대해서 **사이고 다카모리**西鄕隆盛는 주장하길 일본의 군대 파견은 조선인의 의혹을 불러오기 때문에 먼저 사절을 조선에 보내 정당한 논리로 담판해야 하고 그때 그 사절은 꼭 자신이 가도록 해 달라고 요청했다.

이때 사절 **폭살론**爆殺論이라는 말이 나오는데 시이고 다카모리의 생각으로는 자신이 사절로 가면 조선은 자신을 죽일것이고 그것을 구실로 해서 출병하여 침략하라는 것이다. 그러나 그의 결연한 요청은 묵살되었는데 그때 구미(유럽)사찰에서 돌아온 **이와쿠라, 오쿠보, 기도**등은 일본 내정內政을 먼저 해야 한다는 내치內治 우선을 부르짖고 사이고 다카모리를 사절로 파견하는 것을 반대했다. 이들도 조선을 침략해야 한다는 주장에는 사이고 다카모리와 동일했으나 사이고와 권력투쟁을 하는 입장에서는 일단은 사이고에 제동을 걸었던 것이다.[73]

2. 기도 다카요시木戶孝允 (1833-1877)

에도 막부 말기에 **죠슈번**長州藩의 존왕양이파尊王攘夷派의 지도자 였으며 그의 원래 성姓은 **가쓰라 고고로**桂小五郞이었으나 그의 나이 32세 때에 지금의 **"기도"**로 바꾸었다. 그는 요시다 쇼인의 문하門下에 들어갔으며 그 후 여러 선생으로부터 검술과 서양의 군사학을 배웠다. 그는 젊은

기도 다카요시

뜻있는 지사志士들의 야망을 모아 메이지明治 혁명을 일으키는데 있어 큰 공로 때문에 **사이고 다카모리**西鄕隆盛, **오쿠보 도시미치**大久保利通와 더불어 **"유신 삼걸**維新三傑"로 불리웠다.[74]

요시다 쇼인吉田松陰의 제자들과 그들의 동조자들이 중심이 되어 일으킨 일본의 메이지明治 유신은 도쿠가와 막부의 봉건 막부 체재를 붕괴시키고 일본을 근대 천황제 국가로 탈바꿈 시킨 사회적인 일대 대개혁大改革이었다. 메이지 정부의 의도는 부국강병富國强兵의 논리에 있다. 당시 서양이 아시아 지배를 독점하던 시기에 일본에 필요했던 것은 우선 국가의 독립

유지였다. 이를 위해 당시 일본 정부는 내적으로 국권을 강화하고 외적으로는 서구를 모방하는 식민지 경영을 통해 상품시장을 확보하고 자원을 원활하게 공급해 산업 발전을 꾀하려 했다. 메이지 정부에서 스승이었던 **"요시다 쇼인"**의 뜻을 충실히 받들어서 조선을 정복해야 한다는 **"정한론征韓論"**을 처음 발의한 사람이 기도 다카요시木戶孝允였다.[75]

기도 다카요시木戶孝允와 같이 메이지 정부 초기의 정한론은 요시다 쇼인吉田松陰의 정한론을 계승한 것이며 메이지 정부 수립 직후에 정치적 불안이 발생하자 조선을 침략하여 시선을 외부로 돌리고자 한것이었다. 그러나 내치內治를 우선시 하여 즉각적인 정한론에 반대했던 핵심 정한론자인 기도 다카요시는 **대만 침공**과 조선 해안 도발을 감행하기도 했다. 그리고 1876년에 조선 침략의 첫 단계로서 조선과 **강화도 조약**을 체결하였다. 이는 에도江戶 막부 말기에 일본이 서양 열강에게 당한 불평등 조약을 그대로 답습하면서 그보다 훨씬 가혹하고 일본에 유리한 일방적인 조약이었던 것이다. **기도 다카요시**는 강화도 조약 체결 이후 일본이 조선을 병합倂合할때까지 일관되게 조선에 대한 정책을 수행했던 인물이다. 특히 일본 국민을 천황을 절대적 존재로 숭배하기 위한 **황국신민화皇國臣民**를 위해서 **진구황후神功皇后의 삼한三韓 정벌설**을 역사적 사실로 둔갑시키고 일본 초등학교에서 왜곡된 역사 교육을 시켰다. 한 예로 **"진구 황후 삼한 정벌"**을 그림으로 그려서 침략적인 역사 인식을 주입시켰다.[76]

3. 에토 신페이 江藤新平 (1834-1874)

에토 신페이江藤新平는 메이지 정부 초기에 서는 다른 지도자들 보다 논리적이고 치밀한 두뇌와 조직적 재능을 가졌다고 평가되어지고 **사이고 다카모리, 이타가키 다이스케**등과 필적할 수 있는 정한론자이다. 1873년 (메이지 10년) 10월에 정한론자들 끼리 조선을 빨리 정복해야 한다는 강경론자들과 시기를 보

에토 신페이

아서 신중하게 정복을 해야 한다는 **온건 정한론자**들과의 논쟁에서 사이고 다카모리가 패한 후 메이지 정권에서 함께 사직辭職한 5인의 한 사람이었다. 메이지 시대 정한론의 최초의 실질적 구현자具現者로 주목을 받았다.

에도 신페이는 1834년 나베시마藩鍋島藩의 히젠肥前에서 가난한 하급무사의 집안에서 태어났다. 그의 아버지는 개인적으로 간단히 읽고 쓰기를 가르치는 사숙私塾이라 할 수 있는 데라고야寺子屋를 열었지만 실제로 그를 "**4서 5경**"까지 가르친 것은 그의 어머니 였다.[77]

그 후 다른 곳에서 여러 가지 교육을 받았다. 에도 신페이의 사상 형성은 그가 받은 교육 내용으로도 알 수 있는데 유학儒學을 기본으로 공부했으며 주자학에 중점을 두었고 난학蘭學을 배우기도 했다. 그리고 여기에다 사무라이 정신을 나타내는

"무사도라는 것은 죽는 것을 발현하는 것이다."

는 명제를 좌우명으로 삼았다. 에토 신페이는 메이지 유신 초창기에 약 7년간 눈부신 활약을 했다. 그의 업적중에 하나는 인신매매 금지, 근대

적 법제의 확립, 사법권의 독립, 근대적 법전의 정비, 재판소, 경찰제도의 창설 주장을 들 수 있다. 에토 신페이는 그의 생애에 5번 정도 조선과의 만남이 있었다. 첫 번째는 그의 출생지가 도요토미 히데요시의 조선 침략 기지였던 **나고야名護屋**와 가까웠고 항상 조선을 의식하는 입장에 있었다. 그의 고향이 속했던 나베시마번鍋島藩은 조선에 출정했던 장수인 **가토 기요마사, 고니시 유키나가, 구로다 가와** 같이 조선 정벌을 위해 출병했던 큰 번인 웅번雄藩이었는데 여기에서 조선 정벌에 나섰던 병사들이 조선인 1만여 명의 목숨을 앗아갔다는 기록이 남아있다.

세 번째는 나베시마에 있는 교육기관이라 할 수 있는 홍도관의 필수 과목에는 조선 출병이 있다. 네 번째는 1873년에 메이지 정권 내에서의 정한론征韓論 가담이다. 그때 있었던 정한征韓 논쟁에서 보였던 그의 조선 인식과 중국 인식을 보여주는 그의 주장이 있다.

"**금일의 급무急務**는 일본 제국의 판도를 대륙으로 확장하고 민족의 발전을 도모하여 제2의 유신의 결실을 올리는데 있다. 저 조선이 우리에게 무례無禮를 가한 것은 곧 우리 제국이 무력을 대륙에 사용하여 제국의 팽창을 도모하는 이유로 놓칠수 없는 기회이다. 반드시 먼저 러시아와 제휴하여 조선을 점령하고 … 중국을 둘로 나누어 북부를 러시아에 주고 남부를 일본이 장악해서 기회를 보아서 러시아를 쫓아내어 우리의 천황을 중국 베이징에 옮겨 받들고 영세永世의 제도로 삼아야 한다."

일본 천황을 중국 **베이징**에 옮긴다는 것은 이미 도요토미 히데요시의 계획을 되살리는 것이며 조선 침략을 분명히 드러낸 대목이기도 하다. 다섯 번째는 그의 고향에서 조선 정벌을 주장하는 "**정한당征韓黨**"의 수령으로 추대되어 직접 군사 행동을 일으킨적이 있었다.[78]

4. 후구자와 유기치福澤諭吉 (1835-1901)

일본 지폐 1만 엔에는 **후구자와 유기치**의 초상화가 들어있다. 그만큼 후구자와 유가치는 다면성을 가진 복잡한 인물이다. 메이지 시기의 최대의 계몽사상가 이자 교육자 문필가로서 알려져 있다. 그의 수많은 저술을 통한 민중들에 대한 영향력은 그를 따를 사람이 없다. 그러나 그는 조선 침략 사상

후구자와 유기치

을 주장한 사람이었다는 것을 분명히 인식하지 않으면 안 된다.

후쿠자와는 1835년 1월 10일 오사카 도지마堂島에 있는 나카쓰마번中津藩의 구라야시키倉屋敷 연립 주택에서 태어났다. 아버지 하쿠스케百助가 43세, 어머니 오쥰於順이 31세 때 태어난 그는 2남 3녀 가운데 막내둥이 였다. 아버지는 나카쓰번의 가신家臣이었다. **가신**이라고 하지만 계급이 극히 낮은 하급 무사에 불과했다. 하쿠스케는 나키쓰번의 구라야스키 관리인으로 파견되어 근무했다. 구라야시키란 에도 시대 때 일본의 전국 다이묘大名들이 자기 고장에서 생산된 쌀이나 특산품을 팔기위해 설치한 창고 겸 거래소를 말한다. 구라야시키는 주로 에도와 오사카에 몰려 있었다. 에도 시대에 오사카는 **"천하의 부엌"**으로 불릴만큼 일본의 경제활동 중심지였다. 그 가운데서도 **"도지마"**는 지금도 여전하지만 상업도시 오사카의 심장이었다. **하쿠스케**는 성품이 강직한 데다 정직하고 성실하여 전후 15년간이나 이 **구라야시기** 관리를 맡았다고 한다. 그러나 그는 날 때 부터 중국의 철학, 역사 문학등을 좋아하여 스스로 학문을 계속하고

싫어했으나 집이 가난하여 뜻을 이루지 못했다. 그래서 **구라야사기** 일은 그에게 아주 고통스러운 것이었다. 후쿠자와 유기치는 그의 자서전에서

"아버지는 번藩의 어려운 재정을 꾸려 나가기 위해 상인들에게 머리를 숙이고 때로는 비위를 맞추지 않으면 안되어 굴욕감을 느꼈다."

라고 했다고 적고 있다. 이러한 아버지의 쓰라린 경험이 후구자와 유기치 장래에 커다란 영향을 미쳤음은 말할 필요도 없다. 자애慈愛로운 양친 밑에서 태어난 유기치는 한동안 남부럽지 않게 자랐다. 하지만 비극은 겨우 생후 1년 6개월 때 일어났는데 아버지 하쿠스케가 45세의 젊은 나이로 갑자기 죽은 것이다.[79]

3세 때에 아버지를 잃고 어머니에 이끌려 번藩에 돌아갔다. 커서는 **사라이시 쇼산**白石照山에게 한학을 배우고 그 위에 형의 권유로 난학을 배우기 위해 나가사키로 갔으나 나중에는 영국에 관한 학문을 배웠다.[80]

그의 한국관을 극명하게 보여 주고 있는 것은 1885년 3월 16일에 **시사신보**時事新報에 게재되었던 **탈아론**脫亞論이다. 그는 처음 강화도 사건 때에는 군대를 파견해야 한다는 출병론出兵論을 반대했으나 조선에서 1882년 임오군란壬午軍亂이 일어난 이후부터 점차로 일본의 무력 간섭을 지지하는 논조로 바뀌었다. 1884년 조선에서의 갑신정변甲申政變으로 친일파 독립당이 퇴조하게 되자 시사신보에 **"조선 사변**事變**", "조선국에 일본당 없다."** 등의 논설을 발표하여 일본의 국권이 경시 당한 사태에 분개하였고 이것을 방치한 정부를 비판하였다. 그 유명한 탈아론(1885년 3월 16일

자)에서는 다음과 같이 논하였다.

"우리 일본의 국토는 아시아 동쪽에 위치해 있지만 그 국민의 정신은 이미 아시아의 고루함을 벗어나 서양의 문명으로 옮기었다. 그런데 불행한 것은 가까운 곳에 나라가 있는바 하나를 지나(支那:중국)라고 하고 하나를 조선이라 한다. … 우리들 입장에서 이 두 나라를 보면 지금 문명이 동점東漸하는 풍조에 처해서 도저히 그 독립을 유지할 길이 없을 것 같다.

오늘날의 계책을 이룩함에 있어서 우리나라는 이웃 나라의 개명開明을 기다려 같이 아시아를 흥하게 하는 것을 기다릴 수 없다. 오히려 그 대오隊伍를 벗어나 서양의 문명국과 진퇴進退를 같이 하고 지나支那가 조선을 대하는 법도 이웃 나라라고 하여 특별히 사정을 봐 줄 수 없다."

여기서 후쿠자와 유기치는 중국과 조선을 세계의 문화 대세에 뒤떨어진 후진국으로 위치 지우고 유럽 제국에 의한 아시아 침략의 정세속에서 독립을 지키기가 어려울 것을 예측하였다. 나아가서 그는 이 두나라 와의 제휴나 교류는 일본을 위태롭게 하는 것이라고 생각하고 오히려 그들로부터 이탈하여 유럽 제국들과 연대함으로써 독자적으로 나라의 운명을 개척할 것을 강조하였다. 후쿠자와의 한국관의 기본이 아시아의 나라들과는 단절하고 버려야 한다는 **"아시아 절사론切捨論"**이고 그 이론의 기초는 메이지 국가는 바로 근대화이며 그리고 서양 문명 섭취라는 도식을 명확하게 가르쳐 주는 것이다.[81]

일본은 아시아를 벗어나야 한다는 그의 **탈아론**脫亞論을 좀더 세세히 들여다 본다면 그가 탈아론을 발표한 것은 그의 나이 51세 때였다. 그는 1901년 66세에 사망했으므로 **탈아론** 발표는 그의 말년에 일어난 일이었다. 이미 잘 알려져 있듯이 에도 막부 말기末期 일본의 개국開國 이후 일본 정국은 실로 한치 앞을 내다볼 수 없는 안개 속이었다. 외세(外勢: 정확하게는 미국의 페리 함대)의 강요로 할 수 없이 문호를 개방한 에도 막부는 그 뒤 10여 년 동안 그럭저럭 나라 살림을 꾸려 왔으나 더 이상 힘이 없이 1867년 11월 이른바 **다이세키호칸**(大政奉還: 도쿠가와 제15대 쇼군인 요시노부가 정권을 천황의 조정에 넘긴 사건)을 통해 정권을 내놓을 수밖에는 없었다. 그런 만큼 정부를 이끌 뚜렷한 주체가 없는 데다 민권운동이 날로 격화되어 국가 존립자체가 흔들리고 있었다. 당시 일본 지식인들 사이에서는 자칫 잘못하다가는 서양의 선진국에게 국권을 빼앗길지도 모른다는 위기감이 팽배했다.

특히 1860년에서 1867년에 걸쳐 세 번이나 미국과 유럽을 직접 돌아본 2, 30대 청년 **후쿠자와 유기치**의 눈에는 그러한 위기가 확대되어 들어왔다. 그에게 서양은 두려움 그 자체였다. 서양의 문명 사정을 감안 한다면 일본이 언제 이들에게 강점强占당할지 몰랐다. 후쿠자와 유기치의 이같은 위기의식은 서구 각국이 아프리카 여려나라와 인도 인도네시아, 말레이, 베트남, 중국등 각국을 제멋대로 점령하고 식민지로 만드는 것을 목격하고 커진 것이다.[82]

후쿠자와 유키치의 구미歐美 여러 나라에 대한 위기 의식을 심각하게 느낀 그는 그 위기 극복의 방법을 일본의 독립 즉 **"문명 단계로의 도달"**에서 찾으려 했다. 후쿠자와 유기치에게 문명이라는 의미는 서양 문명에의 다름이 아니다.

그래서 반개半開 상태의 일본을 문명 일본으로 발전 시키는 일을 위기 회피의 제1 조건으로 삼았다. 유럽 미국 등 선진 문명 견학見學을 통해 그 나름대로 근대 서양 문명의 형성 비결을 파악한 그는 귀국후 이를 연이어 책으로 묶어 냈다.『**서양 사정(1866-1869)**』,『**학문의 권유(1872-1876**』,『**문명론의 개략(1875)**』들이 그것이다. 그 가운데서도『**문명론의 개략**』은 일본과 중국 서양을 비교하면서 문명의 본질과 실태에 대해 자세히 설명하여 그의 아시아 관觀을 드러 내고 있다 후쿠자와 유기치는 이 책에서 인류 문명의 발전 단계를 **"야만, 반개半開, 문명의 3단계"** 로 설정하고 문명 개화의 필요성을 강조하고 있다.

이 문명 3단계는 **"인류가 반드시 거쳐야 하는 계단"** 이라는 것이 그의 인식이다. 그가 여기에서 문명 발전을 3단계로 설정하고 문명론적 아시아 관觀을 설파한 것은 당시 상황으로 보아서 일본 지식인의 아시아 관觀을 뛰어 넘는 논리이어서 큰 관심을 모았다. 그는『**문명론의 개략**』에서

> "지금 당장 세계를 문명의 단계로 분류한다면 유럽 여러나라 및 미국을 최상의 문명국이라고 말할 수 있고 터키 중국 일본등 여러 나라를 반개국半開國이라고 말할 수 있으며 아프리카 오스트레일리아 등은 야만국에 속한다."

라고 규정했다. 중국과 조선에 대한 그의 인식은 시간이 흐르면서 점차 바뀌어 지지만『**문명론의 개략**』을 발간한 당시는 다같이 문명을 향해 노력해야 한다고 충고하는등 상당히 우호적이었다. 비록 밑바탕에는 **멸시**

감이 깔려 있었던 것이 사실이지만 후쿠자와 유기치는 실제로 중국과 일본을 동등하게 반개국半開國으로 인식하고 있었다. 이는

"극동의 중국 조선 일본 3개국이 연대하여 문명단계에 있는 서양 제국諸國의 침략에 대처하자."

라는 그의 호소에서도 확인할 수 있다. 후쿠자와 유기치는 실제로 중국이 근대화를 위해 전습생傳習生을 유럽에 파견했다는 소식을 듣고 중국의 개량주의改良主義적 개혁운동에 기대를 걸었던 것으로 전해지고 있다.[83]

후쿠자와 유기치는 그의 문명론을 토대로 해서 1882년 3월 1일에 **시사신보時事新報**를 창간하면서 그의 주장을 실었는데 이를 통해서 힘을 얻게 되었다. 그가 조선 문제에 대해 적극적인 관심을 보이기 시작한 것도 바로 이때부터였다. 역사 기록에서 확인할 수 있듯이 당시 일본은 겉으로나마 조선을 독립국으로 인정하여 강제로 **강화 수호조약(1876년 2월)** 을 체결하고 교류를 시작했다. 사실 조선의 독립은 1882년 **임오군란壬午軍亂** 이후부터 중국 청나라에 의해 크게 흔들리고 있었다. 청나라는 임오군란을 수습한다는 구실로 3000명의 군대를 조선에 주둔시키고 섭정攝政을 하던 조선의 대원군大院君을 청나라로 끌고가 베이징에서 남쪽으로 150킬로미터 떨어진 비오딩부保定府에 유폐시켰다. 이는 조선의 독립을 무시하는 만행이었다.

이에 후쿠자와 유기치는 시사신보時事新報의 사설을 통해 **"조선 정략론政略論"** 을 들고 나와 일본은 조선 문제에 대해 지도적 지위를 점할 것, 무력을 행사해서라도 청나라 지배하에 있는 조선을 해방시키고 문명화를 원조할 것을 강조했다.

조선 정략론政略論은 말할 필요도 없이 조선의 경영을 직접 겨냥한 것으

로 조선의 개혁 근대화를 목표로 하고 있다. 그것은 특히 조선을 유교의 영향으로부터 해방시키는데 중점이 두어졌다.

후쿠자와 유기치는 겉으로는 조선을 **반개국半開國**으로 말하면서 내적으로는 소小 야만국, 즉 작은 야만의 나라로 인식하고 있었다. 조선의 국정國政이 일본 막부 말기末期, 유신維新때의 일본과 비슷했기 때문이라는 설명이다.

이처럼 조선의 근대화를 위한 그의 심정은 실로 복잡했다. 하지만 조선의 **갑신정변甲申政變**을 계기로 그는 시사신보時事新報를 통해 조선과 중국을 통렬히 비판하고 나섰다. 후쿠자와 유기치는 1885년 2월 23일자 사설에서

"갑신정변甲申政變의 가해자는 중국과 조선 두 나라이고 피해자는 실로 우리 일본 한 나라이다."

라고 전제하고

"조선은 요마妖魔 악귀惡鬼의 지옥국 즉 야만 이하의 나라이다."

라고 혹평했다. 갑신정변의 실패처럼 후쿠자와 유기치에게 충격적인 사건은 별로 없었다. 조선을 개명開明으로 이끌어 친일親日로 만들기 위한 그의 기대가 무너져 버렸기 때문이다. 그래서 나온 것이 바로 일본은 이제 아시아에서 벗어나자는 **"탈아론脫亞論"**이 나온 것이다. 다시 말하면 조선의 갑신정변의 실패가 곧 일본은 아시아를 벗어나야 한다는 그의 주장인 탈아론脫亞論의 형태로 탈바꿈 한 것이다.

이 탈아론은 중국과 조선을 멸시 비하하고 일본 정부에는 근대화의 방향을 제시하며 결과적으로 문명화를 달성한 일본이 아시아를 분할 점거해야 한다는 아시아 침략론을 결론으로 하고 있다.

후쿠자와 유기치는 탈아론을 발표하기 이전에도 **"가능성은 이미 올려졌다."** (1884년 8월 11일자), **"동양의 파란"** (1884년 10월 15-16일자) 등의 제목으로 탈아론과 비슷한 취지의 논설을 연달아 싣고 조선 중국은 장래 망국亡國의 고통의 맛을 볼 것이라고 예언했다.[84]

후쿠자와 유기치는 조선의 갑신정변의 주역이었던 **김옥균金玉均**과도 개인적으로 무척 친밀한 관계였던 것 같다.

1884년 갑신정변을 일으키기 전 1881년 김옥균이 일본에 갔을 때에 그는 후쿠자와 유기치를 만났다. 당시 김옥균이 교토에 도착하자 후쿠자와는 사람을 보내 김옥균을 친히 맞이했다. 후쿠자와는 김옥균을 보고 그 인물됨을 높이 평가했다.

"선생(후쿠자와)" 은 이미 김옥균의 인물에 대해서 조선의 **"이동인"** 으로부터 들어서 알고 있었고 또한 **"어윤중"** 의 소개로 그가 보통 사람이 아님을 알고 있었다.

지금 몸소 만나보니 과연 기예氣銳가 보통이 아니고 용감하면서 명쾌했다. 그 뜻하는 바가 일신一身과 일가족一家族에 있지 않고 조국의 흥망興亡을 짊어지고 고국故國의 부강富强을 꾀하는 것을 보고 한없이 기뻐하며 우선 선생(후쿠자와) 별택別宅에 머물게 했다. 둘 사이의 화담和談에는 유길준 청년이 어려운 통역을 담당했다.

그리고 김옥균은 후쿠자와의 소개로 일본 정계를 주름잡고 있던 **이토 히로부미, 이노우에 가오루, 코토 소지로**등을 만났다.

1882년에는 김옥균은 두 번째 일본 방문길에 다시 후쿠자와를 만났다. 당시 김옥균은 그해 병사들이 일으켰던 임오군란 수습을 위해 파견한 수신사의 고문을 맡고 있었다. 김옥균은 후쿠자와로부터 문명론에 대해서 들었고 일본인 고문을 초빙하는데 추천을 부탁하기도 했다.

　1884년 김옥균 서재필 서광범등이 주도한 갑신정변이 실패하자 후쿠자와는 일본이 아시아를 벗어나자는 **탈아론**脫亞論을 발표했다는 것은 앞에서 밝힌바 있다.

　갑신정변이 실패한 후 일본에 어렵게 망명한 김옥균은 나가사키를 거쳐 12월 하순에 도쿄에 도착하여 후쿠자와를 찾아갔다. 후쿠자와는 현관에서 나와 악수를 하고 살아서 무사하게 돌아온 것을 축하했다. 이후 김옥균이 외딴 가시와라 섬으로 추방되자 일본 정부의 지시를

"바보스럽고 미치광이 행동 같다."

라고 성토했다. 이어 신문을 통해 김옥균을 빨리 육지로 데려 올 것을 호소하기도 했다. 김옥균의 오랜 일본 망명 생활 후 1894년 김옥균은 중국의 북양대신 **"이홍장"**과 담판을 짓기 위해 상하이로 떠나기 전 후쿠자와를 찾아가 마지막 인사를 했다. 후쿠자와는 김옥균의 위험한 중국 상하이 행을 적극 만류했지만 이미 뜻을 굳힌 그의 결심을 꺾지는 못했다. 결국 김옥균이 조선의 **홍성우**에게 참변을 당해 살해 당하자 자신의 집에 김옥균의 위패位牌를 안치하고 조선의 혁명가 김옥균을 애도했다. 그 후 1894년 청일전쟁의 와중에서 김옥균의 부인과 딸을 찾아내 살길을 마련해 준 사람도 후쿠자와 유기치였다. 조선에서는 김옥균의 시신은 갈기 갈기 찢어졌고 잘려진 머리를 전국에 회람回覽시켰다고 하고 있다.[85]

5. 야마가타 아리토모山縣有朋 (1838-1922)

야마가타 아리토모

일본 정부 초기부터 메이지 정권 내에서 **야마가타 아리토모**는 오직 군사적 측면에서 계획하고 추구하여 그것을 완성으로 이끈 인물이다. 그가 태어난 곳은 "조슈(현재 야마구치 현)" 하키萩이고 이고 아버지는 아리토시有稔다. 그의 신분은 이시가루 (足輕: 하급무사)보다 낮은 신분이다. 아리토모의 어릴 때 이름은 **다쓰노노스케**辰之助이고 성장한 후에는 고스케小輔이고 기병대에 들어갔을 때는 교스케狂介로 칭했다. 그의 꿈은 에도(지금의 도쿄)로 올라가 창술槍術 도장을 여는 것이었는데 그의 꿈과는 관계없이 에도 막부幕府 정권 말기에는 국내 국제 정세는 격렬하게 움직였다.

1858년 막부가 미국과 통상 조약을 맺을때는 일본 국내가 개국開國하자는 **개국파**開國派와 서양인을 배격해야 한다는 **양이파**攘夷派로 들끓었다. 그가 태어난 죠수번長州藩은 국내 사정을 탐색하기 위해 6인의 청년을 교토에 보냈다. 그중에 야마가타 아리토모山縣有朋도 포함되었다. 그는 교토에서 **야나가와 세이칸**梁川星巖 (1789-1858), **우메다 운빈**梅田雲浜 (1815-1859) 이라는 다시 말해서 천황을 추대하고 서양을 물리 치나는 **존왕 양이론자**尊王攘夷論者를 알게되고 조슈번에 다시 돌아와서는 요시다 쇼인吉田松陰이 만든 "**손가손주쿠**"에 들어가는데 여기를 소개한 사람은 교토에서 알게된 구사카 겐지이久坂玄瑞 (1840-1864)였다. 여기에서 그의 인생을 좌우할 "**기도 다카요시**", "**다카스키 신사쿠**", "**이토 히로부미**", "이리에 규이치入江丸 (1837-1864)", "시나가와 야지로品川弥二郎"등을 만나 선배나 친구가 되었다.

이와 함께 이곳에서 **요시다 쇼인**吉田松陰으로부터 조선 침략 사상의 세례를 받게 되었다.

야마가타 아리토모는 그가 속한 조슈번長州藩은 에도 막부의 서양을 물리쳐야한다는 **"양이정책"**에 호응하여 **시모노세끼**에서 미국 상선 등의 외국 선박을 포격했는데 영국 미국 프랑스 네덜란드의 연합군에게 대 참패를 당했다.

이때 조슈번長州藩은 다카스키 신사쿠에게 시모노세키의 방어를 맡겼다. 다카스키 신사쿠는 무사 이외의 일반 백성으로부터 군사를 모집하고 기병대를 만들어 스스로 사령관이 되고 야마가타 아리토모도 기병대 군감으로서 단오 우라(壇の 浦)를 지켰으나 압도적인 군사력의 차이로 참패를 당했다. 야마가타는 이 전쟁에서 첫째는 기병대는 정규군의 번병藩兵 조슈번의 정규군보다 우수했다는 점 둘째는 전쟁에서 전략은 중요하지만 무엇보다도 포나 총등 우수성이 승패를 가른다는 사실을 깨달았다는 것이다. **"무진 전쟁"**이후 유럽 시찰을 희망하여 이루어졌다.

1년 이상을 체류하면서 각 군의 군제軍制를 견문하고 1870년 (메이지 3년) 8월 미국을 경유하여 귀국하여 병부소보兵部少輔에 임명되었다. 여러 가지 공훈을 세운뒤 야마가타는 실질적으로 군부軍府를 이끌어 갔다. 그리고 암살당한 선배 **오무라 마스지로**大村益太郎 (1824-1869)가 구상한 군의 근대화, 일본 육군의 창건 사업을 추진했다. 그 후 여러 어려움을 겪으면서 육군경陸軍卿으로 복귀하고 일본 자체의 내분에 의한 **"서남전쟁"**이 일어나고 에도 막부를 무너뜨리고 **"메이지 정권"**을 만들게 되는데 메이지 정권 탄생의 일등 공신들은 이미 세상을 떠나고 2류 인물들인 야마가타 아리토모, 이토 히로부미와 같은 **조슈파**長州派가 정치와 군사의 실권을 장악하게 되었다.[86]

야마가타의 **조선관**은

"우리나라 즉 일본의 이익선의 초점은 조선에 있다."

라고 주장했다. 이 주장은 그의 **외교정략론**外交政略論 1890년 3월에 집약되어 있다.

1910년 일본으로 조선이 식민지화되었던 **한일 합방** 이후 일본의 조선 민중들에게 가혹한 탄압과 수탈을 강요했던 무단통치로 대표되었던 식민지 지배는 **야마가타**에게 영향받은 군인, 관료가 중심이 되어서 실행되었던 것이다. 이토 히로부미伊藤博文와 같이 표면적 무대에 섰던 적은 적었지만 군국주의 일본의 틀을 만드는 과정에서 야마가타가 조선의 근현대사近現代史에 남겼던 족적足跡은 깊다 하겠다. 그의 외교 정략론은 조선반도를 시야에 넣었던 일본의 안전 보장책을 처음으로 공개하기도 했고 그의 **주권선**(主權線: 일본국토)과 함께 **이익선**(利益線: 조선변도)을 지키는 것이 필요하다고 주장했다. 야마가타는 "**이익선: 조선반도**"을 지키는 것에 더하여 일본에 불리한 정책을 취하는 나라는 무력으로 배제해야 한다고 공언했다.

동아시아를 일본의 독선적 관점에서만 바라보는 전형을 보여주었다.[87] 야마가타 아리토모는 1882년 7월 23일에 서울에서 일어났던 "**임오군란**"을 기회로 이익선을 침범하는 존재로서 중국의 청나라를 인식하고 일본 교관에 의해 조선의 신식 군대를 훈련하는 상황에서 민씨 정권에의 반란을 청나라의 북양함대가 파견되어 진압함으로써 청나라에게 조선에 대한 주도권을 빼기게 되었다.

조선 정부는 중국 청나라의 **마건충**馬建忠의 지휘아래 놓이게 되었고 청나라 군사 3000명이 서울에 주둔하게 되었다. 그 당시 조선에 주둔하는 일본 병사는 약 300명에 불과하여 청나라의 10분의 1에 불과했다.

청나라의 영향력 증대에 위기감을 느낀 **야마가타**는 군비 확장을 도모했고 전쟁 준비를 시작하고 있었다. 군비 확장 8개면 계획이 결정되었다. 군사비도 증액되었다. 중국 청나라와의 전쟁이 시작되자 추밀원 의장의 신분을 가지면서도 제1군(조선 정벌군) 사령관으로 취임했다. 메이지 유신이래 근대 일본 육군의 건설자로서 심혈을 기울려 왔다.

서울에서 야마가타는 그의 군비 확충 의견서(1895년)에서는

"동양의 맹주가 될려고 한다면 기필코 이익선의 확장을 계획하지 않으면 안된다. 그리고 현재의 군비는 또한 미래의 **주권선**을 유지하기에 충분치 않고 또한 그의 이익선을 확창해야 한다."

라고 해서 이익선의 확장을 분명히 했다. 그의 **"조선정책(1894년 11월 7일)"** 에서 말하길

"부산 의주의 도로는 즉 동아東亞 대륙에 통하는 대도大道로서 중국을 횡단해서 곧바로 인도에 도달하는데는 의문의 여지가 없다."

부산으로부터 서울을 거쳐 의주에 이르는 철도 건설을 침략의 교두보로써 철도의 역할을 명확하게 제시했다.

그 전에 임진왜란을 일으켰던 도요토미 히데요시 같이 조선의 도로를 통하여 아시아 제국을 정복할려는 야망을 숨기지 않았다.[88]

(가) 임오군란과 야마가타 아리토모

조선에서는 고종의 왕비인 민비(閔妃: 명성왕후) 일족一族이 일본의 지원 아래서 개혁을 진행하고 있었다. 그 일환으로서 군제개혁도 진행하고 있었지만 1882년 (명치 15년) 7월 23일 개혁에 불만을 품고 있었던 구舊군대의 병사들이 반란을 일으켰고 개국開國에 의해 생활이 곤란해진 민중들이 합류하여 서울에서 일본 공사관 등을 습격했던 사건이 바로 **임오사변(임오군란)**이다.

요시모토花房質義 주한 공사 등 공사관 직원들의 희생자를 내는 가운데 반란군(구식 군인들)의 포위를 벗어나서 영국 측량선의 도움을 받아 29일 심야에 일본 장기長崎에 도착했다.

장기長崎에서 보낸 요시모토의 전보로 30일에 내각內閣과 천황이 이 사건을 알게되었다. 내각에서 가장 최고의 권력자인 **이토 히로부미**伊藤博文는 헌법 조사로 유럽에 있었고 우대신右大臣인 **이와쿠라 토모미**岩倉具視도 병에 자주 걸려 위신이 깎여 앉았다. 일본 정부의 중심에는 **야마가타 야마모토**山縣有朋 참의원 의장과 이토 히로부미 친구인 **이노우에 가오루**井上馨 외무경外務卿이 있었다.

우선 30일 아침에 야마모토와 이노우에가 서로 상의하고 군함을 파견하기로 하고 다음날 각의閣議에서 여러가지 절차를 결정하고 사쓰번薩摩의 최고 권력자인 **구로다교다카**(黒田清隆: 내각 고문)의 편지에 의한 의견도 참고했음을 우대신右大臣 **이와쿠라 토모미**岩倉具視에게 전했다. 그 위에 이와쿠라토모미岩倉舊視는 그것을 **산조사네토미**(태정대신(太政大臣))에게 알렸다.

7월 31일 사변(事變: 임오군란)에 대한 대책을 결정하는 각의閣議가 열렸다.

각의閣議에서는 호위병을 거느리는 사절을 한성(서울)에 보내는 것으로 결정했다. 그러나 이노우에井上馨 외무경은 공사인 **화방**花房이라는 인물이 사절使節이 될만한 그릇이 못된다고 해서 반대했다. 임오사변(임오군란)에서 타격을 받은 내각 고문이라는 한직에 있던 **구로다교다카**黑田淸隆가 스스로 사절이 되어 교섭하는 것을 희망했다. 구로다黑田는 중국 청나라 그리고 조선에 대해서 강경한 생각을 견지하고 있었다. 그가 조선에 간다면 교섭이 결렬되어 청나라와 전쟁을 하게 된다는 공포감이 있었다. 결국 각의에서는 이노우에의 의견이 통과되고 화방花房이 호위병 2개 중대와 함께 한성에 파견되었다.

이노우에井上는 호위병의 지휘관에게 청나라로부터 공격을 받드래도 방어만을 견지하고 진퇴進退는 공사公使와 협의한 후 행동하도록 명령했다.

야마가타山縣는 이노우에井上보다 청나라에 대해서 강경했다. 다만 가능하다면 일본과 청나라와의 일청日淸전쟁은 피하고 싶다고 생각했다. 전쟁을 피하고 싶은 **이노우에**井上가 **야마가타**山縣의 도움을 받아 각의를 주도했을 것이다.

그러나 8월 9일 청나라는 조선을 향해서 육해군을 파견했다.

그 움직임에 일본 정부는 크게 충격을 받고 청나라와의 전쟁은 피할 수는 없는 것이 아닌가하고 생각하고 포함砲艦을 긴급히 구입하는 결정을 하는 등 전쟁준비를 시작했다.

8월 15일 **야마가타**山縣 참의원 의장의 **육해군 확장에 관한 재정 상신**도 이와 같은 상황에서 이루어 진 것이다. 또 19일 야먀가타山縣는 결국 청나라와 전쟁을 할 수밖에 없다면 청나라 측의 군사 준비가 잘 되어 있지 않은 지금이 좋다고 하는 의견을 **산조사네토미** 태정대신太政大臣에게 제출했다.

그러나 일본 정부가 무서워했던 것과는 다르게 청나라는 일본과의 전쟁을 각오하고 있지 않았다. **임오사변(임오군란)**후 친일적인 민비 일족一族과 대립해 있던 대원군(고종의 아버지)이 정권을 일시 장악했지만 8월 26일에 청나라 군사가 대원군을 납치했다. 대원군 정권은 무너졌다. **화방花房** 공사는 청나라 측의 협력도 얻어 조선과의 교섭을 진행했다. 8월 30일에 **제물포 조약**을 체결했다. 그 내용은 조선측이 일본측에 가한 피해에 대한 사죄와 범인의 처형, 일본측 부상자에 대한 보상, 일본 공사관의 손해나 공사 호위를 위한 육해군의 비용분담, 공사관 호위를 위한 주병권駐兵權의 승인등 일본의 요구를 다 만족 시켰다.

(나) 갑신정변과 야마가타 이리토모山縣有朋

임오사변(임오군란)이 있은지 9개월 후인 1883년 6월 5일에 **야마가타 아리토모**山縣는 대청의견서對淸意見書에서 외교 전략은 가능한 **평화온당**平和穩當을 대원칙으로 하고 만일 불행하게 되어 청나라보다 먼저 평화를 깨뜨리는 것이 된다면 일본은 전력을 다해 승리를 목표로 하기 위해 비상의 전략이 필요하다고 술회하였다. 야마가타山縣의 자세는 대만에 군대를 파견할 때 청나라와 교섭했던 **오쿠보 도시미치**大久保利通와 공동으로 전쟁을 대비해서 가능한 준비를 다하고 또한 전쟁을 피하기 위해 교섭을 한다는 것이다.

임오사변(임오군란)이 있은지 2년이 경과한 1884년 12월 4일 서울에서 김옥균 등 조선의 급진 개화파가 일본의 **다케조에 신이치로**竹添進一郎와 조선에 있는 일본 주둔군과 연동해서 쿠데다를 일으켰다. 이것이 **갑**

신정변甲申政變이다. 김옥균은 국왕을 옹위擁衛해서 일시적으로 정권을 장악했지만 조선의 **친청파**親淸派와 결탁한 청나라 군사의 반격이 있어 6일에는 패퇴했다. 이 혼란 가운데 일부인 일본 거류민 30여 명이 살해되었다. 일본 공사관도 소실되었다. 김옥균등은 일본으로 도망갔다. 일본 정부는 19일에 각의閣議를 열고 이후의 방침을 결정했다. 그것은 **이노우에 가오루**井上馨 외무상을 특파 전권대사로서 조선에 파견하지만 청나라를 상대로 전쟁을 피하기 위하여 소극적으로만 조선에 간섭한다고 하는 내용이었다. **임오사변** 때와 똑같이 싸쓰마번薩摩의 최고 권력자인 흑전(黑田: 내각고문)이 스스로 조선 특사가 되는 것을 희망했지만 결국은 이노우에井上가 2개 대대의 호위를 받으며 서울에 들어갔다. 다음해인 1885년 1월 8일 일본과 조선과 사이에 **한성 조약**을 체결했다. 그것은 조선측이 일본에 사죄하고 일본의 피해를 보상한다는 등의 내용이었다. 그 후 **이토**伊藤가 청나라에 파견되어 중국의 **이홍장**李鴻章과 천진天津조약을 맺고 일본과 청나라가 조선으로부터 군대를 철수시켜서 일본과 청나라와의 전쟁은 피하게 되었다.

갑신정변이나 천진조약에 관해서 야마가타山縣 내무경內務卿 겸 참모 본부장이나 1885년 1월에 유럽으로부터 막 귀국했던 **오야마 이와오**大山巖 육군상은 눈에 띠게 반대하지는 않았다. 야마가타山縣는 **흑전**黑田등 싸쓰마薩摩계의 **대청**對淸강경론자에게는 찬성하지 않았지만 **이토**伊藤, **이노우에**井上의 라인으로 사태가 전개되고 있는 이상은 적극적으로 움직일 필요가 없다고 생각했다. 이토伊藤와 이노우에井上가 주도하는 노선은 야마가타山縣 참모 본부장 이나 싸쓰마薩摩계의 오야마 이와오大山巖 육군상과 육군 고위층의 지지를 받고 있었다고 볼 수 있다.[89]

(다) 야마가타 아리토모의 국제 의식(대외 경략론)

러시아는 한반도를 둘러싼 청나라와 일본사이의 대립에서 일본이 청나라 보다 훨씬 열세라고 판단했다. 조선 문제에 관한 한 일본과 협조가 가능하다고 생각했던 것도 이 때문이다 그리고 일본도 이에 호응하기라도 하듯 **천진 조약(일본 이토히로부미와 중국의 이홍장 간에 맺은 조약)** 체결 뒤에 한반도에 대해 마치 야심을 포기한 듯 한 자세를 취했다. 일본 정부는 주일 러시아 공사에게

"우리는 청나라와의 관계 개선을 위해 조선에 대한 우리의 모든 권익을 방기放棄했다."

라고 부연했다. 그렇다고 해서 일본이 청나라의 조선 지배를 용인한 것은 아니었다. 일본은 조선을 포기 한 것처럼 가장함으로써 우선 청나라를 안심시키며 안으로는 착실하게 군비 증강에 총력을 기울였다. 그리고 러시아에게는 이 같은 일본의 조선 포기가 곧 청나라의 한반도 완전 병합이 될것이라고 우려하도록 유도하는가 하면 청나라의 이홍장에게는 러시아 남침에 대해 위기의식을 느끼도록 함으로써 러시아 청나라 대립을 은근히 부추겨 나갔다. 러시아가 청나라의 한반도 병합을 저지하는데 일본과 협력한다는 정책을 확립하는 것은 바로 이런 정황에서의 일이었다. 그러나 러시아의 일본 이용계획은 일본에 대한 심각한 정보 부족에서 비롯한 발상이었다. 일본은 조선에 대한 야욕을 버린것처럼 가장했고 러시아의 움직임에 대해서도 무관심 한 것처럼 처신했지만 실제 내용은 전혀 달랐다. 1889년을 기해 그들의 군사력은 1885년보다 현격하게 증강되어 이미 청나라와의 전쟁에 대비할 수 있게 되었는가 하면 해군력도 6년 동안의 함선 건조 계획을 성공적으로 끝마침으로써 완벽하다고는 할 수 없

지만 이전 보다는 크게 증강된 것이 사실이었다. 이런 상황에서 러시아의 시베리아 철도 건설 움직임이 활기를 띠자 일본에서는 **반反 러시아 세력**이 함께 뿌리를 내려갔다. 1889년 1월에 발표된 야마가타山縣의 대對정부 군사 의견서는 러시아에서 시베리아 철도 건설이 한참 논의되고 있던 1887년에 이미 기초된 것으로 알려져 있다. 여기서 그는

"시배리아 철도가 완성되면 필연적으로 그들의 **부동항不凍港**을 조선 땅에서 구하게 될것이니 철도의 준공일이 마로 러시아가 조선 침략을 시작하는 날이 될것"

이라고 지적하였다. 러시아의 철도 건설은 아시아에서 일대 파란을 불러 일으킬 것인즉 일본은 이 위기에 대응해 군비 증강을 서둘려야 한다는 것이었다.

러시아 정부가 일본과의 협력을 내용으로 하는 최초의 동아시아 정책을 수립했을 때 (1888년 4월 26일) 일본의 야마가타山縣는 이처럼 러사아를 이미 일본의 주적主敵으로 확정했다. 러시아는 일본을 우방으로 믿고 있는데 바로 그 시점에 야마가타는 러시아를 일본의 적敵으로 겨냥해서 군비를 증강해야 한다는 것이었다. 그리고 이 강경론자가 1889년 12월 14일을 기해 수상이 되어 집권하게 된 것이다. 여기서 러시아가 몽삼夢想했던 이른바 **러·일 호감의 시대**는 그야말로 종말을 고하게 되었던 것이다.

야마가타는 1890년 3월 이른바 외교 정략론을 저술해 위의 1889년의 군사 의견서와 함께 각료들에게 회람回覽 시켰다. 이 저술에서 그는 고유 영역을 말하는 **"주권선(主權線: 일본 국토)"**의 방위는 물론 조선을 일본을 위한 **이익선利益線** 으로 삼어야되며 적성국의 지배에 들어가면 일본의 안전을 위협하게 된다고하여, 그 방위의 필요성을 역설했다.

"국가의 독립을 유지할려면 "주권선"의 방어만으로는 부족하다. … "이익선利益線"을 방어할 수 없다면 그 나라는 완전한 독립국가이기를 바랄 수 없다."

라는 것이 그의 요지였다.

요컨대 그는 영국이 아니라 러시아가 일본의 이익선(조선)을 침해할 나라라는 판단아래 청나라와 협력 러시아의 한반도 지배를 저지해야 겠다는 것이었다. 일본의 적敵은 더 이상 청나라가 아니라 러시아라는 것이다. 러시아는 청나라가 조선의 독립을 침해할것으로 본데 반해 일본은 러시아가 그럴것으로 확신했다. 그러므로 양兩 대국大國이 내세우는 조선의 독립이란 일본이 한반도를 차지할 수 있을 때까지 상대를 견제해야 겠다는 이야기 밖에 안되는 것이다. 이들이 주장하는 조선의 독립은 강화도 수호조약 당시에 일본이 주장했던 그것과는 다르게 상대를 견제하려는 목적에서 이미 그 의미가 크게 달라져 있었던 것이다.

따라서 이러한 일본의 대對러 강경론은 이후 그들의 군비 확장 정책에도 크게 영향을 미칠 수밖에 없었고 이 군비 확장 노선은 다시 시베리아 철도 착공 소식이 전해지면서 더욱 확고해져 갔다. 그리하여 러시아를 겨냥한 군비 확장 노선은 마침내 **제2차 이토 히로부미伊藤博文 내각 (1892.8-1896.9)**에 이르러 일본의 공식 정책으로 정착하기에 이른 것이다.[90]

(라) 야마가타 아리토모山縣有朋와 한국 철도

일본은 청일 전쟁(1894년)을 도발하기 직전인 1894년 7월 23일 군대를 동원하여 경복궁을 점령하고 한국 정부의 요원들을 친일적親日的 인사人士들로 교체하는 정변을 일으켰다. 그리고 일본은 서울 일원을 군사적으로 장악한 상황하에서 친일 정부를 강박하여 1894년 8월 20일 **조일 잠정 합동**朝日 暫定 合同을 체결하였다. 이 조약의 골자는 한국 정부가 경부철도와 경인철도의 부설권을 일본에게 잠정적으로 양도한다는 것이었다. 이로써 일본은 오래 전부터 노려왔던 경부 철도의 부설권을 전격적으로 손에 넣게 되었다. 그런데 청일 전쟁동안 군대를 이끌고 한국에 상륙하여 작전을 전개한 일본군 야전 사령관들은 한국에서의 철도 부설 특히 **경부 철도**의 부설이 시급함을 한층 더 적극적으로 주장했다. 그들은 부산에서 의주義州에 이르는 병참 수송과 부대 이동이 너무 장대하고 불편하다는 사실을 몸소 체험 한바 있었다. 이러한 경험을 바탕으로 야전 지휘관들은 한국에 파견된 일본군 사령관 **야마모토 아리토모**山縣有朋에게 전시戰時를 틈타 한국의 화폐 발행권과 경부 철도 부설권을 영구히 장악할 것을 건의 하였다.

야마가타山縣는 이들의 건의를 받아들여 1894년 9월 내각 수상인 이토 히로부미伊藤博文에게 **한국방책**韓國方策이라는 문서를 제출하였다. 여기서 그는 다음과 같이 주장하였다.

"차제此際에 가장 긴급을 요하는 것은 당국내當國內에 철도를 포설布設하는 것으로서 그 성부成否는 아국我國의 장래 주권에 크게 관련되는 것일 뿐만 아니라 바로 금화今回의 성적成績에도 비상한 감응을 갖춘것으로서 될 수 있는한 지급至急으로 착수하기를 휨아하는 바입니다."

야마가타山縣의 이와 같은 경부 철도 구상은 일본이 청일전쟁에서 승리하여 감에 따라 **대륙 철도론**大陸 鐵道論으로 확대되어 갔다. 야마가타山縣는 동년 11월 이토 히로부미伊藤博文에게 제출한 **조선정책상주**朝鮮政策上奏에서 다음과 같은 의견을 피력하였다.

"부산釜山과 의주義州간의 도로(철도)는 동아 대륙으로 통하는 대도大道로써 장래 지나支那를 횡단하여 곧 바로 인도에 도달하는 도로(철도)가 될 것은 조금도 의심할 여지가 없을 뿐만 아니라 우리나라가 패覇를 동양에 떨치고 오랫동안 열국간列國間에 웅시雄視하기를 바란다면 이 길은 인도에 통하는 대도大道로 만들지 않으면 안된다."

위에서 살펴본 것처럼 야마가타山縣을 비롯한 일본 군부의 **한국 철도관**, 특히 한반도를 남북으로 종관하여 만주로 연결되는 경부 철도와 경의 철도에 대한 인식은 철저하게 군사적 논리로 무장된 것이었다. 그들은 일본이 한국과 아시아 대륙에서 세력을 떨치기 위해서는 한반도 종관 철도를 반드시 일본의 손으로 부설해야 한다고 주장한 것이다. 일본군의 이러한 주장은 그 후에도 일본의 한국 철도 정책의 가장 중요한 구성 요소가 되었다.[91]

6. 고도쿠 슈스이行德秋水 (1871-1911)

고도쿠 슈스이는 메이지 초기에 사회주의를 대표하는 선구적 인물이다.

고도쿠 슈스이는 메이지 천황의 암살을 계획했다는 이른바 대역大逆사건으로 검거되고 교수형에 처했다. 이 사건은 일본에 일대 큰 충격을 주었다. 한편으로 **고도쿠 슈스이**가 검거된 때는 1910년 조선이 일본에

고도쿠 슈스이

병합되기 3개월 전이었고 처형은 조선이 일본에 병합된후 5개월 후였다.

고도쿠 슈스이는 고치高知현 나카무라中村에서 약종업과 술 주조를 생업으로 하는 아버지 밑에서 차남으로 태어났다. 아버지의 직업 때문에 상당히 유복하다고 할 수 있지만 아버지는 슈스이가 만 1년도 되지 않는 상태에서 갑자기 급사急死했기 때문에 적지 않는 변화가 있었을 것이다.

그의 나이 6세 때에 소학교에 들어갔고 3년 후에는 한문을 가르치는 학숙에서 중국 고전을 배웠다. 11세 때에는 중학교에 입학하기도 했다. 1885년 그의 나이 15세 때에는 천하의 명사로 알려진 **하야시 유조林有造**를 알게 되었다. 1년 후에는 오사카에서 친구의 소개로 일생의 스승인 **나가에 조민中江兆民**의 제자가 되었다. 1892년 그의 나이 22세 때에는 자유신문에 영자英字 신문의 번역을 시작으로 한때 히로시마 신문, 중앙신문의 사원이 되기도 했다. 1898년 고도쿠 슈스이는 28세 때 **만조보**에 입상하여 본격적으로 언론 활동을 시작했다. 이때는 일본이 중국과의 벌였던 청일전쟁 후였다.[92]

그는 중국에 대해서는 큰 관심을 가지고 있었지만 조선에 대해서는 중국만큼의 관심은 없었다. 그는 **네쇼널리즘** 즉 국가주의 민족주의에는 부정적이었다. 국가의 독립을 구하는 민족 통일 운동보다는 세계와 연결되면서 노동자의 해방을 지향하는 인터네셔널 이야말로 당시의 일본 사회주의자로써 과제였다. **만조보萬朝報**에서 일하면서 그는 일본이 조선의 독립을 지원 할만하다고 하는 의론을 전개하기도 했다.

"조선의 전도前途는 아직 요원한가! 이것을 부추겨서 완전한 자주 독립의 영역에 도달하도록 하는 것은 일찍이 일본이 몸소 그 임무를 완수 하는것으로써…."

조선을 지도하고 권익을 확대하는 것이 일본이 취할만한 자세라고 하고 있다. 그는 말하길

"인구 과잉으로 고민하는 일본은 저 망막한 조선의 기름진 땅으로서 무엇인가 곧바로 일본 농민의 농기구 아래 두도록 하고 만약 다수의 인구가 조선 땅에 살도록 하고 조선의 농업과 공업은 전부 일본인의 손에 떨어지게 한다면 이것은 조선인으로써 사실상 일본의 프로레타리아와 하나가 되는 것이다."

이 언설言說속에는 조선을 일본의 속국으로 보는 의식이 숨어있다고 볼 수 있다.[93]

한편 고도구 슈스이의 저작은 조선의 민족주의 사학자라 평가받는 **신채호가** 아나키즘을 수용하게 되는 하나의 계기를 만들어 주었다. 1929년 10월 3일 신채호를 향해서 행해진 제4회 공판에서 재판관이

"그 후 일본 무정부주의자 고도쿠 슈스이의 저작의 책을 보고 공명하여 이필현李弼鉉의 소개로 동방 연맹에 가입하였던가?"

라는 질문을 던졌을 때 신채호는

"고도구 수스이의 저서가 가장 합리적인 줄을 알았다."

라고 답변하였다. 신채호가 고도구 슈스이로부터 상당한 영향을 받았다는 것은 다음의 사설에서도 확인 된다. 첫째 신채호는 중국 신문 『신보晨報』에 기고한 글에서

"일본에 오직 고도구 슈스이 한 사람만이 있을 따름"

이라고 할 정도로 슈스이를 높게 평가했으며 둘째 고도쿠 슈스이의 "기

독 말살론"을 한역漢譯해서 소개하기도 했다.94)

위에서 언급된 민족주의 사학자이자 독립운동가였던 **신채호(申采浩: 1880-1930)**에 대해서는 약간의 부연 설명이 필요하다.

신채호는 좀더 정확히 소개한다면 한말韓末 일제 강점기에 역사가 이자 언론인 독립운동가 였다. 본관은 고령高靈, 호號는 단재丹齋이며 충청남도 대덕군 산내에서 태어났으며 충청북도 청원에서 성장하였다. **신숙주申叔舟**의 후예로 아버지는 신광식申光植이다. 문과에 급제하여 정언正言을 지낸 할아버지 성우星雨로부터 한학교육을 받았으며 그의 나이 10여 세에 통감通鑑과 사서삼경四書三經을 읽고 시문詩文에 뛰어난 신동神童이라 불렸다. 18세 때에는 할아버지 소개로 전前 학부대신 신기선申箕善의 사저에 드나들며 장서藏書를 섭렵했으며 그의 총애를 받게 되었고 신기선의 천거로 성균관에 입학했다. 그 당시 이름높은 유학자로서 성균관 교수였던 이남규李南珪 문하에서 수학했으며 김연성, 변영만, 이장식, 유인식등과 교유하였다.

이 무렵에 그는 **독립협회운동**에 참여하여 소장파로 활약하였다. 25세 때에는 신규식, 신백우등과 함께 향리 부근에다 **산동학원**을 설립 신교육운동을 전개하기도 하였다. 26세 되던 1905년 2월에 성균관 박사가 되었으나 관직에 나갈 뜻을 버리고 **장지연張志淵**의 초청으로 황성신문의 기자가 되어 논설을 쓰며 크게 활약하였다. 1905년 **황성신문**이 무기한 정간되자 그 이듬해 양기탁梁起鐸의 천거로 **대한 매일신보**에 초빙받아 그 뒤 주필이 되어 당당한 시론時論을 써서 민중을 계몽하고 정부를 편달鞭撻하며 항일抗日언론운동을 전개하는 한편 우리나라 역사관계 사론史論을 써서 민족의식을 고취하였다. 최남선崔南善이 발행하던 『**소년**』제3년 제8권에 국사사론國史私論이라는 제목으로 발표하였는데 이 글에서 이미 그의 **단군, 부여, 고구려** 중심의 주체적인 민족주의 사관史觀이 나타나기 시작했다. 이 무렵 그가 집필한 **동국거결최도통전**과 이순신, 을지문덕은 한말韓末의 민족적인 위기를 타개할 영웅사관을 일관하게 보여주고 있다.

한말韓末 애국 계몽운동에 힘쓰던 그는 28세 무렵 양기탁 이동녕李東寧, 안창호安昌浩, 이갑李甲, 이승훈李昇薰 등과 더불어 항일抗日 비밀결사인 **신민회新民會** 조직에 참여하였으며 국채보상國債報償 운동에 참여 논설을 통하여 적극 지원하기도 했다. 1914년에는 윤세용, 윤세복 형제의 초청을 받아 만주 봉천성 회인현에 가서 동창東昌학교에 재직하면서 **조선사朝鮮史**를 집필하기도 했으며 백두산 등산, 광게토왕릉을 답사 등 고구려 발해의 고적지를 돌아보아 부여 고구려 발해 중심의 한국 고대사를 체계화 하는데 많은 도움을 받았다. 1919년에는 중국 북경에서 대한 독립 청년단을 조직 단장이 되었으며 그래 4월 상해 임시정부 수립에 참여 임시 의정원 의원이 되었고 서울에 있는 한성 정부漢城 政府에서는 **평정관**에 선임되기도 했다. 1922년 의열단장 **김원봉金元鳳**의 초청을 받아 상해에 가서 그 이듬해 초에 조선혁명선언으로 불리는 의열단 선언을 집필 발표하였는데 그는 이 선언에서 폭력에 의한 민중 직접 혁명을 주장하였다. 1924년 경부터 그가 쓴 평론과 논문들이 동아일보 조선일보등에 발표되었다. 그의 연보에 의하면 1925년에 민족 독립 운동의 방편으로 대만 사람인 **임병문林炳文**의 소개로 무정부주의無政府主義 동방연맹東邦聯盟에 가입하였는데 3년뒤 1928년에 발표된 **『용과 용의 대격전』, 『꿈 하늘』** 등의 사상 소설에서는 자유 평등 폭력 혁명을 예찬하는 무장부주의 논리가 강하게 나타난다고 한다.

1928년 4월 무정부주의 동방 연맹대회에 참석하여 활동 하는등 점점 행동투쟁에 나섰던 그는 5월에 대만(타이완)에서 **외국위체위조사건外國爲替僞造事件**에 연루자로 체포되어 중국 대련大連으로 이송, 1930년 5월 대련 지방 법원에서 10년형을 선고받고 여순旅順감옥으로 이감 되어 복역 하는중 뇌일혈로 순국하였다.

　신채호는 한말韓末의 애국 계몽운동과 일제 밑에서 국권 회복 운동에 헌신하면서 그러한 운동에 못지않게 한국사 연구를 통한 민족 운동에 앞장섰다. 1910년 해외에 망명해서는 본격적으로 국사國史연구에 노력 1920년 대에 이르러『**조선 상고사**』,『**조선 상고 문화사**』등 그의 역사연구의 주저主著들을 집필하였고 1930년대에 동아일보, 조선일보에 연재되었다.[95)]

7. 이노우에 가오루井上馨 (1835-1915)

　이노우에 가오루는 메이지 시대 메이지 정권의 중심에 있으면서 정권 초기 및 중기에 걸쳐 일본의 조선 침략에 직접적 관련을 계속했던 인물로 그의 존재감은 크다고 할 수 있다.

이노우에 가오루

　이노우에 가오루가 조선에 관여했던 중요한 것으로서는 조선과 강화도 조약 때의 일본 전권 부대사를 비롯하여 몇 가지 조선 문제에 관여한 것이 있다. 극단적으로 말한다면 그는 메이지 정권의 조선 침략 정책 및 침략 사상을 실천했던 인물이기도 하다.

그는 지금의 야마구치 현에서 차남으로 태어났다. 집은 대대로 부자는 아니었지만 가난하지는 않은 중산층이었다고 볼 수 있다.

그의 나이 16세에 하기萩로 나가 명륜관에서 공부하였다. 20세 때에는 그 지역의 다이묘인 **모우리 다카치가**毛利敬親의 참근 교대에 의해 에도로 갈 때 같이 동행했으며 **사이토 야쿠로**薺膽弥九郞도장에서 검도를 수업했다.

그가 살았던 시대는 격동의 나날이었다. 일본 막부는 미국과의 조약 체결을 비롯하여 유럽 열강과의 조약을 연달아 맺어야 하면서 일본 사회는 몹시 시끄러웠다. 그러는 사이에 이노우에 가오루는 **난학**蘭學을 배우고 서양총을 가지고 싸우는 전법에도 관심이 컸다.

이노우에 등 5인은 조슈번長州藩으로부터 서양을 견학 해볼 것을 지시 받았다. 그 당시 해외 여행은 일본 막부가 금지하는 사항이었음에도 번주藩主인 다이묘大明는 이노우에와 5명을 영국 런던으로 보낸 것이다.

런던의 상황은 동양의 한 모퉁이에서 올라온 청년들을 놀라게 하는데 충분했다. 그런 그들에게 갑자기 일본 시모노세키에 있는 조슈번이 외국 선박을 포격했다는 소식이 들어왔다. 일본은 아직 열강列强과 싸워 이길수 없다는 것은 너무도 자명했기에 **이노우에**와 **이토 히로부미**는 곧 일본으로 돌아가 조슈번을 구하려고 했다. 두 사람은 번주藩主앞에서 자기들이 보았던 해외의 사정을 이야기 하고 문호를 개방할 것을 주장하기도 했다.

그러나 그들의 주장은 받아들이지 않고 영국 미국 프랑스 네덜란드 연합함대가 시모노세키를 공격하자 이에 죠슈번은 크게 혼나 화의和議하게 되는데 이노우에는 반대파의 습격을 받아 중상을 입기도 했다.

　1875년에 9월에 조선에서 강화도 사건이 일어나 **구로다 기요다카**가 전권 대사로 **이노우에**는 부대사副大使가 되어 이듬해 조선에 파견되어 무력을 배경으로 **강화도 조약**을 맺게된다.

　여기에 일본은 메이지 정권 발족 이래의 국시國是인 조선 약탈을 위한 제일보를 내딛게 된다. 그리고 그 10년 후 조선에서 일어난 갑신정변甲申政變때 메이지 정부는 외무경外務卿인 **이노우에**를 특파 대사로 임명하고 대군大軍을 거느리고 조선의 한성(漢城: 서울)에 보내 한성 조약을 강요한다.

　갑신정변의 주역인 김옥균과 관련해서 이노우에는 김옥균이 2번째로 일본을 방문했을때는 마치 김옥균등이 지향하는 근대적 개혁을 지원할 것처럼 위장하기도 했다.

　김옥균이 3번째 일본을 방문해서 300만 엔의 차관을 요청할 때는 말을 이랬다 저랬다 하면서 이에 응하지 않았다. 또 김옥균이 갑신정변의 실패로 일본에 망명했을 때도 여러 가지 구실을 만들어 김옥균을 오가사와라 섬과, 혹가이도에 유배시키는 등의 압박을 가했다.

　김옥균이 중국 상하이에서 암살되었을 때에도 **이노우에**는 내부대신으로써 김옥균 암살 계획이 진행되고 있다는 확실한 정보를 가지고 있으면서도 어떠한 예방 조치를 하지 않았다.

　실로 이오우에를 포함한 내각의 대신들은 **김옥균의 암살 계획**에 가담하고 있었다고 보아야 한다. 그리고 더 나아가 이노우에 가오루는 명성 황후 암살 계획의 주모자라고 볼 수 있다.[96]

(가) 이노우에 가오루와 민비 암살사건

이노우에 가오루井上馨는 조선 국내 정치에 깊숙이 개입했던 인물로서 조선에서의 그의 행적을 추적해보면 다음과 같다.

일본의 내각 총리인 이토 히로부미伊藤博文가 그 당시 일본 재일의 조선통朝鮮通이었던 **이오우에 가오루** 내상內相에게 주한 일본 공사인 오토라 후임 문제를 상의했다.

그러자 **이노우에**는 국회와 마찰도 있어 이를 피할 겸 그 뒷자리를 자신이 맡겠다고 자찬自薦하고 나섰다. 이것이 계기가 되어 그는 주한 특명 전권 공사로 임명되었고 마침내 10월 27일 서울로 부임했다. 일본 현직 내무대신內務大臣이 일개 국장급에 불과한 주한 공사직을 자진해서 맡고 나선 것부터가 너무나도 이례적이었다.

이는 전황戰況이 유리해진 기회를 살려 유능한 공사를 보내 자국의 조선 보호국화 정책을 차질없이 수행하겠다는 일본 정부의 의자가 담긴 조치였다.

따라서 그는 임명과 동시에 외상外相, **무쓰**로부터 조선 문제에 관한 전결권專決權을 위임받았다.

그가 위임 받은 권한 속에는 조선과 조약을 협상하고 체결하는 일체의 권한은 물론 조선에 대한 차관借款 주선권, 고문관 선발권, 그리고 주한 일본 수비대의 지휘권까지 포함된 것이었다.

한마디로 조선에 관한 전권全權 바로 그것이었다. 그가 고종을 알현한 자리에서 말했듯이 그는 일반 공사가 절대 아니었다. 그야말로 조선 문제에 대해 일본 정부의 **백지 위임장**을 받았던 것이다.

이에 주한 공사로 부임한 이노우에는 처음부터 마치 식민지 총독처럼 군림하며 일본의 조선 보호국화 정책에 장애가 되는 반일反日 세력의 제거 작업부터 시작했다. 대원군의 은퇴 강요가 그것이다.

그렇다고 해서 이것이 고종과 황후(민비)의 완전한 정권 회복을 의미 하는 것이 아니었음은 두말할 필요도 없다. **이노우에**는 황후(민비)의 정치 관여를 막기 위해 실각한 대원군을 계속 궁중에 머물게 함으로써 황후를 감시하게 하는 전략을 이용했다.

그는 고종과 왕후에게 20개조의 내정 개혁 강령을 강압하고, 조선 정 부를 그들이 지배하기 편리하게 재편성 하는 한편, 망명 정객, 박영효와 서광범을 내부대신과 법무대신으로 각각 임명하도록 작용함으로써 이른 바 **김홍집, 박영효** 연립 내각이라 불리는 의정부를 출범시켰다. (1894, 12, 17) 그리고 이 정부에 일본인 고문관을 배치한 다음 이들을 앞세워 조선의 내정 간섭에 박차를 가했다.

먼저 군국 기무처와 같은 초超. 정부적 기구를 없애고 행정을 궁중宮 中과 부중府中 내각으로 분리해 부중府中에 전권을 집중시킴으로써 왕권王 權을 축소하여 했다.

이는 왕을 국정 관여에서 배제시켜 황후의 정치관여도 함께 견제하겠 다는 뜻이었다.

뿐만 아니라 그는 경제의 실질적 독점을 획책했다. **경부 및 경인 철도 부설권**과 50년간의 관리권을 비롯해 25년간의 전신 이권 및 5년간의 우 편 이권 요구가 그것이었다. 그리고 심지어는 조선 정부에 대해 워싱턴 의 조선 공사 공사관의 업무를 그곳의 일본 공사관에 위임해 달라는 요구 까지 서슴지 않았다.

따라서 이 단계에 이르러 이미 조선에 대한 일본의 지배권을 확립했다

고 말할 수 있다.[97]

　우리는 일반적으로 **민 황후(민비)** 시해를 주모한 자는 **미우라 고로**로 알고 있지만 그는 당초 이 사건을 주모할 수 있는 능력도 없었고 또 그런 위치에 있지도 않았다. 조선에 대한 지식이 전무全無 했고 외교관으로서의 경륜도 전혀 없었다. **이토 히로부미, 야마가타 아리토모** 등과 더불어 집권 세력이던 조슈長州 출신이기는 하지만 그의 입지가 이들과 전혀 달랐다. **이토 히로부미**가 문치적文治的 정치 세력의 수령이고 **야마가타 아리토모**가 무단적武斷的 정치 세력의 수장이었다면 **미우라 고로**는 야마가타와 같은 무단武斷이기는 했지만 그와는 달리 정치권 밖의 재야在野의 무단파 두목이었다.

　1878년 육군 중장까지 승진은 했지만 그는 야마가타 아리토모 등 육군의 주류와 대립해 1888년에 예편되었다. 그 뒤 그는 궁중 고문관과 학습원장을 지낸 것이 전부였고 관계官界나 정계政界와는 처음부터 관련이 없는 그야 말로 순수한 무골武骨이었다. 외교 문제에는 **문외한門外漢**이었고 특히 당시 일본의 최대 관심사였던 조선 문제에는 전혀 관여한 사실이 없었다.

　심지어 **"미우라 고로"** 자신도 **"주한 공사"**로 내정되자 자신이 적임자가 아니라고 여겨 거듭 사양할 정도였다. 물론 **무단파**든 **문치파**든 다 같이 조선의 식민지배를 기본 방향으로 했다는 점에 대해서는 다를것이 없었다. 다만 조선 침략의 방법과 시기만을 달리 했을 뿐이다 더욱이 그들 사이에는 상호 대립적인 관계가 아니라 상호 보완적이고 협력적인 관계를 유지했다. 문치적 방법으로 일을 추진하다가 여의치 않으면 무단적 방법으로 바꾸고 또 무단적 방법으로 일을 치르고 나서는 문치적으로 사태를 수습하는 방식이었다.

이노우에 가오루와 **"미우라 고로"**의 관계도 바로 그런 것이었고 **민 왕후** 시해 이후 "고무라"를 보내 수습한 것도 그 일례였다. **무쓰** 로부터 외상의 직무를 인계받은 **"사이온지"**는 9월 4일 "미우라 고로"에게 두 사람의 공사가 함께 조선에 함께 주재하는 것은 예규例規에도 없을뿐만 아니라 외국 공사들의 비판도 있을것이니 가능하면 빨리 관무官務 인계를 위해 귀국할 것을 이노우 가오루에게 전하라고 지시했다.

그러나 일본을 출발하기 전 부터 이미 자신의 임무를 알아차렸던 **미우라 고로**는 물론 이제야 무단파를 주한 공사로 추천한 **이노우 가오루**에게 이런 외교 관례가 문제 될것이 없었다. 일본 정계에서 차지하는 비중으로 보아도 그러려니와 8월 24일의 각의의 결정으로 일본 정부의 대한 방략方略이 이미 무단武斷으로 확정된 이상 이들에게 **"사이온지"**와 같은 풋내기 외상外相의 임시 대리의 명령이 통할 까닭이 없었다.

아예 **미우라 고로**는 이를 묵살하고 조선에 부임해왔고 이노우에는 외교 관계를 무시하고 무려 17일간이나 미우라와 남산의 공사관에서 함께 지냈다. 그리고 나서도 그는 인천에 가서 다시 4일간을 더 머물며 서울과 연락을 계속한 뒤 21일에야 시라가와 마루白川丸 편으로 조선 땅을 떠났다.

서울에서 전개될 상황을 끝까지 점검하기 위해서였다.

따라서 **미우라 고로**는 공사직을 단독 수행한지 불과 17일 만에 **민 왕후**를 살해한 것이 된다. 그 기간은 이노우에가 서울을 떠난 날부터 계산하더라도 고작 20일밖에 안된다. 그렇다면 재야在野로 밀려난 일개 군인이 불과 17일이라는 짧은 기간에 자국自國인 일본의 국운이 걸린 막중한 사건을 그것도 러시아라는 나라가 상대적으로 깊이 주시하는 상황에서 계획부터 실행까지 혼자서 모두 주모할 수가 있었을까?

미우라 고로는 우선 국운이 걸린 사건을 계획할 위치에 있지도 않았고 이 짧은 기간으로는 조선의 내부 사정조차 재대로 파악하기 어려운 형편이었다. 더욱이 그는 조선에 부임후 **독경공사**讀經公使를 자칭하며 공사관에 은거隱居하고 와부 출입도 삼갔다. 대원군과는 한 번도 대면한 적이 없으며 왕과 왕후에게도 이노우에의 안내로 부임 인사만을 겨우 했을뿐이었다.

생소한 땅에 부임해서 이 짧은 기간에 정부나 전임자로부터 아무런 지시나 시사도 받음이 없이 국가의 중대정책을 전면 뒤바뀌는 계획을 단독으로 세우고 나아가 정규군, 영사 경찰, 낭인등을 두루 동원해 이를 실행까지 했다고 믿을 사람은 어무도 없다. 재차 강조하지만 더욱이 그는 군軍에서 밀려난 재야의 무단파로서 그런 위치에 있지도 못했고 또 그런 능력이나 권한도 없었다. 따라서 **민왕후 시해** 주모자는 미우라 고로가 아니라 **이노우에 가오루**였다. **민 왕후**를 시해한다는 대원칙은 이오우에가 세워 일본 정부를 주도했고 그의 방침에 따라 결정을 내려 미우라 고호는 이 대원칙에 따라 그 한계 내에서 그것도 **이노우에** 와의 협의를 거쳐 시해의 구체적인 일시日時나 방법등 세부 진행 계획만을 담당했을 뿐이었다. 미우라는 이노우에의 장책을 수행한 하수인 내지는 현지 책임자 정도에 불과했다.

입헌 정우회 창립시 이토의 보좌관이었던 와타나베 히로모토渡邊洪基도 이노우에가 미우라를 추천할 무렵인 7월 11일 **주일 영국 공사** 새토우(Ernst Mason Satow)를 만나

"미우라는 오로지 이노우에 정책을 수행할 뿐"

이라고 언급한 바 있다. 그리고 앨런도 올니 국무장관에게 보낸 보고서에서

"… 이런 가공할 일이 미우라에 의해 계획된 것이라고는 믿을수 없다."

라고 했으며 이보다 앞서 영국 영사 힐리어(Walter C Hillier)도 북경의 오코너 (N R OConor) 공사에게
"… 미우라는 최근에 도착했기 때문에 그 스스로가 어떤 견해를 가질 수도 없고 행동 노선을 채택하거나 제안을 기대하는 것도 불가능하다."
라고 언급한바 있다.

뿐만 아니라 11월 12일자 **노스 차이나 해럴드 (North China Herald)**는

"**이노우에**가 민 왕후 시해의 주모자이며 미우라는 희생양에 불과하다."

라고 곧바로 적시하고 있다. 사태의 전모가 드러날 경우 사무라이 기질을 발휘해 책임을 떠안고 자살하는 것이 바로 그 역할이라고 했다.[98]

(나) 일본인이 쓴 이노우에와 일청 전쟁 그리고 조선 개혁 민비 암살에 대하여

일본 내각의 내무 대신을 사임했던 **이노우에**가 특명 전권 공사가 되어 조선에 건너 왔던 것은 명치 27년 10월 15일이었다. 일본에 있어서는 **일**

청 전쟁은 청나라의 지배하에 있는 조선 개혁과는 한 묶음이었다.

급히 일본군은 조선의 왕궁인 경복궁을 점령해서 민씨閔氏 일족을 추방하고 대원군을 추대하여 정권을 수립하고 (7월 23일) 김홍집金弘集을 총재로 앉혔던 조선 정부는 **군국 기무처**軍國機務處를 작동시켜서 내정개혁에 착수했다. (제1차 갑오개혁) 조선 주재 공사인 **오토리 케이스케**大鳥圭介가 **경부철도**(서울 부산간)와 **경인철도**(서울 인천간) 부설을 시작으로 정치 법률고문 군사교관에 일본인을 초빙하는등, 과거 일본의 명치 유신 후의 일본이 고용한 외국인의 힘으로 국가 개혁을 했던것과 똑같은 개혁을 조선에서 시행했던 것이다.

일본은 1894년 8월 1일에 정식으로 청나라에 선전 포고를 하고 1개월 후인 9월 8일에 대본영大本營을 **히로시마 조우아토**廣島成跡으로 옮기고 명치 천황이 히로시마廣島에 15일에 도착했다. 군사 도시인 히로시마廣島가 탄생했다. 그 후 일본군은 평양을 점령하고 (9월 16일) 황해 해전黃海海戰에서 중국 청나라의 북양함대를 격파했지만 청나라의 지배하에 있는 조선의 개혁은 곧 바로 나가지 못했다. 대원군이나 고종 민비파閔妃派등 **사대당**事大黨이 표면적으로는 개혁에 협력하는 태도를 보였지만 뒤에서는 평양의 청나라 군대와 연락을 하고 청나라에 의한 국가 재건을 바랬다. 이런 상황에서 초조해잔 이노우에가 앞에서 말한 10월 15일에 자진해서 조선에 왔던 것이다.

아이카와 요시무리鮎川義介는 "자미단가自未簞等"에서

"사람이 싫어하는 불리한 역할을 일부러 사서 나가는 특징이 있었다."

라고 이노우에를 평가했다.

"명치 27년 일본 조선 청나라 와의 3각 관계가 복잡해서 누구도 맡지 않으려는 조선 공사公使 라는 자리를 일본 내무대신 이라는 현직에 있었던 이노우에가 태연하게 그 자리의 임무를 맡았던 것이다."

라고 당시를 회고 했다. 공사公使라는 자리는 대신大臣의 밑에 있는 직책이었지만 조선의 **강화도 사건(1876년 명치 8년)**, **임오군란 (1882년)**, **갑신정변 (1884년)**에 스스로 관계했던 사건들이 있었는데 이노우에는 스스로 조선 주재 공사公使가 되어 조선의 개화開化와 독립을 마무리 지을려고 했던 것이다.

이노우에는 우품항宇品港을 출발하자 시모노세키下關에 기항하고 10월 25일에 조선 인천항에 도착했다. 그러나 조선 국내의 정치 부패는 눈으로 볼 수 없을 정도였다. 그런 참상을 이노우에 후임으로 공사公使가 되었던 미우라 고로三浦梧樓가 말하길

"많은 금을 바치는 것에 따라서 좋은 관직을 준다 이것이 훨씬 오래전 부터 내려온 전통이다."

이라는 것이다. 우선 금金을 뇌물로 주어서 **지방관地方官**이 되는 것이다. 금을 모아서 추하게 궁중에 헌납해서 좋은 높은 관리자리를 얻는것이다. 청나라에 의존한 채 개혁을 진행치 않는 대원군을 배척하기 위해 **이노우에**는 1월 8일에 총리대신 김홍집, 외무대신 김윤식, 탁지대신 어윤중을 공사관에 초청해서 이들에게 도움을 주는 한편 **오카모토 류노스케**岡本柳之助에게 뒤에서 공작을 하도록 해서 대원군을 동요케 했다. 그 위에 조선 국왕에게 **내정개혁 강령 10개조**를 올렸던 것이 1월 20일 과 21일 이었는데 지방관의 권력을 제한해서 중앙 집권제로 밀어부쳤다. 관리 등

용에 있어서는 뇌물의 금지 그리고 군국 기무처의 개혁, 일본으로의 유학생 파견 등 근대화와 개혁을 요구했던 것이다. 일본군이 **여순항**旅順港을 함락했던 때가 실로 그날(21일) 이었다.

계속해서 이노우에는 일본에 망명중인 박영효朴泳孝와 미국에 망명중인 서광범徐光範을 불러들여서 12월 17일에 제2차 김홍집 내각을 조직하게 했다. 각료 명단은 다음과 같다.

김홍집(총리대신), 박영효(내무대신), 김윤식(외무대신), 어윤중(탁지대신), 조의연(군무대신), 신기선 (공무대신), 엄세영(농상대신) 이다.

명치 28년 9월 25일 부의 독매신문讀賣新聞은 조선내지朝鮮內地의 철도 포설布設이라는 제목을 붙이고 일찍이 경성(서울)에 있었던 이노우에가 인천 경성간과 경성 개성 평양간의 철도 부설의 필요성을 설명하고 있었다. 라고 보도하고 있었다.

철도 부설이 근대화의 원동력이라는 것은 명치정부가 증명하고 있다. 제2차 김홍집 내각에 보수파인 김홍집 총리, 김윤식 외무대신, 어윤중 탁지부 대신과 개화파의 박영효 내무대신, 서광범 법무대신과 대립이 생겨 개혁은 곧 암초에 부딪쳤다.

청일 전쟁에서 일본은 2월 5일에 청나라의 북양함대를 격침하고 11일에는 북양함대 수사제水師提인 정여창丁汝昌이 투항해왔다.

이처럼 재빠른 일본의 진격에 제2차 이토 내각은 희색喜色 만연漫然했다.

다음은 **민비 암살 사건**閔妃 暗殺 事件에 대해서 말하고 있다.

명치 28년 3월 20일부터 다음해 4월 17일까지 행해졌던 일청日淸 강화회의가 4월 17일에 체결되었고 청나라는 조선의 독립과 요동반도의 할

양, 대만과 팽호 열도(대만의 서쪽에 있는 섬)의 양도, 배상금 2억 엔 등을 청나라가 약속했다.

그러나 그 직후에 러시아가 프랑스 독일을 끌여들여 일본이 점령한 요동반도를 청나라에 반환하도록 일본에 압력을 가한 **삼국 간섭**三國干涉이 일어났다. 그 당시 일본이 믿을만한 영국도 아르메니아, 인도, 아프리카 등의 여러 문제에 있어서 러시아는 프랑스도 협력할 필요가 있었다. 일본 편에 붙는 것은 아니고 결국에 가서는 일본 단독으로는 **삼국 간섭**에 대해서 저항이 불가능하다는 것이다. 5월 10일에 일본은 마지못해 **요동반도**를 청나라에 반환하게 되었던 것이다.

그때의 일본에 대한 러시아의 압력이 10년 후에는 러·일 전쟁의 도화선이 된 것이다. 러시아 주도에 의한 **삼국 간섭**으로 조선에도 6월 2일에 제2차 김홍집 내각이 와해 되고 이노우에가 추진했던 조선 개혁도 허사虛事로 돌아갔다.

실의에 빠진 이노우에는 6월 7일에 경성(서울)으로부터 귀국했지만 친일파 박영효도 압력을 받고 7월 6일에 일본으로 망명했다. 그 후 이노우에는 재차 조선으로 다시 돌아왔다. 조선의 개혁을 다시 시도했지만 **친로파**의 압력이 커져 있었다. 8월 25일에 성립했던 김홍집 내각에서도 러시아에 의존하는 심상훈沈相薰 탁지부 대신, 이완용李完用 학부대신, 서광범徐光範 법부대신, 이윤용李允用 경무사 라는 민비파도 입각했다.

『동아선각지사기전東亞先覺志士記傳』은

"러시아의 세력이 점점 강해져서 조선반도에 침입하는 근원은 실로 궁정의 한 여성, 민비 이 사람에게 달렸다."

라고 적고 있다.

"민비를 죽여라, 민비를 장례 지내라"

라고 하는 것이 당시 경성에 있는 일본 지식인들의 절규였다.

주한 러시아 공사와 제휴했던 민비는 일본에 압력을 가할 기회를 엿보고 있었다.

이노우에는 9월에 **무단파武斷派**의 **미우라 고로三浦梧樓**나 조선 주차 공사를 교대해서 일본으로 귀국시켰다.

10월 5일에서 8일에 민비 암살 사건이 발생했다. **오카모토 류노스케岡本柳之助**, 미우라 고로 작가인 시바시로우柴四朗, 현양사玄洋社의 월성광月成光 이나 등등현藤藤顯 외에 조선 신문 기자를 포함해서 약 48명이 범인이며 강본岡本과 미우라 고로三浦는 일본으로의 귀국을 명령 받았고 48명도 히로시마廣島 지방 재판소에서 재판을 받았지만 증거 부족, 상태로 전원 무죄가 되었다.

이노우에는 오카모토 류노스케岡本柳之助들이 암살했던 민비에 대해서

"결코 세상 사람들이 생각했던 것처럼 나쁜 부인은 아니다."

라고 술회했는데

"요부妖婦, 독부毒婦라고 말할 만큼의 부인의 아니다."

라고 후에 말한바 있다.[99]

메이지 유신 (1868년) 이후 활동하던 일본의 대표적인 우익단체 **흑룡회**가 1099년에 펴낸 『**동아선각지사기전**』이란 책에는 다음과 같은 구절이 있다.

"민비는 총명하고 지혜 많은 술책에 뛰어나다 일면, 음험 질투 잔

인한 성격을 겸비한 요부형의 여성이다. 나이 불과 16세 때 왕비에 책립된 이래 교묘히 이태왕(고종)을 조종하여 조선 반도를 마음대로 움직여 저 중국의 서태후에 비견될 정도의 소위 동양여걸의 전형이라 할 만한 아주 드문 후비后妃였다. … 민비가 가련한 소녀의 몸으로 처음 왕비가 되었을 때 이태왕(고종)은 민비보다 한 살 연하인 15세였으나 이미 왕에게는 **이상궁**이란 총희寵姬가 있어 빈비의 궁중에서의 생활은 먼저 임금의 총애를 얻기 위해 싸우는 데서 출발하지 않으면 안되었다.

그녀는 마침내 이 싸움에서 이겨 한때 임금의 총애를 독차지 했다. 그러나 그 후 다시 **장빈**이란 총희가 나타나 그녀가 후일 "**의화군**"이라 칭하는 왕자를 임신한 사실을 알게되자 민비는 질투의 염에 불타서 **장빈**에게 잔인한 박해를 가하고 드디어는 어떤 방에 가두어 감금해 때려서 죽였다고 전해지는데 그 잔인한 이야기는 한글로 쓰여져 장빈록張嬪錄이라는 제목으로 나왔고 역시 이야기로는 조선 방방곡곡에서 민간에 널리 익혀졌다. … 이태왕의 총애를 한몸에 독차지하게 된 뒤부터 매사 국정에 참견하여 그녀는 늘 외국 사신을 접견하는 경우에도 발 뒤에 숨어 왕과 신하들과의 정사를 논하는 데는 물론 외국 사신을 접견하는 경우에도 발 뒤에서 작은 목소리로 왕에게 이런 저런 의견을 제시해 정치상의 기밀은 말할 것도 없고 국가에 관한 만반의 일을 자세히게 알고 있어 **이태왕(고종)**을 괴뢰傀儡로 만들고 그녀 자신의 의사대로 정치를 지배한지 않으면 안되었던 것이다."

— **동아선각지사기전(상권) 519-521쪽**

서울에 부임해 온 주한 외국인 공사와도 대면하지 않았던 민비가 일본 미우라의 전임 공사였던 **이노우에 가오루井上馨**와 대면했다는 기록이 있다. 이 기록이 사실이라면 아마도 일본인 가운데는 이노우에가 왕비의 얼굴을 직접 본 전무후무前無後無한 사례일 것이다.

"이노우에 공사 재임중에도 이노우에 공사가 이태왕(고종)을 알현할때는 언제나 발 뒤쪽에 있는 방에는 민비가 있어 여러 가지로 국왕에게 주의, 충언을 하고 있었는데 드디어는 발을 두세척 열어 얼굴을 절반 내밀고 담화를 하게끔 됐다.

그러는 사이 이노우에 공사와는 차츰 친하게 되어 발을 완전히 거두고 세 사람이 마주 앉아 이야기를 나누게까지 되었다고 한다. 전해오는 바에 따르면 그녀는 아주 미인라고 할 정도는 아니었으나 가는 체격에 마른 얼굴형의 얼굴로 눈에 약간 매서운 기운이 있는 총명해 보이는 부인이었다.

그리고 복장 등에 있어서도 세심히 신경을 써 무어라고 말한다면 화려한 것을 좋아하는 편으로 아름다운 상의에 눈이 번쩍 뜨일만한 색깔의 긴 예복 차림에 녹홍색의 매듭으로 만든 허리띠를 차고 서있는 모습은 더할 수 없이 기품이 높고 아름다웠다고 한다.

특히 그녀는 목소리가 아름답고 이야기를 잘 하는 편이며 조선 부인으로서는 아주 표정이 풍부한 편이었다. 그 우아한 자세 안에 무한한 권모술수를 숨기고 소위 암탉이 새벽에 우는 일을 맡았다는 말처럼 즉 아내가 남편의 일을 가로막아 자기 마음대로 해 동아東亞의 대국大局을 그르치려 하고 있었던 것이다."

— 동아선각지사기전(상권) 521-522쪽

일본 **미우라** 주한 공사公使도 공사로 부임한 뒤 민비를 만났는데 다음은 미우라가 그의 자서전에서 민비에 대해 언급한 부분이다.

"이렇게 재주있고 지혜있는 왕비다 **이노우에**로부터 정치에 참견하는 것을 엄금당하고 있었지만 이노우에가 시종 궁중에 나가 지시하는 동안엔 무언가 그 간섭을 느슨하게 하기 위한 일을 꾸며 기어이 이노우에를 교묘한 말로 넘어가게 만들어 다시 정치적으로 간섭하게 되었다. 혼자 바보같은 짓을 한 것은 대원군이었다. … 이 왕비는 여성으로서는 실로 드물게 재능을 갖춘 호걸과 같은 인물이었다. 나는 가끔 궁정에 갔었지만 조선에선 부인이 남자를 만날 수 없게 되어 있으므로 왕비는 나같은 사람들도 만날 수 없었다. 처음 한 두 번은 국왕의 의자 밑에서 무언가 소리가 나는 것 같았는데 그것은 왕비의 소리였다.

왕비는 국왕 의자 뒤의 발을 열고 그곳으로부터 입을 열어 국왕에게 무언거 지시를 하고 있어 사실상의 **조선 국왕**은 이 왕비라 해도 좋을 것이다. 나에게도 심히 유감스럽지만 이 나라의 풍습으로는 직접 만나 뵐수 없다고 인사 했다. 그것은 실로 예의 바른 일이라고 생각할 정조였다."

— 미우라 화고록 324-325쪽 [100]

8. 이토 히로부미 伊藤博文 (1841-1909)

이토 히로부미

이토 히로부미는 안중근 의사에 의해서 저격 당한 인물로서 우리에게 너무도 잘 알려진 인물이다. 일본에서는 **이토 히로부미**는 **사이고 다카모리, 오쿠보 도시미치, 기도 다카요시**가 죽은뒤 메이지 정권 전기前期를 통한 최고의 거물급 정치가이다. 메이지 정권은 정권 발족과 동시에 국가 최고 정책으로서 조선을 정복해야한다는 **정한론**征韓論을 제기하고 조선이 일본의 속국이 되면서 정한론征韓論은 끝나지만 이토 히로부미는 메이지 전全 시기를 조선 침략의 중요한 위치에서 계속 관계해왔다.

이토 히로부미는 모우리번毛利藩嶺 스오쿠니(周防國: 지금의 야마구치현)에서 하층 농민의 아들로 태어났다. 그의 아버지는 하역下役등을 맡아 가난했지만 **이시가루**足輕 **이토 모**某에게 신용을 얻어 그의 양자가 되어 일가의 생활도 안정이 되었다.

그는 운이 좋게도 조슈번의 준걸俊傑인 **구루하라 료조**來原郎臧의 지우知友를 얻은 것이 세상에 나올 계기가 된 것이다. **구루하라 료조**는 같은 친우인 **요시다 쇼인**에게 히로부미를 소개하고 지도를 부탁하여 그의 매형인 **기도 다가요시**에게도 히로부미를 추천했다. 히로부미는 **쇼가손**松下村**주쿠**에서 요시다 쇼인으로부터 직접 가르침을 받게 되었다. 그리고 기도 다카요시의 수족이 되어 여려 고위 인사들과 교제하면서 두각을 나타냈다. **죠슈번**長州藩이 청년 5명을 영국에 유학시키게 되었을 때 이토 히로부미는 **이노우에 가오루**와 함께 파견되었다.

그러나 다음해 런던에서 그의 고향인 죠슈번이 외국 선박을 포격해서 무력 충돌 사건을 일으키고 있는 것을 알게 되자 유럽을 보고 국력의 차이를 실감하고 있던 **이노우에와 이토**는 서둘러서 귀국하여 영국, 미국, 프랑스, 네덜란드, 4국의 연합함대의 시모노세키 포격을 중지시켜야 함을 필사적으로 죠슈번과 4국을 향해 설득했다.

드디어 연합함대의 시모노세키 포격으로 서양 세력의 배척에 선두에 섰던 죠슈번이 반대로 문호를 개방하는 개국開國으로 전환하고 메이지 유신維新에로의 움직임을 본격화 했다.[101]

메이지 유신이후 이토 히로부미의 처신은 일사천리로 진행되었다. 1878년 **오쿠보 도시미치**가 암살당한 후에는 그의 후계자로 간주되어 메이지 정부의 제 일인자로서 확고 부동한 존재가 되고 이후의 일본의 내정 외교의 전반을 이끌어 가게 된다.

이토에게 사상적으로 압도적안 영향을 준 사람은 **구루하라, 요시다 쇼인, 기도 다카요시** 이지만 특히 조선 침략 사상의 계보로 요시다 쇼인이 제창하고 기도 다카요시가 실현을 도모했지만 미완성으로 끝난 것을 **이토**가 계승하여 완성한 것이다. 즉 이토는 막부 말기 메이지 시기에 있어서 조선을 정복해야 한다는 **정한**征韓의 사상을 실천하고 완성을 이룬 인물이다. 그는 조선의 갑신정변甲申政變 후에 중국 청나라에 가서 이홍장과 담판하여 **천진 조약**을 맺었고 앞으로 일본이나 청나라가 조선에 군대를 파병할때는 사전事前에 서로 통지한다는 항목을 넣어 조선에 군대를 파견할 수 있는 **출병권**出兵權을 확보하고 조선 침략 정책을 크게 전진 시켰다. 그것은 나중에 중국 청나라와의 전쟁을 미리 예지하고 복선伏線을 미리 깐것이었다. 그 후 **이토**는 내각제도를 받아들여 스스로 일본 초대 총리대신이 되고 이후 모두 4차례의 내각을 조직하여 합계 7년 반이나 최고 지도자로 군림했다.

1894년 중국과의 전쟁인 청일전쟁때의 총리였던 그의 강인한 조선정책은 명성황후 암살 사건과 함께 강한 인상을 주었다.[102]

명성황후 시해 사건 (1895년 10월 8일)은 이토 히로부미 정권이 우리 국권을 무시하고 저지른 엽기적 만행이었다. 국제 도의상 상식을 뛰어 넘어 도저히 용납할 수 없는 테러 사건이었다. 아무리 19세기 말末이 **양육강식**弱肉强食의 논리가 판을 치는 제국주의 시대였다 하더라도 남의 나라 황궁까지 침범해서 잔인하게 왕비를 살해한 사례는 세계 어느 곳에서도 찾아볼 수 없는 만행이었다. 그러고도 일본은 사죄는 커녕 **미우라 고로**三浦梧樓라는 그 당시 주조선 공사駐 朝鮮 公使가 그 스스로 알아서 꾸민 일이라고 책임을 그에게 떠넘기며 들끓는 국제 여론을 무마하기에 바빴다. 엄밀히 말하면 사건의 실마리는 **이노우에 가오루**井上馨가 청일전쟁 당시 1894년 10월 15일 주조선 공사로 임명되면서부터 시작되었다고 볼 수 있다. **이노우에 가오루**는 이토 히로부미, **야마가타 아리토모**山縣有朋와 함께 죠슈번長州藩을 대표하는 메이지 유신의 원훈元勳이다.[103]

(가) 이토 히로부미의 러·일 전쟁과 한국 특사

조선이 망하는 과정에서 이토 히로부미의 역할은 우리에게 엄청난 영향을 준 인물이기에 좀더 자세한 설명이 있어야 할 것이다.

러·일 전쟁이 시작되자 이에 앞서 1903년 7월 다시 추밀원 의장으로 취임한 **이토 히로부미**에게 새로운 임무가 부여되었다. 한국측에 일본의 방침을 이해시켜 일본에 협력하도록 하라는 것이었다. 일본이 러시아에 연승을 거두고 있던 1904년 3월, **이토**는 한국 황실 위문 특파 대사로 임명돼 서울을 방문한다. 명목은 친선이었으나 실재로는 위협이었다.

이토는 방한 중 고종을 세 차례 알현한다. 1898년 여름 청나라를 여행중, 서울에 들렀을 때 고종을 처음 알현한 이래의 재회였다. **이토**가 두 번째 고종을 알현한 3월 20일 경운궁(현재의 덕수궁)에서 고종은 **이토**에게 훈장을 수여하면서

> "경은 국가의 원로로서 혁혁한 훈공을 세워 그 이름이 일세를 풍미하고 있다. 서양 사람들이 말하는 근세의 4대 인걸人傑은 영국의 빅토리아 여왕, 독일의 비스마르크, 청나라의 리홍장, 나머지 한명은 일본의 **경(이토)**으로 경卿은 지금 유일하게 생존해 있다."
>
> — 이티가와 마사아키 편 일한 외교 자료

라고 치켜 세웠다. 그러나 덕담이 끝난뒤 본론에 들어가자 **이토**의 발언은 험악해졌다. 거의 협박이었다.

> "국가의 존립을 위해서는 고유의 풍습이나 습관 등을 개정하거나 버려야 합니다. 과거 30여 년간 이러한 판단위에 서서 자립을 추구해 오늘날의 일본을 만들어 냈습니다.… 청나라와 한국이 일본과 동일한 주의主義를 택하고 상호 협력해 서구 문명을 외면치 않고 조화를 꾀해 자강自强의 길을 걷는다면 동양 사람들도 생존할 수 있을 것입니다.

그러나 이 **주의**主義에 반대하고 고집스럽게 **배외주의**排外主義를 국시國是로 삼는다면 멸망하고 맙니다. 서구 문명은 표면적인 것에 불과하며 실제로는 침략을 노리고 무력으로 확장하여 합니다. 따라서 러시아 같은 국가에 대항하여 저항해야 합니다."

그리고는 한국과 일본이 형제와 같은 공동 운명체라고 전제하며 한국을 회유하고 협박하는 논리를 전개한다.

"만약 황제 폐하가 그런 이치를 이해하고 일본과 존망存亡을 함께 해 동양의 평화를 유지하는데 협력하신다면 일본은 최대한의 동정을 표명해 영원히 한국의 산하山河가 황포한 열강列强의 소유가 되지 않도록 즉, 일본 자신의 존망과 마찬가지의 아픔으로 여기며 공동 대처하겠습니다. 지금은 양국兩國의 형제가 싸울때가 아닙니다. 서로 안위와 존망을 함께해 난관을 타개하고 의심을 버리고 용감히 전진해야 할것입니다."

이토는 3월 21일 오후, 숙소 여관으로 궁내부 대신 **민병석**閔丙奭을 불러 다음과 같이 말한다.

"**일로**日露 교전 개시 이래 한국 황제 폐하는 여러 가지 편의를 아군에 베풀어 주셨을 뿐만 아니라 특히 지난번에는 황제 폐하를 비롯하여 황태자 전하, 영친왕, 전하께서 많은 돈을 우리 군사비로 기증해 주어 우리 황제 폐하께서 깊이 만족하시어 … 한국 황제에게 사소한

금원金員을 보내려 하니…"

그리고는 일본 메이지 천황이 보내는 답례금 30만엔을 고종에게 전달한다. 이토는 아울러 은밀히 황후 등에 대한 답례금 기증을 타진하여 **황후(엄비)**에게 1만엔, 황태자와 황태자비에게 각각 5천엔 씩을 기증했다. 고종은 일본에게 군사비로 기증한 돈에 대해 **이토**에게

"귀국 군용비로 차출한 금액은 실로 사소한 것으로 … 짐의 귀국貴國에 대한 미충微忠에 불과하며 …"

라고 의례적인 성의로 치부하고 있다. 그러나 이같은 일본군에 대한 한국 황실의 군비 기증은 명성황후 시해사건, 단발령등으로 고조된 당시의 일반인의 **반일反日** 감정과는 전혀 다른 행위였다. 물론 이같은 사실은 당시 조정에도 일반인에게도 알려지지 않았다. 이토가 일본으로 귀국한 직후인 1904년 5월 31일, 일본 원로 및 내각회의는 일본의 **대한 제국**에 대한 방침을 결정한다. 그 첫문장이

"일본은 한국에 대해 정치 군사상 보호, 실권을 장악하고 경제상에서 가일층 일본의 이권利權 발전을 도모한다."

는 것이다. 한국을 일본의 보호국으로 삼는다는 방침을 분명히 하고 있다. 이같은 방침이 정식 결정됨에 따라 일본은 한국을 장악하려는 움직임을 가속화한다. 그해 8월 일본은 제1차 한·일 협정을 강요해 외국인이

한국 정부의 고문으로 임명될 수 있게 했다.

재정고문에 일본 대장성의 **메가타 다네타로**目賀種太郞를 외교 고문에 주일駐日 미국 공사관 고문인인 스티븐스가 파견됐다. 명목은 고문이었으나 실제로는 장관과 같은 권한을 갖고 있었다. 거기에다 미국, 영국, 등의 열강들도 자국의 이익을 위해 한국 지배를 인정했다. 제국주의 국가들의 전횡專橫으로 약소국 한국의 운명은 풍전등화風前燈火였다. **러 · 일 전쟁**중 일본은 **가쓰라** 총리가 미국의 **태프트** 육군장관과 도쿄에서 은밀히 만나 일본의 한국 지배와 미국의 필리핀 지배를 상호 인정하는 밀약인 **가쓰라 태프트** 각서를 주고 받았다.

일본과 동맹을 맺고 있던 영국은 8월 12일 **영일 동맹 조약**을 개정한다. 인도를 비롯한 아시아 지역에서의 영국 식민지를 일본이 인정하는 대신 영국도 러 · 일전쟁 후 한국에 대한 일본의 독점 지배를 인정하기로 한 것이다.

일본 정부도 군부도 당초 러시아와의 전쟁에서 승리를 자신하지 못했다. 그러나 일본군은 개전開戰 초 서울을 제압한 뒤 북진北進해서 1904년 5월부터 압록강을 건너 러시아군이 주둔하고 있던 만주 남부로 진입했다. 일진일퇴一進一退의 공방전에서 일본은 점차 유리한 고지를 점령하기 시적했다.

일본은 1905년 1월에 뤼순旅順을 함락시키고 3월에는 펑톈奉天전투에서 승리했으며 해전에서도 예상 밖의 대승을 거둔다. 그해 5월 **도고 헤이하치로**가 이끄는 연합함대는 유럽에서 아프리카를 돌아 극동으로 온 러시아 **발틱 함대**를 진해鎭海만에 잠복해 기다리고 있다가 대한 해협과 울릉도 남쪽에 이르는 해역 전투에서 러시아 함대를 궤멸시키는 대승을 거둔다. 동해 해전海戰과 쓰시마 해전으로 불리는 이 전투는 일본에서는 일본 해전이라 부른다. 유럽에서 아시아로 오는 지름길인 수에즈 운하는 일본과 동맹을 맺은 영국의 지배하에 있었기 때문에 발틱 함대는 아프리카를 멀리 돌아와야 했다. 일본 신문들 뿐만 아니라 구미 각국의 신문도 **도고의 승리**를 일제히 대서 특필했다. 그는 세계적인 스타가 되었고 일본의 영웅이 되었다.

이 무렵 러시아에서는 황제가 이끄는 전제 정치에 반대하는 혁명의 움직임이 고조 되고 있었다. 일본도 수십만 명에 이른 사상자가 발생하고 막대한 전비戰費가 소요되는 등 전쟁 수행이 한계에 부딪히고 결국 미국의 **시어도어 루스벨트** 대통령의 중재로 1905년 9월 5일 러·일 강화 조약이 맺어 졌다. 이 조약의 주요 내용은 한국에 대한 일본의 우월권의 승인, 요동반도의 조차권 및 장춘長春과 뤼순 간 철도 부설권을 일본에 이양, 북위 50도 이남의 사할린을 일본에 할양 등이다.

한국에 대한 우월권 승인에 관한 조항은 논란 끝에

"일본이 한국에서 취할 필요가 인정되는 조치가 한국의 주권을 침해할 경우에는 한국 정부와 협의한 후에 행한다."

라는 기록을 남기기로 한것만 양측이 합의했다. 어떤 수단과 방법으로든지 한국 정부의 동의만 있으면 주권도 침해할 수 있다는 뜻이다.

그러나 전쟁 중 연일 일본의 대승大勝을 전한 신문 보도 등의 영향으로 일본이 러·일 전쟁에서 입은 피해(사망자 약 8만 명을 포함한 인명 피해 수십만 명, 전비 약 20억 엔으로 추산)에 비해 강화조약에서 얻은 실리實

利가 크지 않다고 생각한 일부 국민들의 불만이 폭발했다.

조약이 체결된 당일 도쿄 **히비야**日比谷 공원에서 강화 조약에 반대하는 방화 사건이 발생하는등 각지에서 폭동이 일어나 17명이 사망하고 500명 이상이 부상했다. 도쿄 일원에는 계엄령이 선포됐다. **이토 히로부미**가 젊은 시절 지사知事를 지낸 적이 있는 고베에 세워진 이토 히로부미의 동상이 끌려 내려지는 소동도 벌어졌다.

그러나 당초 한국을 보호국화保護國化하고 러시아를 만주에서 축출하려는 개전開戰의 목적을 달성했고 다른 이권도 획득했기 때문에 일본의 실익實益은 엄청난 것이었다. 러시아와의 협상에서 전권대표로 나섰던 외상外相 **고무라 주타로**는 강화 조약 내용중 한국에 대한 우선권을 구체적으로 어떻게 할지 복안을 가지고 있었다. 보호국에 통감을 둔다는 구상이었다. 이같은 고무라의 구상이 9월 27일 내각 회의에서 통과됐다.

8개항으로 된 구상 중 주요 내용은 다음과 같다.

제1항 보호 조약을 체결하여 대한 제국의 외교권을 손에 넣는다.
제5항 특히 칙사를 보내 한국 황제에게 천황의 친서를 전한다.
제8항 한국 정부의 동의를 얻지 못할때는 일반적으로 보호권 확립을 통고 하고 각국에 불가피한 이유를 설명한다.

제8항의 일방적으로 보호권 확립을 하겠다는 것은 무력 사용도 불사不辭한다는 의미이다. **고무라는** 업무 협의차 귀국한 주한 공사 하야시 곤스케林權助와 함께 각의閣議 하루 전 **오이소**로 이토를 찾아가 특사 파견 의사를 타진했다. **이토**는 그 자리에서 수락했다.

이토는 일본이 한국을 보호국으로 삼으려면 한국 정부의 동의를 얻어야 하는데 이 난제를 해결할 사람은 밖에는 없다고 자부했다. 특파 대사는 어떤 수단을 강구해서라도 한국 정부로부터 보호국 승인이라는 동의를 받아 내야 했다. **이토**는 그 악역을 흔쾌히 수락한 것이다. 이때 이토의 나이는 64세였다.

1905년 11월 9일 서울에 도착한 **이토 히로부미**는 10일 천황의 친서를 가지고 고종을 알현했다. 그 친서는

"대 일본국 황제가 존경하고 친애하는 대한 제국 황제 폐하에게 말씀드린다."

로 시작된다. 이날 알현은 인사 정도로 단 시간에 끝났다.

이토가 고종을 두 번째 알현한 15일 본론을 놓고 격론이 벌어졌다. 격론은 오후 3시에 시작돼 7시 까지 이어졌다. 고종은 제1차 한·일 협약 체결 이후의 금융 재정 상태 등에 불만을 토로하고

"일본이 대한 제국의 외교권까지 박탈하여 한다."

라고 지적했다. 이에 대해 **이토**는 협박조로 고종을 힐난한다. **이토** 본인이 일본으로 귀국해 천황에게 보고한 **한국봉사기사적요**韓國奉使記使摘要에 다음과 같이 적혀있다.

"폐하(고종)는 불만을 말씀하시지만 제가 한변 질문을 드려 보겠습니다. 한국은 어떻게 오늘날까지 생존할 수 있었습니까? 또 한국의 독립은 어떻게 보장되었습니까? 폐하는 그런 사정을 알면서도

불만을 말씀하시는 것입니까?"

이토는

"외교를 한국의 위임을 받아 일본 정부가 대행하여는 것"

이라고 전제하면서

"내정內政은 한국 정부가 책임지는 것에 변함이 없습니다."

라며 동의 하라고 강요했다. 이때 고종은 사절 파견 등

"형식적으로라도 한국에 권한을 남겨 달라"

라고 수차례 요구하며 이토의 강요에 응하지 않았다. 이토는

"일본 정부가 백방으로 고려해 결정한 것이므로 더이상 변경은 없다."

라고 단호히 거부하고 다시 동의를 강요한다. 앞서 인용한 『**한국봉사기사적요**』를 좀 보자

"지금 중요한 것은 폐하의 결심입니다. 이를 수리하든 거부하든 폐하의 자유이지만 거부 한다 해도 제국 정부가 그렇게 하기로 결정을 내린 사항입니다. 거부할 경우 한국의 지위가 곤란해질수 있습니다. 한층 불리한 결과를 각오해야 할것입니다."

고종은

"이렇게 중대한 일을 이 자리에서 결정할 수 없는 만큼 대신들의 자문을 받고 또 백성들의 뜻도 고려해야 한다."

라고 말했다. 이에 대한 **이토**의 대답은 다음과 같다.

"대신들의 자문을 받는 것은 당연하지만 백성이란 말은 납득할 수

없습니다. 한국은 헌법 정치가 아니고 모든 것을 폐하가 결정하는 **군주 전제국**이 아닙니까? 민의民意라고 말씀은 하시자만 실제론 백성을 선동해 일본의 제안에 반대하려는 것으로 여겨집니다. 이미 일본은 그런 움직임을 탐지하고 있습니다."

이는 하야시 곤스케 주한 일본 공사로 하여금 외부대신 박제순朴齊純에게 문안을 전달해서 검토하도록 요구했고 결국 고종은 **이토**의 요구에 동의했다. 고종이 신하들에게 책임을 전가했다고 비난받는 대목이다. 양측 간에 협상했으나 타협점이 나올 리 없었다.

17일 오후 고종이 참석한 가운데 대신회의가 열렸다. 밤이 되도록 결론이 나오지 않았다. **하야시**는 그동안 매수해 놓은 궁중의 협력자에게 회의 상황을 속속 보고 받고있었다. 고종이 2-3일간 결정을 유보할것이라는 정보가 하야시에게 들어왔다. **하야시 곤스케**에게서 이를 전해 들은 **이토**는 하야시 공사, 하세가와 군사령관을 대동하고 입궐했다. 헌병 대장이 수십명의 일본군 헌병을 데리고 **이토**를 호위했다. 착검한 일본군 헌병들이 덕수궁 외곽을 삼엄하게 지켰다.

이토는 고종을 알현하고 별실로 각 대신들을 불렀다. 한국 정부의 대신들을 심문할 자격도 없는 일본 특파 대사가 한국 궁중에서 한국 대신들을 범인 다루듯이 심문하는 해괴한 일이 벌어진다.

이토는 박제순 외부대신부터 한 사람씩 일본이 요구하는 외교권 양도에 대한 의견을 물었다. 탁지부 대신 **민영기**閔泳綺만이 명확히 반대 의사를 밝혔다. 법부대신 **이하영**李夏榮의 답변은 애매했다. 학부대신 이완용, 군부대신 이근택李根澤, 내부대신 이지용李址鎔, 외부대신 박제순, 농경부 대신 권중현權重顯등 5명은 찬성했다. 이들은 후일 **을사 오적**으로 불린다. 마지막으로 총리격인 참정대신 **한규설**韓圭卨은 명확히 불가를 주장했다. **이토**는

"나는 목숨을 걸고 이 임무를 맡은 이상 당신이 나를 우롱하는 것을 결코 용납하지 않겠다."

라고 한규설을 위협했다. 그러면서 **이토**는 일본의 제안에 절대 동의하지 않은 대신은 **한규설, 민영기** 두 사람뿐이므로 다수결에 따라 결정할 수밖에 없다고 주장했다. **이토**는 궁내대신 이제극李載克에게 고종 황제에게 곧바로 가서 재가를 받으라고 강요해 고종의 재가를 받았다. 자정을 넘긴 18일 오전 1시 **한·일 협상 조약**이 하야시 곤스케 주한공사와 박제순 외부대신 사이에 조인 됐다. 날짜는 17일자로 되어있다.

결국 수천의 인파가 경운궁 앞에 몰려들어 조약 파기를 주장하며 울분을 터뜨렸고 종로의 상인들은 일제히 철시撤市했으며 전국의 각 학교에서는 교사와 학생들이 통곡했다. 황성신문12월 20일자에 실린 장지연張志淵이 쓴 "**시일야방성대곡**是日也放聲大哭 이날에 목놓아 통곡하노라"이라는 사설은 전 국민의 마음과 울분을 대변했다.

을사 오적五賊을 규탄 비난하는 소리가 전국에 들끓는 가운데 이완용의 집이 불타고 이근택을 노리는 자객이 뒤따르자 일본 헌병들이 총칼로 그들의 신변과 자택을 경비했다. 11월 22일 이토가 수원 팔달산에서 사냥을 하고 서울로 돌아올 때 그가 탄 열차에 한국인이 돌맹이를 던져 창문 유리가 깨지면서 **이토**가 가벼운 부상을 당하는 일도 있었다.

비분강개悲憤慷慨의 상소문이 쇄도하는 가운데 나라를 지키지 못한 책임을 통감한다며 자살하는 우국지사들이 속출했다 시종무관장 **민영환**閔泳

煥이 자결하자 전 의정대신 조병세趙秉世가 뒤를 이어 자살했다. 전 참판 홍만식洪萬植과 학부주사 이상철李相哲 멀리서 주영공사 이한응李漢應 차례로 죽음으로 일본에 항거했다.

자살로 항의하는 일 말고도 전국 도처에서 전국 도처에서 항일 의병이 일어나 일본인과의 투쟁이 격화돼갔다. 이때 궐기에 대표적인 의병장이 민종시, 최익현, 신돌식 등이다. 최익현은 일본군과의 전투에 패해 쓰시마로 끌려가 단식 끝에 이국땅에서 분사憤死했다.[104]

(나) 이토 히로부미伊藤博文의 한국 유교관

1905년 을사조약 체결로 일본은 조선에 통감부를 설치하고 한국에 대한 실질적인 지배권을 행사하게 되었다. 한국 통감 **이토 히로부미**에 의한 소위 보호통치가 그것이다. **이토**의 보호 정치의 본질에 대해서는 여러 해석이 있는데 일반적으로 자치 육성 정책, 점진적인 **합병론**등으로 불린다. 이러한 **이토**의 구상에는 한국은 대만과 달리 예로부터 단일 국가를 이루어온 역사 등으로 인해 쉽게 식민지화할 수 없다는 인식이 있었다. 따라서 한국을 독립국으로 두고 일본이 실권을 잡는 통치 방식이 바람직하다는 것이 그의 생각이었다. 이러한 이유에서 **이토**는 프랑스의 **동화주의**同化主義 통치방식이 아니라 어느 정도의 **자치**自治를 인정하는 영국형의 통치 방식을 선호한 것으로 평가된다. **이토**의 자치적 입장의 한 단면은 1906년 12월 이지용李址鎔, 박희병朴羲秉 그리고 그들의 부인들과 촬영한 한국 예복(한복)을 입은 **이토 히로부미**의 사진에도 잘 투영되어 있다. **이토**가 한국인의 호감을 사기위해 입었던 한복은 그를 저격한 안중근이 사형 당하는 날에 꼭 입고 싶어 했다는 민족의 예복이었다.

즉 한국 민족의 전통 의상인 한복에는 그 만큼 민족적인 의미가 담겨져 있었다. 한복을 입는다는 **이토**의 행위는 일단 한국의 제도나 전통을 존중하고 어느 정도의 자치를 인정한다는 정치적인 제스처였다. 1905년 11월에 일본 전권 대사로 내한하여 서울에서 가까운 한양 근처에서 사냥을 즐긴적이 있다. 그때 프록 코트를 입고 있던 그는 백발의 연로한 한국 농부에게 다가 가서 가족 관계등에 대해서 천진난만天眞爛漫하게 대화를 나누었다는 에피소드가 전해지고 있다.

이토와 유교와의 관련성은 그의 이름으로 추측할 수 있다. **이토 히로부미**伊藤博文의 '박문博文'은 논어論語 옹야편雍也扁에 있는 군자 박학어문 약지이례(君子博學於文, 約之以禮)에서 따온 것이다. 마치 **야마가타 아리토모**山縣有朋가 그의 유붕有朋은 논어의 학이편의 한 구절인 **유붕자원방래유**有朋自遠方來有에서 따온것과도 같다.

이토도 자주 유자儒者를 만나 그 마음에 담고 있는 지론을 토로하게 한 적이 있다. 유교에 관한 이토의 생각은 교육의(敎育議 1879년)에 잘 나타나 있다. 이토는 기본적으로 한국 유교를 문명이라는척도에서 바라보고 있었다. 그는 문명국아 미개 상태에 머물고 있는 나라를 인도하는 것은 당연하다고 간주 하였다. **이토**는 한국은 고려 이전에는 뛰어난 문화를 가지고 있어서 일본이 그것을 수입하거나 영향을 받았지만 앞으로 한국은 선진국인 일본으로부터 배워야 한다고 보고 있었다. 따라서 일본은 한국을 보호하고 원조하고 한국 문화 그리고 물질적인 진보를 도모하려고 하며 쇠퇴하는 나라가 다시 흥하지 않는 법이 없다는 입장에서 일본에 의해 한국이 변모하리라 확신하고 있었다. 즉 **이토**는 한국인은 미개하다고 하고 일본은 한국을 부식扶植 유도誘導하여 함께 문명의 단계로 나아가야 한다는 입장을 보였다. 같은 문맥에서 **이토**는 양반 유림의 반일反日운동 등을 유교적 구태舊態라고 비난하고 **한국을 걱정하고 한국을 위해 온 힘을 다하는** 자신의 진심이 잘 전해지지 않는 것을 극히 유감으로 생각했다. 또 **이토**는 1908년 6월 19일 통감 관저에서 한국 원로들을 대상으로 행한 연설 가운데서 양반 유림이 주도하고 있는 반일反日 폭도는

"단지 나라의 멸망에 분개하는데 머물고 한국을 구하는 길을 모르는 한국의 멸망을 초래하는 것"

이라고 강하게 비판했다. **이토**는 이 문명 단계로 나아가는 길에 있어서 가장 장애가 되는 것이 일본을 반대하는 **반일反日 유생**이라고 판단하여 반일 유생을 배제하는 것이 한국 통치에 있어서 중요한 과제의 하나임을 인식하고 있었다.

한편으로는 국가 관료를 보필할 적당한 인물이 없겠는가 하면서 유림儒林 선비에게 어느정도의 기대를 걸고 있었다. 즉 유림 가운데서 한국 통치에 협력할 수 있는 친일적 인물을 키우려 하였던 것 같다. 이것은 **이토**가 한국의 유교나 양반, 유림에 대해 완전히 부정적이지는 않았다는 것을 엿볼 수 있다.

이토의 한국 합병 구상으로서 알려져 있는 메모에는

"한국 팔도八道에서 각 10명의 의원을 선출하여 중의원을 조직한다. 한국 문무 양반에서 50명의 원로로 상원을 조직한다."

라는 내용이 적혀 있다. 이것은 한국 통치에서 양반 유림은 무시할 수 없는 존재임을 인정하고 그들을 제외한 한국 통치는 성립할 수 없다는 현

실 인식을 반영한 것이다.

이토는 한국의 황실이 유림과 강한 연대감을 가진 것을 크게 우려하여 양자를 단절시키는 것이야말로 한국 통치의 핵심이라고 인식하고 있었다. 이렇게 함으로서 한국의 문명화가 가능해지고 유림들이 중심이 되어 있는 의병義兵도 진압할 수 있다고 생각했다. 이토는

"나라의 멸망에 분개하여, 한국을 구하기 위해서 의병을 일으킨 한국의 유생들은 한국을 구하는 길을 모른다."

라고 했다. 이러한 **이토**의 인식은 나라와 군주에 대한 의리와 대의명분大義名分을 철저히 하는 한국 유교에 대한 이해가 부족함을 나타낸 것이다. 의병의 대표적 존재였던 **최익현**에 대한 견해는 **이토**의 이러한 인식을 여실히 나타내고 있다 최익현은 끊임없이 서양을 물리치자는 **척양**斥洋, 일본을 배척하자는 **척왜**斥倭를 제창하고 왕실의 정통성을 강하게 주장했다. 을사조약(제2차 한일조약) 강제 조인 소식을 경기도 포천에서 들은 최익현은 조약 파기를 상소함과 동시에 갖지에 격문檄文을 날려 협약 조인에 찬성한 을사 오적乙巳 五賊의 성토등을 제촉했다. 이듬해 1906년 음력 2월 전라북도 태인으로 내려가 윤달 4월에 정부에 **창의 토벌소**倡義討伐疏를 제출함과 더불어 기신배의棄信背義 16죄十六罪를 일본 정부에 보낸후 거병擧兵했다. **최익현**은 전라북도 순창에서 거병하여 전라도 일대에서 활동했는데 같은 해 6월 정부군의 공격을 받게 되었다. 그때 그는 일본군과는 싸우지만 정부군과는 싸울 이유가 없다고 생각하여 스스로 체포에 응했다. 고종은 최익현을 한국 법에 의한 재판에 붙일 것을 요구했자만 **이토**는 일본의 군율에 맞추여 이를 처단할 수밖에 없다고 강경하게 반대했다. 그 결과 최익현은 금고 3년형을 받아 일본 대마도에 유배되어 1907

년 새해 첫날 사망하였다.

덧붙인다면 **이토**가 최익현을 대마도에 유배시킨 것은 그가 유학자로서 왕조 옹호 이데오르기에 투철했기 때문이 아니라 그의 철저한 반일 사상에 민중이 공명할 것을 두려워했기 때문일 것이다. 고종으로서는 최익현과 같은 유자儒者의 반일 사상에 민중이 공명하여 반일 투쟁이 널리 퍼질 것을 기대하고 있었을 것이다. 나아가 이에 호응하는 국제적 여론이 형성되면 **보호 조약**을 철폐하고 독립을 회복하는 것도 가능하다고 고종은 생각했을 것이다. 최익현과 함께 체포된 **김승민**金升旼은 1906년 의병과 내통했다는 **밀칙사건**密勅事件에 연루되어 2년간 복역했는데 그 뒤에도 계속해서 반일 무력 투쟁을 전개했다. **이토**는 심산유곡深山幽谷 지역에 거처함으로써 수목樹木과 마주보고 앉아있는 김승민과 같은 무리는 세계 대세大勢를 달관하거나 국가를 잘 다스리기 위한 뛰어난 식견을 가질 리가 없다라고 김승민에 관해 혹평했다. **이토**의 유교에 대한 견해가 여실히 나타나 있는 대목이다. 이와 같이 이토의 한국 유학자에 대한 평가는 대단히 부정적이다.

"즉 최익현과 김승민과 같은 유자는 공맹孔孟의 가르침을 우러러 존경하고 사서오경四書五經이나 섭렵하고 중국 고대 주나라 시대의 정치적 가르침이나 씹어대는 것을 능사能事로 하여 세상의 변천에 대응할 활동적인 능력이 없는 것이다.

이러한 한국의 유자들은 예를들면 새롭게 불문佛門에 귀의한 승려가 불경을 암송하는 것과 같이 기존의 정해진 텍스트만을 암송하는데 머물러 초등학생들이 배우는 정도의 지식에 불과한 것이다."

라고 까지 말했다. 최익현이 죽은 후 그의 유배중의 **일기**를 읽은 **이토**는

"포복절도抱腹絶倒 하지 않을수 없다."

라고 혹평하고

"한국의 일류 유생이 이 수준이니 한국 유생이 고집세고 사리에 어두우며 시세時勢에 뒤떨어지는 것은 당연하다."

라고 술회할 정도였다.[105]

(다) 이토 히로부미의 죽음의 만주행

1909년 10월 4일 밤, **이토**는 만주로 출발 하기 전 영국 유학을 준비 중이던 그의 차남 분기치를 **오이소 소로카쿠**로 불러 여러 가지로 훈계하고 당부한다. **분기치**는 이때 24세로 도쿄제대 법학부를 나와 농상무성에 근무 중이었다. 그는 기질이 **이토**와 비슷했다고 한다. 이날이 부자간 마지막 날이었다.

이토의 비서로 오랫동안 일한 **고마쓰 미도리**는 **이토**가 살아있을 때의 이야기를 다른 사람과 함께 정리해 펴낸 책에서 이날 **이토**의 이야기를 **분기치**에게 훈계하다라는 제목으로 다음과 같이 기록하고 있다. 자식에게 한 이야기지만 이토의 국가관 생활 철학등이 그런대로 잘 나타나 있다.

"나는 너에게 나의 뜻을 계승하라고 무리하지 않는다. 타고난 천분이라면 비록 네가 거지가 되더라도 결코 슬퍼하지 않을 것이며 부자가 되더라도 기뻐하지 않을 것이다. 만에 하나 네가 타고난 천분으로 나의 뜻을 이을 생각이 있다면 무엇보다도 **천자님**天子樣에 대한 충의를 다하라는 것이다."

이토는 아들에게 **천황**이라 하지 않고 **천자님**이라는 호칭을 쓰며 충성을 다할 것을 강조한 뒤 일본 국민에 대해 다음과 같이 말한다.

"일본은 나라가 작지만 **천자님**을 중심으로 나라가 결속해 나라 바깥으로 발전해서 지금의 성운盛運을 이루었다. 모국某國등은 나라는 크지만 황실을 중심으로하는 마음이 빈약해 국내가 단결하는 힘이 약해서 한 방향으로 힘이 모자지지 않는다.
그리고 일본 국민들은 관리이든 상인이든 **만세일계萬世一系**의 제실帝室을 중심으로 받들어 이로써 동양의 평화에 기여하는 것이 일본과 일본 국민들의 천직인 것을 하루라도 한시라도 뇌리에서 잊어서는 안된다."

위의 모국某國은 중국을 가르키는 것으로 보인다. 다변多辯인 이토는 아들에 대한 훈계도 일었다.

"충성 다음으로 필요한 것이 지성이다. 지성은 귀신도 울리고 천지天地를 움지인다고 하는데 이것은 진실이다. 나는 젊었을 때부터 몸과 마음을 군주에게 바치고 나라를 위해 최선을 다하려고 노력해 왔다. 내 마음에는 오로지 지성至誠이란 두 글자뿐이었다. 반드시 귀신을 울리고 천지를 움직여 보겠다는 것이었다. 너도 충의忠義란 두 글자 다음에 지성至誠이란 두 글자를 마음에 세겨라."

인간은 자신의 최후를 예감 예지하는 능력을 갖추고 있는 것이다. **이토**

는 아들과의 대화중 다음과 같은 이야기도 있다. 마치 유언같다.

"사물이 이루어지는 데는 순서가 있다. 돌발적이거나 서두르는 것은 금물이다. 상식적이고 주도 면밀한 운용이 중요하다. 천하에 어떤 일을 이루려고 하면 목숨을 걸어야 하는 경우가 생긴다.
　나는 지금까지 내가 살아있다는 것이 이상한 일이라고 생각한다. 너도 내뜻을 이어가려면 이같은 각오를 해야한다. 의존심을 가져서는 안된다. 다른 사람에게 의존해서는 안되며 자력으로 해라."

　이토는 영국 밀항, 유학 중 중도에 귀국해서 **고잔지功山寺전투** 참가 등 여러 차례 목숨을 걸었다. 한편으로는 **이토**가 메이지 정부의 공신功臣이 된 뒤 그의 목숨을 노린 사건도 여러 번 있었다. 그는 자신이 목숨을 걸거나 암살 목표가 되기는 했지만 **하나와 지로**라는 국학자를 암살한 인물이기도 하다. 그런 만큼 평소 **나도 언젠가는…** 하는 생각을 해왔고 이날 아들에게 상념의 일단을 피력했는지도 모른다. 마지막으로 **이토**는

"이번 만주 여행에 특별한 사명은 없으나 중국 러시아 등과 일본은 장차 매우 어려운 관계에 놓일 것이다. … 하얼빈에서 바로 돌아올지 아니면 중국을 방문할지 혹은 유럽까지 갈지 아지 결정하지 않았다. 건강에 유의하여 열심히 공부하라."

라고 아버지 다운 당부로 말을 끝냈다.
　이토와 함께 만주로 간 사람은 귀족원 의원 **무로타 요시후미**室田義文,

육군 중장 **무리타 아쓰시**村田惇, 추밀원 의장 비서관 **후루타니 히사쓰나**古谷久綱, 궁내대신 비서관 **모리 다이지로**森泰二郎, 수행 의사 **고야마 젠**이었다. **이토**는 18일 중국 다롄大連에 도착한 뒤 19일 현지의 일본인 관민 합동 환영회에서 연설했다.

"이번 여행은 단지 유람에 불과하다. 어떤 공무公務 때문에 온 것이 아니다. 만주의 평화는 극동의 평화와 관계가 있고 일본과도 깊은 관계가 있다고 생각한다.

일본의 방침은 문호 개방, 상공업의 기회균등이다. 그 점에서 열국列國으로부터 다소 의심을 산 것은 사실이자만 제군은 이 방침을 깊이 존중해 주기 바란다. 또 일본은 청나라의 개혁을 지원하며 **일·청 양국**과 러시아가 협력해 만주의 발전을 도모하고 극동 평화에 공헌 해야 한다."

유람이라고 했지만 **이토 사후**死後에 간행된 **이토**의 정전正傳 격인 **이토 히로부미전**은 일본 각의閣議가 한국 병합을 결정한 만큼 이 국책을 수행하기 위해서는 한국에 근무한 러시아와 청나라 간의 완전한 양해를 얻을 필요가 있었다고 적고 있다. 즉 일본의 한국 병합을 특히 러시아로부터 사전 양해를 구하는 것이 이토 여행 목적이었음을 밝히고 있다. 동청 철도의 기초지인 하얼빈 웨스트닉은 10월 21일자는 이토의 방문을 다음과 같이 보도하고 있다.

"**이토**의 만주 여행은 개인적 유람이나 천황이 준 휴가가 아니다.

정부의 제의에 의한 것이다. **이토**는 귀국하면 남만주 대수大守에 임명될 가능성이 있다. 남만주 철도에 관한 모든 권한을 정부로부터 위임받고 있다."

추측성 가사에 가깝지만 이는 **이토**의 여행을 현지 언론들이 어떻게 보고 있는 가를 보여준다.

이때 블라디보스토크에 있던 독립군 조직 대한국군大韓國軍 참모중장 **안중근安重根**도 신문을 보고 이토 히로부미가 하얼빈에 온다는 사실을 알았다. 안중근은 **이토**의 정확한 도착시간을 알기 위해 10월 20일 한인 교포 신문사에 들러 신문을 보며 이토의 동정을 확인했다.

이토는 10월 25일 밤 11시 러시아 측에서 제공한 호화로운 특별 열차로 장춘長春을 출발했다. 황량한 벌판에 불과했던 하얼빈은 러시아가 동진東進 정책을 추진하면서 1890년에 개발에 나서 북만주의 중심도시로 탈바꿈하고 있었다. 인구도 5만 명을 넘어섰고 시가지도 변화했다.

이토가 탄 특별열자는 10월 26일 오전 9시 하얼빈 역 플렛폼에 도착했다. 급행열차로 장춘과 하얼빈은 6시간 이면 충분했다. 플랫폼에는 러시아군 의장대가 영하 5도의 추위속에 정렬해 있었다. 곧 **코코프체프**가 열차에 올라와 인사를 나눴다. 그 당시 **이토**가 코코프체프와 나눈 대화는 기록에 따라 내용은 조금씩 다르지만 **이토**가

"일본 정부의 뜻에 따라 귀하를 만나기 위해 만주까지 왔다."

라고 한 말은 공통적으로 이는 주목할 점이다. **이토**가 기자들이나 환영회에서 유람 여행이러고 말한 것은 사실이 아님을 말해준다. 이때의 **이토**에 대한 인상을 코코프체프는 **회상기**에 다음과 같이 적고 있다.

"이토 공의 용모는 내게 깊은 인상을 주었다. 키는 작지만 머리는 매우 컸고 그 눈은 대화 상대를 압도하는 것 같은 강렬한 빛이 있었다. 얼굴은 단려端麗하다고는 할 수 없지만 … 부드럽게 만면에 미소를 띠며 사람을 잡아 끄는 기품이 있었다."

의장대는 귀빈 차량 정면에 대열을 정비하고 있었다. 그리고 열차를 향해서 안쪽에 각국 영사단과 환영 나온 일본인 거류민 대표 등이 서 있었다. 경비는 청나라 군대가 맡았다. **이토**가 **코코프체프**의 안내로 사열을 시작하자 환영하는 폭죽이 터졌다. **이토**가 거의 사열을 끝냈을 때였다. 갑자기 차가운 공기를 찢는 총성이 울렸다. 총성은 연달아 울렸다. 동시에 **이토**의 몸이 비틀거렸고 의지할 것을 찾는 듯 손을 내저었다. 다시 총성이 더 울렸다. **이토**의 뒤를 따라가던 가와가마 요시히코川上俊彦, 하얼빈 총영사 모이 다이지로, 다나카 세이지로 등 세명의 몸이 앞으로 휘어졌다. **이토**보다 약간 앞에 가던 코코체프가 오른손을 내밀어 이토를 부축하려 했다.

그때 **무로타, 후로다니, 나카무라** 만철 총재가 달려와 **이토**를 부축했다. 이때 **이토**는

"당했다. 세발 가량이 몸안에 들어온 것 같다."

라고 말했다. 곧 얼굴색이 파랗게 변했다.

무로타 등은 급히 **이토**를 열차 내 객실로 옮기고 중앙의 큰 테이블에 모포를 겹쳐 깔아서 즉석 침대를 만들어 눕혔다. 수행의사 **고야마**는 거류민 대표단에 있던 일본인 의사와 러시아 의사 등과 함께 **이토**의 상의를 벗겼다. 오른쪽 가슴과 복부에서 선혈이 뿜어져 흰 셔츠를 적시고 있었다.

셔츠에는 총알이 들어간 구멍 세곳은 있으나 빠져 나온 구멍이 없었다. 총알은 체내에 모두 박혀 있었다. 고야마는 우선 진통제를 놓은뒤 위 상처를 거즈로 닦고 붕대로 가슴과 복부 등을 맸다. 누군가가 브랜드를 가져와 **이토**에게 정신을 차리기 위해 권했다.

귀족원 의원인 무로타는 **이토**에게 힘을 북돋우려고

"저는 총을 맞은 경험이 있습니다. 이 정도로는 절대 죽지 않습니다."

고 말했다. **미도번** 출신인 무로타는 도쿠가와 막부 진영과 싸우면서 오른쪽 어깨에 총을 맞은 적이 있었다. 그 사실을 알고 있는 **이토**는

"자네보다 내가 더 많이 맞았네"

라고 겨우 말했다. 무로타가 **이토**의 손을 꼭 잡았다. **이토**가 물었다.

"누가 쏘았는가?"

"아직 모릅니다."

"나는 틀렸네 다친 사람은 없는가?"

"모리가 부상한 것 같습니다."

그러자 **이토**는

"모리도 당했는가?"

라고 중얼거리며 눈을 감았다. 이때 러시아 측에서 한국인 한명을 저격범으로 체포했다는 보고를 했다. **무로타**가 이를 알리자 이토가 신음하듯

"바보 같은 놈이야"

라고 말했다고 대부분의 일본 자료는 기록하고 있다. **이토**가 했다는 이 말은 자신을 암살함으로써 한국은 더 빨리 일본의 식민지가 되는 것을 모르느냐 이 바보 같은 놈라는 의미이다.

그러나 **이 바보같은 놈**이라는 발언은 **이토**가 이미 정신을 잃은 상태에

서 그런 말을 하지 않았는데 옆에 있던 누군가가 이를 조작한것이라는 주장이 나와서 후일 문제가 된다.

고야마가 브랜디를 한잔 권하자 **이토**는 입만 추겼다. **이토**의 얼굴이 창백해지며 혼수 상태에 빠졌다. 후루타니가

"각하 뭔가 유언을…"

이라고 말했다. 무로타가 쥐고 있던 **이토**의 손에서 맥박이 점점 약해졌고 오전 10시경 완전하 멈췄다. 68세였다. 말 그대로 파란만장한 인생이었다. 살아있을 때는 물론 죽은 뒤에도 한국과 한국인에게 말할 수 없는 고통과 고난을 안겨준 장본인의 죽음이었다.

하얼빈 역 플랫폼은 엄청난 혼란에 빠졌다. 총성이 처음 울렸을 때 폭죽 소리로 들렸던 사람들은 계속되는 총성에 이상을 눈치채고 엎드리거나 달아나거나 아우성을 지르는 등 현장은 아수라장이 되었다. 총성이 그침과 동시에 **코리아 우라(한국 만세)**란 외침이 세 번 울려 퍼졌다.

러시아군 의장대 병사들은 자신들의 대열 뒤에서 고함을 지른 몸집 작은 동양인 남자가 권총을 쥐고 있음을 보았다. 그들의 눈에는 이 남자가 일본인처럼 보였다. "야포네스 야폰챠(일본인이 일본인을…)"라고 누군가가 중얼거렸다. 하지만 그는 일본사람이 아닌 한국인 **안중근**이었다. 러시아군 장교 3명이 달려와 안중근을 역 구내에 있는 헌병 분소로 연행했다. 안중근이 가지고 있던 권총은 브로닝 7연발 이었다. 권총은 신품으로 탄창에는 탄두에 십자가 새겨진 탄환이 한 발 남아있었다. 안중근이 쏜 6발의 탄환 중 3발에 맞아 절명한 **이토** 이외에 나머지 한발씩을 **가와카미** 하얼빈 총영사는 오른팔과 가슴에 중상을 모리 비서관과 **다나카** 만철 이사는 왼팔과 왼쪽 발목등에 각각 경상을 입었다.

이토의 암살 사건으로 가장 곤혹스럽게 된 것은 러시아였다. 우선 이 사건에 러시아가 관련된 것이 아닌가 하고 일본으로부터 의심을 받는 것이 걱정이었다. 또 소홀한 경비도 문제였다.

일본의 군사력과 국력은 5년 전 러·일 전쟁에서 경험했기 때문에 러시아로서는 일본의 눈치를 보지 않을 수 없었다.

러시아는 결백을 보여주려는 듯 관련자들을 가급적 늘려서 체포했다. 안중근 외에 우덕순禹德淳, 조도선曺道先, 유동하劉東夏등 무려 15명의 한국인을 체포해 하얼빈 주재 **가와카미** 일본 총영사에게 인도했다.

안중근은 1879년 9월 2일 (음력은 7월 16일) 황해도 해주에서 태어나 부인과 두 아들 두 동생을 두고 있었으나 처음 취조 당할때는 일부러 감췄다. 피해를 우려해서 이다. 안중근은 평소 생각한 것을 정리해온 듯 **이토 히로부미 죄상 15개조**를 줄줄 외우듯이 진술했다.

그 가운데 첫째는 1895년 10월의 명성황후 시해 사건으로 사건을 지휘한 자는 **미우라** 주한 공사였으나 **이토**는 이 당시 일본 내각의 총리였다. 둘째는 1905년 11월 **이토**가 고종 등을 협박해 채결시킨 한일 협상조약 (을사늑약)으로 한국의 외교권을 빼앗고 통가무를 설치한다는 것이었다. 셋째는 1907년 11월 **이토**가 전권 대사로 조인한 한일 신협약으로 한국의 내정을 통감의 지휘하에 두는 내용이다.

이 협약은 7개조 이지만 안중근은 을사늑약 5개조와 합하여 **12개조**라 했다. 넷째는 1907년 헤이그 밀사 사건을 문제 삼아 이토에 의해 고종이 퇴위退位된 것을 다섯째는 동년 8월 순종의 이름으로 한국군을 해산 시킨 것을 말한다.

여섯째부터 열셋째까지는 한국 통감으로서의 **이토**의 시책을 비난하는 것이다.

열넷째는 1867년 1월 메이지 천황의 아버지인 **고메이**孝明천황이 병사했을 때 나온 독살설과 관련 **이토**가 그 범인이라는 주장이다. 당시 **이토**는 시모노세키에서 3개월간 유행성 독감으로 누워있었고 또 궁중에 들어갈수 있는 신분도 아니었으므로 이는 안중근의 착각일 가능성이 많다고 일본 자료들은 주장하고 있다. 안중근은 이 **이토 히로부미**의 죄상 15개 조를 재판 과정과 옥중 일기 등에서 말하거나 기록하고 있다.[106]

9. 니토배 이나조新 渡戸稲造 (1862-1933)

니토배 이나조

그는 일본 이와테현岩手縣 모리오가시盛岡市에서 출생해서 지금의 북해도北海道대학을 졸업하고 기독교인으로서 또는 농업 경제학자와 정치가로서 다양한 삶을 살았던 인물이라고 볼 수 있다.

그는 일본의 입장을 조선반도, 중국대륙과 연관지어서 동아시아 국제 환경 가운데서 설명하려고 하였다. **니토베 이나조**는 일본이 조선과 중국 대륙과의 관계는 마치 영국이 유럽대륙에 대한 입장과 비슷하다고 보았다.

이것을 일컬어 **일 · 영**日 · 英**비교 논법**이고 이런 논법은 그가 영어로 쓴 일미日米연관사 에서도 사용하였다. 그의 저서 속에서도 조선 문제가 약간은 취급되었는데 일본이 조선 반도에 세력을 떨칠려고 여러 가지 요구를 지속적으로 했던 것은 마치 과거에 영국이 대륙국가인 프랑스에게 했던것과 흡사하다는 것이다. 서쪽에서는 영국이 동쪽에서는 일본이 대륙에 대해서 여러 가지 요구를 했다는 것이다. 니토베 이나조는 1876년 조선과 일본이 맺었던 일조日朝수호 조약은 1854년 미국과 일본이 맺었던 일미日米화친 조약의 반복이라고 보고 있으며 일조 수호조약에 활약했던 구로다 기요다카黑田淸融를 일본과 미국의 조약인 일미日米화친을 맺게 만들었던 미국 페리 제독에 비유하고 있다.

니토베는 1882년 조선에서 있었던 **임오사변**壬午事變이 조선의 보수적인 조선 폭도에 의해서 조선에 거주했던 일본인에 대한 대학살이 있었음에도 불구하고 조선이 부담해야 할 배상문제에 있어서 일본은 관대했었다고 보고 있다. **니토베**는 고대사에 있어서 중국 대륙 문명을 섬나라인 일본에게 조선이 문화적 가교 역할을 했었다는 것을 인정하고 있다.[107]

1911년부터 12년에 걸쳐서 미국의 많은 대학에서 강연했던 니토베는 그의 성과를 **일본 국민**이라는 책으로 나타냈다. 니토베로서는 그 당시 제국주의 식민지 체재는 자명한 전제 조건이었다.

여기서 말하는 **자명**自明이라는 개념은 당연하다는 의미일 뿐만 아니라 선악善惡의 가치 판단이 개입할 여지가 없는 시대적 인식으로 여겼다.

대만 통치에서 일본이 처음으로 배웠던 식민지 경영술을 조선에 효과적으로 적용할려고 했던 것이다.

니토베는 조선을 유럽의 **벨기에**에 뒤이어 영국 남서부 지역의 **웨일스**에다가 최후에는 아일랜드에 비유하기도 했는데 벨기에는 독일로부터의 압력을 막아낼 정도로 영국은 기대를 했을 것이라고 보았는데 사실 벨기에는 그만큼 강했지만 조선은 그렇지 못하고 약했다는 것이다.

니토베는 과거에 조선은 대륙 문화의 전달자로서 역할이 있었지만 지정학적 위기가 높아지는 근대에 들어와서는 조선에 대한 평가는 낮아졌으며 육지(중국)와 바다(일본)사이에 있는 조선은 노쇠한 나라라고 표현했다. 조선과 일본의 합병에 대해서는 영국과 스코트랜드사이의 관계만큼 되면 좋을것이라는 희망도 가졌다. 영국을 일본으로 비유하고 스코트랜드를 조선에 비유했던 것이다.[108]

10. 데라우치 마사다케寺內正毅 (1852-1919)

데라우치 마사다케는 제3대 조선 통감에 이어서 조선 초대 총독으로 악명 높은 무단 통치자였다. 죠슈번長州藩에서 태어났으며 데라우치가家의 양자가 되었다.

어릴 때 논어論語등을 배웠다. 15세 때에 **요시다 쇼인**의 제자인 **나가와 야지로**品川弛郎의 권유로 마다데다이御楯隊에 들어가

데라우치 마사다케

막부군幕府軍과 싸우기도 했다. 그 후에는 도쿄에서 신정부의 병부성兵部省으로부터 프랑스의 보병학의 수업을 받았다.

한때 휴직도 있었지만 점차 진급하여 1877년의 일본의 내부 전쟁이었던 **서남**西南**전쟁**에서는 육군 대위로서 중대장으로 **사이고 다카모리** 군대와 싸우기도 했다.

이 전쟁에서 총탄을 맞고 오른팔을 다쳐서 제일선에서 병졸을 지휘할 수 없게 되었다 주로 사관 교육 또는 참모로서 그 지위를 높이고 세차례 유럽에서 근무한 후 1902년 (메이지 35년) 중장으로 육군 대신(제1차 가쓰라 내각)이 되고 러·일전쟁에 관계했다.

1905년 일본의 강압에 의해서 조선에서 을사보호조약이 체결되고 이것에 의해 조선에 통감부가 설치되었다.

이토 히로부미가 초대 총감으로 2대째 통감은 부통감이었던 죠슈 출신의 **소네 아리스케**가 그리고 제3대 통감에 육군 대신인 데라우치가 취임했다.

육군 대신 데라우치의 임무와 목적은 조선의 일본으로의 병합이었다.

이렇게 조선은 1910년 8월에 **한일 합방**이 되었다. 데라우치가 조선 통감으로서 한일은 무력에 의한 무단통치였다.

총독은 일본 천황에게 직속하고 조선에서의 입법 행정 군사력 행사에서 무제한의 권력이 주어졌다. 그의 밑에서 헌병과 경찰은 일원화되어 중앙에 정무총감부를 두고 헌병 사령관 **아카시 모토지로**(明石元二郎: 1864-1919) 가 정무총감에 임명되었다. **데라우치**는

"조선인은 복종할것인가 아니면 죽음을 선택하라"

라고 말했다. 그의 정책은 첫째 조선인으로부터 일체의 정치적 자유를 빼앗고 결사나 집회의 자유를 금지하고 한편으로는 조선 민족을 배반한 친일 매국노에게 우대 조치를 하고 그 육성과 온존溫存을 꾀했다. 둘째는 철저한 경제적 수탈을 자행했다. 셋째는 조선의 민족 문화 말살이었다.[109]

11. 아카시 모토지로明石元二郎 (1864-1919)

아카시 모토지로

아카시 모토지로는 이토 히로부미의 조선 통감 정치 때는 헌병 대장, **데라우치** 조선 총독의 무단 정치 때는 헌병 사령관, 겸 경무총감을 지냈다. **아카시 모토지로**는 무력행사의 책임자로서 이토 히로부미와 데라우치 마사다케 밑에서 조선인에게 피의 대 탄압을 했던 인물이다.

아카시 모토지로는 외가 집에서 어린 시절을 보내고 친척 집에 신세를 지면서 소학교를 다녀 12세 때에는 지인의 도움으로 도쿄에 올라가서 육군 유년학교를 다녔다. 4년 후에는 사관학교에 입학하고 약 3년 후에 졸업해서 육군 소위로 임관되었다. 이것이 만 19세의 군인 **아가시 모토지로**가 탄생한 것이다.

그의 여러 군력軍歷에서도 러 · 일 전쟁 중에 유럽에서의 러시아를 상대로 한 첩보활동과 조선에서의 의병운동에 대한 탄압을 지휘한 것이 눈에 띤다. **아가시**의 러시아를 상대로 한 첩보활동은 1901년에 육군 중좌로 프랑스 공사관 소속의 무관으로 발령받을 때부터였다고 볼 수 있다. 그는 다음해 러시아 공사관의 소속이 되고 러시아 수도에서 **러시아어**와 러시아 국내 상황에 대해서 열심히 연구를 했다.

당시 일본과 러시아의 관계는 조선 및 만주문제를 둘러싸고 서서히 긴장이 감돌고 있었다. 그는 러시아 수도에 근무하는중 대좌로 승진이 되고 1904년 일본이 러시아에 선전포고를 하자 그대로 일본 참모본부로 발령을 받는다. 이것이 **아카시**의 대리 첩보, 침략활동의 개시인 것이다.

러시아 공사관은 러시아에서 스웨덴의 스톡홀름으로 옮겨지고 **아카시**는 베르린, 파리 런던등의 첩보 수집을 위해 도시들에 출몰했다. 이때 망명중인 러시아의 **레닌**도 만났다고 한다. 나중에 아카시는 1907년에 육군 소장이 되고 이토의 조선 통감하의 조선에 가서 헌병 대장으로 이토를 도와 조선 전국에 반일 의병투쟁을 유혈로 탄압했다. 아카시를 주한駐韓 헌병대장으로 발탁한 사람은 육군 대신 데라우치 마사다케이다.

일본에 의한 조선 통감 정치는 **이토 히로부미, 소네 아리스케, 데라우치 마사다케**의 3대로 1906년 2월부터 1910년 8월까지의 4년 7개월이지만 아카시는 한일 합방 (1910년) 후로 헌병대장, 조선 주차군 참모장의 직책으로 조선인의 독립투쟁에 대한 군사적 책임자로써 계속 군림해왔다.

1913년에 조선 주차군 사령부가 간행한 **조선 폭도 토벌지**에 의하면 1906년부터 1911년의 6년간 조선 독립을 요구하며 일어났을 때 폭도로 몰아 1만 7779명을 죽였다. 이때 폭도란 조선의 의병을 말한다.

아카시에 의하면 도요토미 히데요시가 1592년에 조선을 침략했을 때 조선에서 죽은 일본 선조들의 원수를 갚는다는 것이었다.[110]

12. 하세가와 요시미치長谷川好道 (1850-1924)

하세가와 요시미치는 일본 죠슈번長州藩출신의 군인으로 나중에는 원수

까지 올라가는등 군인으로서는 최고의 지위까지 오른 인물이다.

하세가와 요시미치는 조선과 두 가지 시기에서 매우 커다란 접점을 가지고 있다. 하나는 중국과 일본의 전쟁이었던 **청·일전쟁** 이후에 한국 주차군 사령관으로서 조선에 군림했던 것이고 두 번째는 데라우치 마사다케가 조선 총독의 뒤를 이어 제2대 총독으로서 문자 그대로 조선인의 생사여탈生死與奪의 권한을 쥐었던 것이다.

하세가와 요시미치

그의 아버지는 일본 죠슈번長州藩에서 번藩의 검술 사범이었다. **하세가와 요시미치**는 그의 아버지 영향아래 어릴때부터 검술에 숙달하여 신동神童이라 불려졌고 또 학문쪽으로는 중국의 양명학을 배우기도 했다. 어린 나이었지만 죠슈번의 정의대正義隊에 들어가서 무진 전쟁에 참가하기도 했다.

1877년 그의 나이 27세 때에는 일본의 국내 전쟁이었던 **서남西南전쟁**에 참가하기도 했으며 1886년 그이 나이 36세 때에는 육군 소장의 직위로 중국과 일본의 전쟁이었던 청일전쟁에 출정하여 수훈을 세우고 남작男爵이라는 귀족 작위까지 받았다. 1896년 그의 나이 46세 때에는 육군 중장이 되고 일본과 러시아의 전쟁이었던 러·일전쟁에는 근위 사단장으로 출정하여 중국 요양遼陽 전투에서 공을 세워 대장으로 진급했다.

1905년 그의 나이 55세 때에는 **조선 주차군 사령관**으로 서울에 진입했다.

조선인은 단지 그의 늠름한 위용威容에 전율했으며 그의 앞에서 절하고 엎드려 감히 우러러 보는 자가 없었다고 한다. 조선 총독의 실권을 갖는 자로써 조선이 살고 죽는 것은 오로지 그의 마음에 달렸다고 할 정도였다고 하는 것은 결코 과장이 아니라는 것이다.

하세가와가 서울에 온지 약 1개월 후에 이토 히로부미가 서울에 와서 저 악명높은 **"을사보호조약"**을 1905년에 강제 체결케 했다. 이때 하세가와는 일본군 사령관으로써 서울 시내는 물론 조선 왕궁까지 총검을 가진 군대를 배치하여 조선의 대신들을 군사로 위협하면서 을사보호조약을 강제로 추진케 했던 것으로 유명하다.

그때 하세가와는 이토 히로부미가 조선에 왔던 때에 맞추어 작성했다는 **"한국 경영 소감"**과 다른 하나는 **"한국 경영 기관의 수뇌에 대하여"**라는 제목의 글이 있다. **"한국 경영 소감"**에는 이런 내용이 적혀 있다.

"조선 일반 민중은 우매하다. 대개가 순종적이어서 제어하기가 쉽다. … 그러므로 우리의 조선 정책은 그 근본에 있어서 준엄하게 대하여야 한다. 그리고 조선 정책의 실행은 … 조선인은 시기심이 많고 거의 선천적으로 궤변을 늘어놓고 중상을 꾸미는 잡배雜輩를 상대해서는 안된다. 그리고 조선 군대를 해산하고 경찰권을 일본이 장악해야 한다."

라는 글들이 있다. 그야말로 그는 조선 통치에 있어서 무단정치의 창시자라고 해야 할 것이다. 1907년 을사보호조약으로 조선의 외교권이 박탈 당한 후 2년이 되어서 1907년에 **헤이그 밀사 사건** 때문에 고종이 왕위에서 일본의 강압에 의해 퇴위되고 제3차 한일 협약에서 **이토 히로부미** 통감이 조선의 내정권內政權을 빼앗았을 때 **하세가와**는 강인한 조선 군대를 해산해 버렸다.

이때부터 조선에서 대거 의병운동이 일어나게 되었다. **하세가와**의 이런 강압정책은 실책失策이었다는 평가를 받기도 했다.

1908년 그의 나이 58세 때에 그의 직위로부터 해임되어 군사 참의관, 참모총장을 역임하고 1916년 그의 나이 66세 때에 마사 데라우치 조선 초대 총독, 그리고 하세가와 조선 2대 총독 통치시대를 일컬어 **무단武斷 통치기**라 하는데 1919년 3월 1일 운동도 그의 통치기에 일어났던 민중운동이었다.[111]

13. 카시와기 기엔柏木義圓 (1860-1938)

일본의 조선에 대한 식민지 정책을 동시대에 걸쳐서 비판했던 인물로는 일본 조합교회의 **유아사 지로우**湯淺治郎와 **요시노 사쿠조우**吉野作造와 **카시와기 기엔**柏木義圓이 알려져 있다.

그중에서도 **카시와기 기엔**이 제일로 유명

카시와기 기엔

하다. 카시와기 기엔은 조선 총독부 밑에 있었던 조합교회에서 조선에서의 기독교 전도를 비판하는 가운데 일본이 추진했던 **내선**內鮮 **일체화**一體化정책을 반대했던 인물이기도 했다.

카시와는 월후국越後國 삼도군三島郡 여판輿板에서 태어났다. 일본의 불교인 정토종淨土宗에 속한 서광사西光寺의 큰 아들이었던 **카시와**가 기독교 교회에 관심이 컸던 것은 동경 사범학교를 졸업하고 군마현群馬縣의 소학교 교장을 하고 있을 때 안중安中 교회 창립자의 한 사람이었던 **추원추평**萩原州平을 통해서 **니이지 마죠우**新島襄을 알게 되었고 그 당시 불교 기독교 신도神道를 망라하는 합동 연설회에 초대 된 안중安中교회의 목사인 **에비나 단죠우**海老名彈正의 인격에 압도되었다. 그 후 **카시와**는 동지사同志社 영어학교에 입학했으나 학비를 마련하기 어려워서 일단은 퇴학을 했지만 안중安中교회에서 세례를 받은후 다시 입학했다. **에비단죠우**新島襄의 신임을 얻었던 **카시와**는 졸업후에 동지사 예비학교에서 주임을 맡기도 했다.

그의 나이 37세 때인 1897년에는 동지사를 떠나서 그해 10월에는 목사가 없는 상태에 있는 안중安中교회의 목사가 되면서 다음해 11월 "**상모교계 월보**上毛敎界月報"를 창간했다. 이후 40년간에 걸쳐서 편법 발행을 계속했으며 여기가 그의 언론 활동의 거점이 되었다.

그 월보 9월호는 일관되게 일본의 전쟁을 비판하는 비전非戰 사상을 관철해 나갔다. 그러나 일본과 중국과의 전쟁이었던 청·일淸日전쟁에서는 **우치무라 간조**內村鑑三가 **전쟁의 뜻**을 써서 전쟁을 강조했듯이 일본의 대부분의 기독교 신자들이 청일전쟁을 지지했다. 카시와도 역시 그중의 한 사람이었으며 "전쟁과 평화", "다시 전쟁과 평화를 논하는 교사들에게 한마디 권고한다."라는 제목의 글에서

"오늘의 조선 혁신을 위하여 중국 청나라의 야만적 세력을 물리쳐서 동양의 진보를 꾀하는 것이다."

라고 주장했다. 그는 동양의 평화와 조선의 독립을 명분으로 해서 전쟁을 지지했던 것이다.

1904년에 있었던 러시아와의 일본의 전쟁이었던 **러ㆍ일 전쟁**에서는 그의 종전의 주장을 바꾸었다 당시 일본 기독교계에서는 전쟁 반대를 부르짖었던 것은 몇사람의 교계 지도자들이었지만 기독교 주류에서는 역시 **애국주의**를 표방하고 전쟁을 지지했다. 그들은 일본이 전쟁에 승리하기를 염원한다는 뜻에서 전승戰勝기도를 했으며 전장터에 위문을 보냈다.

그러나 **카시와**는 러시아의 톨스토이의 비전론非戰論을 "**월보月報**"에 소개하기도 하고 전쟁이 막 시작할 즈음에 "전쟁에 대한 나의 태도"를 발표해서 "전쟁의 참화와 죄악과는 천하의 어떤 물건으로도 결코 보상할 수 없는 것이기에 감히 이번 전쟁을 반대한다."라는 입장을 표명했다.

이러한 그의 사상 전환에는 **톨스토이**의 사회주의 사상이 크게 영향을 주었던 것이다.

그런데 러ㆍ일전쟁에서 승리했던 일본은 결국 조선을 보호국으로 하고 마침내 1910년 8월에는 조선 병합을 조인케 하고 조선 총독부를 설치해서 식민지화를 강행했던 것이다. 그 직후 **카시와**는 그가 소속된 조합교회에 **한국 병합과 한인 전도**라는 사설을 게제하고 속히 기독교 사상 위에 다가 일본 국민과 동화 합치도록 하자는 뜻의 글을 실었다.

이렇게 하기 의해서는 기독교가 그 역할을 해야한다는 것이다. 그러나 카시와는 "조합교회"가 기독교 전도를 하는 과정에서도 식민지배의 모순을 지적하기도 했다 그리고 그는 말하길

"조선에서의 기독교 전도의 목적은 복음을 선전하는데 있는것이지 일본 국민으로 동화시킬려고 하는 것은 복음과는 하등의 관계가 없는 일

이다."

라고 했다. 1919년 3월 1일에 조선에서 대대적인 만세 사건이 일어나 조선 각지에 파급되었다.

그래서 경기도 수원을 중심으로 했던 독립운동 진압을 위해 파견되었던 일본군이 4월 15일에 있었던 **제암리**堤岩里 사건에서 보듯이 교회에다 독립운동 참가지들을 집합시켜 놓은후 문을 잠그고 사살해버린 다음 교회 건물을 불태웠던 사건을 접한 카시와는 **조선에서 있었던 도덕상의 실태**라는 글에서 무장을 하지도 않은 무저항 상태의 민중을 학살했던 책임은 조선 총독에게 있다고 주장했다.

그의 나이 65세 때인 1925년 4월에 조선 여행을 떠났다. 그때의 견문을 '**경성 체재중의 소감**', '**조선 귀도**歸途'등을 『월보月報』에 기재했다. 그는 글속에서 일본인이 우월감과 정복자의 태도를 가지고 조선인에게 군림하고 있으며 한편 조선인은 온건한 사람인데도 속마음으로는 일본 통치에 불만과 불평을 가지고 있다는 것을 그의 여행에서 실감했다는 것이다. 그리고 주장하길

"**내지연장주의**內地延長主義 라든가 하면서 부자연 스러운 동화정책이나 국민화를 강제적으로 시도하는 것이 결코 불가능한 일로 공연히 조선인들에게 불쾌감을 주어서 반감을 사고 있을 뿐이다."

라고 논하고 있다.[112]

14. 기노시타 나오에木下尙江 (1869-1937)

기노시타 나오에는 신문기자 사회운동가 소설가 평론가 그리고 기독교적 사화주의자라는 다채로운 얼굴을 가진 전진적 사상가이다.

기노시타 나오에를 깊이 연구한 야마기와 게이지山極圭司씨의 주장에 의하면 기노시타는 일본에서 보통 선거운동 사회주의 운동 평화운동 천황제를 비판한 선각자라는 것이다. 기노시타

기노시타 나오에

의 조선 인식은 동시대 즉 메이지의 대표적 사회주의자 **고도큐 슈스이**幸德秋水, **기타야마 센**片山潛등의 조선 인식보다는 훨씬 투철한 것이었다.

메이지 초기 **사회주의** 시대에서 사회주의자 대부분이 조선 인식에 있어서는 멸시와 편견에 사로잡힌 경우가 많았는데 **기노시타**는 그렇지를 않았다.

기노시타 나오에는 1869년 지금의 나가노長野현 마쓰모토松本번에서 장남으로 태어났다. 그의 집안은 대대로 마쓰모토松本번의 하급무사였다. 어렸을때는 **도요토미 히데요시** 숭배자였다.

12세 때 메이지 천황이 순행巡行으로 마쓰모토에 와서 가이치 학교에 들렸을 때 이때 천황에게 커다란 관심을 가졌다. 중학교 때에는 후쿠자와 유기치의 **학문의 권장**을 읽고 큰 감명을 받았다. 16세 즈음에는 영국의 크롬웰의 행적에 깊이 감동하기도 했다.

크롬웰은 영국의 군인이며 정치가이다. 1642년-46년에 크롬웰은 의회군議會軍을 이끌고 영국 국왕을 무찌르고 1649년에는 국왕 찰스 1세를

재판에 부쳐 단두대에 올려 사형을 시키고 공화제를 편 인물이다. 기노시 타는 상경上京하여 도교 전문학교에서 법률을 배우고 졸업해서는 고향 **마 쓰모토**로 돌아가 그 지방의 신문기자가 되고 변호사 시험을 쳐서 변호사 가 되었다 그의 나이 31세 때에는 **마이니치 신문**의 기자가 되었다 고도쿠 슈스이, 아베 이소오安部磯등이 설치한 사회주의 협회에 가입하고 사회주 의자로써 입장을 명확히 했다. 일본과 러시아의 전쟁인 러·일전쟁 직전 의 상황에서는 전쟁 선동의 분위기였는데 그는 **마이니치 신문**에서는 전 쟁은 안된다는 **비전론**非戰論을 전개했다. 그는 평민 신문에 "경애하는 조 선"이란 제목으로 유명한 논설을 쓰기도 했다. 이 논설에서 **"어떻게 조선 을 구해야 하는가"**라는 문장으로부터 시작하여

"정치가는 말하길 우리들은 조선의 독립을 위해서 청일전쟁 러· 일전쟁을 개시하고 정의로운 전쟁임을 칭하지만 과연 그런가? 진정 으로 이것을 조선 국민의 입장에서 관찰한것인가? 이것은 하나같이 일본 중국 러시아 제국의 권력적 야심이 조선 반도를 둘러싸고 권력 의 공백상태의 지역에 대한 경쟁에 지나지 않는다."

라고했다. 그리고

"조선은 일찍이 중국 및 인도의 학술, 기술, 도덕 종교를 일본에 전한 최고의 은인이다. 그렇지만 일본이 이를 향해 보답하는 것은 다만 침략 하나가 있을 뿐인가? 세상에 왕왕 조선인의 게으름과 교 활을 꾸짖어서 도저히 노예화奴隷化외에는 또 다른 일을 할 수 없다

는 것은 우리가 실로 조선인을 위해 분개하여 그냥 둘수는 없는 것
이다. 그들은 선천적으로 게으른 민족이 아니다. 또 교활한것도 아
니다. 그들은 근면, 인내의 아름다운 특징을 가지고 있다. 그런데
도 조선인이 퇴화한 것은 부유한 것을 알면 위정자가 가혹한 세금
으로 덮치기 때문이다."

라고 했다.
이처럼 조선에 대한 소상환 인식과 이해를 가졌던 것이다. 1905년
한 · 일 을사 늑약이 강제로 조인된후 1906년에는 한일 늑약에 대해서
글을 쓰기를

"보라! 한 나라로서 외교 기관을 가지않는 것은 나라가 아니다. 그
러므로 조선은 망했다."

라고 했으며 경성京城 통신에 의해 조약의 조인 장면을 재현 시켜

"협약 조인에 불평하는 조선인 중, 조약의 파기를 부르짖는 자가
있었고 그 형세가 자못 불안해서 서울 남산 일대의 산에는 만일의
사태에 대비하기 위해 군대를 주둔시켰다. … 보라 조선인은 자국
의 멸망을 결코 수수 방관하는 것은 아니다."

라고 했다. 조선의 안타까운 상황을 동정의 눈으로 보았던 인물이기
도 했다.[113)]

15. 키다 사다키치 喜田貞吉 (1871-1931)

키다 사다키치는 덕도현德島縣의 농사짓는 농가農家에서 태어났다.

그의 나이 17세 때 중학교를 중퇴하고 오오사카大坂에 있는 제3고등학교에 진학했다.

그의 22세 때에는 동경 제국 대학 문과 대학에 입학했다. 그는 **호시노 히야시**星野恒, **미카미산지**三上參次등에게 역사를 배웠다. 그의 나이 25세 때인 1896년에는 대학원에 진학하고 그 후에는 중학교 전문학교등에서 강사를 지내기도 했다.

키다 사다키치

그의 나이 30세 때인 1901년에는 문부성에 도서 심사관으로 취직했다. 그러다가 대학원을 수료하지 못하고 중도에 그만두었다. 그 후 동경 제국 대학 경도京都제국 대학에서 강사를 겸임하기도 했다. 동경 제국대학 졸업 후에는 일본 역사 지리 연구화를 조직하기도 하고 잡지 **역사 지리**를 발행했으며 그의 나이 48세 때인 1919년에는 **민족과 역사**를 발간했고 그의 나이 57세 때인 1928년에는 개인 잡지인 『동북문화연구東北文化硏究』를 발행하기도 했다.

키다 사다키치가 조선과 관계에 관해서 주목을 받았던 것은 조선과 일본의 조상은 서로 같다는 **일선**日鮮 **동조론**同祖論이다. 이후에 **키다**의 이런 관점이 엄격한 비판의 대상이 되어 왔다. 그러나 **키다**의 역사 연구의 폭은 대단히 넓어서 오늘날에 와서 말하는 역사학의 범주에만 머물지 않고 민속학, 고고학에게까지 확장되어 있다.

그의 68세 때인 1939년 7월에 그가 사망할 때 까지 그의 저작은 흔히 130권을 초과했었다고 하는데 이와 같은 그의 역사 연구에 걸쳐서 조선은 대체로 어떤 위치를 부여했는가가 중요하다.

키다 사다기치의 학문의 토대가 되었던 것은 문부성에 취직할 즈음이었을 것이다. 특히 그의 나이 31세 때인 1902년 말의 교과서 의혹 사건 이후에 국정 교과서 편찬을 위해 격무激務를 할 때 그는 정력적으로 연구를 계속했다. **키다**는 **"국사國司 제도制度의 붕괴"**를 시작으로 **"무사武士의 흥기興起"** 그 위에 **"제대명영지諸大名領知"**, **"지방적 권력의 이동 통치의 변천이 지방의 인문人文지리에 마치는 영향"**이라고 하는 관점에서 연구하는 것을 목표로 했다.

그것도 에도江戶 시대의 다이묘大名의 연혁이라는 측면에서 손을 쓰기 시작했던 것이다. 그러나 그의 연구 방향은 완전히 다른 방향으로 진행되어 갔다.

실은 그 시기로부터 **키다**는 큰 논쟁에 관여하게 된다. 그래서 이들 논쟁이 그를 고대사 연구쪽으로 이끌어 가게 되었다. 그중에서도 대표적인 것이 **법륭사法隆寺 재건再建** 논쟁이다. 그것은 670년에 법륭사가 큰 화재로 완전히 불타버렸다고 하는 **일본서기**의 기술의 신빙성과 관계가 있다.

현재의 법륭사가 창건되었던 때부터 전해져 내려오는 것이 있는가 혹은 일본서기의 기술대로 완전히 불타버리고 나중에 화동년간和銅年間에 다시 건축되었다는 것인가를 둘러싼 논쟁이다.

"키다 사학史學"에 대해서 말할때에 제일 주목받는 것은 그가 쓴 **"민족사, 차별받는 피차별 부락사 연구被差別部落史 硏究"**일 것이다. **키다**는 앞에서 기술한바와 같은 연구 과정중에 일본민족의 성립이라는 테마에 관심을 갖도록 되었다.

키다의 민족사에 대한 관심은 그 당시 사회문제가 되었던 피차별 부락部落문제와 연결되었다. 혈통이 다르다는 이유를 가지고 그들이 차별 받은 것에 대해서 의문을 가지고 역사적으로 일본 민족의 일부를 구경했다고 설명하는것에 의해서 현실문제로서는 융화融和 로서 차별 해소의 논리를 준비하자고 했던 것이다.

키다에 있어서는 귀천貴賤의 구별은 어디까지나 경우상境遇上의 문제에 의한 것인데 피차별 부락민은 당연히 경우상, **사회 낙오자**라고 되어있다. 그들을 일반 사회로 융화시키는 것은 논리적으로는 그들을 동일 민족으로서 동등하게 대하는것이라는 것을 의미했다. 그러나 피차별 부락의 해방을 융화적으로 해결할려고 하는 키다의 자세는 1920년대 이후 활발했던 전국 수평사水平社의 수평운동 방향과는 결코 통하지 않았다. 실은 일본과 조선은 똑같은 조상을 두었다는 **일선동조론**도 그의 문맥 가운데서 포착하지 않으면 안된다.

키다의 저작 가운데 일선 동조론에 관한 것은 많은 것은 아니지만 1910년에 조선 병합, 그리고 1919년 3·1 독립운동과 그 이후 문화정치로의 전환이라는 시기에 **일선 동조론** 관계의 논문이 집중되었다는 것은 그의 동조론이 시대 상황을 반영하는 시론時論으로서의 성격을 지니고 있다고 볼 수 있다.

키다는 조선 병합에 즈음하여 **동조론**이 조선 병합 이후 조선인을 일본 민족으로 결합시키고 융화시키는 지침이고 생각했다.

고대古代에 조선 반도와 일본은 하나의 땅덩어리였다는 것은 중국의 사서史書인 산해경山海經, 삼국지三國志, 후한서後漢書등에 서도 확인된다는 것이었다.

언어학 민족학적 관점으로부터 유사有史이전 부터의 동조성同祖性을 강조했던 사람이기도 하다. 그러나 그는 일본과 조선을 놓고 일본은 **본가本家**요 조선은 **분가分家**로 위계를 세우고 조선 병합사건은 분가分家인 조선이 본가本家로 복귀하는 것이라고 했다.[114)]

여기에는 분명 조선에 대한 **차별의식**이 깔려 있다고 볼 수 있다.

일본이 내세우는 일본과 조선은 같은 뿌리를 갖는 동족이라는 일선 동조론은 겉으로는 그럴듯한 역사 논리인 것 같지만 내실은 일본은 중심 뿌리요 조선은 나무로 말하면 곁가지라는 것이다.

16. 오쿠마 시게노부大隈重信 (1838-1922)

오쿠마 시게노부

오쿠마 시게노부는 메이지 시대에 1회 다이쇼 시기에 두 번에 걸쳐서 총리대신이 된 적이 있는 근대 일본 정치가 중의 거물 정치인이다.

오쿠마 시게노부의 84년의 전 생애를 그의 파란에 가득찬 경력을 짧게 표현한다는 것은 쉬운 일이 아니다. 이는 **이토 히로부미**와 비교할 때 그는 **이토**처럼 조선 문제에 직접 관여한바는 없다고 하더라도 그의 직책상 조선 민족의 운명에 음陰으로 양陽으로 관여했다고 볼 수 있다. **오쿠마**는 규슈 사가佐賀현에서 태어났다. 그의 집안은 대대로 나

메시마鍋島가의 가신家臣으로 살아왔다. 오쿠마는 7세에 번교 홍도관에 입학해서 철저하게 한학漢學을 배웠다. 홍도관의 기본 교육은 유학(儒學, 주자학)과 난학蘭學이었다. 젊은 오쿠마에게 사상적으로 큰 영향을 준 사람은 홍도관 교수인 **에다요시 신요**枝吉神陽로 그의 주장은 천황을 숭배하자는 **존왕**尊王사상이었다. 그 후 미국 문명이 높은 것을 알고 나가사키에서 영어를 배우게 된다. 에도 막부 말기에 "**니베시마번**"도 예외없이 천황을 내세워 서양을 물리치자는 양이론攘夷論이 무모함을 알고 **에토**나 오쿠마등의 선진 문명의 실체를 아는 선각자들은 점차 천황을 섬기면서 나라의 문호를 열자는 **존왕개국론**尊王開國論으로 기울어져 갔다. 결국 **오쿠마**도 그가 속했던 **니베시마번**을 벗어나서 교토로 상경해서 에도 막부의 대정봉환(대정봉환)을 회책했자만 성과를 거두지 못했다.

그의 나이 35세 때인 1873년에 조선을 정복해야 한다는 **정한론**征韓論이 들끓고 있을 때 참의參議라는 메이지 정부의 대신의 지위에 있었다.

1895년 그의 나이 57세 때 그가 쓴 『**오쿠마 백석일담**大隈伯昔日譚』에서 조선을 정복해야한다는 **정한론**征韓論의 유래와 경위에 대해서 논하고 있는데 정한론을 주장하는 사람들은 반드시 한번이라도 읽어 보아야 할 책이다. 그는 이 책에서 정한론의 유래와 경위를 구체적으로 밝히고 있으며 정부의 요직에 있는 사람들의 정한론의 의도와 동기를 냉정하게 분석했으며 정한론의 반대자로서 정한론의 부당성을 지적했다. 그는 말하길

"신대神代의 전설에 의하면 한일韓日 양국은 원래 순수한 하나의 나라였던 것 같다. 진구황후神功皇后때에 구마소熊襲의 변變이 일어나서 황후는 스스로 군대를 인솔하고 이를 정복하여 바다를 건너 깊이 한지(韓地: 조선땅)에 들어거 한번에 그 군민을 우리에게 굴복시켰다. 그 후 거의 300년 삼

한三韓의 땅은 완잔히 우리에게 신복臣服하여 조공 방문의 예를 빠지지 않았다."

라고 한 그의 주장은 당시 **정한론자**와 같은 인식이지만 진짜로 정한征韓의 군대를 일으키면 어떻게 될지에 대해서 말하길

"조선은 가난하고 백성은 약하고 필경 우리의 적수가 아니라는 것은 본래 물을 필요도 없는것이지만 강역疆域이 서로 붙어있고 교통이 항상 끊이지 않는 중국의 청나라가 항상 아버지 나라로써 여기에 임하고 있어 패심覇心이 무성하고 침략의 야욕이 끝없는 러시아가 군침을 흘리고 있어 남하南下하려고 하고 있다. 우리 일본에서 한번 무기를 움직여 조선의 땅에 군림하는데 있어서는 청나라 러시아가 일어나면 영국도 움직이고 프랑스도 움지며 독일 미국도 움직일 것이다 그렇게 되면 외교상에 있어서 일대 사변事變을 예측하기가 어렵지 않다."

라고 했다. 그의 통찰력이 돋보이는 대목이며 **정한론자** 이지만 조선을 둘러싸고 복잡한 국제 환경이 있으니 함부로 일본이 나설일은 아니다라는 뜻의 **온건 정한론자** 라고나 해야 할 것이다.

오쿠마는 그의 나이 50세인 1888년에는 그의 정적政敵이었던 이토 히로부미 내각에서 외무대신이 되고 그 이듬해에는 조약 개정 문제로 폭탄을 맞아 한쪽 다리를 잃기도했다. 또 8년 후에는 **마쓰가다 마사요시**松方正義를 내각 수상으로 하는 쇼와이松隈내각에서 수상겸 외상이 되기도 했다. 그의 정치 행위중에서 적지 않이 조선에 관련된 발언들이 있다. 예를 든다면 1905년 11월의 을사보호조약의 강제 체결 직후에는

"이토 히로부미 공公이 **견한**遣韓 **대사**의 대명大命을 받음과 동시에 대한對韓 정책을 위한 활동을 하였으며 공公이 경성京城에 들어간 이래 며칠

되지 않아 일이 급전직하急轉直下의 형세로 구체적으로 일본의 종주권을 확보하게 되기에 이르렀다. … 조선 황제는 온건한 태도였다. 자칫하면 일본에 대해서 속으로는 미워하면서도 상대방의 면전에서는 복종하는 **면종복배面從腹背**의 경향이 있는 분이었다. 그러나 면종복재面從腹背는 쓸데없이 그 왕위를 위험에 처하게 할뿐이다."

라고 말하기도 했다. **오쿠마**는 다음해에는 한국에 있는 재한在韓 일본인 상업 대표들에 대해서 **한국 경영 의견**이라는 제목하에서 담화를 발표했다.

"이토가 금번에 조선 통감으로서 조선에 갔다. … 원래 약한 자를 도와준다는 것은 이른바 의로운 자의 일이요 불쌍한 인간을 구한다는 것은 이른바 너그러운 인자仁者의 일이다."

쉽게 말해서 이토 히로부미가 조선이라는 나약하고 불쌍한 나라를 구하여 조선에 갔다고 말하는 것이다. 또 다음과 같이 말하기도 했다.

"조선인의 선조는 우리들과 같다. 일본의 역사에서 말하면 조선은 옛날 일본의 식민지이다. 혹은 조선의 역사에서 말한다면 일본의 국토는 조선의 식민지였다고 말할지도 모른다. 일본의 고대사에서는 의심없이 조선은 일본의 식민지이다. 그렇다면 동일한 인종이다."

그의 이런 발언 중에서 조선의 역사에서 보면 일본은 과거에 조선의 식민지였다고 말한 점이다. 또 장래의 조선은 어떻게 되느냐 하면

"일본인이 지주地主나 자본가가 되고 조선인은 노동자나 소작인이 되는 것이다."

라고 말한 것이다. 그 당시에도 이렇듯 노골적으로 조선을 폄하하고 **하대시下待視** 하는 발언을 한 인물은 그리 많지 않았다.[115]

조선이 과거에 일본의 식민지 였다는 일본측의 주장은 이 책 앞부분에서 거론되었던 소위 일본이 360년경에 조선의 남부 가야 지방을 정복해서 다스렸다는 '임나일본부설'을 염두에 두고 한 역사 왜곡의 한 장면이다.

그래서 역사 왜곡이 그 후손들에게 잘못된 역사의식을 심어주는가를 보여주는 실례이기도 하다.

17. 우치다 료헤이內田良平 (1874-1937)

우치다 료헤이

우치다 료헤이內田良는 일본 우익 운동의 거물이다. 그는 후쿠오카번의 무사武士의 셋째 아들로 후쿠오카시에서 태어났다. 그는 어렸을 때부터 조선을 정복해야 한다는 **정한론**征韓論과 일본의 국력을 외부에 떨쳐야 한다는 국권론國權論을 들으면서 성장했다. 그의 정규 학력은 소학교 졸업뿐이지만 사람들은 그의 해박한 지식은 필사의 각오로 독학한데서 나온 것이다.

나중에는 스승을 따라서 일본 역사서인 『**고사기**』, 『**일본서기**』를 그리고 중국 역사서인 『**사기**史記』도 공부했으며 동시에 검술과 유도를 배워 허약하고 예민한 몸을 근육질로 개조했다고 한다. 1894년에 조선에서 갑오 농민 운동이 시작되었는데 일본은 이전부터 동학당의 움직임에 주목하고 있었다.

1910년 조선이 일본에 합병되자 이토 히로부미가 조선 초대 총감이 되어 조선에 갔을 때 **현양사**의 **스기야마 시계마루이아도**杉山茂丸를 직접 방문했을 때 그가 **우치다 료헤이**를 추천하였기 때문에 **이토 히로부미**는 **우치다**를 불러 통감부 촉탁이라는 직명으로 조선 국정조사의 임무를 주었다. 우치다는 한성(漢城: 서울)에 가서 정치인, 군인, 가운데 일본에 협력적인 조선의 이용구, 송병준 등의 일진회 수뇌와 서로 마음을 털어놓고 사귀어 일진회 고문이 되기도 했다.

양자兩者의 의견이 일치한 것으로는 **고종**의 **폐위**廢位였다. 그래서 한일합방이 제대로 되기 위해서는 고종의 폐위가 절대적임을 같이 인식했다. 그리고 **헤이그 밀사 사건**이 일어났는데 이 사건을 고종 폐위를 위한 좋은 구실로 삼고 이토, 송병준, 이용구, 우치다등이 같이 고종을 협박해서 고종을 강제로 폐위시켰다.

우치다는 **한성사연**漢城私研이라는 논문을 쓰기도 했는데 이 논문에는 그의 정한征韓사상이 집약되어 있다. 그는 일본이 개항 이래 조선을 위해서 사용한 돈이 30억 엔 이라고 하고 이것은 국방 관계로 어쩔 수 없는 것으로 국방문제야 말로 대한對韓 정책의 근본이라고 단정했다. 또 조선에서의 세력부식勢力扶植의 길은 조선의 정권을 직접 빼앗는 것이라고 말하고 그리고 정권에는 두 종류가 있다는 것이다. 직접 정치와 간접정치가 있는데 자기가 행할 것은 직접 통치뿐이라고 했다. 그 위에 금번의 **한황제**韓皇帝의 양위위정讓位委政은 직접 통치와 비슷하지만 실은 간접통치로 돌아갔다고 탄식했던 인물이다.[116]

18. 나쓰메 소세키夏目漱石 (1867-1916)

나쓰메 소세키

나쓰메 소세카는 근대 일본 문학가운데 최고의 소설가이다. 영어교사, 영문학자로써 일부의 사람들에게만 그 존재가 알려졌던 **나쓰메**가 1905년에 배우들의 잡지인 **"호도도기스"**에 **"나는 고양이다"**를 발표한 후 일약一躍 작가로서 명성을 떨치게 된다.

그리고 그 다음해에 마쓰야마 중학교 시절에 있었던 그의 체험을 근거로 한 **도련님**과 **풀베개**草枕등을 써서 그 당시 일본 문단에서 지배적이었던 자연주의 문학과 대치되는 존재로써 우뚝 서게된다. 계속해서 몇 게의 문제작을 세상에 내던지면서 동시대의 **모리오가이**森鷗外와 **고다로한**幸田露伴, **시마자키 도손**島崎藤村등의 대 작가등의 반열에 끼면서도 단연 사람들을 압도하는 존재로 있었다.

나쓰메 소세키는 1867년 지금의 신주쿠 우시고메牛込에서 5남 3녀중의 막내로 태어났다. 그는 소학교를 졸업하고 부립 1중학교에 진학했으나 좋아하는 한학을 배우기 위해 니쇼카쿠사二松學舍로 진학했다. 그러나 국가에 쓰임새가 있는 학문으로서는 영문학을 배우는것만 못하다고 생각해서 **세이리쓰가쿠사**成立學舍 대학교 예비과를 거쳐 도쿄 제국대학 영문과에 들어간다.

그의 26세에 대학교를 졸업하고 도쿄 고등 사범학교의 교사를 지낸뒤 시코쿠四國의 마쓰야마 중학교에 그리고 그의 나이 33세에 문부성으로부터 영어연구를 위한 영국 유학 2년의 혜택을 주었는데 결국 2년 4개월을 영국에 체재했다. **나쓰메**는 영국인 학자와 만나 그 실태를 알고 환상에서 벗어나 거의 혼자의 힘으로 영문학을 깊게 공부했다.

1903년 1월에 귀국하여 도쿄 대학에서 영문학을 강의 하면서 **"나는 고양이다"**를 잡지에 연제하여 세상의 주목을 받았다. **나쓰메**는 교토대, 도쿄대로부터 교수로 초빙을 받았으나 이를 사양하고 오사카에 있는 마이니치 신문사에 입사하여 왕성한 작가활동을 하였다. 그가 조선과 만주를 여행하고 그 소감을 쓴 **"만한滿韓 시찰담"**의 맺음말에는 다음과 같은 구절이 있다.

"이번에 여행을 하고 깊이 느낀 것은 일본인은 진취적 기상이 풍부해서 가난한 세대이지만 격에 맞게 발전해가고 있다."

소세키의 다른 작품인 『일기』에는 위와같은 다른 뜻의 내용이 엿보인다. 그가 평양 대동강을 바라보며 다음과 같이 쓴것도 있다.

"대동강 부벽루에서 쉴 때 빨간 글자를 새긴 곳에서 일본인 세 사람이 싸움을 하고 있다. 한 사람은 짧은 소매의 메리야쓰를 입었는데 배가 튀어 나왔고 다른 한 사람은 키는 작은데다가 벗은 몸이었는데 오사카 사투리로 싸움을 하는 것이었다. 고상하고 멋진 조선인이 갓을 쓰고 그 아래를 지나간다. 실로 모순의 극치이다."

그의 이런 표현은 그의 조선관이 가히 이중적이라고 볼 수 있다.[117)]

19. 도쿠도미 소호德富猪蘇峰 (1863-1957)

도쿠도미 소호

일본에서 대기자大記者로 불리는 몇몇 신문 언론이 있는데 메이지 시대의 **후쿠자와 유키치**福澤가 대표적인 인물이지만 메이지 다이쇼와 3대를 통해서 조선 침략과 관계를 계속한 언론인으로서는 **도쿠도미 소호**가 대기자大記者로 일컬어 진다.

소호는 규슈 구마모토 출신이고 집안은 부유했다. 그가 어릴 때는 **가토 기요마사**의 조선 침략 때의 이야기를 듣고 자랐다. 어릴 때는 사서 오경四書 五經을 공부했으며 나중에는 구마모토 양학교와 교토의. 도지사同志社에서 영어를 배웠다. 이때에 **소호**는 신문 기자를 지원하고 후쿠자와 유키치의 저서나 후쿠치 오치福地樓痴의 논설에 심취하기도 했다.

그는 당시의 흐름에 따라 그의 고향인 구마모토에서 자유 인권 운동에 참가하기도 했다.

1886년 그의 나이 23세 때에는 『**장래의 일본**』을 출판하여 세상에 알려지고 다음해에는 도쿄에서 민우사를 설립하여 잡지 『**국민의 친구**』를 3년 후에는 『**국민 신문**』을 창간했다. 그의 평민平民주의는 자유 민권주의를 이어받은 것이었다. 메이지 정부의 군비 증강에 반대하고 일본의 "**대외 확장론**"을 비판했으며 자유 평등한 평민사회의 건설이야말로 국가 부강의 기초라고 역설했다. 이런 점은 현재도 통용될수 있는 민주주의적 진보 논리라고 볼 수 있을 것이다.

그러나 **도쿠도미 소호**는 조선 약탈을 목적으로 했던 중국과의 전쟁이었던 청일전쟁 전후前後 부터 정치적 입장을 완전히 바꾸었다. 정부의 침략 전개 정책을 지지하고 **후쿠자와 유기치**와 같이 국민을 향해서는 국민과 공무원이 적극 협조해줄 것을 주장했다. 그러자 그의 신문은 정부 정책에 영합하는 어용 신문으로 변하고 그 자신도 권력에 아부하는 어용기자御用記者로 추락하였다.

러시아와의 전쟁이었던 **러·일전쟁**에 대해서 말하길

"저 러시아가 만주를 점령한 것은 조선을 빼앗고자 하는 이유이다. 조선을 취하는 것은 일본의 독립을 위험하게 하는 이유이다. 조선문제는 바로 곧 일본의 독립문제 이기도 하다."

이런 논리는 메이지 정부 특히 **이토 히로부미**가 말했던

"일본은 자위상自衛上 실로 어쩔수없이 조선을 보호국으로 했다."

라는 논리와 직결되는 것이다.

일본은 1905년 을사보호조약 후에 조선에 통감부를 두고 **아다치 겐조**安達謙藏가 만든 "**한성신보**"의 **기쿠차 겐조**菊池謙讓의 "**대동신보**"를 매수 합병하여 침략정책의, 대변지라 할 수 있는 『**경성일보**』를 창간했다.

소호는 데라우치가 한일 합방이 이루어진 1910년에 조선 총독으로 부임했을 때 데라우치로부터 초대를 받아 경성일보의 경영에 크게 기여했다. 그는 이른바 단순한 언론인으로부터 일본 정부의 이민족異民族 통치를 직접 지탱하는 역할까지도 했던 인물이다. 그가 한일합방이 있은 해인 1910년 10월에 조선 통치의 요의要義라는 제목으로 글을 썼다.

"조선의 통치는 고금을 통하여 미증유未曾有의 성사成事이다. 조선

을 병합하는 것은 어찌할 수도 없는 불가항력不可抗力이었고 조선의 통치는 3가지 요건이 필요하다. 첫째 조선인으로 하여금 일본의 통치가 어쩔 수 없음을 인식시키는 데 있다. 둘째 일본의 통치가 조선에게도 이익이 있다는 것을 주지 시켜야 한다. 셋째 일본 통치에 만족하고 기꺼이 복종하도록 하는데 있다."

라고 단언했다. 그러기 위해서는 일본의 힘을 과시하는 것 뿐이라고 덧붙였다.

당시의 **소호**에게는 통감 정치와 그 탄압정책 이야말로 유일한 올바른 정책이었다고 생각했다.[118)]

20. 하라 다카시原敬 (1856-1921)

하라 다카시는 일본의 근대 정치 사상에 있어서 드문 존재이다.

그 까닭은 번벌藩閥을 배경으로 한 **오쿠보 도시미치, 구로다 기요다카, 마쓰가타 마사요시**는 "**사쓰마 벌閥**"을 배경으로 출세했던 인물이며 **이토 히로부미, 야마가타 아리토모, 가쓰라 다로**등은 죠슈번 출신이었음에 비해 메이지 유신시대의 패자敗者나 다름없었던 남부번南部藩 출신의 평민 재상이나 다름없었기 때문이다.

하라 다카시

그는 어릴 때는 한문을 배우고 나중에는 프랑스어를 배우고 천주교도로써 세례도 받고 패잔敗殘 동북인에 대한 조소嘲笑에도 잘 견뎌냈다. 세상에 나와서는 신문 기자, 중국 천진 영사, 프랑스 파리 주재 서기관, 참사관, 외무성 통상국장, 외무차관, 조선의 전권 공사를 지냈으며 그는 정당인으로서 제국주의 일본이 해외 팽창에 기여했다.

그런 탁월한 정치적 자질과 역량을 가진 사람은 동시대인同時代人에게 거의 없었다. 그런 **하라 다카시**가 조선 문제로 크게 부상한 것은 수상 제임 중의 조선의 3·1운동과 그 후의 문화 장치와의 관련이다. **3·1운동**은 천도교, 불교, 기독교의 대표자 33인의 호소로 시작된 후 전국적으로 전 국민이 봉기했다.

일본은 총검으로 철저하게 탄압을 했으며 그 뒤에 문화정치라는 것이 시행되었다. 무인武人 전임前任의 총독이 문관文官으로 바뀌고 헌병 경찰제도를 보통 경찰제도로 바꾸었다.

그러나 문관 총독이라고 해서 조선 민중에게 유화적인 자세와 정책으로 일관했던 것은 아니고 민족 독립을 부르짖는 조선인들에 대해서는 소위 **민족 개량주의**를 내세우는 조선인을 회유해서 조선을 다스리는 방식을 사용하기도 했다. **하라 다카시**가 쓴 그의 일기를 보면 이 문화정치의 기만성을 알 수 있다. 3·1운동이 일어난 직후 조선 총독에게 지시 내리기를

"이번의 사건은 내외內外에 대해서 극히 경미輕微한 문제로 보이게 할 필요가 있다. 그러나 실제에 있어서는 엄중한 처리를 해야 할것이고 다시는 발생하지 않도록 기약하라"

라고 훈령을 내렸다. **하라 다가시**의 기본적인 조선 인식은 다음과 같다

"조선의 역사는 거의 인근의 강한 나라를 섬긴 역사이기도 하다. 그러하기에 조선인의 사상에는 거의 독립에 대한 관념이 없고 항상 이웃나라 에 의지하는 마음으로 가득차 있다. 그러므로 중국 청나라에 의지 하지 않으면 일본에 의지하고 일본에 의지 하지 않으면 러시야에 의지한다. 이것은 그들의 선천적인 특징이라 해도 틀리지 않다. "

― 하라 다가시 전집 상권

그는 이처럼 조선에 대한 왜곡된 역사적 파악을 기본으로 식민지 정책인 동화정책을 전개해 갔다.

일본 지식인들의 조선에 대한 보편적인 인식은 조선은 중국 대륙에 붙어있는 **반도국가** 이기에 북쪽 대륙에서 새로운 강대국이 출현하면 그 강풍을 맞을 수밖에 없기에 자연적 지리적으로 볼 때 대륙의 정치 상황에 따라 국가적 처신을 할 수밖에 없는데 이것이 그들의 눈에는 **"대외 의존적 태도"** 로 보여질수도 있었을 것이다.[119]

21. 우치무라 간조內村鑑三 (1861-1930)

우치무라 간조는 근대 일본 사상의 거인이다. 성서 연구를 통해서 깊어진 신앙은 때로는 권력과 세상의 움직임에 초연超然하는 단다하고 높은 의지를 지사志士와도 같은 모습을 보여 주었다.

그의 정의감에 기초한 예민한 사회 문제에 대한 그의 **선구성**先驅性은 그의 동시대 또는 현대의 지식인에게 커다란 사상적 영향을 주었다고 해도 과언이 아닌 존재이다. 그러나 그가 바라본 **조선관**에는 상당한 굴절이 있기에 일률적으로 평가를 하기에는 어려운 측면을 남기고 있는 인물이기도 하다.

우치무라 간조

1861년에 죠슈의 다카사키번高崎藩에서 부유한 집안에서 태어났다.

도쿄로 가서 아리마有馬영학교, 그리고 이어서 도쿄 외국어 학교 (나중에는 도쿄 대학 예비 문과)에서 영어를 배우고 만 16세에 삿뽀로 농학교의 학생 모집에 응하여 제2기생으로 삿뽀로에 갔다.

이때 기독교에 입교하게 된다.

우치무라는 수산학을 전공하고 졸업 후에는 홋가이도를 개척하는데 관계하고 수산水産에 관한 논문을 전문지에 싣기도 했다. 나중에는 미국으로 건너가 면학에 힘쓰면서 미국에서 미국 사회의 퇴폐와 인종 차별의 실상을 알고 실망했다. 3년 반 후 귀국하여 학교에서 교편을 잡게 되고 첫 번째 결혼의 실패를 딛고 재혼하게 되었다.

그의 나이 30세에 현재 도쿄대학의 전신前身의 하나가 된 제일 고등학교 촉탁 교원이 되고 4개월후에 그의 학교에서 **불령**不逞사건이 일어났다. 이 사건은 제일 고등학교에서 **교육칙어**를 낭독하는 봉대 식장에서 메이지 천황이 서명하고 하사한 교육칙어에 머리를 숙이지 않았다는 것으로 불경不敬한 국민으로 낙인찍혀 일본의 지식인들로부터 비난을 받은 유명한 사건이다. 이 사건으로 그는 **실직**하게 된다.

이때 그의 부인도 병으로 죽는다. 다른 학교에서 잠시 가르치다가 교토로 옮겨서 문필활동에 들어갔다. 이때 **우지무라 간조**의 생활을 도와준 사람은 민우사의 **도쿠도미 소호**德富蘇峯이었다. 이때 마침 중국 청나라와 일본과의 전쟁인 정일전쟁이 시작되었고 **간조**는 소호의 『**국민신문**』과 '국민친구'에 청일전쟁에 관한 논문과 여러 글들을 실어 그의 필명을 크게 높였다. 그런 우지무라를 제대로 평가하고 예를 갖추어 맞이한 것은 "**만조보**"의 "**구로이다 루이고**黑岩涙香"이었다. "**간조**"는 필력筆力을 높이 인정받아 "**만조보**" 영문란의 주필로서 논설을 담당했다.

우치무라에게는 유명한 두 개의 문제가 있었다. 1881년 (메이지 14년)에 삿뽀로 농학교를 졸업할 때 **우치무라**는 같은 동기생인 **나도베 이나조**, **미아베 긴고**宮部金五와 세사람이 삿뽀로에서 서약誓約을 할 때 우지무라 자신은

"우리가 사랑해야 할 이름은 세상에 두 가지가 있을 뿐입니다. 그 하나는 예수입니다. 다른 하나는 일본입니다."

라고 말했다. 생각건대 **우지무라 간조**의 이런 모순은 이 두 개의 서약이 상징적으로 나타내는 것이다. 중국과의 전쟁이었던 청·일전쟁 때는 일본의 전쟁은 의로운 **의전**義戰이라고 글을 썼다.

전쟁이 일어나기 직전에 1894년 7월 27일의 『국민신문』에는 **세계 역사에 근거해서 일본의 관계를 논함**을 발표했는데 2500년 전에 있었던 그리스와 페르샤의 전쟁을 예로 들면서 일본을 가르켜 19세기의 **그리스**라는 표현을 썼다. 그리고 이 전쟁은 이웃나라 5억인의 민중을 구하기 위해서 새로운 문명을 동양에 보급할려고 일본인 우리들은 이 의로운 **의전**義戰에 종사하기를 원하는 것이고 우리의 목적이 어찌 조선의 독립을 유지

하는데 그치겠는가 라는 글을 발표했다. 또 조선을 언급하여

"1882년 (메이지 15년) 이후 중국이 일본에게 어떠한 행위를 했는가? 조선의 내치內治에 간섭하고 일본의 이에 대한 평화의 정략을 방해하고 우리에게 능욕을 가하고 우리는 조선을 개화시키려고 하는데 그들(중국)은 조선에게 닫으라고 하고 그들의 제도를 가지고 조선에게 부과하고 길게 중국의 속방屬邦으로 유지할려고 하고 있다."

라고 말하고 있다. 그리고 조선의 **김옥균 암살 사건**을 언급하고

"사람의 인정을 가진 자로써 조선인 **김모 씨**에게 가한 포학행위를 참을 수가 없다. 김옥균은 오랫동안 일본 국민의 손님이었는데 중국 본토에서 중국이 통활하고 있는 조선 정부의 교사敎唆에 의해 암살당했다. 그의 시체는 암살자와 함께 중국의 군함으로 조선국에 호송되어 시체는 육형肉刑을 거쳐 국내에 폭로되고 그를 죽인 암살자는 모든 영예令譽를 받았다."

고 쓰고 있다. 우지무라는 잡지에 **청일전쟁의 목적의 여하**라는 제목하에 침략론을 강조했다. 그는 청일전쟁의 목적으로 다음의 3항을 들고 있다.

"첫째는 조선 독립을 확정하는데 있다. 둘째는 중국을 징계하고 다시 머리를 들지 못하는데 있다. 셋째는 동양에 문화를 베풀고 평

화를 오래 도모하고 있다."

그러나 이것만은 아니다.

"우리는 아세아의 **구세주**로써 이 전쟁에 임하는 것이다. 우리는 이미 반半은 조선을 구했다. 이제부터 만주 중국을 구하고 남쪽의 안남, 미얀마에 미쳐 마지막으로 인도의 성지가 유럽인의 압제로부터 벗어나게 하여 비로소 우리의 목적을 달성하는 것이다."

이런 논리는 나중에 아시아 여러 나라를 일본이 침략할 때 소위 **대동아공영권**大東亞共榮圈논리의 서론이나 같다.

그러나 우치무라는 1년 후 자기의 잘못된 것을 알았다. 우치무라의 일관성 없는 조선관은 일본에 관동 대지진이 있었을 때 자행된 조선인 학살에 대한 조선인 학살에 대한 우치무라 간조의 언동은 실망을 자아내게 하는데 충분하다 그는 말하길

"하나님이 이 허영의 거리를 파괴했다고 해도 일본인의 잔인 무자비 가지고 그들을 책할 수는 없다."

그는 조선인 학살 사건에 대해서 단 한번도 언급을 한적도 없을뿐만 아니라 그 자신도 조선인 폭동을 막기 위해서 만들었다는 **자경당**의 일원으로 들어가 밤에 야경까지 서기도 했다.

위의 글에서 김옥균은 **갑신정변(1884년)**에 살패한 후 일본으로 망명한 후 어려운 생활을 오래동안 견디면서 중국의 **이홍장**과 조선 문제를 놓고 담판을 지을려고 상하이에 갔으나 이 정보를 입수한 조선의 **홍종우**에게

피살되었고 그의 시체는 산산히 찢어지고 그의 머리는 전국에 순람巡覽되었고 그의 가족은 풍지박살風紙撲殺 되었던 사건이 있었다.

또 일본의 **관동 대지진 사건**은 1923년 일본 도쿄 일원의 관동 지방에서 일어난 지진으로 엄청난 피해를 입었고 민심과 사회질서가 혼란스런 상황 아래서 일반인 사이에 서로 못믿는 불신 풍조가 만연하였다.

이런 와중에 조선인들이 우물에 독毒을 뿌렸다는 악성 루머가 횡행하였다. 조선인을 대상으로 한 민간 군인들의 대량 학살이 자행되어 이때 희생당한 조선인들이 6천 명에서 수천만 명이라는 소문이 나오는 우리 조선으로서는 잊을 수 없는 참변이었다.[120]

22. 아쿠다가와 류노스게芥川龍之介 (1892-1927)

아쿠다가와 류노스게는 근대 일본 문학을 대표하는 유명한 소설가다.

『**나생문**羅生門』, 『**코**鼻』, 『**우죽**芋粥』등의 작품은 일본 고전에서 그 소재를 택했고 유럽 중국에서 소재를 구하는 그 넓고 깊은 학식은 젊어서부터 정평이 나있다. 그는 스스로 한창의 나이라 할 35세에 목숨을 끊어 세상을 놀라게 하기도 했다.

아쿠다가와 류노스게

그는 도쿄 고바시京橋에서 태어났다. 그의 나이 1세 때 어머니가 정신이상으로 고생하자 그는 외가로 가서 외가집의 양자가 되었다. 그는 제

1고를 거쳐 도쿄제대 영문과 재학중 동호인과 『**신사조**』를 발간하여 그의 작품인 『**코**』를 발표하기도 하여 격찬을 받기도 했다. 그의 나이 24세 때 1916년에 대학을 졸업하고 해군 기관 학교의 교원이 되고 2년 만에 퇴직하여 오사카 마이니치 신문의 사원이 되었다.

이 사이 문제작을 몇 개나 세상에 발표하여 그의 나이 31세 때에는 확고무동한 자리를 차지하는 대가大家가 되었다. 관동 대지진이 일어났을 때 이렇게 쓰고 있다.

"자연은 냉정하게 우리들의 고통을 보고 있다. 우리는 서로 불쌍히 여기지 않으면 안된다. 하물며 살육을 기뻐하다니… 다만 상대를 목졸라 죽이는 것은 논쟁에서 이기는 것보다 손쉽다. 우리는 서로 불쌍히 여기지 않으면 안된다."

이말은 일본인 조선인 다함께 불쌍히 여기자는 뜻이다. 모두가 대지진의 피해자들인데 조선인들에 대한 살육을 일본인들이 기뻐하는 것을 그는 분노했다. 또 하나 **아쿠다가와**에게는 조선을 소재로한 『**김장군**』이라는 소설이 있다. 『김장군』은 1924년 2월초의 **신소설**에 연재된 짧은 소설이지만 그 내용은 임진왜란때 일본 **도요토미 히데요시**의 조선 침략과 평양까지 침공한 **고니시 유키나가**의 목을 자르는 이야기와 관련된 것이다. **유키나가**의 목을 조선의 **"김응서"** 장군이 잘랐다는 것이다.

김응서는 실제 인물로 임진왜란때 별장別將으로 명나라의 이여송 장군하고 평양을 탈환했다. 이 전쟁 소설인 『**김장군**』에서는 일본의 **고니시 유키나가**의 목을 베었다고 되어 있다. 더욱이 조선에서 전해지는 이야기에는 **가토 기요마사**도 진주 기생 **"논개"**에 의해 죽은 것으로 되어 있다. 어떤 전승傳承은 조선의 민중이 침략의 상징인 고니시기 유기나가, 가토 기요마사에게 얼마나 증오가 깊었는가를 읽을수 있는 이야기이다. **아쿠다가와**는 어떠한 나라의 역사도 국민에게는 영광의 있다는 역사가 있다는 것이다. 그는 대체적으로 인간 보편적인 양식을 가진 인물이라고 볼 수 있을 것이다.[121]

23. 에도 데케레이 江渡狄嶺 (1880-1944)

에도 데케레이는 근대 일본이 낳은 독창적 사상가로써 실천가實踐家이기도 하다. 그가 독창적인 이유는 메이지 이후 근대적 교육제도의 전 과정을 빈틈없이 밟으면서도 농업을 기반으로 하는 일본 풍토에 뿌리내린 독특한 철학체계를 수립하고 생애를 통해 실천한 것에 있다.

만일 **에도**로 하여금 직업란에 직업을 기명하라고 한다면 **백성**이라고 썼을 것이다. 그는 당시의 정부 정책 지향성을 비판할때도 예리한 필봉으로 철추를 가하는 식의 직접적 방법을 취하지는 않았지만 반대의 뜻은 확실히 하였다. 그런 의미에서 볼 때 메이지 이후의 역대 정부의 정책에 대한 총체적 비판자라는 위치를 부여해도 큰 잘못은 없을 것이다. 조선에 대한 에도의 자세도 이러한 그런 입장을 반영한 것으로 생각된다.

에도 데케레이는 1880년 메이지 13년에 아오모리 현青森縣 산노헤 군山戶郡 고노헤촌五戶村에서 상업을 하는 아버지 밑에서 장남으로 태어났다. 고노헤 소학교 아오모리 중학교 **하치노헤**八戶 분교에 진학했으며 그때 동시에 다른 곳에서 중국의 사서오경四書五經을 배우면서 유학儒學의 기본을 익혔던 것이다. 그의 아버지는 그 당시로서는 매우 개명적開明的 진보적 사람이었던 것 같다. 그의 다음의 말이 그것을 암시한다.

"나의 돌아가신 아버지는 아직 제국주의자가 되기전의 국민신문과 "국민지우"의 애독자였다."

그도 역시 도쿠도미 소호의 신문 잡지 그리고 민우사에 의해 평민주의 **세계주의**의 서양 사상에 접하고 처음으로 **톨스토이**를 알았다고 한다.

그는 도쿄의 긴조錦城 중학교로 전학하고 1898년 그의 18세 때에 센다이의 2고에 입학하고 **마이니치** 신문의 논문을 탐독하고 **칼라일** 유고遺稿를 읽고 감동하여 톨스토이 작품을 영문으로 읽었다. 1901년 그의 나이 21세 때 2고를 졸업하고 9월에 도쿄 제대 법과 대학 법률과에 들어간 후 정치학과로 옮겼다.122)

톨스토이의 평화주의와 메이지 정부의 조선 및 아시아에 대한 침략 정책과의 사이에서 흔들리는 심경을 반영한 것 같은 도쿄대 재학 시절의 **조선 반도론**이라는 것이 있다. 이 글은 월간 잡지『**일본인**』의 1902년 8월호에 실려있다. 먼저

"조선 반도는 동양의 발칸반도라고 칭하는 곳… 그 나라의 사람들이 몸을 둔곳에서 절개를 지키는 것이 없고 기회를 엿보면서 어제는 그에게 의지하고 오늘은 도리어 여기에 의지한다."

여기에서 그가 조선을 멸시하는 의식이 숨어있다. 1906년 1월호『일본인』에는 "당면문제"라는 제목의 글이 있다.

"근년 우리 국권國權의 발양勃壤은 매우 현저한 바가 있다. 조선을 정벌하자는 **정한론征韓論**이 있었을 때 중국의 청나라를 두려워 했던 것이 27, 28년에는 이것을 정벌하여 타이완을 얻었다. 또 청나라를 정벌할 때 러시아를 두려워 했던 것이 10년을 지나 지금의 러시아를 치고… 조선에는 우리 일본의 종주권을 확립하기에 이르렀다."

그 당시 러·일전쟁의 승리와 조선 정벌은 거의 일본 국민을 열광시키고 있었다. 그는 1923년 (다이쇼 12년) 9월의 간토 대지진 때에 조선인 학생 3명을 그의 자택에서 3개월이나 숨겨주고 있었다. 그 세 사람은 해방후 동아일보의 편집국장 주필로 활약하고 이승만 정권을 통렬하게 비판하고 1951년에 일본에 망명하고 **코리아 평론**을 주재하여 조선 중립화 운동을 한 **김삼규**와 그의 형이다. 또 한 사람은 나중에 간토 대지진때 조선인 대학살 사건을 조사했던 한 사람인 아나키스트계의 **한현상韓現相**이다. 그 당시 6000명 이상의 조선인이 일본 민중에 의해 학살 당하고 있었는데 만일 조선인을 숨겨주고 있는 것이 알려지면 어떤 인격자라 해도 흉폭하게 변해버린 민중은 조선인으로 간주하고 흉수兇手를 휘둘렀을 것은 묻지 않아도 알수 있는 불문가지不問可知이다. 그것을 알고서도 세 사람의 조선인을 숨겨준 데키레이의 높은 인격은 평가할만 하다.[123]

23. 오자키 유기오尾崎行雄 (1858-1954)

오자키 유키오는 95년의 전 생애에 걸쳐서 일본 정치의 민주적인 발전에 힘을 쏟았다. 언론인, 정치가로서 번벌藩閥 정치와 싸우고 군국주의와 싸워 **"헌정憲政의 신神"**이라고 추앙을 받을 정도로 빛나는 거인巨人이다. 그럼에도 불구하고 그의 조선 인식은 메이지 전반기를 제외하고는 권력 담당자, 지배층과는 그다지 별 자이가 없다는 측면도 아울러 갖고 있는 인물이라고 볼 수 있다.

오자키 유키오

오자카 유키오는 1858년에 가나가와현神奈川縣의 쓰구이津久井군 마타노又野에서 태어났다. 그의 아버지는 그 마을의 촌장이었고 집안은 대대로 마을에서 첫째 가는 명망가名望家였다. 그의 아버지는 에도 막부 말기末期에 천황을 받들 자는 근왕파勤王派의 열렬한 지지자였다.

유키오는 그의 나이 11세 때에 도쿄로 이사해서 병법을 배우기도 했으며 2년 후에는 다카사키高崎로 옮겨서는 영어학교에 들어가 영어를 배웠다.

그리고 3년 후 그의 나이 16세 때에는 다시 도쿄로 가서 **게이오 의숙**에 들어갔다. 그 후부터 2년 후 재학 중에 정권 내의 사쓰마 출신의 정치인들의 황포를 공격한 **"토살론討殺論"**을 써서 이것이 신문에 실리고 이것으로 그의 문명文名이 높아지자 게이오 의숙도 중퇴하게 되었다.

그러나 무엇보다도 세상을 놀라개 한 것은 만 20세로 **"니가타新潟"**의 주필이 되었던 일이다. 그의 어린 나이에 벅찬 업무였지만 기대 이상의 필력筆力을 발휘하여 발행부수를 매일매일 늘렸다.

그의 조선관은 일본 고사기, **일본서기의** 역사책을 그대로 수용하면서 임진왜란을 일으킨 도요토미를 영웅으로 친찬해 마지않았다. 조선에서 1882년 조선의 구식 군대가 일으킨 **임오군란**때에는 『**조야신문**』에서 크게 논진을 펼쳤다. 임오군란에 대해서는 몇 개의 유보조건을 달면서

"나는 쓸데없이 군대를 동원하는 것을 바라지 않는다. 그러므로 이것을 구실로 조선의 내치內治에 간섭하는 것은 불가하다."

라고 했다. 그의 논조는 다른 많은 신문의 "**조선 타도론打倒論**"을 억제하는데 상당한 영향력을 발휘했다고 한다. 김옥균등 조선의 개화파가 일으킨 갑신정변에 관한 오자키의 여러 논고를 보면 대부분의 정한론자의 감정적 선동적 방법과는 달랐다.

1884년 조선의 갑신정변이 일어나기 직전에 **오자키**는 중국, 일본, 조선에 대한 견해는

"고대 이래로 우리 문명의 진보를 유도하는 데는 **지나**(중국) **조선** 이었지만 문명이 바뀌어 가는 지금에 있어서는 우리 일본은 선진국이 되고 지나(중국) 조선은 우리 일본보다 멀리 뒤처지게 되었다."

라고 하는 것이다. 그러나 그는 조선의 개화파에 주목해서 말하길

"지금 조선의 선각자先覺者는 이미 조선의 미몽迷夢을 타파하고 문명의 지식을 구하는데 급급하다."

라고 했다. 그러므로 갑신정변의 실패후 김옥균의 일본 망명에 대해서는 매우 동정적이었다. 동시에 조선의 개화파와 대립하는 **수구파**守舊派 및 그들을 비호庇護하는 자들에 대해서는 당연히 비판적이었다.

그는 1894년 중국과 일본과의 청일전쟁에 대해서는 일본군의 출병을 조선 독립을 위한 **의병**義兵 이라고 생각했으며 청일전쟁의 승리로 일본이 얻은 요동반도를 러시아, 프랑스, 독일의 간섭으로 요동반도를 반환하게

되었을 때 요동반도의 반환과 조선 정책의 실패를 격렬하게 공격하기도 했다. 그러나 1910년 일본에 의한 한일합방에 관해서는

"합방은 당연한 조치이다."

하고 말하면서

"일본은 조선 문제를 위해서 두 번이나 국가의 **명운命運**을 걸고 싸웠다. 즉 조선이 우리 일본에 합병하는 것은 당연한 것이다."

라고 하고 매국賣國 친일親日 단체 였던 조선의 **일진회**의

"한일 합방 운동"

을 적극적으로 평가하기도 했다. 일본에서 최대의 민주주의적 정치가 이기도 했지만 조선 문제에 있어서는 그의 한계점을 보여 주었다.

예를 들면 1923년의 **"간도 대지진"**때에도 지진 복구 문제등에 관해서는 신문 잡지에 그의 의견을 발표하거나 의회에서 발언하거나 해도 조선인 대학살의 문제에 대해서는 언급하지 않았던 것이다. 그가 **대지진** 때라는 제목으로 시詩를 몇십수 썼었지만 조선인 학살문제는 언급이 없었다.[124]

24. 요시노 사쿠조吉野作造 (1878-1933)

요시노 사쿠조는 정치학자이며 **"다이쇼 데모크라시"**의 주장자이다. 그는 과감한 실천자로서 일본 현대사에 찬란히 빛나는 별이다. 그가 부르짖었던 **인본주의人本主義**는 다이쇼 시대를 가로지르는 주류主流였으며 제약이 많은 시대에 민주주의 사상 보급의 기초가 되었다.

요시노 사쿠조는 지금의 미야기현宮城 縣 후루가와시古川市에서 태어났다. 그의 나이 6세 때에 소학교에 입학한 후 10년 뒤에는 중국과의 청일전쟁이 일어난 해로 센다이仙 臺 현립 중학교 2학년 때였다. 1897년 그의 19세에 센다이 제2고등학교에 입학하고 다음해 세례를 받고 기독교에 입문했다.

요시노 사쿠조

1900년 그의 나이 22세에 도쿄 제국대학의 정치학과에 입학하고 수석으로 졸업하기도 했다. 그리고 대학원에 진학하기도 했다. 그의 나이 28세 때에는 중국 천진으로 가서 **원세개**袁世凱의 큰 아들의 가정 교사가 되어 3년간 중국에 체재하기도 했다. 다시 귀국해서는 도쿄재대 조교수에 임명되어 정치학을 가르치기도 했다. 그리고 1910년 그의 나이 32세 때에는 정치학을 더 공부하기 위해 만 3년 유럽에 유학을 했다. 1913년 그의 나이 35세 때에 귀국하여 다음해 교수가 되고 그 다음해에 법학박사 학위를 받았다.

요시노 사쿠조의 조선 인식은 대략 세 단계로 나눌수 있다. 제1단계는 그가 대학생 이었던 러시아와 일본간의 전쟁인 **러・일전쟁** 전후기부터 **한국병합**에 이르는 기간이다. 그가 쓴 **청・일전쟁 전후**라는 글에서는

> "어린아이 마음에도 외국으로부터 모욕을 받았다고 들어서 분개했다."

라고 말하는데 이것은 조선의 김옥균 암살과도 관련된 것이다.

대략 4학년 때에는

"**러시아**가 만주를 한번 침략하면 그들이 그 위에 조선을 침략할 것은 불을 보는 것보다 분명하다. 우리나라로서는 도저히 참을 수 없다. 우리는 조선의 독립을 보전하고 이로써 제국의 자존自尊을 안전하게 위해서 만주에서 러시아를 꺽지 않으면 안 된다."

라고 썼다. 이 시기의 요시노는 일본이라는 나라가 **정의**를 대변하는 국가로 인식했다. 또 그는 말하기를
"우리는 문명에 대한 의무로서 러시아에 이기지 않으면 안된다. 가만히 생각건대 러시아를 응징하는 것은 어쩌면 일본 국민이 하늘에서 받은 사명이다."

라고 까지 말한다. 요컨대 **요시노**는 그 당시 메이지 정부와 조선 침략 의욕을 공유하고 있었던 것이다. 그런 **요시노**가 1905년 중반 경에 **조선문제 연구화**라는 조직을 가동했다. 회원으로는 시마다 사부로, 우키다 가즈다미, 에바나 단조, 오마미 도스케등의 쟁쟁한 인물이다. 이 모임을 만든 직접적 동기는 『**신인**新人』이라는 잡지에 실려진 **시**詩**마다 사부로의 조선에 대한 일본의 직분**과 메이지 38년 1905년 5, 6월호에 실린 그의 친우 오야마 도스케의 "조선 동화론"에서 자극을 받는 것이다.

시詩**마다 사부로의 주장인 "조선은 구제할 가망이 없다."**는 설說에 대해서
"청일전쟁은 조선 독립을 대의명분大義名分으로 했지만 조선을 구할 수 없다는 생각으로 싸웠다면 그것은 사기적詐欺 자기 부정 행위로 일본인

의 잔인 무자비도 역시 심하다."

라고 지적했다. 또한

"고대에는 조선이 문명 부강富强하여 우리 일본에 앞섰다."

등의 조선인의 좋은 성품에 대한 언급도 했다. 그러나 현재는

"정치의 개선에 의해 이들 하층민의 질곡桎梏을 구하지 않을 수 없다."

라고 하여 결국은 조선인을 **식민지**로 만들어 선정善政으로 구하는 것이 일본인의 직분이라는 것이다. **오야마**가 잡지『신인新人』에 발표한 두 번에 걸친 **"조선 동화론"**의 논지는 여러 갈래지만 요컨대

"일본인은 조선 민족을 학정虐政, 빈곤, 무지, 미신에서 구제해 내지 않으면 안되지만 조선은 본래 자치自治의 실력이 없고 독립의 지망志望이 부족하여 다수 인민이 원하는 것은 다만 선정善政에 있으므로 일본이 식민지로 삼으면 된다."

라는 것이다. 이 주장은 1905년에 조선과 맺어진 **을사보호 늑약** 전에 내놓은 것이지만 주장 내용은 일본의 조선 정책을 앞지른 것이었다.

요시노는 1916년 6월호 중앙공론中央公論에 만주와 한반도를 시찰한 내용을 다룬 **"만한滿韓을 시찰하고"**라는 상당히 긴 논문을 발표했다. 이것은 요시노의 조선 인식에서 큰 전환을 이루는 제2단계의 시작이 된 논문이라고 볼 수 있다.

그의 논지는 조선에서의 일본의 무단정치의 실태를 각 부분마다 들춰내서 일본 정부 또는 총독부의 기본 방침인 **동화주의**同化主義에 의문을 제기했다.

요시노는 말하길

"선정善政만 베풀어 주면 조선인 그들은 무조건 일본의 통치에 만족 할

것이라고 단정 한다면 이것은 독립 민족의 심리를 이해 하지 못하는 것이다. 내 생각으로는 이 민족 통치의 이상은 그 민족으로서의 독립을 존중하고 또한 그 독립의 완성에 의해서 결국은 정치적 자치를 주는 방침으로 하는데 있다. 그리고 **동화同化**라는 것은 종래 각국의 식민 정책의 마지막 이상이다. 그렇지만 상당히 발달한 **독립 고유의 문명**을 갖은 민족에 대해서 동화同化는 가능한 것인가? 그리고 매사에 조선인을 멸시하고 학대한다면 도저히 동화의 결실을 거두는 것은 불가능하다."

라고 했다. 본래 요지는 조선의 독립을 요구했던 것은 아니었다. 조선의 독립에 대한 **요시노**의 견해는 마지막까지 조선을 보호한 것은 사실이지만 3·1운동 전에 일본인에게 이런 주장이 있었다는 것은 특기할만한 것이다.

조선에 1919년 독립운동이 발발했다. 요시노는 중앙 공론에서

"우리가 당국에 희망하는 것은 잠시동안 정책을 철저히 하는 것이다."

라고 하고

"잠시 동안의 정책은 조선인에게 일종의 **자치自治**를 인정하는 방향으로 나아가지 않으면 안된다."

라고 했다. 그는 3·1운동과 관련해서 **조선의 통치를 어떻게 할것인가** 라는 점에 대해서 4개의 문제를 제출했다. 첫째는 조선인에 대한 차별적 대우의 철폐, 둘째는 무단 통치의 철폐, 셋째는 이른바 동화정치 포기, 넷째는 언론 자유 인정이다. 요시노는 4개의 각항에 자세한 설명을 붙이고 있는데 그 주장의 최대 특징은 조선 통치의 잘못에 대하여 어떠한 반성도 보이지 않는 정부 및 총독부 그리고 언론계와 일본 국민에 대한 엄격한 지탄指彈이 있었다.

1919년 11월에 **하라 내각**은 중국 상해 임시 정부 요인이었던 조선의 **여운형**呂運亨을 도쿄에 초대하여 일본 다나카 기이치(田中義一 1864-1929) 육상陸相과 회견 시켰다. 일본 정부는 조선의 **여운형**을 어떻게 해서든지 회유回諭하고 구워 삶으려고 했지만 상대는 한수 위였다. 여운형은 이때를 절호의 기회로 보고 내외의 신문 기자들에게 공공연히 조선의 독립을 호소했던 것이다. 여기에 이르자 야당이나 언론계는 일본 정부를 공격했다. 소위 반역자를 우대했다는 것이다.

그러나 요시노는 중앙공론에 **이른바 여운형 사건에 대하여**라는 글을 썼다.

"조선의 독립 계획은 일본의 국법에 대한 반역 행위임이 틀림없다. 그러나 국법의 권위보다도 국가 그것이 훨씬 중요하다."

라고 옹호하면서 일본 통치에 반대하기 때문이라고 해서 **불령**不逞으로 부르는것은 너무나 경솔하다고 질책했다. 그는 또 말하길

"**여씨**呂氏가 말하는 것 중에는 확실히 우리가 침범키 어려운 정의正義의 번뜩임이 보인다. … 나는 그의 품격과 식견에서 드물게 보이는 존경할만한 인격을 발견했다."

까지 격찬했다.

다음에 주목할만한 것은 "간도 대지진하의 조선인 학살 문제"에 대해서다.

"요시노 일기" 1923년 9월 3일자에

"이날부터 조선인에 대한 박해가 시작된다. **불령선인**이 이 기회를 타고 방화, 독약 투여, 등을 시도한 자가 있어 크게 경계를 요한다고 한다.

내가 믿는 바에 의햐면 이런 선전의 근원은 경찰, 관헌인 것 같다. 죄없는 무고한 조선인이 재난에 죽는 사례도 적지 않다고 한다. 순사巡査등이 조선인 같은 인물을 체포하면 손에 손에 막대기를 가지고 죽여버리라고 외치고 있으며 고통스런 일이 끝이 없다."

라고 썼다. 요시노는 "중앙공론"에 "**조선인 학살 사건**에 대해서"라는 글에서

"남녀 노소의 구별없이 닥치는 대로 조선인을 죽이기에 이른 것은 나라에 얼굴을 들을수 없을 정도의 치욕이 아닌가."

라고 썼다. **요시노**의 제3 단계의 조선인식은 그의 만년晩年의 일이다. 그 역시도 일본인의 만주 침략과 일본에 의한 만주국 설립을 인정했다는 것은 결국은 조선 독립을 주장했던 그의 원래의 주장과는 사뭇 배치되는 것이기도 했다.[125)]

사실 어떤 지식인이 인생관 국가관이 일반 사람과 달리 평생 초지일관初志一貫 그 일관성一貫性을 유지해 살아간다는 것은 사회의 한 사람으로서 **지난至難의 노정路程**인것만은 사실이다. 조선의 **여운형呂運亨** 선생에 대해서 대단한 존경심을 가진 듯 하다.

여운형(1885-1947)은 일제 강점기에 독립 운동가 였다. 독립운동에

있어서는 3·1운동과 대한민국 임시정부에 참여했으며 그 후 언론 활동 민족 문화 사업, 체육활동 등 다양한 분야에서 이름을 날렸다.

일제는 여운형을 회유回諭하기 위해서 일본 정부 조선 총독부 일본회 기독교회가 주축이 되어 여운형을 일본으로 초청했다. 일본에 체류하면서 여운형은 조선 독립운동의 4가지 주장을 당당하게 피력했으며 11월 27일에는 데이코쿠 호텔에서 가진 기자 회견 및 연설을 하였다. 그는 다음과 같이 사자후師子吼하였다.

"주린자는 먹을 것을 찾고 목마른 자는 마실 것을 찾는 것은 자기의 생존을 위한 인간 자연의 원리이다. 이것을 막을 자가 있겠는가? 일본인이 **생존권**이 있는데 한족(조선족)만이 홀로 생존권이 없을수 있겠는가? 일본인이 생존권이 있다는 것을 한국인이 걱정하는 바이요 한국인이 민족 자각으로 자유와 평등을 요구하는 것은 하늘이 허락하는 바이다.

일본 정부는 이것을 방해할 무슨 권리가 있는가? 세계는 약소민족 해방, 부인 해방 등 세계 개조改造를 부르짖고 있다. 이것은 일본을 포함한 세계의 운동이다. 한국의 독립운동은 세계의 대세요 하늘의 뜻이요 한 민족의 각성이다. 어느 집에서 새벽에 닭이 울면 이웃집 닭도 따라 울게 마련이다. 그러나 그 닭은 다른 닭이 운다고 따라 우는 것이 아니고 때가 되어서 우는 것이다. 때가 와서 생존권이 양심적으로 발작된 것이 한국의 독리이요 결코 민족 자결주의에 도취된 것이 아니다.[126)]

제2장

메이지明治 시대 한국과 관련된 정론政論들

1. 일선日鮮 동조론同祖論

　메이지 시대는 일본의 근대 사학史學이 성장하면서 고대 역사에 있어서 일본과 조선과의 관계가 커다란 문제가 되었다.

　일본의 근대사학은 1880년대부터 진전되었으나 당시 조선문제는 일본 조야朝野의 관심을 끈 문제였다. 역사를 비롯하여 언어학자, 법제 사학자, 지리학자, 등 여러 방면의 학자가 조선 연구쪽으로 향했다. 일본 학계에서 조선 연구가 가장 활발했던 것은 1880년대 1890년대 였다. 역사가로서 조선을 연구하는 것은 크게 두 가지가 있었다.

　하나는 일본 역사의 입장에서 조선에 대한 연구 였으며 다른 하나는 동양사東洋史 입장에서 조선에 대한 연구였다. 양쪽 다 조선 고대사를 연구했으나 그 방향은 아주 달랐다.

　일본사를 연구하는 연구자는 일본 국가의 기원을 밝히기 위해서도 조선과의 관계를 생각했다. 거기에 나타난 것은 국학國學의 전통을 짙게 남긴 **일선 동조론**이었다. 그러한 대표적 저작은 **"국사안國史眼"** 1890년 초간 1901년 재간이었다. **시게노야스츠구**重野安繹, 호시노히사시星野恒, 구메구니타게久米邦武 의 세 사람으로 모두 동경 제국대학의 교수이며 일본 역사학계의 대표적 학자였다. 그들은 보수적 학자만은 아니었다. **시게노야스츠구**는 말살抹殺 박사라는 별명을 가질 정도로 사실이 아닌 것을 부인하여 국수주의자들의 비판 공격을 받았다. **구메구니타게**는 **신도**神道는 **하늘에 제사를 지내는 제천祭天의 옛 풍습**이라는 논문으로 제사를 주도하는 신관神官으로부터 공격을 받았고 끝내는 동경대학 교단에서 1892년 추방되었다. 이러한 사람들도 조선과의 관계를 다룰때는 **"일선**日鮮 **동조론**同祖論**"**의 입장에 섰다. 이를 테면 **스사노미코토**素盞嗚尊가 한반도인 **"한韓"**으로 건너가서 지배자가 되었다든지 **이나히노미코토**稻氷命가 신라의 왕이 되었다고 하는 따위이다.

이 **"국사안國史眼"**은 마침내 일본의 소학교나 중학교의 일본사 교과서의 저본底本이 되었으며 거기에 나타난 **일선 동조론** 적 역사 지식은 전국의 학생들에게 심어졌다.

일본이 결국 조선을 병합하는 단계가 되면 **일선 동조론**은 보다 힘차게 주장되었다. 위에서 말한 **구메구니타게**久米邦武**는 "왜한**倭韓**"과 함께 일본 신국**神國**임을 논함**이라고 하는 논문을 발표했다. 특히 맹렬한 주장을 했던 것은 기타사다기치喜田貞吉의 주장이었다. 조선을 병합한 것은 일본과 조선과의 본래의 자연적인 모습으로 되돌아 간다는 결론을 다음과 같이 쓰고 있다.

"조선을 병합하는 것은 실로 일본과 조선과의 관계를 태고太古의 상태로 복귀시키는 것이다. … 조선은 실로 빈약한 쪼개진 **분가分家**로 우리나라는 실로 부강한 본가本家라고 할 수 있을 것이다. … 조선이라는 분가分家는 스스로가 훌륭하게 집을 유지할 자기 힘이 없다. 이 때문에 저쪽에서 협박당하고 이쪽에서 학대 당하는 가련한 형제는 이쪽 저쪽에서 시달림을 받는 참으로 불쌍한 생활을 보내왔다.

따라서 집안에 동요도 일었고 드디어 본가本家는 물론 이웃집까지도 어렵게 만드는 격이 되어 버렸다. 이와 반대로 본가 쪽에서는 조상 이래의 가훈家訓을 지켜 본가는 점점 번창하고 있다. … 여기에다 당사자인 분가分家도 복귀를 희망하고 본가에서도 기꺼이 이들을 받아들이는 것이 바로 **조선 병합**이다.

이젠 일본 제국에 복귀한 이상 일찍이 일반 국민으로 동화하여 같은 "천황 폐하"의 충량忠良한 신민이 되지 않으면 안된다. 이 일은 나아가서 그들 자신의 행복이 될것이며 그들의 옛 조상의 유풍遺風을 환회 이루게 되는 것이다."

이와 같은 **동조론同祖論**은 그 후 조선에서 3·1운동이 일어나자 더욱 강하게 주장되었다. 앞의 기타사다기치喜田貞吉는 그가 주제하는 **민족과 역사**에서 "일본 민족이란 무엇인가", "조선 민족은 무엇인가"라는 제목 밑에 일본 조선, 양 민족의 기원을 생각한 다음, 일본과 조선의 조상은 같은 혈통이다. 라는 **일선 양민족 동원론日鮮 兩民族 同源論**이러고 하는 논문을 내고 고고학적 유물, 문헌, 신화, 풍속 등 다방면에서 동원同原, 동조同

祖임을 논하고 일본의 조선 지배의 정당성과 일본에 반항하는 민족 독립운동의 부당함을 주장했다.

이 논문에서 주목할만한 것은 일선 동조론이 규모를 확대하여 단지 일본인과 조선인이 동조同祖일뿐만 아니라 만주 몽고의 여러 민족을 포함하여 동조同祖가 되고 있다는 것이다.

기타사다기치에 의하면 원래 대륙 깊숙이 자리했던 하늘의 자손이라는 천손天孫민족이 사방으로 이주 번식되어 만주 몽고에서 조선 일본까지 퍼졌다는 것이다. 이러한 사고는 **대大 아시아 주의자**인 **우치다료헤이**內田良平가 **일본의 아시아**에 쓴것과 놀랄만큼 닮아있다. 여기까지 오면 일선 동조론은 **대아시아 주의**의 근거가 된다. 일선 동조론은 일본과 조선과의 근친성, 일체성을 주장한다. 그러나 이는 양민족 양국의 연대와는 상반되는 의식인 것이다. 거기에는 조선을 독자적인 민족 혹은 국가로서 존중하는 의식은 없다. 상대방의 존재 자체를 부정하는 곳에 연대라는 것은 고려의 여지가 없는 것이다. **동조론**이 아무리 친근성을 강조해도 조선인으로 서는 모욕으로 밖에 받아 들이지 않았다.

일선 동조론은 주로 일본사 연구자가 일본 고대사를 연구하는 가운데 주장하게 된 것으로 그것은 조선사 연구속에서 나타난 것이 아니다 이에 대하여 조선사 연구자(동양사 계통) 쪽에서도 반론이 제기되었다. 조선의 연구는 1889년대에서 시작되었으나 그 개척자였던 **나카미치요**那珂通世, **시나토리구라카치**白鳥庫吉, 그리고 조금 늦게 명치 말년에 연구에 참가한 **쓰다서우기치**津田左右吉, **이케무치히로시**池內宏, **이나바이와기치**稻葉岩吉등은 일선 동조론에 비판적이었다.

"**일선**日鮮 **동조론자**同祖論者"가 일본 고전을 중심으로 일본과 조선과의 관계를 보았던 데에 비해서 이들 조선 연구자들은 중국의 고전을 주제로 해서 고대 아시아의 역사에 비추어 일본 고전에 기재된 오류를 지적했다.

그리하여 **일선 동조론**이 학문적으로는 성립될 수 없음을 논증했다. 이들은 전통적 도그마를 파괴하는데는 용감했으나 한편으로는 한학漢學이 신봉하고 있는 유교의 경전을 비판하고 중국의 삼황오제三皇五帝들의 성인을 역사에서 말살했으며 일본의 고전古典에 관해서도 비판을 가하고 **일선 동조론**을 비판했다. 이점은 하나의 커다란 진보였다.

그러나 이들이 보였던 우상 파괴는 그 뒤에 아시아에 대한 경멸의 사고를 남겼다. 그리고 조선이나 중국은 볼것이 없다는 의식을 낳게 했다. 특히 조선에 관해서는 그 문명은 중국의 모방으로서 시시한 중국 문화보다 한층 뒤떨어진다는 것이다.[127]

2. 대동합방론大東合邦論과 한일합방론韓日合邦論

대동합방론大東合邦論이라는 것은 조선과 일본이 서로 합쳐 한 나라가 되자는 주장이다. 다루이도우기치樽井藤吉의 대동합방론은 다각적인 평가가 내려지는 문제의 책이다. 한쪽에서는 일본과 한국의 대등한 합방이라고 하는 점에 착안한 독창적인 조선관을 전개한 것으로 보고 있다.

다른 한쪽에서는 이것이 조선 병합때 치룬 역할에 착안해서 조선 침략을 긍정한 것으로 보고 있다. 이처럼 전혀 상반되는 평가를 낳게 할만한 문제가 많은 책이다.

대동합방론은 저자의 서문에 의한다면 초고草稿는 1885년에 쓰여 졌으나 이것을 출판할 겨를도 없이 저자의 투옥으로 초고도 잃어버렸다. 그 후 1890년에 다시 집필하여 『자유 평등 경론自由 平等 經論』이라는 잡지에 발표한 다음 1893년에 『대동합방론』이라는 제목으로 출판되었다.

　이때 조선인과 중국인에게 읽히기 위하여 부랴부랴 한문으로 고쳤다. 이렇게 쓰여잔 시기는 1885년에서 1893년에 걸쳐있다. 이 시기는 조선에 있었던 **갑신정변**甲申政變에 의해서 일본이 조선을 둘러싼 중국 청나라와의 조선에 대한 지배권 쟁탈에 패배하여 청나라에 이어서 구미 열강 특히 러시아가 조선에 등장하는 것을 어떻게 해서든지 막아 일본이 조선의 지배권을 탈환하고자 발버둥쳤던 시기이며 일본 국내적으로는 자유 만권 운동이 쇠약해지고 국권론國權論이 조야朝野를 가릴것없이 고양되었던 시대였다. **대동 합방론**은 이렇듯 일본 국내와의 곤란한 시대에 나타났던 아시아판 조선관이었다.

　이 책에서 **다루이도우기치**樽井藤吉가 쓴 결론은 백인종인 구미 열강이 아시아 침략에 대항하기 위해서는 황인종인 아시아의 모든 나라들은 단결하여 일어나야 하며 거기에는 일본과 조선이 대등한 조건으로 합방해서 **대동**大東이라는 새로운 나라 **합방국**合邦國을 만들어 청나라와는 긴밀하게 손을 잡지 않으면 안된다고 하였다. **다루이도우기치**가 대동 합방론을 쓰게 된 동기는 구미 열강의 아시아 침략에 대한 심각한 위기감이었다. 그것은 아시아의 위기이며 동시에 일본의 위기이며 일본은 아시아 나라들과 마찬가지로 침략당할 위기에 있다고 생각했던 것 것이다.

　그러나 **다루이**는 침략을 본질적으로 부당한 것으로 보지 않았다. 일본이 침략 당할 위기에 있기 때문에 침략자는 **악한 존재**이며 침략 그것 자체는 부당한 것은 아니다는 것이다. 구미 열강에 대항하기 위해서는 일본도 식민지를 바라지만 쉽게 입수할 수 있는 적당한 곳이 없기 때문에 조선과 합방해서 일본을 강한 국가로 만들지 않으면 안된다고 생각했던 것이다.

당시의 일본 국력이 약했기에 **다루이**는 침략론을 내세우지 않고 있었다고 보아야 할 것이다. 다루이는 아시아 여러 나라들의 부강富强, 개명開明과 자주 독립을 바라고 기다렸다. 조선과 청나라에 대해서도 마찬가지로 부강, 개명, 자주 독립을 바랬다. 그것이 백인의 침략에서 아시아를 지키고 동시에 일본의 안전을 도모하는 것이라고 생각했다.

그동안 조선이 자주自主를 달성하기 위해서는 중국 청나라와 손을 끊고 일본과 친해져야 한다고 쓰고 있다. 그의 말에 의하면 조선이 태고太古때부터 떨치지 못한 것은 조선 국민에게는 자주 정신이 모자랐기 때문이지만 그것은 중국에 친하려는 **사대**事大 와교를 계속했기 때문이고 현재도 그 경향이 있다는 것이다.

이와 반대로 자주의 독립정신이 강한 일본과 친했던 시대에는 조선도 일본의 기운을 받아서 자주 정신이 신장되고 국력이 발전했다. 이를테면 삼국三國의 신라가 그랬다. 현재 조선이 자주 독립의 나라가 된 것은 일본의 덕택이다. 그러므로 조선은 청나라를 떠나서 일본에 붙어야 한다는 것이다.

다루이는 일본과 조선과의 합방은 일본의 이익은 아닌 것으로 보았으며 동시에 조선에 있어서는 최대의 이익과 은혜로 생각했다. **다루이**에 의하면 일본은 세계에 비할데 없는 국가제도, 즉 국체國體를 가졌고 혜택 받은 자연 환경, 자주 정신이 강한 국민, 부유하고 강한 나라로서 자랑할만한 나라이지만 이와 반대로 조선은 전제專制 국가이며 정치는 어지럽고 국민은 기력이 없으며 낙후된 나라라고 보았다. 그래서 일본과 조선은 비교가 되지 않는다는 것이다.

만약 일몬과 조선이 합방한다는 것은 한쪽은 무거운 짐을 지는 것이 되지만 그래도 일본의 안전, 국력 증진에 도움이 되기 때문이다. 조선을 지킨다는 것은 일본을 지키는 것이며 조선이 침략 당할 때는 **합방**을 않했을 경우에도 방관할 수 없지만 두 나라가 합방을 해서 조선이 강하게 되면 일본도 안전하게 된다는 것이다. 또한 조선인은 몸이 튼튼하기 때문에 일본 무기를 갖게 한다면 훌륭한 병사가 되어 러시아의 침략을 막아 낼 수 있다고 보았다.

두 나라가 합방을 해서 큰 나라가 되면 외국도 공경하고 두려워 할것이다고 보았다. 합방을 일본측에서 본다면 조선을 갖게 되는 것이며 조선측에서 본다면 일본을 갖게 되는 것이지만 합방을 돈도 인명人命도 들지 않는 아주 값싼 상호 이득이라는 것이다.[128]

3. 탈아론脫亞論

후쿠자와 유기치福澤諭吉가 근대 일본인의 사상 형성에 있어서 커다란 영향을 끼친 것은 널리 알려진 바이다. **아시아 관**觀, **조선관**朝鮮觀의 면에서도 후구자와 유기치의 사상이 직접 때로는 간접적으로 크게 작용했으며 그것은 지금도 적지 않은 영향력을 가지고 있다. 그의 아시아 관, 조선관을 직접적으로 나타낸 것이 일본은 아시아를 벗어나야 한다는 그의 유명한 **탈아론**脫亞論이다. 일본은 한마디로 아시아를 벗어나서 서양식으로 뻗어 나가야 한다는 논리이다. 이것은 1885년에 쓴 것으로 대체로 다루이 도우기치樽井藤吉가 **대동합방론** 제1차 초고를 만든 해가 된다. 그리하여 다루이도우기치와는 전혀 다른 결론을 이끌어 내고 있다.

"우리 일본의 국토는 아시아 동편에 있다고는 해도 그 국민의 정신은 벌써 아시아의 고루함을 벗어나서 서양의 문명으로 옮겼다. 그러나 여기에 불행한 일은 이웃 나라들로써 하나는 **지나**(支那: 중국)라고 하며 다른 하나는 **조선**이라고 한다. 이 두나라의 인민도 고대 아시아 류類의 정교풍속政敎風俗으로 길러졌다는 것은 우리 일본 국민과 다름이 없다고 해도 그 인종의 유래가 특수하지만 같은 정교풍속이면서 교육의 취지가 같았기 때문인지 **일지한**日支韓(**일본 · 중국 · 한국**) 삼국三國을 놓고 볼 때 **지나(중국)**와 조선이 비슷한 것은 지나와 조선이 일본 쪽보다 가깝고 이 두 나라의 무리들은 한 몸이 된채 교통이 편리한 세상에서 문명의 새로운 사물을 듣고 보거나 견문을 해도 뜻을 다하여 움지이지 않고 그 낡은 관습에 연연하는 정은 백천년의 옛과 다름이 없다. … 오늘을 꾸리는 데는 우리나라가 이웃나라의 개명開明을 기다려 함께 아시아를 일으킬 이유는 없다. 만약 그 대오隊伍에 떨어져서 서양의 문명국과 진퇴를 같이 해서 저 **지나(중국)**와 조선에 접촉하는 방법도 이웃 나라이기에 잘 보아 주기보다는 바로 서양인이 이들에게 접촉하는 방식으로 처리 할 것이다. **악우**惡友와 친하게 되면 **악명**惡名을 면키 어렵다. 우리는 마음으로부터 아시아 동방의 악우를 사절해야 할 것이다."

이런 주장은 그야말로 직선적인 사고방식이다. 원래 일본에서는 중국을 조선과의 동문同文, **동족同族**으로 보고자하는 흐름이 있으며 특히 조선과의 사이에는 **일선동조론日鮮同祖論적** 의식이 있었으나 **후쿠자와 유기치**는 그러한 것에는 아무런 가치를 부여하지 않고 송두리째 그것을 부정했다. 아시아의 후진국과는 손을 끊고 나아가는 것이 일본이 살아가는 길이라고 생각했다. 이렇듯 아시아를 벗어나자는 **탈아脫亞**의 입장에서 일본의 대륙정책이 적극적으로 추진해야 한다는 주장이 되었다.

일본의 조선 침략이 현실적으로 진행되기 시작했을때는 적극적 간섭을 주장하여 특히 조선의 **임오군란(壬午軍亂: 1882년)**이후는 맹렬한 간섭론을 주장했다.

후쿠자와는 조선의 개화파인 **김옥균**을 원조했다. 김옥균과의 관계는 조선의, 임오군란을 전후해서 갑신정변을 거쳐 **김옥균**이 중국 상해上海에서 암살되기 까지 지속되었다. 이것은 얼핏 보면 조선의 독립 개화를 원해서 조선의 개화파와의 연대를 후구자와가 기대한 것처럼 보이나 그렇다고는 보지않는다. 1885년『**시사신보**』에 실은 **조선 인민을 위하여 그 나라의 멸망을 축하한다.** 라는 논문에서는

"조선 왕조는 인민의 생명이나 재산을 지키지 못하디 때문에 인민에 있어서는 조선이 러시아나 영국 등의 외국에 점령당하는 쪽이 나으며 타국 정부에 망하게 되면 망국亡國의 백성이 되어 심히 즐겁지 않더라도 전도前途에 아무런 희망도 없는 괴로움에 빠져서 종신토록 안팎의 치욕속에서 죽기보다는 편안하게 강대 문명국의 보호를 받고 적어도 생명과 재산 정도는 안전하게 지니는 것이 불행중 다행일 것이다."

라고 했다. 조선의 자주적 개화에는 기대를 걸지 않고 강대 문명국의 점령 보호를 생각했다. 문명의 이름을 빌린 침략의 긍정이며 그 기초에는 조선은 스스로 문명화 될수 없다는 생각이 깔려 있는 것이다.

다음은 **후쿠다 도쿠조**福田德三의 주장을 들어보자 그는 1902년 조선을 여행하고

후쿠다 도쿠조

조선의 실상을 견문하면서 필요한 자료를 모았다. 그의 견문과 자료를 토대로 다음 1903년에서 이듬해에 걸쳐 **조선의 경제 조직과 경제 단위**라고 하는 논문을 썼다. 이 논문에서는 조선 경제의 발전 과정이 일본과는 다르며 일본 보다 뚜렷하게 낙후되고 있다고 하는 점이다. 그에게는 이미 **일본**日本 **경제사론**經濟史論이라는 저서가 있으며 거기에서는 일본 경제 발전 과정이 서구西歐와 동일한 과정을 거쳤기에 일본은 동양 제국과는 달라서 서양과 같은 역사를 가지고 있다는 것이다. 그러므로 명치明治 이후의 일본의 진보가 단순한 서양의 모방이 아니라 그것을 탄생시킨 근거가 일본에 있었음을 주장했다.

서양의 역사 발전 과정을 기준으로 거기에 일본의 역사가 맞느냐 틀리느냐를 검토해서 맞았음을 알고 일본의 역사에 기대감을 갖고서 일본의 근대적 발전의 장래를 기대한다는 발상이다. 이것은 아시아를 벗어나자는 **탈아적**脫亞的사고라고 해야 할 것이다. 이러한 생각을 배경으로 해서 조선 경제의 현 단계를 분석했다. 그는 조선의 정치 조직 사회 조직, 토지 소유관계 상업기구, 공업형태 등을 검토한 다음 조선 경제의 뚜렷한 후진성, 그 후진성의 근원으로서의 봉건 제도의 결여를 지적하고 조선의

현상을 일본으로 말하자면 봉건제도가 성립되지 못한 일본 후지와라 시대(藤原時代 10세기 전후 약 3세 기간)의 단계와 비슷하다고 했다. 그에 의하면

"서양 근대 사회를 낳은 것은 **봉건 제도**로써 그것의 존재 여부가 그대로의 발전 가능성 또는 불가능성을 결정하는 것이다. 일본은 서양과 같이 봉건 제도를 가졌기 때문에 근대 사회로의 발전이 가능했지만 조선은 봉건 제도 성립 이전의 극히 유치한 단계에 머물러 있기 때문에 근대 사회로의 자주적 발전을 바랄 수가 없다고 했다.

이처럼 조선의 자주적 발전이 불가능하다면 그 임무를 맡는 것은 일본이어야 한다. 그 개발에 임해서는 조선 고래古來의 전통, 풍습, 이를테면 촌락 자치 등을 살펴볼 필요는 없고 이러한 것을 미풍 양속이라고 하는 자도 있으나 그러한 미풍양속美風良俗은 파괴되어야 하며 토지와 인간을 낡은 전통적 사회로부터 해방해서 토지의 사유화 노동자와 기업가의 계급 분화를 촉진해야 한다고 해서 일본인이 해야 할 사명에 관해서 부패 쇄망의 극에 달한 민족적 특성을 밑바닥부터 소멸 시킴으로서 그들을 동화시키는 것을 가히 자연적 의무로 삼어야 한다."

라고 썼다. 후쿠다의 눈에는 조선은 일본이 지배해야 할 대상으로 밖에는 비치지 않았다.[129]

4. 사회주의자와 인도주의자의 정론

일본 명치 시대 또는 이후의 일본인의 조선관은 앞에서 보았듯이 크게 왜곡된 것이었다. 그와 같은 왜곡은 한마디로 말해서 일본의 조선 침략을 통한 식민지 지배를 긍정하는 데에 근거하고 있다. 조선 침략이 진행되고 지배가 강화됨에 따라 왜곡은 더 커져만 갔다.

학문이 진보하고 조선에 대한 연구가 높아져도 왜곡이 고쳐지지 않은 채 학문적이라는 평계를 달아 더욱 커다란 왜곡을 만드는데 불과했다. 왜곡을 바로 잡는 길은 일본의 조선 침략을 반대하는 입장에 설 때 가능한 것이었다 조선 침략에 대한 반대는 일본 국내의 민주화 운동과 깊은 관계가 있다.

조선 침략의 반대와 민주화 요구는 일본 지배 권력과의 대결을 의미하는 것으로서 참으로 곤란한 것이었다.

조선 침략 반대를 외치고 조선 및 아시아 피압박 민족과의 연대를 주장하는 인물이 나타났다.

러시아와 일본의 전쟁인 **일·러 전쟁**日露戰爭 전후에 일본의 조야朝野가 전쟁 열기로 들끓었던 시대에 **고도쿠 슈스이**幸德秋水와 그리고 그 외 사회주의자들은 일본의 전쟁 반대를 외쳤다. 그들은 평민신문 그 외에도 **일·러 전쟁**日露戰爭은 정의의 전쟁이 아니며 침략 전쟁으로서 일본 및 조선의 민중에 아무런 행복을 가져다 주는 것이 아님을 역설했다. **경애하는 조선**(평민신문 32호 1904년 6월 19일호)에서는 **고도쿠 슈스이**行德秋水는

"정치가는 말하길 우리들은 조선 독립을 위하여 지난 날 청·일

전쟁을 감행하고 또한 일·러전쟁日露戰爭을 개시 하기에 이르렀다고 한다. 이렇게 우리는 정치상으로는 조선의 구제를 실행한다고 뽐내어 왔다. 그토록 그들이 말하는바 정치적 구제라는 것이 과연 조선의 독립을 옹호하였는지 아닌지는 쉽사리 알 수 있다."

라고 하면서 특히

"무릇 이를 조선 국민의 입장에서 관찰하라. 이것은 첫째로 일본, 지나(중국), 러시아 제국의 권력적 야심이 조선 반도에서 헛되기 짝이 없는 경쟁에 말려들고 있음에 지나지 않는다. … 오늘의 조선은 필경 **승리 즉 정의**로 야수적 국제 도덕의 희생물에 불과하다."

라고 하여 조선 독립을 위한다는 전쟁 명분의 허구성을 폭로했다. 또한 **도쿠토미소호**德 富蘇峯, **에비나단죠우**海老名彈正가 조선 병합을 주장하면서 그것이 조선을 위한 것이라는 주장에 대해서는 **조선 병합론을 비판한다**(평민신문 36호)에서

"보라! 영토 보전이라고 부르는 것이 그 결과는 오로지 거대한 일본 제국을 만드는데에 지나지 않는다. 보라! 요즈음 합동을 설득하는 자도 영토 보전을 설득하는 자도 마찬가지로 일찍이 조선의 독립을 설득했던 자였음이 그러한즉 장래의 일 또한 알고도 남음이 있다."

라고 하였다. **고도쿠 슈스이**는 다음과 같이 말하기도 했다.

"우리나라 사람은 평소 조선 국민을 비웃기를 조선인들은 추호도 국가의 관념이 없고 충애忠愛, 정조情操가 없으며 일본인으로서 본다면 조선인이 국가적 애국심이 없는 것도 당연하다고 본다. 조선인의 행복과 안녕이 국가 및 권력자 때문에 훼손당하고 있음이 그들의 역사이기도 하다. … 조선 국민의 최대의 장애물은 조선 정부에 있지 않다. 말하자면 황제니 정부니 하는 것은 조선 국민에 대해서는 일개 피를 빨아 먹는 **독충毒蟲**이 되고 있다. … 그들은 선천적으로 개으른 백성이 아니며 또한 교활한 백성도 아니다. 참으로 그들은 근면하고 인내하는 아름다운 자질을 가지고 있다. … 우리들은 조선인의 소질에 기대하고 있다. 그들은 어느 때까지는 현세적現世的이 되고 그들은 어떠한 압박 밑에서도 염세적厭世的이 되지는 않는다."

이런 언급에서는 조선인에 대한 신뢰의 정이 넘치고 있다. 본질적으로 고도쿠 슈스이의 사상속에는 잘못도 있었다. 그는 조선을 구하는 길은 국가 독립의 옹호가 아니라 조선이라는 국가를 부인하는데 있다고 하였다.

고도쿠 슈스이와 같은 입장에서 일본의 침략 정책에 반대하여 조선과의 연대를 꾀하고자 하는 자가 있었다. 각자 나름대로 논증을 펴서 일본 정부를 공격했으나 드디어는 **동경 사회주의 유지회**東京 社會主義 有志會라는 이름으로 대한결의對韓決議를 표명했다.

"우리들은 조선 인민의 자유 독립 자치의 권리를 존중하고 여기에 대한 제국주의적 정책은 만국萬國 평민계급 공동의 이익에 반하는 것으로 인정한다. 그러므로 일본 정부는 조선의 독립을 보장한다는 말의 책임에 충실할 것을 바란다."
― 1907년 7월 21일 사회주의 유지회

여기에서는 조선과의 연대 의식이 뚜렷히 나타나고 있다.
고도쿠 슈스이등의 사회주의자는 1910년 5월 대역사건大逆事件으로 검거되어 이듬해 1월 고도쿠 슈스이등 12명이 사형되었다. 그것은 일본 정부의 조작에 의한 것이었다. **고도쿠**등이 체포된 3개월 후에는 조선 병합 조약이 만들어 졌고 조선이라는 나라는 없어졌다. 고도쿠는 처형되었지만 그 사상은 기복起伏은 없지 않았으나 일본인 가운데 받아들여 졌다. 노동 운동, 사회 운동, 문화 운동 속에서 일본의 조선 지배에 반대하고 조선인의 해방을 지지하고 일본과 조선의 연대를 외치는 자는 끊이지 않았다. 이를테면 문학 작품소에서는 일찍이 이시가와 다쿠보쿠石川啄木의 노래속에

"지도 위 조선국에 새까맣게 먹칠하는 찬바람을 듣다"

라고 하는 시詩가 있으며 이는 조선 병합을 가슴 아픈 일로 느끼고 있다.
또한 **나가니시이 노스케**中西伊之助의 **빛나는 땅에 싹트는 것** (1922년)에서는 일본 통치하에 조선 농민의 비참한 모습과 조선에서 착취당하는 일본인 노동자의 모습을 그려 공통의 적敵에 대한 노여움을 표현하고 있다.

마카무라고愼村浩의 **"간도**間島 **빨치산의 노래"**(1903년)는 독립운동에 헌신하는 조선인에 깊은 공감을 나타냈다.

사회주의 입장과는 별도로 **인도주의적** 입장에서 일본의 조선 지배를 비판하고 조선인의 독립운동을 지지하고 특히 조선인의 뛰어난 예술적 재능을 주장한 자가 있었으니 **아나기 무네요시**柳宗悅이다. 그는 조선 예술의 독자적인 아름다움에 반해서 그것을 만들어낸 조선인을 마음으로부터 감탄하여 조선의 예술 작품 보전을 위한 조선 민족 미술관을 설립함과 동시에 자랑할 예술품을 만든 조선인에 대한 일본의 동화정책 탄압정책을 비판하여

"일본에 있어서 형제인 조선이 일본의 노예이어서는 안된다. 그것은 조선의 불명예임과 동시에 일본에 있어서도 치욕인 것이다."

라고 했다. 그의 조선 예술, 조선인에 대한 칭찬은 3·1운동에 있어서 조선인의 애국적인 투쟁에 공명, 이를 탄압하는 일본 정부에 항의로서 나타냈다. 이와 같이 올바른 조선관을 가진 일본인도 있었다. 아직도 알려지지 않은 사실도 있을 것이다.[130]

제3장

일본 메이지 시대 조선 지식인들의 일본관

 전 장에서는 일본의 정치인과 지식인들이 우리 한국을 어떤 시선으로 보았는가를 대충 짐작케하는 대목이었다면 이 장에서는 똑같은 동일 시대에 우리 한국의 정치인 지식인들이 일본을 직접 육안으로 보고서 어떤 의식을 갖게 되었는 가를 집어 보는 것도 일본에 대한 우리의 인식의 수준이 어느정도였는가를 짐작할 수 있어 의미가 있다고 본다.

 1875년 (고종 13년) 5월 조선 정부는 김기수金錡秀를 수신사로 일본에 보냈다.

1. 김기수의 일본관

 수신사 김기수 일행의 도일渡日은 일본과 조선이 맺었던 강화도 조약 때 (1876년)의 **기요다가黑田淸隆 (1840-1900)** 전권 대사와 부대사副

大使 **이노우에 가오루**井上馨 (1835-1915) 일행에 대한 회례사回禮使 형식을 취했다.

일본측에서는 근대적으로 변모해가는 일본의 모습을 보여서 중국 청나라에만 의존하는 조선의 체질을 고치게 하고 일본의 영향력을 높이려는 생각이 있었다. 조선의 사신에게는 국왕 고종으로부터 일본의 물정을 상세히 정탐하라는 임무가 부여되었다. 특히 고종은 보고 들은 바를 빠뜨리지 말고

김기수

기록하도록 엄명하였다. "**일동기유**日東記遊"는 정사 김기수의 기행기록이다. 일본은 여하튼 근대화의 길을 가고 있었고 이전에 있었던 에도 시대에 조선 통신사들이 가졌던 조선의 문화적 우월성을 잃어 버렸다.

김기수는 일본측의 안내案內를 받아서 화륜차, 철도 의사당 육해군陸海軍의 군제軍制 대포, 병기兵器 농기구, 전신 전보 공장, 학교 박물관 등의 근대적 시설들을 보았다. 태정 대신인 산조 사네토미三條實美 (1837-1891)이하의 여러 인물을 만나 그 인상을 쓰기도 했다. 일본의 신문에 대해서는 공사公私의 문견聞見과 길거리의 이야기도 입에 침이 마르기 전에 빨리 전해졌으니 빠름과 편리함에 혀를 내둘렀다.

또 그는 "**육군성 정조국**精造局"을 관람한 기록에서 커다란 공장에서 기계를 운전하는 모양을 기록하여

"한개의 화륜으로서 천하의 많은 물건을 만든다. 기교가 이럴수 있는가 공자께서 말씀하시지 않은 괴기한 일이다. 나는 이것을 보

고 싶지 않다."

라고 한걸음 빼면서도 근대적 과학 기술을 습득할 필요가 있음을 말한다.

따라서 **일동 기유**가운데 나타난 김기수의 표현은 조선이 주자학朱子學 하나 만을 밀고 나가 이를 거스리면 사문난적斯文亂賊으로 단죄 당하는 당시의 조선 사회에서의 고뇌에 찬 조국 근대화에의 제언이라고 이해할 수 있을 것이다. **일동기유, 행중문견별단**行中聞見別單에서 일본에 대한 종합적인 소견으로 여러곳에 일본 메이지 초기의 숨소리를 나타냈다. 조선인으로서 처음으로 일본 천황을 보았던 천황의 인상을

"그들의 이른바 황제는 25세인데 보통의 체구였습니다. 얼굴은 희나 조금 누렇고 정체精彩가 있었으며 생김새가 고왔습니다."

라고 평했다. 또 이제까지 상대했던 **도쿠가와 쇼군**에 대해서는

"옛날의 관백關伯도 지금의 종4위從四位의 관직官職으로서 봉록만 받고 에도江戶에 있으나 또한 감히 원망하는 기색과 윗사람을 엿보는 마음은 없다고 합니다."

라고 지금과 옛날의 느낌을 깊게 느끼게 했다. 그는 귀국한 이듬해 상산부사象山府使가 되어 이 글을 쓴 것을 기록하고
"상산 고을은 만첩산곡萬疊山谷에 있다."

라고 했다. 이 당시 조선 정부는 모처럼 근대 문명의 일단에 접하고 완곡하게 그것을 채용해야 함을 역설한 유망한 인물을 깊은 산중에 가두어 버린 것이다.

조선의 국왕과 집정자들은 일본이 부강한 까닭을 어슴프레나마 이해했을 것이다.

일본의 근대화를 통해서 부강해가는 모습을 직접 목도했던 김기수를 본국에 돌아왔을 때는 정부의 중요요직에 발탁해서 근대화를 위해 일할 수 있는 기회를 주었어야 함에도 그를 시골 구석에 유폐시켰다는 것은 이해가 안되는 처사라고 생각이 된다.

2. 김홍집의 일본관

일본 정부는 조선과 맺은 **"강화도 조약 (1876년)"**이후 하나부사 요시모토花房義質를 변리 공사로 조선의 한성 정부에 보내 강화도 조약 중에 있는 부산항 이외에 2항港의 개항開港 문제로 **"원산진元山津"**을 개방하고 다음에 **"제물포항(濟物浦港: 인천)"**의 개항을 강하게 압박했다. 일본은 조선의 배腹와 등背에 교두보를 쌓으려고 시도한 것이다. 그 밖에 관세, 배상문제, 미곡米穀, 금수 해제 등을 제기했다.

김홍집

그래서 김홍집金弘集 일행이 1889년 7월 2차 수신사로 파견되어 조약 개정과 관세 제정, 인천 개항 요구 문제등을 상의하게 되었는데 일본은 조선측의 문제 제기를 교묘하게 피했다. 한편 이번 수신사행에 부과된 임무중의 하나는 일본의 개화, 정세를 상세히 탐사하자는 것이었다. 김홍집은 이노우에 가오루, 모리야마 시게루, 등의 관계자나 일본 주재 중국 청나라 공사 하여장何如璋 참찬관 **황준헌**黃遵憲과 가끔 접촉하고 세계의 대세大勢, 여러 외국들의 시장, 아시아 문제, 일본 국내 사정과 근대화 과정, 러시아 침략기도, 이들에 대한 조선의 대책, 외교 통상의 지식에 대하여 실로 광범위하게 견문을 넓혔다. 조선에 귀국한 후에 바로 복명服命하게 되는데 이때 조선이 취해야 할 외교 정책을 논한 황준헌의 조선책략朝鮮策略을 국왕인 고종에게 바쳤다. 이 책자의 요점은 러시아의 조선 침략을 막기 위해서는

"중국과 친하고 일본과 결탁하고 미국과 연합하여 자강自强을 도모할뿐"

이라는 점에 있다.

그러면 김홍집은 일본을 어떻게 보았는가를 그의 "복명서"에서 몇 가지 골라 볼 수 있다.

"요즈음 일본 에도에는 "어학교語學校"를 세워 각국의 언어 문자를 널리 가르치고 있고 이미 조선어 학교도 세워져 있었다. 무릇 세상을 알지 못하고 멍어가 통하지 않고는 변화에 대응하고 스스로 지킬수 없기 때문이다."

라고 했다. 또

"요즈음 일본이 사사로이 하나의 단체를 만들었는데 이름을 **흥아회**興亞會라고 했다. 중국 청나라 공사 및 중국 인사들이 여기에 많이 관여하고 있다. 그들의 뜻은 청나라와 일본 및 우리나라가 마음을 같이 하고 힘을 같이 하면 유럽에게 모욕을 당하지 않을 것이라고 한다."

라고 기술했다.

그는 또 일본의 군제軍制, 경찰제도, 사법제도의 근대화의 이점利點을 설명했으며 일본 천황을 다음과 같이 언급했는데

"일본 왕은 오로지 나라의 부강富强에만 뜻을 두고 조금도 게으르지 않았으며 말 달리고 칼을 쓰는데 이르기까지 익숙하지 않은 것이 없다."

라고 했다. 여하튼 김홍집의 복명服命은 **조선책략**을 들여온 것과 얽혀 한국 유생儒生의 맹렬한 반대를 초래하고 국론國論이 비등하여 그는 신변의 위협을 느껴 한동안 언동을 조심할 정도였다.[131]

3. 박영효朴泳孝의 일본관

조선은 김홍집의 복명服命후 2년간 대격동大激動을 겪었다. 정부는 관제官制를 근대적으로 개혁할려고 했고 외교를 관장하는 **통리기무아문**統理

機務衙門을 창설하여 군사제도도 5영營에서 2영營으로 바꾸었다. 또 근대적 무기로 무장한 **별기군**을 만들고 일본군 소위 호리모토 레이堀本禮造를 고용하여 훈련에 임하게 했다. 또 일본에는 **신사 유람단**이라 불리우는 대大 **사절단**을 보내 일본의 여러 제도, 시설을 상세히 조사토록 했다. 중국 청나라에도 김윤식金允植을 **영선사**로 60여 명의 유학생을 보내 신식 무기나 화약 탄약등의 제조법 등을 수습시켰다. 그리고 1882년에는 중국 **이홍장**李鴻章의 주선으로 미국과 조약을 맺었다. 그러나 **황준헌**이 고종에게 바친 **조선책략**朝鮮策略의 내용과 그 후의 초보적인 근대벽 개혁에 반대하는 조선의 유생儒生들의 **위정척사론**衛正斥邪論이 전국을 들끓게 했다. 영남 즉 경상도에서는 이퇴계 선생의 후손인 **이만손**李晩孫을 필두로 하는 민인소萬人蔬가 나오자 큰 벌집을 건드린 것과 같은 소동이 일어났다. 이런 와중에 "**임오군란** (壬午軍亂: 1882년 7월)"이 발생했다.

박영효

　군제 개혁으로 실직失職당할 위기에 놓인 군인들은 조정으로부터 불량미不良米 배급이 발단되어 폭동을 일으켰던 것이다. 이 폭동은 중국 청군淸軍의 개입으로 진압되었다.

　이때 조선과 일본 사이에 맺어진 조약이 "**제물포 조약**"이고 임오군란 때 죽음을 당한 **호리모토**와 일본인들에 사죄의 의미에서 사신을 파견하게 되었는데 1882년 9월 박영효 일행이 사행使行을 하게 되었다. 이 사행에는 부사副使 김만식, 조사관 서광범, 외에 민영식, 김옥균 등도 수행했고 특히 김옥균 서광범은 두 번째 일본 방문이었다. **사화기략**使和記略은 박영효가 기록한 것이다. 조선의 정치 외교 자료로서도 중요한 의미를 갖지만 조선의 **개화파**인사들의 일본관 형성에 커다란 영향을 끼친 일본측의 대응도 재미있다. 조선 사신에의 대접이 종전보다 더욱 정중하게 되었다. "**시모노세끼**下關"에서

"민가民家에서 각 가정마다 국기를 단 것이 언덕위에 물결쳐서 밀려오는 파도가 홍일등처럼 환하게 빛이 나는 듯 했다. … 10여발의 축폭소리를 들었다. 두 나라의 강화를 축하하는 것이다."

라고 했다. 우리나라를 살피건데 백성의 기개氣槪가 유순하고 나약하여 일찍이 적개敵愾의 기품이 있는 것을 찾아볼 수가 없다.

조선 사행 일행은 도쿄에서 천황을 비롯하여 대신大臣 등 여러 인물과 만나고 중국 청나라 영국, 미국, 네델란드, 하와이, 이탈리아, 독일, 공사들의 방문을 받았다. 또 포병, 공장, 이나 조폐국, 육군 사관학교, 연병장, 전신국, 전기 기계창등을 견학했다. 어쨌든 박영효 사절단이 일본의 실정을 보고 **이노우에 가오루**, **요시나 기요나리**吉田淸成, **후쿠자와 유기치**福澤諭吉, **고토 쇼지로**後藤象二郞 등의 사람들과 이야기 하면서 가장 감명을 받은 것은 일본이 **유신**維新으로 서구 문명을 받아 들이고 자본주의의 길로 나아가면서 일대 **부강국가**를 향해 그것을 겨냥하고 있다는 사실이었다. 이것은 오래 전부터 박규수, 오경석, 유대치 등의 개화사상을 계승하여 조선의 자주적인 부르주아 개혁을 기도하고 있다. 김옥균 등 개화파에게 마음 든든한 모범으로 보여져 그 확신을 더욱 강하게 만들었다.

4. 김옥균金玉均의 일본관

김옥균 등은 1884년 (메이지 17년) 12월 조선에서 처음으로 부르주아 혁명운동이라 할 **갑신정변甲申政變**을 일으켜 실패하고 일본으로 망명했다.

망명 전에 김옥균은 3번 일본에 갔었는데 3번 모두 조선의 근대화에 도움을 주기 위한 것으로 처음 최초는 **시찰여행** 두 번째는 박영효 사절단의 수행원으로 세 번째는 일본에서 3백만 엔을 차입하기 위한 차관借款을 얻기 위한 밀사密使였다.

김옥균

그는 1년 가까운 차관 교섭이 일본 정부의 불신으로 수포로 돌아가자 일본을 믿을수 없다고 귀국하여 자주적인 개혁을 구체화具體化하고자 했다.

그렇지만 우연히 청나라와 프랑스 간의 전쟁에서 청나라가 불리하다고 본 일본에 편승하여 결국은 서울 주재 일본군을 왕궁 수비로 삼고 갑신정변甲申政變을 일으켜 권력을 장악했다. 그러나 불행히도 압도적인 청나라 군대의 개입으로 소위 **3일 천하**로 끝나 버려 박영효, 서광범, 서재필, 등과 함께 일본으로 망명했다.

그는 얼마 안있어 유명한 **갑신일록甲申日錄**을 써서 일본 지인에게 보여주어 이것이 몇권의 사본으로 전해지게 되었다.

일본에서는 몇 종류인가 부분 번역이 나오고 있어 그 내용이 상당히 알려져 있다. **갑신일록甲申日錄**에서의 그의 일본관은 메이지 정권 당사자에게 대한 철저한 불신감으로 일관하고 있고 그때의 일본의 배신행위를 구체적으로 폭로해가는 그의 글은 매우 신랄한 것이었다.

　이책이 조선의 부르주아 혁명의 견지에서 거대한 의의를 가진 것은 당연하다 하더라도 그 당시의 일본 위정자의 이른바 침략의 출구를 밝히고 있다는 점에서도 구하기 힘든 자료라고 볼 수 있다.

　조선 정부는 김옥균이 망명한 후 김옥균을 암살하기 위해 자객으로 **지운영**池運永을 일본에 보냈다. 일본 정부는 이런 처사에 어떤 항의를 하지 않을뿐 아니라 도리어 김옥균을 나라 밖으로 퇴거 시키는 조치를 취했다. 이즈음 김옥균은 조선 국왕 고종에게 **상주문**上奏文을 발표하고 이 가운데서 일본에 대하여

"중국의 이홍장이 일본 정부와 약속하여 자객을 보내 신臣을 해치려고 모의 하는데 일본 정부는 이것을 방관하여 막지 않을뿐만 아니라 도리어 그 자객을 보호하려는 것은 그 증거가 명료하다고 말하는 자가 있지만 신臣은 이것을 믿을 수가 없습니다.

　왜냐하면 설령, 일본 정부로 하여금 먼저 조선의 일에 간섭한 것을 후회하고 신을 죽여 그 일을 막으려고 하는 뜻이 있다고 해도 당당한 한 나라의 정부로서 이러한 어린아이 장난같은 조약을 할 리가 없습니다. … 바야흐로 지금 조선을 위해 도모하는데 청나라는 본래 믿을바가 못되고 일본도 그렇습니다. … 일본은 지난해 이후 무슨 생각인지 한때 열심히 우리 국사國事에 간섭하더니 한번 패한 뒤에는 바로 그것을 버리고 돌보지 않는 것입니다. 또 믿기에 부족합니다."

하고 통렬이 말했다.

일본 지배층에 대한 불신이 그의 일본관의 핵심을 이루고 있다. 그러자 일본 정부는 김옥균을 거의, 미개지未開地인 **오가사와라**小笠原島에 유배를 보냈다. 김옥균이 말하길

"오가사와라 날씨가 무척 덥다. 매일 모진 바람이 오기를 두 세차례 많은 비가 오면 곧 추워서 견딜수가 없는 것을 기억한다. 땀을 흘리며 기침을 하고 갑자기 깊게 덮어서 옷을 겹쳐 입는다. 지병인 **류마치스**가 점점 심해진다. 매일 모진 바람이 오기를 두 세 차례 많은 비가 오면 곧 추워서 견딜수가 없는 것을 기억한다. 땀을 흘리며 기침을 하고 갑자기 깊게 덮어서 옷을 겹쳐입는다.

지병인 류마치스가 점점 심해진다. … 매일 하늘은 새벽이 되면 곧 파리 소리 우레가 우는 것 같고 무리 지어 날아 하늘을 덮는다 기세가 매우 위험하다. … 다만 좋은 식사는 거북이다. 토착민은 날마다 바다에서 일하고 이것을 잡는다. 하루는 어떤 사람이 한 마리를 가지고 와서 그것을 사라고 요청한다. 이것을 보면 그 큰 것이 원반대 같고 등의 모양은 태양에 반사되어 아름다운 빛을 발휘한다. 눈을 크게 떠서 나를 바라본다. 살려달라고 호소하는 것 같다."

김옥균은 오가사와라 섬에서 2년을 보냈다. 그로써는 일본 정부에 대한 울분과 김옥균의 전지 요양의 청請을 들어주는 형태로 혹서酷暑의 땅에서 혹한酷寒의 혹가이도로 옮겼다.

후에 김옥균은 자객에게 유인되어 중국 상하이에서 암살되었다. 그의 친구 **와타나베 하지매**渡邊元는 김옥균의 일본관과 그의 죽음에 관해 다음과 같은 글을 남기고 있다.

"김옥균이 상해에서 횡사橫死한 것은 자신을 위해서나 일본을 위해서 차라리 잘된 일이라고 생각한다. 왜냐하면 그의 조선에 대한 이상理想은 그곳을 중립국으로 하여 동양의 공원公園으로 하고 싶었던 것이다. 일본이 강하게 나오면 러시아로 달려가고 러시아가 강하게 나오면 일본에 의지하는 식으로 러시아와 일본을 조정해서 조선의 독립을 유지하는 외에 다른 방법이 없다고 생각했던 것 같다. … 그러므로 상해上海의 흉변凶變이 없었다면 다른날 일본인의 손에 죽었을지도 모른다.

― (김옥균) 민우사 판

김옥균이 러시아에 의존할 생각이 있었는지 없었는지는 확실치 않지만 다른날 일본인에게 살해되었을지도 모른다고 본 것은 일종의 탁견卓見일 것이다.[132]

5. 최익현崔益鉉 (1833-1906)의 일본관

최익현은 망해가는 조선 말기의 유림儒林을 대표한다 할 수 있는 유학자였다. 그래서 그가 일본을 어떻게 인식했던가를 알고자 하는 것이다. 그의 호號는 면암勉庵이며 화서華西 이항로李恒老의 문인으로서 경기도 포천 출신이다. 1855년 (철종 6년) 문과에 급제하며 1863년 (고종 5년)에 장령掌令으로서 흥선 대원군의 실정失政을 상소함으로써 사직辭職된 바 있으며 다시 동부승지同副承旨로 기용되자 만동묘萬東廟를 복구해야 하고 철폐된 서원을 복원해야 함을 주장함으로써 대원군의 정책을 비판하였다. 공조참판으로 승진해서는 민비閔妃의 지시를 받아 더욱 강경한 논조로 대원군을 탄핵하고 대원군의 실각에 결정적 계기를 만들었으나 군부君父를 논박했다하여 형식상 제주도에 귀양갔었다. (1894년)

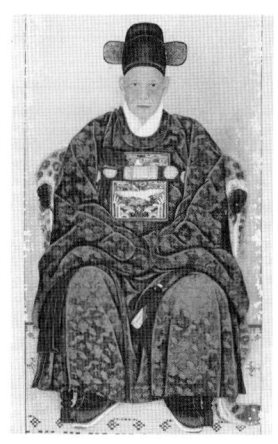

최익현

공조판서로 임명되고 1905년 을사조약이 체결되자 이를 반대하여 다음해 6월 그의 제자인 **임병찬林炳瓚**과 전라도 순창에서 의병을 일으켜 항전抗戰하자 체포되어 대마도로 유배되어 단식斷食 끝에 죽었다.[133]

1875년 9월의 일본 군함 **운요호雲揚號**에 의한 강화도 사건의 도발과 그 다음해인 1876년 **구로다 기요다카黑田淸隆, 이노우에 가오루井上馨**가 이끌고 온 문자 그대로의 **포함외교砲艦外交**는 일본의 군사적 위세를 배경으로 래항來港, 조약 체결을 강요하자 조선의 조정과 민건은 그 시비를 둘러싸고 조정朝廷과 민간은 크게 들끓었다. 이때 최익현은 조약 체결 반대운동의 선두에 서서 행동하고 있었다. 최익현은 이항로의 제자였다. 스승인 이항로는 정의를 지키고 사악邪惡함을 물리치자는 위정척사衛正斥邪파 입장에서 서양 오랑캐 프랑스를 규탄했지만 최익현은 스승과 같은 입장에서 일본과의 조약에 반대하여 대원군 실각 이후의 민씨 정권과 대결했다. 그는 도끼를 지고서 조약을 반대한다는 유자儒者 50명을 이끌고 궁궐 앞에 엎드려 상소문을 올렸다. 이 상소문이 유명한 "**지부복궐척화의소持斧伏闕斥和議疏**"이다. 상소가 받아들이지 않으면 도끼로 자기 목을 처달라는 의미이다. 결국 조선 정부는 일본의 무력을 두려워 하여 강화도 조약을 체결하고 마지못해 개항開港을 하면서 최익현을 흑산도로 유배시켰다. 이때의 상소문에는 최익현은 물론 전국 유림의 위정척사에는 조선 유림이 일본을 보는 일본관이 응결凝結되었다고 생각된다. 그때의 상소문에

"엎드려 삼가 아룁니다. 선정 선대先代의 현인賢人이었던 신臣 조헌朝憲이 상소한 일로 길주吉州로 귀양을 가는데 영동역嶺東驛에서 왜인들의 사단事端이 크게 우려되는 것이 있음을 듣고 다시 피끓는 소疏를 전달합니다."

위의 인용문은 상소문의 머리 부분이다. 최익현은 상소문의 맨 처음에 **조헌**朝憲이라는 유자儒者 한 사람의 고사古事를 인용하여 자기가 말하려는 주제를 선명하게 부각시킨다. 조헌은 조선시대의 학자이다. 과거에 합격한 후 몇 개의 관직을 역임하지만 일본의 도요토미 히데요시가 사자使者 겐소玄蘇를 조선에 보냈을 때 조헌은 일본의 겐소를 목맬 것을 제기했다. 얼마 안있어 일본군의 침략(임진왜란)이 시작되자 조헌은 의병을 조직하여 일본 침략군과 크게 싸우게 된다. 그리고 드디어 침략군의 대군大軍을 만나서 그의 부하 700명과 함께 장렬히 전사하게 된다.

그는 **고경명**高敬命, **김천일**金千鎰, **곽재우**郭再祐 등과 함께 임진왜란 4충신의 한 사람으로 손꼽히는 인물로 민족의 사표師表가 되는 존재이다. 그래서 최익현은 일본과의 조약에 반대하는 상소문 머리 부분에 조헌의 고사를 인용한 것이다.

최익현이 이 조약 (1876년의 강화도 조약)에 반대하는 이유는 다섯 가

지인데 당시 그의 일본관을 알아보기 위해 관련 부분을 인용해본다.

"신臣은 듣건데 강화講和가 저들(일본)의 애걸에서 나왔다면 강强함이 우리에게 있기 때문에 우리가 저들을 제압할 수 있으니 그러한 강화講和는 믿을 수가 있습니다. 그러나 강화가 우리의 약점을 보여서 나왔다면 이는 주도권이 저들에게 있기에 그들이 도리어 우리를 제압할것이니 그런 강화는 믿을 수가 없습니다.

신臣은 감히 이번의 강화가 저들의 애걸에서 나온것인지 아니면 우리가 약점을 보여서 나온것인지 모르겠습니다. 우리가 안일하게 지내느라 방비가 없고 두렵고 겁이 나서 강화를 청한다면 눈앞에 닥친 일을 우선 지킬려는 계책을 세우는 것입니다. … 일단 강화를 맺으면 저들이 욕심을 내는 것은 물화(物貨: 물건)를 교역하는데 있습니다. 저들의 물화는 지나치게 사치하고 특이한 노리개이니 손에서 생산되어 한이 없습니다. … 한계가 있는 진액(津液: 백성의 피와 땀)과 고유(膏腴: 비옥한 땅의 산물)는 백성의 생명이 달린 것을 갖고서 한없이 사치하고 기과한 서양의 노리개와 바꾸니 이것은 마음을 좀먹고 우리의 풍습을 해치는 일입니다."

위의 상소문의 뒷장에는 강화가 되어서는 안된다는 이유를 다섯 가지를 열거 했으나 문장이 길어서 생략하였다.

그의 상소문에 일관하는 것은 중국을 향한 **화이 사상**華夷思想에 기본을 둔 **"위정척사론"**에 입각한 우리 민족의 정치제도 풍속의 우위성에 대한 절대적 확신이다. 말할 것도 없이 최익현은 보수성이 강한 인물이다. 어느 의미에서 그의 완고 고루함을 비웃는 것은 쉬운 일이다. 그러나 일본에 관한 문제에서 그가 열거한 다섯 가지 문제점을 비웃기란 어려울 것이다.
 그가 지적한 것이 거의 맞았기 때문이다. 일본은 일이 있을 때마다 조선에게 군사적 압박을 강요해 왔다. 교역 등의 경제적 측면에서는 공정치 못한 교환이나 약탈 행위를 하여 부당한 수탈을 했다. 그리고 일본을 금수(禽獸: 짐승)라고 부른 문제에 대해서도 일본 자신도 에도 말기에 미국과 영국을 귀축미영(鬼畜美英: 가축)이라고 부른 적이 있었다.
 최익현은 위의 상소문에서 다음과 같이 말한다.

 "옛날의 왜인들은 이웃나라 였으나 지금의 왜인들은 **구적(寇賊: 도둑같은 적)**입니다. 이웃 나라와는 강화할 수 있자만 구적과는 강화할 수 없습니다. 왜가 **구적** 임을 과연 무엇으로 진실을 알수 있는가 하면 그 양적(洋敵: 서양의 억)의 앞잡이가 된 것을 가지고 알수 있습니다."

 여기서 말하는 **옛날의 왜**라는 것은 일본 에도 시대를 가르킨다. [134]

제4장

일본 다이쇼大正 그리고 쇼와昭和 시대 일본 정치인 또는 지식인들의 한국관

일반적으로 "**다이쇼大正시대**"는 "다이쇼" 천황의 재위기간인 1912년에서 1926년을 가르킨다. 쇼와昭和시대는 "쇼와"천황의 재위가간인 1926년에서 1989년까지를 말한다. 앞으로 소개될 인물들은 비록 그들이 메이지 시대에 태어났다 하드래도 활동기간이 주로 다이쇼 또는 쇼와 천황 때에 걸쳐있기 때문에 이 시기의 범주의 인물로 간주한 것이다.

1. 나카노 세이코中野正剛 (1886-1943)

나카노 세이코는 언론인이며 정치가이며 여러 측면을 가졌던 인물이다. 그의 인생 초기에는 헌법을 존중하자는 **호헌파**護憲派로서 번벌藩閥 정치와 여기에 연관된 정우회를 비판하고 또 데라우치 총독의 조선 통치

정책을 비판했을 뿐만 아니라 독일 참전參戰과 일본의 시베리아 출병에 반대했었다. 그의 이런 언론 활동은 크게 세상의 주목을 받았다.

나카노 세이코

그런 **나카노 세이코**가 1930년 특히 1931년 9월의 만주사변 이후 부터는 급속하게 **우경화右傾化**하면서 1937년 38년에 걸쳐 이탈리아와 독일을 방문하여 무솔리니, 히틀러와 회견하고 부터는 일본의 파시즘 운동의 선두에 섰다. 그리고 일본 독일 이탈리아 삼국 동맹을 추진하고 미국 영국 타도의 선도 역할을 했다. 따라서 1941년 12월 8일 **도조東條** 내각이 태평양 전쟁에 돌입했을 때 나카노는 본거지 **동방화 본부**에서 만세를 연호했다. 그러나 도조東條가 군사적 파쇼 통치를 강화하자 나카노는 갑자기

"도조는 잘못된 방향으로 나라를 이끈다."

라고 비판하기도 했다. 이로부터 권력을 한 손에 잡은 도조와 도조 내각의 타도를 향해 **나카노**의 장렬한 싸움이 전개되었다. 1943년 10월 **나카노**는 검거되어 6일 후 석방되었지만 그날 밤 그의 자택에서 할복자살을 했다. **나카노 세이코**는 **도조**의 독재 정치에 저항하며 자결했다고 평가되는 이유이다. 그러나 이렇게 정치적 진폭이 격렬했던 나카노는 1910년대 20년대에 그가 가졌던 조선 인식은 두드러지는 대목이 있다.

나카노는 후쿠오카현福岡縣 후쿠오카시福岡市에서 장남으로 태어났다. 나카노 세이코는 어릴 때부터 고집 센 개구쟁이로 매일 싸움을 했다. 그의 나이 5세 때 후쿠오카시 도우난堂仁 소학교에 입학했으며 사범 부속 소

학교 고등과를 거쳐 1899년 그의 나이 13세 때에는 슈우칸修駄館 중학교에 입학했다.

6년 후에 같은 학교를 졸업하고 그리고 와세다 대학에 들어갔다. 나카노가 중학교 대학교에 들어갈 때는 일본과 조선을 포함한 동아시아가 크게 격동하던 시기였다. 1901년 **나카노**가 15세 때에는 후쿠자와 유키치가 죽었으며 **호시도루**가 척살刺殺 당하고 **나카에 조민**이 죽었다. 1904년 그의 나이 18세 때 2월달에는 러시아와의 전쟁인 **러 · 일전쟁**이 일어났으며 다음해인 1905년 11월에는 조선을 식민지로 만드는 **을사보호 조약**이 맺어졌다.

그 다음해인 1906년에는 조선을 통치하기 위한 **"통감부"**가 설치되었으며 초대 조선 통감부 초대 통감으로 이토 히로부미가 임명되었다. 일본은 러일전쟁의 승리로 세계 제국주의국의 대열에 끼게 되었다. 나카노는 일본의 국운國運 상승기인 1909년에 와세다 대학을 졸업하고 도쿄 일일 신문에 입사했다가 얼마 안있어 아사히 신문사로 옮겼다.

그 아사히 신문사에서 **"메이지 인권사론"**을 연재하면서 필명筆名을 얻었다. 그의 나이 27세인 1913년에는 조선의 경성(京城: 서울) 특파원을 임명받고 신혼의 부인과 함께 경성京城에 도착했다. 나카노는 조선 각지를 취재하고 1914년 4월부터 15회에 걸쳐 신문에 연재했던 것이 "총독 정치론"이다. 그는 말하길

"총독 정치를 **악정**惡政이라고 말하지 않을수 없다. … 그렇지만 동기는 선善하다고 해도 결과가 그렇지 못하면 그것을 선善이라고 할 수가 없다. 그러므로 나는 데라우치 백작의 총독정치를 지목하여

감히 선의善意의 악정惡政이라고 평가하고 싶다."

그의 선의善意의 악정 이란 표현은 불가피 했지만 **데라우치 총독과 "아카시 모토지로"** 헌병 사령관 겸 경무총감의 무단 통치 정책에 대해서 비판을 가했던 것이다. 나카노 뿐만 아니라 전임(前任: 기자)였던 **아라키**荒木나 **오카노 요노스케**岡野養之助도 격렬하게 데라우치의 가혹한 조선 통치를 비판했지만 **나카노**의 비판이 가장 통렬했다고 볼 수 있다.

다음해인 1914년 5월에는 **"내가 본 만선(滿鮮: 만주와 조선)"**이라는 단행본을 내기도 했는데 이 책중에는 '**동화정책론**同化政策論'이라는 주제의 글도 실려 있다. 이 글에서 **나카노**는

"일본과 조선의 관계는 단지 통감 정치를 펼친 이래의 일이 아니다. **진구**神功의 삼한三韓 정벌부터 고려 백제의 조공을 받았으며 이 사이에 우리는 그들의 문물을 받아들여 대륙의 새로운 문명을 흡수하고 도움을 받은 것이 적지 않았다. 도요토마 히데요시의 조선 정벌은 명분없는 전쟁으로 이것을 비난하는 자가 있어도 구체적으로 사정을 밝히면 우리나라의 자위책自衛策에 다름 아니다."

라고 말했다.[135] 그러나 이런 언급과는 다르게 일본인의 기질에 대해서는

"일본인은 강자强者에게 박해를 당하면 궁한 나머지 도리어 용기를 내어 적을 찌르고 스스로 넘어지는 것을 일상으로 한다. 그러나

조선인은 분연히 검劍을 잡고 일어나지 못한다 눈물을 흘리고 긴 탄식후에는 나를 죽여라 그렇지만 나는 죽지 않는다고 부르짖을 뿐이다. 이런 표현은 완전한 조선인 멸시관의 발로이다."

그런 **나카노**가 조선인에게도 **참정권**을 주자고 주장하기도 했다. 이런 주장은 그 당시의 일본 지식인 사이에서는 꿈에도 생각지 못한 제안이었다. "조선 총독의 무단 통치는 실패했으므로 조선인에게 참장권을 주어 자치自治를 허가해야 한다."

라고 주장했는데 그의 주장 가운데 **황족**皇族을 조선에 보내야 한다고 했는데 이는 조선인이 일본 황족을 받아들이라는 것으로 해석되며 천황의 직접 통치를 강화하라는 의미이기도 한 것이다.

여기에서 **나카노**의 조선 인식의 한계를 드러낸 것이다. 나카노는 경성 특파원을 그만둔 뒤 런던 특파원으로 가게 되었다. 마침 제1차 세계 대전을 유럽에서 견문했던 그는 귀국 후 얼마 안있어 아사히 신문을 퇴사하고 잡지『동방 시론』을 경영하여 독특한 언론 활동을 전개했다.

그 후의 행동은 1920년 후쿠오카 현에서 중의원 의원에 당선되어 정치가가 되고 이후에 8회 당선되었다. 1929년에 하마구치濱口 내각에서 체신정부 차관, 1931년 12월, 만주사변을 계기로 민정당을 탈당하고 동방회를 일으켰다.

1937년 38년에 이탈리아 독일을 방문했으며 도조의 군부 독재정치에 반대하여 도조 내각 타도를 주장하기도 했다. 이것 때문에 1943년 체포당하고 스스로 그의 생을 마감했다.

1919년 3월 1일에 조선에서 고종의 죽음을 계기로 3·1운동이 일어났다. 나카노는 **"국민신문"**과 **"동방시론"**등에서 크게 조선문제를 논하고 1920년 3월에 『만선滿鮮의 겨울에 비추어』라는 제목의 단행본을 간행했다. 그의 단행본에

"조선인의 독립운동은 우리나라에 대한 모멸과 원망의 결정이다. 조선 문제는 단순한 조선 문제가 아니고 우리 **야마타大和**민족의 존망이 걸린 문제이다.
조선 문제는 결국 일본 인심의 개조改造문제에 귀착된다. … 금일今日의 굴종을 도덕으로 바꾸는 것이 조선 통치문제의 요점이다."

즉 조선문제를 일본의 존망문제로 파악하고 일본인이 마음을 개조하지 않으면 안된다는 것이다. 또 구체적으로 말하길

"조선 총독부는 정무총감도 국장도 줄줄이 조선인을 채용하는것도 좋다. 인물이 없다고 말하지 말라."

라고 말했다. 이런 제안은 그 당시의 일본인으로서는 대단한 제안이었다. 그리고 조선의 자치自治 그리고 조선의 독립에 앞서서 먼저 해야 할 것은 조선과 일본과의 차별을 반드시 철폐해야 한다고 주장하기도 했으며 일본 제국의 헌법은 조선에도 적용해야하며 입으로는 **"동화同化"**을 외치면서도 조선인에게는 제국의 신민이 같이 누리는 헌법 규정의 권리조차 주지 않는다. 이는 마치 문을 닫으면서 들어오라는 말과도 같이 모순이다. 이라는 것이다.

이런 주장에 동조하는 일본 지식인들도 없지는 않았다.[136]

2. 아사카와 다쿠미淺川巧 (1891-1932)

아사카와 다쿠미

아사카와 다쿠미는 세속적인 의미에서 볼 때 이름높은 인물은 아니다. 그는 조선 **민예품**民藝品에 대한 연구를 많이 했으며 조선 민예품 미美의 가치를 일본과 조선에 크게 알린 인물이다.

아사카와 다쿠미는 현재의 야마시현 호쿠도시北杜市에서 태어났다.

1910년 일본에 조선이 병합된 후 그의 형인 노리다가伯教는 고후甲府에서 기독교인의 친구가 조선에서 가지고 돌아온 도자기를 보여주자 그 아름다움에 숨을 멈추었다. 그도 조각 예술에 뜻을 가지고 있었던 터여서 노리다가는 바로 조선 도자기의 포로가 되었다. 그리고 1913년 도자기를 비롯하여 조선 미술을 직접 접하겠다는 일념으로 조선에 건너갔다. 그 후 아사카는 형의 영향을 받아 조선 민예품의 미적美的 가치를 선전했다.

간도 대지진 사건에서 아사카와 다쿠미는 조선인의 방화설放火說에 의문을 품기도 했다. 1923년 9월 10일의 그의 일기에 그의 부인의 동생으로부터 온 편지에 간도 대지진에서 조선인이 방화했다고 하는것에 대해서 그의 일기는 이렇게 나간다.

"도쿄 및 그 근처의 일본인이 격앙하여 조선인을 보면 죽이겠다는 기세로 선량한 조선인까지 꽤 살해되었다. … 아무리 조선인이 일본에 반감을 가지고 있었다고 해도 이 불의의 재해를 당해 방화하는 것은 인정이 없는 것이다. 조선인의 무지無知한 자를 선동해서 그렇게 시킨 고약한 일본인이 있다고 생각한다. … 나는 믿는다. 조선인들이 이번 불시의 천재지변을 기회로 삼아 방화하려는 계획을 한 것은 아니라고 본다. 오히려 일본인의 사회주의자들이 선동을 해 아무것도 모르는 조선인의 인부人夫를 앞잡이로 사용해서 저지른 것이라고 생각한다. 도대체 일본인은 조선인을 인간으로 취급하지 않는 나쁜 버릇이 있다. 조선인에 대한 이해가 부족하다. … 나는 아무리 생각해도 믿을 수가 없다. 도쿄에 있는 조선인의 대다수가 궁지에 몰린 일본인과 그 집이 불타는 것을 바라겠는가 그렇게 조선인이 나쁜 사람이라고 생각한 일본인도 상당히 근성이 좋지 않다. 그리고 이번 방화는 사회주의자들의 선동에 의한 것이라고 추측한다."

그의 일기는 다음과 같이 이어지고 있다.

"일본은 도쿄의 크기를 자랑하고 **만세일계萬世一系**를 자랑하는 것은 적어도 삼가야 한다고 생각한다."

당시는 이 정도의 글을 쓰면 불경죄를 물어 중형을 받을수도 있었다. **아카사와 다쿠미**는 조선 독립론자는 아니다. 그러나 총독정치에의 비판은 날카롭다.[137]

3. 후세 다쓰지布施辰治 (1880-1953)

후세 다쓰지는 변호사이었다. 일본식으로 말하면 메이지 다이쇼와의 3대에 걸쳐 **민중의 편, 약하고 가난한 무산자의 벗**을 자칭한 변호사였다.

그리고 아울러 식민지 치하에서 완전히 어떤 권리도 가지지 못했던 조선인에게는 헌신적으로 모든 법적 수단을 동원해서 구제활동을 했던 보기 드문 존재이기도 했다.

후세 다쓰지

후세 다쓰지는 지금의 미야기현三重縣 이시노미키시石卷市의 중농中農 가정의 차남으로 태어났다. 어릴 때 허약 체질 때문에 남보다 늦게 소학교에 입학했다. 아버지는 같은 시기에 한문을 공부시키기도 했다 후세 다쓰지의 아버지는 대단한 독서가로 어릴 때 다쓰지에게 의인전義人傳이나 프랑스 혁명, 폭정, 압제와 싸우는 사람들의 이야기를 들려주었다고 한다.

타고난 정직한 아이로 강한 의협심의 소유자였던 **다쓰지**는 아버지가 들려주는 이야기의 영향을 많이 받았다. **다쓰지**는 1899년 그의 나이 19세로 상경上京하여 메이지 법률학교에 들어가고 1902년 졸업하여 사법관 시보로 검사 대리로 부임하기도 했다 그러나 1년 후에 사직했다. 어느 모자母子의 자살 미수사건에서 모친을 미수범으로 하는 판결서를 쓰게 되어 법의 비정非情과 모순을 느끼고 사임을 결심한 것이다. 그리고 변호사를 개업했다. 그의 사상형성의 과정을 보면 첫째는 정의감과 둘째는 아버지에 의한 의인전義人傳의 영향, 셋째는 한학漢學의 영향, 넷째는 사회주의 사상의 체득이라고 할 수 있다.

후세 다쓰지의 조선관을 나타내는 글이 있다.『**잡지 적기**赤旗 **(1923)**』의 "**무산계급으로부터 본 조선 해방 문제**"라는 설문 조사에 대한 회답이다.

"한일 병합은 아무리 표면의 **미문**美文을 장식해도 이면裏面의 실제는 자본주의적 제국주의 침략이었다고 생각한다. 그러므로 일본의 자본주의 각 세계의 자본주의가 아직 무너지지 않고 더욱 몹시 고통스러운 **폭위**暴威를 떨치는 금일 자본주의적 제국주의에 의해 침략 당한 조선 민중이 더욱 착취당하고 점점 압박 당하는 것은 당연한 귀결이다. …"

그는 이후 4회에 걸쳐 조선에 건너간다. 의열단 사건, 조선 공산당 사건, 등 모두 조선의 독립을 위해 투쟁하고 체포당한 독립투사나 대지주大地主와 동양 척식주식회사에 토지를 빼앗긴 소작인들의 고통을 구하기 위한 것이었다.

재일在日 조선인에게 잊을수 없는 것은 간토 대지진 때에 학살당한 조선인 문제에서의 격렬한 항의 활동, 그리고 학살 사건의 진상 조사활동, 아울러 희생자 추도회에서

"살해 당한 자의 영혼을 위로하기에 앞서서 먼저 죽인자를 미워하지 않으면 안된다. 그리고 책임을 물어야 한다."

라고 일본인을 규탄한 추도 연설등은 그의 분투의 모습이다. 그 위에 일

본 관헌은 대지진 때에 조선인이 폭행, 또는 **불경**不敬행위를 했다는 증거로 일본이 조선인인 "**박열**朴烈"과 일본 여자 "**후미코**金子文子"가 했다는 대역大逆 사건을 날조했는데 **후세 다쓰지**는 이 두사람을 변호하고 이 사건의 날조를 증명할려고 했으나 대심원의 판결은 사형이었다.

10일후 사형은 무기징역으로 감형되지만 후미코는 옥중에서 자살했다. **후세 다쓰지**는 **후미코**의 뼈를 인수하여 조선의 **박열** 집안의 묘지에 매장해 주었다. 조선인의 마음을 충분히 이해했던 후미코의 심정을 이해해 주었던 것이다.

후세 다쓰지는 자유 법조단을 구성하여 법적 구원의 폭을 넓히고 일본 관헌의 횡포를 용서없이 비판했기 때문에 전쟁 전에 두 번에 걸쳐 변호사 자격을 박탈당하고 또 몇 번인가 투옥당하기도 했다.[138]

4. 이시바시 단잔石橋湛山 (1884-1973)

이시바시 단잔은 선이 굵은 뛰어난 언론이자 경제학자 그리고 정치가다 이바시 단잔은 1911년 1월에 동양 경제 신보사에 입사하고 이후 천수백편의 논문을 발표하고 나중에 15권의 전집으로 정리했다. 실로 메이지, 다이쇼, 쇼와시대 즉 3대에 걸친 언론인이다.

이시바시 단잔

그가 다룬 문제는 경제 정책, 재정문제,

그치지 않고 정치, 경제 군사, 외교 보통선거 문제 문화 일반에 이를 뿐만 아니라 식민지 문제 즉 조선 문제에 있어서도 특이한 인식을 보여 주기도 했다.

이시바시 단잔은 1884년 9월에 도쿄 아자부麻布에서 태어났으며 그의 아버지는 승려였으며 불교계에서 높은 지위까지 오른 인물이기도 했다. **이시바시 단잔**은 주거지 변경에 따라 몇 개의 소학교를 다녔으며 1895년 11세로 야마나시 현립 심상尋常 중학교에 입학했다. 1903년 그의 19세에 와세다 대학 고등예과에 들어가 다음해에는 같은 대학 문학부 철학과에 입학, 1907년에 수석으로 졸업했다.

졸업 후 도쿄의 **마이니치** 신문에 들어가 1년이 안되어 퇴사하고 1911년 1월에 동양 경제 신보사에 들어갔다. 이로부터 **동경 경제 신보**지에 근거해서 이시바시 단잔의 35년간에 걸치는 노도怒濤와 같은 언론 활동이 전개되었다. 이시바시 단잔은 러시아와 일본간의 전쟁이었던 러일전쟁 후의 아시아 정복을 목적으로 하는 군국주의 사조思潮가 넘치는 시대에 살게 되었다. 그 당시 대륙으로의 진출은 일본 국가 정책의 기본이 되었고 이것에 반대하는 언동은 격렬하게 지탄을 받는 시대이기도 했다. 이러한 시대 풍조風潮 가운데서 이시바시 단잔은 감히 군국주의를 반대했고 대륙 침략을 비판했으며 군비를 축소할 것을 주장했다.

조선에서 3·1운동이 일어났을 때 **이시바시 단잔**은 사설에서 다음과 같이 썼다.

"어떤 민족이라도 다른 민족의 속국이 되는 것을 유쾌하게 생각하는 민족은 없다. … 조선인도 한 민족이다. 그들은 그들의 특수한 언어와 독립된 역사를 가지고 있다. 충심으로 일본의 속국임을 기뻐하는 조선인은 한 사람도 없을 것이다. 그러므로 조선인은 결국 그 독립을 회복하기 까지 우리의 통치에 대해서 반항하는 것은 물론 그 위에 조선인의 의식 발달 자각의 증진에 비례해서 그 반항은 더 격렬하게 더해질것임에 틀림없다. 그래서 언젠가는 조선인의 자치 민족으로 인정하지 않을수 없다."

라고 했다. 또 1921년 7월에 미국의 제안으로 군비 축소회의가 열려 일본도 여기에 참가했는데 **이시바시 단잔**은 이때 놀랄만한 제안을 했다. 그는 사설을 통해서 **일체를 버릴 각오**라는 제하에서

"예를 든다면 만주를 버린다. 중국 산동을 버린다. … 가령 조선에게 타이완의 자유를 허가한다. 그 결과는 어떠할까?"

라고 하면서 대륙에서 일체의 일본의 이권利權 그리고 조선 등의 식민지를 버리라고 말하는 것이다.
이시바시 단잔은 그의 사설에서 **대일본주의의 환상**이라는 제하에서

"조선과 타이완 가라후토를 영유領有하고 관동주를 조차租借하고 중국, 시베리아에 간섭하는 것이 우리의 경제 자립에 없어서는 안 되는 조건이라는 설說도 있지만 이것은 사실을 명백히 보지 못하기 때문에 일어나는 환상에 지나지 않는다."

라고 주장했다. 군비에 대해서도

"타국을 침략하는 것이 목적이 아니라면 다른 나라로부터 침략당할 위험이 없는 한 우리나라는 군비를 강화할 필요가 없을 것이다."

라고 썼다. 그는 1923년 9월 1일 간도 대지진에서 6000명의 조선인이 학살되었을 때 이시바시 단잔은 사설에서 이 사건을 과학화 하라고 발표했다.

"유언비어流言蜚語는 무성하게 달랐다. 그리고 그 유언비어를 오히려 경찰이나 군대가 전파했다."

라고 지적하고

"청년단 및 재향 군인단 등은 죽창을 가지고 혹은 옛날 무기를 갖고 나와서 여러곳에 두고 통행인을 심문하거나 혹은 다투어 불쌍한 일부의 동포를 쫒아다는것에 종사했다."

라고 썼다. 전후戰後에는 정치가로 전향해서 **이시바시 단잔**은 하도야마鳩山 내각의 뒤를 이어 총리대신이 되었지만 병 때문에 2개월만에 퇴진했다.

5. 이시하라 간지 石原莞爾 (1889-1949)

이시하라 간지는 쇼와 시대를 대표하는 육군 군인의 한 사람이다. 이시하라는 관동군 참모로 근무할 때 유조호柳條湖 사건을 일으켜서 만주사변을 확대하고 무력으로 만주 지역을 점령하고 얼마 안가서 괴뢰傀儡 만주국을 건국 시킨 장본인으로서 세상의 주목을 받았던 인물이다.

이시하라 간지

그리고 동시에 그는 **"세계 최종 전쟁론"**과 **"동아시아 연맹"** 구상이라는 근대 일본 육군에서도 세계 전략을 가진 드물게 보는 군인어었다고 볼 수 있다.

이런 그의 전략에서 조선을 어떻게 그가 인식했는가가 중요하다.

이시하라 간지는 현재의 야마가타현山形縣 쓰루오카시鶴岡市에서 그의 부모의 차남으로 태어났다. 그의 집안은 대대로 쇼나이번庄內藩의 다이묘인 사카이가酒井家의 가신家臣이었다. 메이지 유신 이후에 그의 아버지는 순사巡査로 채용되어 부임지를 이곳 저곳 전전輾轉하지만 **이시하라 간지**는 아버지의 부임지에 따라 소학교를 여러 번 전전했다. 이윽고 쇼나이 중학교에 들어가 2학년때 **샌다이** 육군 유년학교에 입학하고 육군 사관학교를 졸업했다. 1909년 그의 나이 20세 때에 보병 소위로 임관되었다.

그리고 다음해 4월에 조선 수비를 위해 조선에 가서 춘천에서 만 2년간을 보냈다. 이 사이에 조선병합(1910년)이 이루어 지는데 **이시하라**는 이 때 조선과 처음으로 접점을 가졌다. 그 후에 육군 대학에 들어가고 독일 유학도 했다. 한마디로 엘리트 코스를 밟은 육군 장교가 탄생한 것이다.

1928년 6월 4일에 대원수를 자칭自稱하고 중국 동북부를 지배하고 있었던 중국의 장작림張作霖이 중국 베이징에서 만주로 돌아오는 길에 평톈奉天교외에서 그가 타고 있던 열차가 폭파당해 폭살爆殺되었다. 이 사건의 막후 인물은 일본 관동군의 고급 참모인 **고모토 다이샤쿠**河本大作이었다. **고모토 다이사구**는 이 사건으로 해임 당해 일본 본토에 소환되고 후임後任으로 **이타가키 세이시**板桓征四郎대좌가 고급 참모에 취임하고 이시하라 간지는 관동군 작전 참모가 된다. 이시하라 간지는 만주에서 모략으로 전쟁을 일르킬 것을 계획한다.

"군부로 하여금 단결하여 전쟁 계획을 세우는데 있어서는 모략으로 기회를 만들고 군부가 주도하여 국가를 강하게 이끈다."

라는 것이다. 이로부터 4개월 후에 **유조호 사건**이 일어난다. 일본 관동군은 만주의 철도를 폭파해놓고 도리어 중국군이 했다고 생트집을 잡고 전투를 확대시켰다. 이것이 소위 **만주사변**滿洲事變이다. 이윽고 일본이 계획한 대로 일본군에 의해 만주 전체가 점령되고 괴뢰 만주국을 만들었다.

그의 주장 중에 세계 최종전最終戰은 일본인이 미국과 싸워 승리한다는 것이다. 그리고 그의 『**동아연맹론**東亞聯盟論』은 두 가지 결정적 파탄 요안을 가지고 있다. 첫째는 조선문제 둘째는 천황의 위치를 어떻게 부여할 것인가이다.

"조선민족은 일본 민족과 인종적으로 매우 가깝고 문화도 역시 항상 교류해 왔다. … 민족 자결이라고 칭하고 분리시키려는 것은 세계 대세에 역행하는 것이다."

라고 했던 것이다. **이시하라 간지**는 입으로는 모든 민족의 독립을 말하고 민족 평등을 말하면서도 조선 민족의 독립을 허용하지 않았다. 또 일본 천황의 문제이다.

"일본 천황은 세계 유일의 군주가 되시는 것. 천황에 의해 세계가 통일되는 것 … 동아의 모든 만족이 천황의 위치를 마음으로부터 신앙할 수 있을 때 비로소 **동아연맹**이 완수되는 것이다."

라고 했다. 그의 이와 같은 편견적 확신은 문제라 할 것이다.[139]

6. 우가키 가즈시게宇垣一成 (1868-1956)

우가키 가즈시게는 군인으로 육군 대장, 일본 육군의 거물이며 정치가이다. 메이지 원년元年에 태어나 19세 때 육군 사관학교에 입학했다. 1945년 8월 15일 패잔 후 1956년에 88세로 죽기까지 **우가키**의 생애는 근대 천황제 아래 일본 육군이 생성하고 발전, 성숙, 그리고 패배로 막을 내릴

우가키 가즈시게

때까지 일본 육군의 공功 과 과過를 동시에 지닌 인물이다. **우가키 가즈시게**는 임시 대리를 포함하여 두 번에 걸쳐 조선 총독의 임무를 맡고 6년간 조선 민족 위에 군림했다.

우가키 가즈시게는 오카야마현岡山縣, 이와니시군磐梨郡 오우치大內에서 태어났다. 그의 집안은 농민이었지만 그의 선조는 일본 전국시대에 3만 석 정도의 성주城主였다고 한다. 마을의 소학교를 졸업한 후 모교의 임시

교원이 되었고 교원 검정고시에 합격하여 이웃 마을 소학교의 교장이 되었다.

이 시기에 **우가키 가즈시게**는 한학漢學을 배우고 영화숙에 다니면서 맹렬하게 공부를 했다. 그의 숙원은 군인이 되는 것이었다. 이윽고 상경上京하여 메이지 29년인 1887년에 육군 사관학교에 입학했다. 이로부터 우가키 가즈시게의 장래는 육군 대장을 목표로 육군 대학교와 두 번에 걸친 독일 유학과 화려하다고 할만한 군 경력이 전개되었다. 조선과의 접점은 러일전쟁 당시 소좌로 사단 참모가 되어 조선에 갔을 때이다. 러일전쟁후 우가키 가즈시게는 **러·일전쟁에서 습득한 교훈**이라는 제목의 97항목의 문서를 썼다. 그중에서 조선에 대해서는 14개 항목을 할애했다. 13항목에서는

"조선 경영의 첫째 착수는 일본의 권위, 이권을 조선에 부식扶植하는것에 있다."

라고 했다. 이 말은 조선에서는 군사적 위력을 가지고 대하고 이권을 획득하라고 말하는데 이런 생각은 **우가키 가즈시게**의 독창적인 것은 아니었다. 이미 **하세가와 요시미치**長谷川好道가 조선 주차駐箚 군사 사령관으로 한성漢城에 들어가 실천하고 있을 때였다. 그 당시의 군사 지도자도 일치된 생각으로 조선에 대해 말하고 있었다. 요컨대 **우가키 가즈시게도 하세가와도** 조선 민족에 대해 철저한 **모멸관**侮蔑觀을 가지고 있었다. 14항목에서는 한걸음 더 나아가서

"조선을 식민지로 해도 대규모 식민지가 아니기 때문에 멀리서 이것을

구하면 아메리카 및 남양 제도와 같이 더욱 유망한 것이 된다."
라고 말했다. 미국을 일본의 식민지로 하고 싶다는 생각은 우가키 가즈시게의 독특한 생각이다. 15항목에서는

"만주 및 우수리 방면을 식민지로 하고 싶지만 거기에 조선은 군사상의 교두보와 같이 경영하지 않으면 안된다."

라고 했다. 즉 조선은 대륙 정략의 교두보와 같이 경영하지 않으면 안된다는 것이었다. 21항목에서는 **우가키 가즈시게는**

"조선 국민 만큼 나약하고 무기력한 인종은 천하에 없을 것이다. … 이러한 인민은 세계의 발달을 방해하는 것이 적지 않고 오늘에 이르기 까지 우승 열패優勝劣敗의 세상에서 이러한 나라가 존재하고 있는 것은 실로 불가사의不可思議한 일이다."

까지 말했다. 침략 당한 민족에게 이러한 표현은 한마디로 조선 멸시 관멸시관觀蔑視觀의 극치인 것이다.
조선에서의 3·1운동은 일본의 지배층을 놀라게 했지만 이것과 관련해서 우가키 가즈시게는
"금일 조선에서 자치自治나 독립을 요구하는 하는 것은 소수의 옛날 관리 양반과 소위 정치꾼 및 데모대의 일당들이다. 이들의 소리를 진정한 조선 전체의 절규라고 생각하는 것은 매우 잘못이다."
라고 말하며

"겁쟁이일수록 과거를 생각하고 원망을 잊지 못하는 특성을 가지고 있다."

고 잘라 말했다. **우가키 가즈시게**는 조선인의 움직임에서 어떤 교훈도 얻지 못했다. 거기에다

"조선의 독립문제 군사적으로 말하면 조선은 일본의 국방을 위한 제일선이다. … 일본의 안보와 자위自衛를 위해서는 이것을 분리시키는 것은 불가능하다."

라고 단언했는데 이것은 조선 독립을 절대적으로 부인한 것이다. 또

"조선인은 아일랜드와 비슷하여 감성적 충동적이다. 또한 조선의 과거 역사는 그 다지 내세울만한 가치가 있는 것이 아니다."

고 까지 말했다. 조선 역사에 대한 부정이다.

1923년 9월에 간도 대지진이 일어났는데 **우가키**가 육군 교육 총감부 본부장 때 일어난것이다. 그는

"9월 1일 이것이 무슨 흉일凶日인가?"

라고 쓰고 조선인에 대한 잘못된 유언비어流言蜚語를 사실이라고 오인했다. 우가키는 젊었을때부터 육군 중추부의 요직을 역임하고 나중에 5대 내각에서 육상陸相을 맡았다. 육군 대신을 5회 역임했던 사람은 **우가키**가 처음일 것이다.

조선에 건너간 **우가키 가즈시게**는 **"내선 간담화 회원"**을 향해 일본인의 예를 들면서 **"청·일, 러·일 전쟁때"**의 조선 인식에 대해서

"조선이란 나라는 산은 벗겨지고 밭은 척박하고 호랑이는 산야山野를 횡행橫行하고 일부 귀족 학자는 음모를 일삼고 대부분의 사람들은 하얀 옷을 입고 긴 담뱃대를 물고 돼지 우리 같은 곳에서 한가하게 낮잠을 자고 좁

쌀이나 피를 주식으로 한다."

라고 말했다. **우가키 가즈시케**는 오랫동안 육군의 중추부에 몸을 두고 러·일 전쟁후의 대륙 침략 계획의 수립과 추진에 관련된 인물이다. 괴뢰 만주국의 건설, 중국 화북華北의 분리, 전全 중국의 점령이다. 이러한 전략에서 조선을 어떻게 해야 하는가에 대해서 생각을 많이 했다. 농공農工 병진竝進 정책을 추진하고 모든 점에서 대륙 침공을 보완하기 위해서는 조선을 병참기지화兵站基地化시킨다는 것이었다.[140]

7. 미나미 지로南次郎 (1874-1955)

미나미 지로는 군인이며 정치가이다. 육군 사관학교 졸업후 기병 소위로 임관된후 기병이 실전 부대로서 러일전쟁에 출전하여 대위의 몸으로 공功 4급의 **긴시金鵄**훈장을 받았다. 그런 **미나미**가 1930년에 육군 대장이 되고 다음해 육군 대신이 되었다. 그리고 **우가키 가즈시게**의 후임으로 조선 총독에 취임했다. 그의 임기는

미나미 지로

1936년 8월부터 5월 말까지의 6년 동안이었다.

미나미 지로는 오이타현大分縣 니시쿠니사키西國東에서 차남으로 태어났다. 그의 집안은 대대로 히지번日出藩 기조시타木下 집안의 가신家臣으로 살아왔다. 그의 아버지는 꽤 높은 관료이었다. **미나미 지로**는 그의 나이

11세 때에 육군 소위인 그의 작은 아버지에게 이끌려 도쿄에 상경했다. 학교는 시바도모芝革繪 소학교에 편입했고 중학교는 도쿄 제1중학교에 들어갔으며 그의 16세인 1890년에 육군 중앙 유년학교에 입학했다. 2년 후에 육군 사관학교에 들어가서 3년 후에 육사를 졸업하고 기병 소위로 임관되었다. 그러나 러일 전쟁 때 공을 세워 대본영大本營의 참모로 영전한 것은 그의 동기생보다 뛰어났음을 증명한다. 미나미의 육군 대신 때에 **"만주 사변"**이 일어났다.

미나미 지로가 조선 총독으로 만 6년간 군림하는 시기는 일본의 조선 통치였던 무단 통치기, 문화 통치기, 파쇼 통치기 중에서 파쇼 통치기에 해당한다.

미나미 지로는 파쇼 통치기의 총독이었던 것이다. 일본의 조선 통치의 최대 목표는 조선인의 완전한 일본화日本化였다.

내선일체화內鮮一體化 정책등은 일본의 조선에 대한 정책이었지만 일본과 조선은 정치적 경제적 문화적 차이등으로 잘 이행이 될 수가 없었다.

그러나 미나미 지로의 조선 통치 때에는 정책적으로 이것을 잘 이루었다고 한다.

1937년 10월에 **"황국 신민의 서사 3조"**를 만들어 조선인에게 강제적으로 제창시켰다. 1938년 2월에는 육군 특별 지원 명령이 시행되었다. 조선 청년의 지원이라는 형태로 전쟁에 동원했던 것이다. 같은 해 5월에는 조선에 **"국가 총 동원법"**을 시행했다. 조선의 물적 자원, 인적 자원을 대륙 침략전쟁에 동원하는 법적 근거가 이 법으로 완성되었던 것이다.

그리고 1939년 10월에는 **"국민 징용령"**을 시행했다. 이제 까지도 조선인을 강제 연행, 강제 논동정책을 강행했지만 이런 법들로 조선인을 끌어내는 것이 가능했다.

다음해 1940년 2월에 **"창씨 개명"**을 실시하여 조선인을 일본의 성명으로 강제 개명했다. 1941년 6월에는 **"국민학교령"**이 시행되었다. 저학년의 학교 교육에서 민족어 즉 조선어는 금지되고 일본어를 정식 국어國語로 했다. 창씨 개명과 민족 말살 정책의 근간이었다. 1942년 1월에는 **"1천만섬 증산增産계획"**의 실시 요강要綱이 작성되었다. 조선은 쌀을 증산하여 일본에 공급한다는 계획이다. 그리고 1942년 5월에는 드디어 **징병령**이 일본 각의에서 통과되어 전 조선의 청년을 이의없이 총알받이로 할려고 했던 것이다.[141]

8. 고이소 구니아키 小磯國昭 (1890-1950)

고이소 구니아키는 육군 군인 조선군 사령관이기도 한데 나중에는 정치가로서 조선 총독이 외었고 도조 내각이 무너진 후에는 내각 총리 대신이 된 인물이기도 했다.

1945년 8월 15일 일본의 패전으로 **고이소 구나이기**는 도쿄 국제 재판에서 A급 전범으로 종신형으로 선고를 받았다. **고이소 구나아키**는 옥중 3년간에 그의 회고록이라

고이소 구니아키

할만한 **"갈산 홍조葛山鴻爪"**라는 제목의 900쪽에 달하는 자서전을 완성했다. 그 책에서 고이소는 도쿄재판은

"실로 난폭한 것으로 피고측의 진술이나 증거는 일체 받아들이지 않은 지극히 부당한 재판"

이라고 반격을 했다. 이 책에는 그의 조선관도 들어있다.

고이소 구니아키는 1880년에 부모의 장남으로 경찰서에 근무하는 아버지의 근무지인 우쓰노미야宇都宮에서 태어났다. 소학교는 아버지의 근무지 이동에 따라 여기 저기 옮겨 다녔고 중학교는 야마가타 중학교에 들어갔다. 그는 중학교 졸업 후에는 사관 후보생 시험에 합격하고 일등병과 하사관을 거쳐 1년간 사관학교에 입학하여 육군소위로 임관되었다. 즉 그의 군 경력은 보통 엘리트 사관의 경력과 크게 달랐다. 그가 중위 때 러시아와 일본의 전쟁인 러·일 전쟁이 일어났고 그의 부대도 여기에 맞추어 동원되어 1904년 3월에 조선의 진남포에 상륙했다. 그가 처음 조선을 방문했을 때 한 가지 에피소드가 있다.

고이소 구니아키는 조선 가옥에서 숙박하게 되었는데

"매우 불결하고 특히 악취가 심해서 도저히 들어갈 기분이 나지 않았다."

라고 했다. 악취운운은 일본인의 문화적 민족적 우월감의 표현이기도 했다.

그의 나이 45세인 1935년 12월에는 조선군 사령군 으로 임명되었다. 그때 그는 중장이었다.

그는 1942년 5월에 조선 총독으로 취임했다. 총독으로 취임 당시에 그의 조선인에 대한 인식은

"대중 가운데는 반일反日 독립의 사상을 품고있는 사람들도 적지 않았고 조선과 만주 국경 사이에서 빈발하는 비적匪賊들의 폭동도 항상 조선 독립

이라는 색체를 띠고 있었다. … 메이지 43년 한일 합방이 이루어져 이미 30년이 지났고 다시 독립시켜도 과연 현재보다 나은 문화생활을 유지할 수 있을지 의문이고 자연히 취해야 할 최선의 방책은 조선인으로 하여금 진정한 일본인이 되게 하는 데 있다."

라고 했다. 어느 때 그는 관저에서 조선인 학도들을 불러 의견을 들은 적이 있다. 그 자리에서

"이제와서 조선의 독립을 꿈꾸는 것은 일본의 **규슈**나 **혹가이도**가 독립을 기도하는것과 같은 바보짓일 뿐이다."

라고 하여 **독립론**을 일축했다.[142]

9. 나가이 가후永井荷風 (1879-1959)

나가이 가후는 소설가이자 수필가이다. 도쿄 고이시가와水石川에서 부모의 장남으로 태어났다.

나가이 가후는 **아메리카 이야기, 프랑스 이야기, 스미다카와**을 차례로 발표하여 이미 메이지에 문단文壇에 화고한 지반을 쌓았다. 다이쇼 시대에 들어와서 **솜씨 겨루기, 오카메사시**등의 대표작을 발표하여 크게 문명文名을 높이게 된다.

나가이 가후

나가후 가후는 도쿄의 소학교에서 배우고 영어 학교와 중학교에 들어가는데 고교 입사에 실패했다. 이때 부터 소설 수업을 시작했으며 프랑스

어를 배우고 에밀 졸라에 심취해 졸라의 문학 사상을 일본에 소개했다.

아버지는 **나가이 가후**를 실업가로 만들기 위해 미국 유학을 보냈지만 그는 문학 수업에 전념하고 나중에는 아버지의 배려로 프랑스로 건너갔다. 그가 그의 29세인 1908년에는 귀국했을 때는 그의 아버지의 의도와는 전혀 다른 새로운 시대의 문학자로써 천직과 개성을 가진 인물이었다.

나가이 가후는 활발환 집필활동을 하고 게이오 대학의 교수도 되었다. 그는 간도 대지진때 조선인의 폭동을 유언비어流言蜚語라고 믿지 않았으며 학살된 자를 죄없는 조선인이라고 인식했다. 가후에게 **"단장정일승斷腸亭日乘"** 이라는 일기가 있다. 쇼와 11년 (1936년) 4월 13일자에 오사카 어느 부부의 아동 보관소에서 일본인 아이가 물건을 훔쳤다고 조선인 아비를 묶고 거꾸로 매달고 때린 후 이불을 싸서 그 위에서 밟아 죽인 기사가 있고

"그때 그 아이는 10살도 되지 않았다. … 무섭다, 무섭다 … 아
아 무서울 뿐이다."

라고 쓰고 있다. **나가이 가후**는 이 시기에 일본 아이들의 의식속에는 조선인이라면 죽여도 좋다는 조선인에 대한 **멸시관**이 깊이 뿌리 박힌 것이 무섭다고 느낀 것이다.[143]

10. 이시가와 타구키石川啄木 (1885-1912)

　이시가와 타쿠키의 시가詩歌중에 조선이라는 이름이 등장하는 유일한 작품이 있다. 9월 밤의 불평이라는 제목으로 한 시詩가운데 하나 인데 "조선 병합에 대한 항의", "조선 병합에의 불평"이다.

　일본 정부는 1910년 8월 29일에 단행했던 병합을 아주 빨갛게 색칠한 조선 지도와 함께 신분 보도를 하게 했다. 중외 상업신보는 "만약 국가의 팽창 발전이 국력 왕성旺盛의 사실적 결과라 한다면 대일본 제국의 팽창에 대해서는 국민이 된 한사람 누구가 기쁨을 감출수 있겠는가" 라고 말했다. 이시가와 타쿠키의 반응은 누구보다도 빨라 11일 후인 9월 9일에는 9월밤의 불평을 창작했다. 조선의 지도를 불길한 사건으로 사용하면서 가을 바람에 어쩐지 싸늘함을 느끼는 모습을 시詩로 읊었던 것인데 일본의 폭거暴擧에 이의를 제기한것이었다.

　나라를 잃은 망국亡國의 민중에 한줄기 눈물을 흘렸던 것이다. 그때 일본은 집집마다 일장기를 게양하고 도쿄에서는 꽃으로 단장을 한 전차가 달리는 등 환영 일색으로 물들었다. 타구기는 "가을 바람은 우리들 명치明治 시대 청년들의 위기를 슬퍼하는 얼굴을 어루만져 주고"라는 주제로 시詩를 짓고 조선과의 병합은 일본인에게도 불행한 일이라고 잘라 말했다. 메이지 유신 이후 외국의 침략으로부터 나라를 지켜왔던 일본이 다른 나라를 침략하는 것은 큰 모순이고 잘못이며 일본에 위기가 있다고 하는 인식에 틀림없다. 정의 라든가 인도人道 라든가의 문제는 개의치 않고 군부 주도의 천황제 국가가 로마제국의 전철을 밟는다는 것이다.

　아시아라는 사막에서 비참하게 죽었던 역사를 생각해 본다면 한 시대를 주시했던 통찰력에 탄복할 수 밖에는 없다. 일본의 한 언론인은 **그 일본 조선의 병합**이라는 일본 정부의 행동이 일본인과 조선인에게는 어떤 심각한 결과를 가져올가에 대해서 상상想像을 짜내는 힘을 가진 일본인은 당시에는 대부분 없었다. 이시가와 다쿠키라는 시인은 그 적은 나이에 혼자서 했던 것이다.[144)]

이시가와 다쿠키가 살았던 시대는 일본이 침략 국가로 변모해가는 과정으로 조선에 대한 멸시 감정이 증폭되는 것과 겹친 것이다.

이토 히로부미를 암살했던 **안중근**에 대한 그의 관점은 그 풍부한 인간성의 발로에 다름 아니다. 충격적인 뉴스에 접한 **이시가와 다쿠키**는 "**니와테岩手신문**"의 사회면에 자기 느낌을 기고했다. **이토 히로부미**가 세운 나라에 대한 큰공훈을 평가하는 기사에서

> "나는 조선인의 불쌍함을 이해하고 또한 진실로 그를 미워할만한
> 이유를 모르지는 않는다."

라고 그의 심정을 토로했다. 일본의 보호국으로 전락한 조선 민중에 대한 동정, 안중근의 테러행위에 대한 이해가 얽혀지는 대목이다.

이토 히로부미의 유해가 일본 도쿄에 도칙했을 당시의 신문 기가에서도

> "한국인의 심정을 이해할만 하다."

라고 반복해 말했다. 당시에는 이 사건으로 놓고 통통痛慟, 분개憤慨이외의 표현은 금지 되어 있었으며 안중근을 저격범으로 보고 그에 대한 증

오심이 일본 전역에 만연해 있었다. 고등학교 학생들은

"공公, 이토 히로부미를 사살했던 조선인의 몸을 던져준다면 칼로 모두 절단해서 잘게 토막내겠다."

라고 비분강개悲憤慷慨했다. 그 당시는 조선에 동정을 했던 사회주의자들도 자기 목소리를 낼 수가 없었다. 이런 분위기 속에서도 이시가와 다쿠키만이

"안중근을 증오할 수가 없다."

라고 퇴풀이 하였고 안중근의 조국에 대한 사랑을 이해할려고 했던 것이다.

그 시대의 분위기에 따르지 않고 자신의 눈으로 서울을 보고 자신의 생각을 토로할려는 자세는 품격이 높았던 것이다. 예리한 직관력과 풍부한 지식, 풍사회에 대한 깊은 관심이 바탕을 이룬 시인의 감수성은 안중근을 **고결한 지사**로 받아들였다.[145]

11. 이시이 바쿠石井漠 (1886-1962)

이시이 바쿠는 일본 서양 무용의 창시자로 인정받고 있지만 **이시이 바쿠**가 무용 수업을 받은 것은 1912년이었다. 그는 제국주의 극장의 가극부歌劇部 연구생 이었을 때 **이시이 바쿠**는 이탈리아 오페라 발레의 연출가인 로시의 지도를 받고서 발레의 기초

이시이 바쿠

를 철저히 받았다.

발레 이외에도 일본 무용을 **미즈키 우다와카**水木歌若에게서 배웠다. 동서東西에 통달했던 **이시이 바쿠**는 어느 쪽도 스파르타식 훈련을 강제했지만 특히 로시는 일본 무용을 경멸하고 **샤미센**三味線의 노래를 모방하는 형태밖에 변화가 없는 예술이라고 폄하했다. 이시이 바쿠는 일본 선생과 서양 선생의 지도를 받으면서

"서양 무용의 직수입만으로는 대단치 않다. 그것을 어떻게 잘 모방할 것인가를 알고 있다. 그러나 종래의 형식에 얽매였던 일본 무용으로는 안 된다. 서양 흉내가 아니고 새로운 일본 무용을 창작해야만 한다."

라고 까지 말했다. 그런 생각을 기초로 해서 새로운 무용 즉 신무용新舞踊을 창작하기까지는 상당한 시간을 필요로 했지만 자신의 무용은 몸을 사용해서 묘사하는 시詩이며 그것이 자신의 목숨을 표현하는 것이라고 확신하게 되었다.

그래서 종래의 일본 무용같이 우선 형식이 있고 거기에 자신의 정념情念을 끼워 넣지 않고 사상이나 감정을 발효시켜서 그것이 자연스럽게 자신의 몸을 움직이게 하는 무용이 좋다고 생각했다. 그래서 자신의 무용의 진수는 진실의 표현이라고 주장했다.

명치明治시대가 끝나고 대정大正시대가 되자 문화면에서는 유럽이나 아메리카로부터 회화繪畵나 음악 연극이나 영화등이 봇물이 터지듯 유입되어 왔다. 나중에는 대정大正 데모크라시라고 말해질 정도로 연극에서는 **오사나이카오루**小山内薫의 "**축자**築地 **소극장**小劇場"이나 음악에서도 서양 음악가로부터 출발해서 일본 가곡의 작곡가가 되었던 **야마다고우사쿠**山田耕作등이 활약했고 문학에서도 휴머니즘을 표방했던 백화파白樺派등이

활약했다.

이시이 바쿠가 처음으로 서울에 갔었던 것은 1926년 4월이었다. 서울 공회당에서 행해졌던 무용 공연에서 조선의 **최승희**는 그녀의 오빠 최승일과 동행해서 나타났다. **승일**은 일본 동경에 유학하고 있었을 때 **이시이 바쿠**의 무용을 보았고 반드시 누이 동생을 무용가로 키우고 싶었기 때문에 도와주고 싶었다.

그 당시 최승희는 16세의 조그만 소녀인데다 숙명 여학교를 막 졸업한 상태였다. 그때의 상황을 최승희는 **"나의 자서전"**이라는 책에서

"무용이라는 것은 기생妓生들이 춤추는 것같이 천박한 것이라고 생각하고 있었던 나는 언젠가 **이시이 바쿠** 선생의 강력한 매력에 끌리게 되었다. 무언가의 소양素養도 별로 없는 나였지만 지금까지 완전히 모르고 있었던 새롭게 빛나는 시詩의 세계를 발견한 것 같은 마음이 들었다. 흐르는 물과 같은 육체의 율동과 즐거운 꿈같은 음악의 울림이 있었다. 선생의 무용이 나의 가슴 깊숙이 들어와 나의 혼을 불러일으켰다."

이시이는 승희의 열렬한 소원을 듣고
"조선으로부터 한 사람의 우수한 무용가를 만들어 낸다는 것은 일본과 조선의 두 민족의 융화를 위할뿐만 아니라 조선 민족을 세계에 부각시키기 위해서도 의의가 있다."
라고 생각했다. 3일간의 공연이 끝나고 동경에 돌아올 때 승희를 데려왔다. **이시이 바쿠**가 조선에서 우선 눈에 띠었던 것은 흰옷을 입은 조선

인이 염주에 묶여서 일본인 경찰에 끌려 가고 있는 모습이었다. 그러나 어두운 인상만이 아니라 길거리에는 흰옷 입은 노인이 하루종일 상냥한 얼굴로 긴 담뱃대를 사용하는 모습이나 활기 넘치는 시장을 보고 느낄수 있는 대목이 많았다.

이시이 바쿠는 나중에 조선의 흰옷을 조선 민족색이 짙은 작품으로 마무리했다.

최승희의 일본 동경에서의 생활은 **"이시이 무용연구소"**에서 수업료 그리고 식비도 면제받는 연구생으로 출발을 했다. **이시이 바쿠** 부부는 다른 연구생과 차별을 두지 않고 특히 팔중자八重子 부인은 자신의 딸과 같이 여러모로 도와주었다.

최승희도 그에 잘 적응해서 아침 일찍이 아직 사람이 고이 잠자는 동안 기초 연습을 반복했고 밤에는 영어나 독서를 열심히 했다. 최승희가 일본에 와서 8개월이 되었던 1926년 12월 대정大正 천황이 죽었다.

그 다음해 2월 8일 거리의 중앙선을 천황의 운구를 실은 열차가 통과하고 로변路邊에는 많은 군중들이 나란히 서서 전송하였다. **이시이 바쿠**에 이끌려서 나온 최승희도 그 군중속에 있었지만 천황의 운구가 통과할때 모든 사람은 조용히 고개를 숙이고 기도를 하는데 최승희는 뒤를 향해 우뚝 서있었다. 이시이 바쿠는 이를 조용히 나무랬지만 그녀는 그것을 듣지 않았다. 이시이 바쿠가 그 이유를 묻자

"나는 일본 천황을 경배할 마음이 생겨나지 않습니다."

라고 확실하게 말했다. **이시이 바쿠**는 천황에 한해서가 아니고 인간의 죽음에 대해서는 경건한 마음으로 보내드리는 것이 가능하지 않다는 것은 예술가로서의 자격이 없다고 타일렀다.

승희는 눈물을 흘리고 있었다. **이시이 바쿠**는 승희를 예술가로 육성하는 것에 대해서 많은 책임감을 느꼈다.

그로부터 9년 후인 1934년 9월 20일에 이시이의 추천으로 최승희는 제1회 무용공연을 "**명치신궁외원**明治神宮外苑"에 있는 청년관靑年館에서 개최하게 되었다.

이시이 바쿠는 그 자리에서 현대 무용은 고전 발레와 다르고 각자 무용수의 특징이 없으면 의미가 없다고 했다. 스페인 무용, 인도 무용등 각자가 독자성, 민족성을 가지면서 국제적인 방식에 의해서 여러 나라들에 통용될수 있는 예술로 승화되는데 의의가 있다고 했다.

조선 무용도 그 전통을 계승해서 현재적인 표현을 유지하는 무용으로 하지 않으면 안된다고 했다. 이시이 바쿠는 그 공연을 위해서 조선 무용의 명수名手인 **한성준**韓成俊집에 왕래하게 해서 속성 연습을 받도록 했다. 이시이가 조선의 무용을 약간 변형해서 제목을 "**에해라 노아라**"로 해서 공연을 시켰다.

그것이 큰 갈채와 호응을 받았다. 최승희는 솔로 무용가로서 통용되게 되었다. 그녀는 처음에는 조선 무용을 혐오했지만

"**에해라 노아라**"의 성공을 계기로 조선 무용에 눈을 띠게 되고 새로운 관점으로 탐구 하는 과정에서 민족색民族色이 짙은 새로운 작품을 창작을 했다. 그것은 스승인 이시이 바쿠가 추구했던 창조적 작업과도 공통되는 것이었다.

이시이 바쿠곁에는 최승희 이외에도 무용을 지원하는 조선인이 문을 두드리고 있었다. 강홍식姜弘植이라는 조선인도 응모하기 위해 왔다.

그는 체격이 좋고 목소리도 아름다웠기 때문에 노래 방식에도 눈을 떴

다. 그 후 그는 이름을 **석정위남**石井輝男이라는 일본 이름으로 바꾸어 영화배우가 되었다.

최승희 연구소에 찾아왔던 사람중에 조선인인 **조택원**趙澤元이 있었는데 그는 테니스 선수였고 조선인 대표 선수로 동경에 와서 우승도 했지만 **이시이 바쿠**의 무용을 보고 은행원 직업도 테니스 선수도 포기하고 무용가가 되고 싶다고 **이시이 바쿠**를 방문했던 것이다.

그는 최승희보다 앞서서 조선 무용의 부활을 생각했다. 서울에서 두 세번 공연을 했지만 동경에서 보다는 평판이 없었다. 사회적으로는 최승희 정도의 명성을 얻을수 없었지만 무용의 창조력에는 서로 버금갈수 있었다. **이시이 바쿠**를 방문했던 젊은 조선인들은 이외에도 있었다. 이시이 바쿠는 그들을 거부하지 않고 받아 들였고 성심 성의로 지도해 주었다. 2002년 12월에는 이시이가 죽은지 40년을 기념하는 심포지음과 공연히 동경에서 있었다.

조선 무용가 최승희(1911-1969)에 대해서 좀 더 부연 설명을 하자면 그녀는 1930년대 후반부터는 미국과 유럽 남미 등으로 세계 순회공연을 다니기도 했는데 미국의 유명 소설가인 어니스트 헤밍웨이, 프랑스 시인, 장 콕도, 미국 영화배우 케리 쿠퍼, 로버트 테일러, 찰리 채프린, 유명 화가, 파블로 피카소 등 당대 저명인사들이 그녀의 공연을 관람할 정도였다고 한다.

특히 유명 배우였던 **로버트 테일러**는 최승희와 광장히 친밀했고 헐리우드 영화 제작자들에게 최승희를 소개 시켜 주며 최승희의 헐리우드 영화 출연을 알선하기도 했는데 태평양 전쟁으로 인해 그녀의 헐리우드 진출은 무산되고 말았다고 한다.

1945년 일제로부터의 해방후 그녀는 남편인 **안막**을 따라 월북해서 평양에다 최승희 무용연구소를 설립해서 소장으로 취임하였고 김일성으로부터 공훈 배우, 인민 배우라는 칭호를 받은뒤 최고 인민회의 대의원으로 선출되기도 했다. 그러나 1958년 그녀의 남편 **안막**이 숙청되면서 그녀 역시 연금당했다는 설이 나온 이래 행적이 묘연해지자 남편과 함께 같이 숙청된 것으로 추정되었다. 그러나 그녀가 죽은뒤 2003년 **한설야**와 함께 복권復權되었다고 한다. 최승희는 한국 **신무용**의 창시자로서 한국 무용계에 끼친 영향은 지대하다고 볼 수 있다. 그녀의 작품으로는 "**영산품**", "**에해라 노아라**", "**달밤의 곡**", "**반야 월성곡**", "**우조춤**", "**칼춤**", "**고구려 무희**" 등이 있다.[146]

일본인 이시이 바쿠의 충실한 제자였던 조선인 최승희에 대해서는 좀더 세말한 설명이 있어야 겠다.

최승희에 대한 연구의 전제가 되어야 할 것은 일제 시대와 분단 시대라는 시대적 배경에 대한 이해이다. 그녀가 태어난 시기는 역사상 무리문화의 개화가 일본 식민 통치를 전후하여 일어난 수난기受難期였다.

우리나라 근대화 초기 단계인 개항開港부터 1910년 한일 합방 시기는 차츰 일본의 지배 전략에 종속되어가는 정치 사회적으로 혼란한 시기였다.

민족의 자주 독립과 함께 근대 지향이라는 두 지표아래 근대 문화를 수용하게 되고 동시에 춤을 포함한 거의 모든 근대적 예술 장르들도 어떤 방식으로든 **반 제국주의적**성향을 띠었다.

이러한 사회적 분위기에 힘입어 한국 근대 사화로의 발전 과정에서 그 어느것 보다도 두드러진 현상은 여성의식의 변화이다. 최승희가 본격적인 활동을 시작한 1920년, 1930년대에는 3·1운동 이후 광범위하게 퍼진 여성들의 정치 사회적인 각성이 민중 여성들도 현 사회의 일원임을 자각케하여 여성도 남성 못지않게 역사에 기여할 수 있다는 자신감을 갖게 한 시기였다. 1945년 이전 한반도를 지배해온 국제정치의 체재가 **제국주의** 체재였다면 1945년 이후에 한반도를 지배해온 국제 정치 체재는 냉전 체제로 특징지어지는 세력 장치체제였다.

특히 한국전쟁의 결실로 김일성은 막강한 절대적 권력을 확립하면서 1953년에 정치적 라이벌이었던 박헌영 중심 체제의 남로당 계열의 숙청을 단행하고 1956년-1958년에는 연안파와 소련파를 과감하게 숙청함으로서 일인 독재체제를 공고히 했다.

일본 재국주의 패망과 함께 더불어 문화 예술 단체들이 좌·우익으로 나뉘면서 문화 예술계의 분열을 초래했고 분단국가의 성립과정에서 남쪽의 좌익계 문화 예술인 대부분이 월북했고 반대로 북쪽의 우익계 문화 예술인들이 월남하여 문화 예술계의 분단은 분명해졌다.

1946년에서 1948년까지 남한의 많은 문화인들이 월북했는데 문학에서는 임화, 이기영, 이태준, 이원조, 한효, 이동규, 윤기정, 송영 등 150명이 월북했고 음악에서는 작곡가 김순남, 바이올리니스트 백고산, 그리고 이건우, 안기영, 채동선, 신막 등이 월북했다. 그 외 연극에서는 황철, 심영, 박학, 신고송, 강호, 이백산, 나웅, 박영신, 영화에서는 문예봉을 비롯하여 감독 정준채, 촬영 오응탁, 만담의 신불출, 국악에서는 안기옥, 박성옥, 김일광 그리고 춤에서는 최승희와 정지수, 이석예 부부가 월북했다.

최승희는 한국, 일본, 중국, 북한을 주 활동 무대로 한 인물이기에 친일, 반일 등 사상적 이데오르기의 문제가 끊임없이 제기되어 왔다.

식민시대에 **사이 쇼오기**라는 일본식 이름, 일본군 위문 공연과 그 외의 친일적 발언, 그리고 분단시대에 월북 후 그녀의 행적은 이데오르기 논란 속에서 그 시비가 교차되고 있는데 이러한 논란은 **친일**과 **반일** 월북越北의 자의성 혹은 타의성 문제에서 그 진위가 파악되어야 할 것이다.

식민지 시대의 암흑기를 거쳐 해방공간, 분단시대 등 격변하는 역사 한 가운데서 상황이 악화될수록 많은 대다수의 문인이나 지식인들은 식민지 체제에 온건한 점진주의 태도로서 타협, 대응해 오다가 일제에 굽혀 동화된 현상을 드러내고 있었다.

그들은 결국 생존을 위한 전략에서 **친일**이나 **월북**이라는 정치적 행위에 연루될 수밖에 없었고 또한 냉전 체제의 강화는 이러한 문화 지식인들의 존재를 금기시禁忌視 해왔다.

최승희의 생애는 크게 제1기(1911년-1926년), 제2기(1926년-1932년), 제3기(1933년-1945년), 제4기(1946년-1969년)으로 나누어 볼 수 있다.

제1기는 유년기로서 최승희가 정승 판서를 지낸 해주 최씨 명문가에서 최준현의 4남매 중 막내딸로 태어난 시기에서부터 **이시이 바쿠**와의 운명적 만남이 이루어진 시기로 잡을수 있다.

최승희는 어릴 때는 집안이 부유했으나 숙명여학교에 진학하면서 일본 제국주의자들의 식민지화 정책인 토지 조사 사업으로 인해 재산의 대부분을 몰수당하고 아버지의 무능과 방탕으로 가세家勢는 점점 기울어졌다. 이러한 형편에서 학교를 계속 다닌다는 것은 무리였으나 학교 측의 배려로 장학금을 받으며 2년이나 앞서는 월반까지 하면서 여학교를 졸업

할 수가 있었다.

뛰어난 재능과 우수한 성적으로 최승희는 학교 측의 주선 하에 동경 음악학교에 진학할 수 있었으나 전문 과정에는 16세가 되어야 입학할 수 있다는 자격조건으로 인해 입학을 유보 받게 된다. 이에 기울어진 집안에 경제적인 보탬이 되고자 서울 사범학교 입학시험에 응시하여 합격하였으나 연령 미달로 입학이 취소되어 크나큰 좌절을 두 차례나 겪어야 했었다.

제2기(1926-1932)는 성장기로서 이 시기에 최승희는 생의 일대 전환기를 맞게 된다. 1926년 3월 21일부터 3일간 경성 공회당에서 **이시이 바쿠**의 무용 발표회가 열리고 있었고 이때 최승희는 큰오빠인 최승일과 함께 춤 공연을 관람하게 된다. 1920년 당시 한국은 일본 식민 지배 하에 신新, 구舊사상이 어지럽게 뒤범벅된 혼란한 시기였으며 이때 일반인이 춤을 보거나 무용가들이 자기 가량을 발휘하려면 신문사나 교회, 예술학원등이 주최하는음악 무도회, 음악회 연극 발표회를 통해야만 했다. 조선에서는 전통적으로 춤이란 광대나 기생이 하는 예술이라는 풍토가 만연해 있었으나 **이시이**의 공연에 감화를 받고 무용가가 되고 싶다는 동생의 말을 듣던 최승일은 평소 동생의 예술적인 감각을 높이 평가하고 있던 바 **이시이 바쿠**와의 첫 대면을 주선한다.

최승희의 신체조건을 보고 훌륭한 무용가가 될수 있겠다고 직감한 **이시이 바쿠**는 그녀를 연구생으로 받아들이기로 했으나 최승희의 아버지 어머니의 완강한 반대에 부딪힌다. 그러나 이시이 무용단의 메니저를 통해 에술춤에 대한 인식을 새롭게 시킴으로서 최승희는 동경 유학을 떠나게 된다. 1926년 3월 25일 **이시이** 무용단을 따라 일본으로 떠난 최승희는 일본에서 새로운 성장을 맞게 된다. 성장기의 최승희는 춤에 입문하면서

이시이의 문하에서 무용가로서의 명성을 얻게 되었다. 3년간의 수련기간 동안 동경에서 춤과 문학에만 심취한 그녀는 1927년 고국의 첫 무대에서 **세레나데**라는 작품으로 **조선의 꽃, 조선의 미소녀**라는 찬사를 받으면서 성공적인 무용가로 입성하게 된다. 우미관 공연을 끝내고 동경으로 돌아간 최승희는 1928년 신년 초에 매일신보에 기고한 논설에서

> "새해에는 더욱 분발하여 우리나라에 시詩가 있는 것처럼 우리나라의 무용이 있는 것이기 때문에 동지를 구하여 우리사회에 무용이 필요하다는 것을 깨닫게 하고 싶다."

는 포부를 폈고 또 조선일보에서는

> "우라 나라 여성을 아름답게 발육시키고 아름다운 조선 여자의 무용을 창작하겠다."

라는 다짐을 적었다.

이시이의 2차 서울 공연 이후 무용계에서는 최승희를 가장 주목받는 신인 무용가로 꼽았다. 무용가로서 뿐만 아니라 창작인으로서도 무섭게 성장한 최승희는 **이시이 바쿠** 문하로부터 독립을 결심하는데 때마침 무용단이 해산 위기에 놓이자 자신의 예술을 위해 귀국을 단행하게 된다. 특히 큰오빠 최승일의 러시아 유학 권고로 귀국한 최승희는 러시아 유학이 무산되자 후원자의 도움으로 **"최승희 무용 연구소"**를 설립한다. 진보적인 작가 예술가, 그리고 민족 지도자의 설득으로 기생들이 춤추는 곳이라

는 당시의 춤에 대한 인식을 극복하고 연구소를 개설한 그녀는 1830년 경성 일보사 주최로 4년동안 모두 4차례의 발표회를 갖는다. 그러나 동아일보와 기타 신문에서는

"기대에 못 미치는 공연이기에 분발을 바란다."

라는 평판이 주조를 이루었고 여러 차례의 발표회가 흥행에 실패하자 연구소 유지 등 경제적인 어려움을 겪게 된다. 1931년으로 접어들자 조선이 일본의 병참 기지화 되어가는 상황속에서 일제의 압박이 날로 심해져 갔고 한국의 경제 사정이 악화되자 최승희의 어려움은 한층 더해갔다 무엇보다도 경제적인 고통이 컸고 전문 인력의 부족, 금전적인 유혹, 자신의 몸을 탐내는 인간들의 양면성, 악덕 언론인들의 횡포로 한계에 봉착해 있는 그녀에게 그녀의 오빠인 최승일은 그의 친구이며 당시 조선 문학계의 제1인자 격인 박영희를 통해서 **안막**安幕을 소개한다.

안막은 와세다 대학 노문과를 다니고 있는 청년으로 당시 와세다 대학에는 **오야마 이구호, 아베 이소오** 같은 유명한 사회주의의 학자가 있어서 일종의 사회주의 대학처럼 여겨지고 있는 곳이었다.

안막은 이런 명교수들의 강의를 통해 인간 사회에서 공산 사회가 가장 이상적인 사회라고 이해하여 이싱사회 건설을 꿈꾸고 있던 진보적인 인물이었다. **안막**과의 결혼으로 최승희는 사상적으로 주목받는 인물이 되었고 결혼한 뒤로 최승희 작품은 크게 변모해간다.

1932년 4월 임신으로 인한 신체적 어려움에도 불구하고 역동적인 춤의 삶을 관객에게 표현하고 있던 와중에 최승희는 스승 **이시이 바쿠**의 서

울공연 소식을 듣고 일본으로 다시 가고 싶다는 뜻을 밝힌다. 아내의 동경 진출을 모색하기 위해 동경으로 떠난 안막으로부터 이시이의 허락을 얻어 냈다는 소식에 최승희는 1933년 3월에 딸 승자를 데리고 제자 김민자와 일본으로 재출발한다.

최승희 인생의 제3기는 전성기로서 최승희가 일본에서 화려한 재기를 시작으로 일대 절정기를 맞게 되는 시기이다. 4년 전과는 달리 많은 연구생들로 활기를 띤 이시이는 최승희에게 **조선춤**을 추라고 권고한다. 그러나 최승희는

"나의 무용은 기생들의 무용과 다르다. 내가 지향하는 무용은 조선 사람들의 마음을 표현하는 것이다."

라고 완강히 거부했으나 **이시이 바쿠**와 **안막**의 권고로 동경에 온 **한성준**에게 조선춤을 사사받아 일본 청년 회관에서 **"에헤라 노아라"**(1931)를 선보임으로써 일본에서 제일가는 무용가로 부상한다. 1936년 9월 22일부터 3일간 히비야 공회당에서 있었던 제3회 신작 무용 발표회로 선풍적 인기를 획득한 최승희는 세계 각국에서 쇄도한 초청장으로 세계 무대의 도약을 꿈꾸게 된다.

1937년 9월 27일부터 3일간 도쿄 극장에서 고별 공연을 하였는데 여기서는 열 개의 작품을 발표했다. 스승 **이시이**는 자기의 체험을 들려주면서 미국 사회의 특별성과 국민적 기질을 이유로 프랑스나 독일쪽을 먼저 가라고 권유하였으나 최승희는 미국 프로모터와 한 약속과 현지 일본 공관의 협조를 믿고 미국행을 고집한다. 그녀는 미국 공연을 성공시키기 위해 유명한 공연 예술 흥행사 **"휴록(Hurok 1888-1974)"**를 포섭하려 했으나 동양 무용에는 무관심한 인물인 까닭에 실패를 맛본다. 그러나 미

대사관의 소개로 **"바킨스"**라는 흥행사를 소개받아 뉴욕, 샌프란시스코, 로스앤젤레스 등에서 4차례의 공연을 갖는다. 해와 공연자로서 미국은 첫 나라였기에 공연 프로그램도 유념하여 낭만적인 작품과 다이내믹한 작품 그리고 코믹한 작품을 고루 섞어 저마다 특색을 살린 공연을 하였다.

세계 순회 공연을 계기로 **"조선의 우다이 상카"**로 "조선 예술의 완전한 르네상스를 가져온 유명한 딸"이라는 호평을 받은 최승희는 **"동양의 무희"**, **"세계의 무희"**로서 첫 관문을 통과하였다. 그러나 재미 교포들의 눈에는 친일 무용가로 비침으로써 일어난 최승희 배격 운동으로 말리암아 1년 동안 허탈과 실의失意의 나날을 보냈다.

1년 동안 고초를 겪으면서 그녀는 조선 사람이라는 민족의식을 갖게 되었고 상승일로上昇一路로 치달고 있었던 자기 춤을 냉정히 되돌아볼 수 있는 시간을 가졌다.

이때 최승희는 조선을 소재로 하는 창작춤은 조선 악기 반주에 맞추어야 함을 깨달아 조선인 악사樂士 두명을 대동하고 유럽으로 떠난다. 1939년 1월 31일 파리 상프레지엘 극장에서의 첫 공연에서 극동 최고의 여성 무용가로 호평을 받자 최승희는 유럽 무용계에 주목받는 인물이 되었다. 파리공연의 성공으로 그 여파가 온 유럽으로 퍼져나가 벨기에, 네덜란드 독일, 이탈리아, 덴마크, 영국, 스페인에서 공연을 갖게 되는데 미국에서 10회 프랑스에서 23회 벨기에서 9회 네덜란드에서 11회 독일에서 2회 그리고 중남미에서 61회로 약 150회에 걸치는 서구 공연을 하였다.

1941년 일본은 군국주의자들이 정권을 장악하여 강력한 군사정부가 들어섰고 그해 12월 8일에 일본이 미국 하와이 진주만의 군함을 기습, 공격하여 미국이 선전 포고를 함으로써 미일전쟁이 일어나게 되었다.

"도조 히데끼" 일본 육군 대장이 국무총리가 된 가운데 예술가들은 전시 체제의 예술정책에 따라 활동해야 하므로 모든 공연은 군에서 허락을 받아야 했고 공연 종목에 정책 수행 홍보 춤을 반드시 넣어야 했다. 이에 따라 군 위문공연은 필수였다. 이러한 상황 하에 최승희는 1941년 2월 22일부터 25일까지 열린 **"가부키좌"** 공연으로 경시청의 문초를 받고 이 때 공연의 경우에도 적정 비율의 제국주의적 소재를 작품화 하라는 지시를 받게 된다. 이에 따라 1941년 11월 28일~30일 도쿄 극장의 신작 무용공연은 **"천하대장군", "신전무神殿舞", "칠석七夕의 밤"** 등 일본적 소재의 작품을 공연하게 되며 연이어 군사 정권에서는 세계적인 무용가로서의 가치를 지닌 최승희를 제국주의의 선전용으로 이용한다.

따라서 1942년 2월초 중국 대륙으로 **"전선 위문 공연"** 을 떠나 조선, 만주, 중국에서 190여 회에 달하는공연을 하게 된다. 최승희는 다시 도쿄로 돌아가 자신의 대중적 기반의 터전을 다지기 위하여 아카데믹한 회원제도를 모색한다. 이 후원회는 그녀의 춤을 아끼는 화가, 작가, 배우, 음악가, 수필가 등을 망라한 총 45명의 발기인으로 위촉 500명의 특별회원과 동일한 인원수의 일반 회원으로 구성되었는데 1943년 8월 8일 동경의 제국 극장에서의 무용 관상화를 시작으로 최승희는 새로운 형식의 대중적 춤에 대한 구상을 전개해 나갔다.

1944년 1월 27일부터 2월 15일까지 20일간 23회의 솔로 중심으로 이루어진 정기 공연은 매회 초만원의 성황을 이루었고 이 공연을 통해 그녀는 일본의 지성인들에게 민족적 열등감을 자아내기까지 하였다.

일본은 미국 진주만을 공격하여 의기양양하게 미·일전쟁을 시작하였으나 1943년부터는 태평양 연안의 영토가 함락되고 제공권을 상실하여 패전의 기색이 완연해지자 가미가제 특공대를 통해 필사적인 투쟁을 전개하고 있었다. 이 당시 예술가들은 일본군의 사기 진작을 위한 정책적인 예술을 강요당하기 시작했고 일본인에게 대단한 인기를 누리고 있던 최승희에 대한 압력은 어느 누구보다도 더 강하게 다가왔다.

이에 따라 최승희 부부는 일본을 탈출할 것을 결심하였고 1944년 제3차 중국 일본군 위문과 동양 무용 연구를 위한 북경 연구소 개소를 빌미로 중국으로 떠난후 영원히 도쿄로 돌아가지 않았다.

북경에서 그녀의 남편인 **안막**이 연안 독립 동맹에 가담하는 동안 최승희는 중국의 조선족과 중국인들에게 조선춤과 중국춤을 교육하면서 신극新劇을 하고 있던 **이진순**을 비롯하여 메이란팡, 마리엔량, 샹사오윈, 한쯔창과의 교류를 통해 중국춤을 배우기도 하고 새로운 춤을 참조하기도 했다.

북경의 생활은 무척 불안한 것이었으나 최승희는 중국 희극 배우들의 연기를 관찰하여 중국의 경극과 곤극의 풍부한 예술성을 발견하고 희곡으로부터의 무용의 독립성을 주도하기 시작했다.

1945년 일본이 패망하자 중국의 국민당 사람들이 일본 패잔병들과 야합하여 팔로군의 건국사업을 방해하거나 또는 중국 군인들이 조선인들을 일본군으로 의심하여 죽이는 등 중국 사회는 일대 혼란기에 접어들었다. 이로 인해 최승희 무용단은 해산되었고 남아 있는 사람은 그녀의 재자 **김백봉** 뿐이었다.

최승희의 제4기(1945-1969)는 조국 광복의 소식을 듣고 남편 **안막**과 함께 딸을 데리고 서울로 돌아오지만 식민지 하에서 일제의 사기진작을 위해 춤을 추었던 심리적 부담감으로 좌절하게 된다.

이때 북으로 떠난 **안막**으로부터 평양으로 오라는 전갈을 받게 되어 1946년 2월 딸을 서울에 둔채 단신으로 북으로 떠난다. 평양에서의 환대 속에 최승희는 동양 무용 창조의 산실로서 북에 있을 것을 결심하여 같은 해 7월 가족들과 함께 월북을 감행한다.

당시 북한에는 해방 후에 작가 다운 작가나 학자 예술가들이 별로 없었다. 공연 예술에 관심이 많은 김일성은 과학자를 비롯하여 교수, 작가, 예술가들에 대한 포섭정책을 실시하게 되었고 이에 1946년부터 1948년까지 많은 문화인들이 월북했다.

북한에 당도한 최승희는 김일성의 환영을 받고 특별 원조를 받아 평양에 **"최승희 무용 연구소"**를 설립한다. 한편 안막은 문화 예술 총동맹 부원장이 되어 문화계를 다스리면서 최승희의 작품과 안무에 조언을 해주었다.

1950년 6·25전쟁이 밥발하자 국군은 유엔군과 함께 본격적인 북한 공격을 시작하여 북진北進을 하게 되고 이때 최승희는 중국 주은래 수상의 도움으로 북경에서 중앙희극학원 교수로 추대되는 등 중국에서의 체류 기간 동안 중국 무용을 체계화한다.

1952년 말 평양으로 돌아온 최승희는1955년 인민 배우가 되고 1957년 모스코바 청년 학생 우호 축전에 참가하여 **국가 훈장 1급수훈**의 명예를 얻기도 하였으나 전쟁을 통한 남한의 적화공작이 실패로 돌아가자 그 책임을 남로당계 박헌영에게 전가하는 김일성의 대대적인 숙청작업에 휘말리면서 쇠퇴일로衰退一路를 걷게된다.

이 숙청과정에서 남로당의 보호아래 있던 북조선 문화동맹 소속의 월북 문인들의 상당수가 숙청되기에 이르렀고 **안막**은 반反 김일성 쿠테타 음모

사건에 걸려 1958년에 숙청되었다.

이에 따라 최승희는 **안막**의 숙청과 맞물려 부르조아적 반동사상에 영향을 받아 계급의식에서 벗어난 작품 창작으로 당의 정책을 의도적으로 기피한다는 누명을 쓰고 숙청되기에 이른다.

상승일로上昇一路에 치닫고 있었던 최승희의 생애와 예술은 이와 같이 조국 광복과 더불어 한국 전쟁, 분단이라는 엄청난 역사의 소용돌이 속에서 월북 이후 숙청의 비운을 맞게 되는 인생의 쇠퇴기에 접어들게 되었다.

최승희의 생사生死에 대해서는 1967년 7월 이후 체포당하여 정치범 수용소로 들어갔거나 산간 벽지의 농촌으로 쫓겨 났거나 자살, 사살射殺 혹은 병사病死했다는 갖가지 소문들이 무성했지만 최근의 보도에 의하면 정치 사상적으로 복권된 최승희의 묘가 평양 심미동 애국 열사릉에 안치되었고 묘비에는 1969년 8월 8일 사망한 것으로 기록되었다.[147]

12. 후루야 사다오吉屋貞雄 (1889-1976)

후루야 사다오는 제2차 세계 대전 전에는 농민 노동 운동을 지원했고 그것에 관련된 사건을 변호했던 변호사로써 전쟁 후에는 사회당의 국회의원으로서 일본과 조선, 일본과 중국과의 우호관계를 위해서 노력했던 인물이다.

특히 잊혀지지 않는 것이 식민지 조선과 대만에서 활동했다.

후루야 사다오는 야마나시현山梨縣 도우산리군東山梨郡, 현재는 **시오야마 시**鹽山市에서 농가 집안에서 태어났다. 동경의 일본 부기학교에서 공부를 했고 집으로 귀향해서는 농업에 종사했다. 그 후 조선으로 건너가서는 상점이나 우편국에서 일을 하다가 군대에 소집되었다. 제대 후에는 명치대학 법과 전문부 특과特科에 입학했다. 본인에 의하면 야마니시현에서 오로자 농민운동에 관여했으며 대학을 졸업하고도 농민운동에 매진했다고 한다. 그런 가운데서 농민을 대변할 수 있는 변호사가 필요함을 강하게 느끼고 변호사 시험에 매달리다가 결국 변호사가 되었다. 1921년에 막 결성되었던 자유 법조인단에 들어갔다 그 후 각 지역의 농민운동을 지원하면서 수차례 노농勞農 사건을 변호하기도 했다.

그 후 **후루야 사다오**가 조선에 건너간 것은 1927년 9월이었다. **후세타 쓰지**布施辰治가 변호를 맡고 있었던 조선 공산당 사건(피고는 박헌영, 이용 등 105명)이 있었고 1923년에는 조선 독립운동의 의열단 사건의 변호를 맡았고 1926년에는 토지 소유권의 분쟁 사건을 맡았다.

조선 독립운동을 지극히 부당하게 확대 해석한다면 국체國體 변혁의 움직임이라고 간주할 수 있고 조선에 대한 정치탄압의 비장의 수법이라고 할 수 있는 치안 유지법으로 탄압하였다. 조선 공산당 사건은 그 하나의 전형이었다. 그 사건을 **후세타 쓰지**布施辰治로부터 위임받았기 때문에 후루야 사다오에 대한 그의 신뢰가 두터웠다고 볼 수 있다. 세월이 흐른 나중에 후루야 사다오는 그의 회고록에서

"경성(서울)에 있을 때 조선의 우인友人들이 **후세다 쓰지**와 나를 초청해서 연회를 베풀어 주었다. 그때쯤 조선에서는 세 사람이 모여 말을 하고 길을 걸으면 마치 집회를 여는 것으로 보고 처벌했다. 그래서 조선인들은 항상 모임을 갖기가 어렵기 때문에 우리들이

왔던 것을 좋은 기회라고 생각해서 환영회를 열어 모임을 가졌다. 그 모임 석상席上에서 내가 3·1 만세 사건에 대해서 만세라고 하는 것은 당연한 것이 아닌가! 라고 한마디 말을 잘못 놀린 것이 문제가 되어 경찰로부터 호출을 당하기도 했다."

후루야 사다오가 식민지 조선에서 활약했던 것은 30대 후반 때이다. 상당히 열렬한 사람이었던 것은 다음의 체험담에서 알려지고 있다.

법정에서 재판이 없는 날은 가이섬加衣島의 소작쟁小作爭議 사건을 응원하기 위해 일본으로 가고 경성(서울)으로 돌아오자 후쿠오카福岡의 칠생의단七生義團이 후루야 사다오를 죽이겠다고 말해왔다. **후루야 사다오**는 그 당사 상황을 이렇게 말했다.

"나는 두 사람의 살인 청부업자와 그 책상을 사이에 두고 만났다. 그 사이 한사람이 비수를 뽑아들고 나에게 달려들었지만 책상이 있었기 때문에 나의 얼굴을 스칠뿐이었다. 그 상처는 지금도 남아있다."

조선 사회의 운동가와 농민들은 용감한 후루야사에게 큰 신뢰감을 느꼈다.

후루야 사다오는 조선에서와 똑같이 **대만인**臺灣人으로부터도 깊은 신뢰를 받았었고 그 때문에 위험인물로써 대만 총독부로부터 퇴거 명령을 받기도 했다. 전쟁이 끝난 패전 후에는 국회의원으로서 활동을 하였으며 1961년에는 테라오고로우寺尾五郎등과 함께 일본 조선연구소를 창립하고 그 이사장에 취임했다. 연구소는 순전히 민간 차원의 연구소였지만 처음에는 북한을 지지하는 입장을 가지고 연구 활동을 전개했으며 중국과의 우호증진을 위해 노력하기도 했다.[148]

13. 오쿠마 히데오小熊秀雄 (1901-1940)

오쿠마 히데오는 북해도北海道 소준小樽市에서 태어났으며 오쿠마 히데오가 태어났던 시대에는 일본과 중국 청나라와의 전쟁 그리고 러시아와의 전쟁이 끝나서 명치明治의 일본 제국시대가 성립했던 시대였다. 그리고 동시에 근대 일본어가 성립되고 일본 문학이 자리를 잡어가는 시대이기도 했다.

오쿠마 히데오

일본은 그 당시 조선 대만을 식민지로 지배하고 있었다. 그의 나이 15세 때인 1916년에 토마리오로泊居의 고등 소학교를 졸업하자 양계장, 탄광, 벌목공, 인부, 제지공장등에서 잡역부로써 한 사람의 노동자로서 생계를 꾸려나갔다. 식민지 시대의 소년 노동자로써의 경험은 학대받는 사람에 대한 공감을 갖게했다.

그의 나이 20세 때에 징병검사를 계기로 호적등본에서 그는 후루마 히마츠小熊의 사생아라는 것을 알게 되자 자신 출생의 비밀에 대해 경악했다. 그는 그 이후 삼목三木 성姓을 버리고 오쿠마小熊로 성姓을 바꾸었다.

그때쯤 그의 아버지가 양녀養女인 치애를 임신 시킨 사건이 일어났다. "짐승같은" 아버지가 일본인들의 자화상이라고 생각했다. 신흥 제국주의 국가의 성립 과정의 한 가운데서 반항적으로 성장했던 것이 이 시인의 혼魂을 형성케했다.

오쿠마 히데오가 22세 때 악마시사소응취길惡魔詩社小熊醜吉로서의 시詩를 쓰기도 했고 짐승의 아들로서의 자각을 시작하기도 했다. 오쿠마 히데오는 단지 아버지를 부끄러워 했던 것은 아니고 아이누족을 침략하고 조선을 침략했던 **짐승같은 국가** 일본을 자기 아버지와 같은 형상으로 동일시했다.

욱천旭川 신문사에 취직했던 **오쿠마**는 단가短歌, 시詩, 동화童話, 단편소설을 쓰기도 하고 그림도 그렸다. 그의 나이 24세때 결혼을 하고 몇 년을 지나 욱천 신문사를 그만두고 부인을 비롯해서 자식을 데리고 동경으로 이사를 했다. 1931년 그의 나이 30세 때에는 프로레타리아 시인들 모임에 들어갔다. 이 모임은 동경의 젊은 프로레타리아 시인들이 마르크스 주의적 입장으로 통합해서 30년 9월에 결성했던 것이고 기관지 프로레타리아 시詩를 발행했다.

오쿠마는 35년 6월에 장편 서사 시집을 발간했으며 그 시집의 부제副題는 **아이누족을 위하여** 였으며 일본의 전근대적 제국주의에 의하여 침략을 당했다고 하면서 식민지에 대한 동정심을 가졌다. **오쿠마**는 학대받고 있는 조선에도 많은 공감을 했으며 오쿠마가 조선에 대해서 썼던 문장은 많지는 않다.[149]

14. 우쓰노미야 토쿠마宇都宮德馬 (1906-2000)

우쓰노미야 토쿠미는 후에 육군대장인 **우쓰노미야다로**宇都宮太郞의 장남으로 태어났다. **우쓰노미야**에 있어서의 조선은 민감한 소년기를 가족과 함께 보냈던 장소이다.

말하자면 정신적 기질을 형성했던 땅이

우쓰노미야 토쿠마

기도 했다. **우쓰노미야**의 말년에 반골反骨적인 자유주의자 철학적 정치가라고 일본 국내외에서 소문이 나게 했던 것은 그의 아버지 **우쓰노미야다로**가 품고 있었던 대大 아시아주의 사상이 영향을 주었던 것이다.

일본의 식민지 조선에 그의 아버지가 1918년 조선군 사령관으로서 부임하고 **우쓰노미야**는 그의 아버지가 근무하는 곳에서 생활을 할 수밖에 없었다. 서울 용산에 있는 아버지 관저에 도착하자마자 **우쓰노미야**는 아버지로부터 절대로 조선인을 광시하지 말것이며 뽐내서도 안된다는 것을 들었다. **우쓰노미야**가 소학생 때지만 일본인의 심한 조선인에 대한 멸시는 어린 눈에도 지나치게 보였다. 그의 아버지 **미야다로**는 견양각犬養毅이나 중국의 손문孫文 등과 속마음이 서로 통하는 가운데 장주長州 군벌軍閥인 **야마가타 아리토모**山縣有朋등이 주장하는 관료정책에 대해서 군부 안에서 예리하게 대립해 있었다. 유럽의 열강들에 의한 민중의 빈곤이라든가 대해서도 비판적 자세였다.

그의 아버지 **우쓰노미야 다로**는 조선 민족과 일본인의 화목和睦을 중요하다고 생각했다. 그의 아버지는 **우쓰노미야**를 데리고 거리에 나갔지만 평소대로 조촐한 옷차림이었기에 누구도 그를 사령관이라고 생각지 못하게 했고 길가는 조선인이나 어린 아이들에게 상냥한 눈빛을 보내거나 어린 아이들의 머리를 쓰다 듬기도 했다.

오랫동안 러시아 혁명에 의한 민족 자결의 사상이 세계에 퍼지고 일본과 조선의 병합후의 일본의 무단정치에 대한 반동은 조선의 독립만세 운동인 3·1운동을 초래했다.

그 당시 사령관이었던 **우쓰노미야다로**는 군대에게 실탄實彈 발포를 금지하는 명령을 내렸다. 그것을 놓고 육군의 중앙정부는 소극적인 태도를 가진 **우쓰노미야다로**가 있기 때문에 진압을 할 수 없다고 엄하게 비판했다.

그러나 그것은 나중에 국제연맹에서 문제가 되었을 때 군軍 사령관의 실탄 발포 금지 명령이 확실히 있었다는 증명이 되었기에 일본의 입장이 유리하게 되었다.

1922년 우쓰노미야 나이 16세 때 그는 육군 유년학교 졸업생으로서 육군 엘리트의 길을 걷는 것는것에 의문을 갖고 단념했다. 그의 아버지의 죽음도 큰 요인이었지만 **관동 대지진 사건**은 더욱더 결심을 굳히도록 했다. 혼란의 와중에서 자경단自警團 등이 조선인의 폭동이라는 유언비어流言蜚語에 일본인이 선동되었고 조선인이나 중국인에게도 박해와 학살을 자행했다.

우쓰노미야는 폭력에 의해서 더욱더 사상을 억압했던 군부나 헌병의 법질서 무시에 참을 수가 없었다. 지진과 화재의 한 가운데서 아무런 힘이 없는 조선인에게 박해를 하고 뒤쫓아가서 칼을 휘둘렀던 사람을 방임했던 정부야 말로 국가 권력의 치부恥部를 들어내는 것이라고 통감했다.

일본의 패전 후 1948년 9월에는 북한에는 조선 민주주의 인민공화국이 수립되고 김일성이 수상으로 취임했다. 그해 8월에는 대한민국도 남한에서 수립 되었다. 그 무렵 **우쓰노미야**는 정치가의 길을 지망했다. 그해 1월에 중의원 선거에서는 차점으로 낙선되었다.

그 다음해에는 **요시다 시게루**吉田茂의 민주 자유를 기반으로하는 기초 정책을 입안하는 데에 참가했고 민주 자유당을 결성했다. 패전 후의 참담한 일본의 상황을 보고 일본을 빈곤에서 구하기 위해서는 관료에 의한 전시戰時 통제 경제로부터 자유주의 경제로 전환시켜야 한다는 신념을 가졌다. 그 후 3개월 후에 조선에서 전쟁이 터졌다. 1952년 10월에 자유당

원의 신분으로 중의원 의원에 처음으로 당선되었다. 그는

"두 번 다시 국민에게 전쟁의 고통을 경험케 해서는 안된다. 이와 같은 비극을 세계의 어떤 나라 지역 민족에게도 경험 시켜서는 안된다. 전쟁은 외교의 실패로부터 일어난다."

라고 했다. 일본이 성장하기 위해서는 동북아시아의 평화는 필수적이며 특히 조선반도의 평화와 안전, 그리고 이웃나라인 중국과의 국교 정상화는 중요한 과제였던 것이다.

그의 주장을 축으로해서 **우쓰노미야**는 아시아 아프리카 문제 연구회를 당내에서 조직하고 정력적으로 아시아의 평화외교를 위해 노력했다. 그러나 조선반도 문제는 국외보다 국내에 문제가 산적해 있었다. 그것은 조선반도의 분단을 이용해 금전적 이익을 도모하는 자가 나타났다.

조선반도의 전쟁이나 긴장이라는 것이 그들의 이익에 연결되어 있었기 때문이다. **북한의 위협론**은 남한 군사 정권 유지에 있어서 국민의 이해를 구하기 쉽고 반면에 국민중 일부가 반기를 들더라도 무력으로 제압할 수 있었던 것이다.

그 위에 절대주의에 함몰되어 외국의 정권과 유착하기 쉬운 군사정권, 독재자로서는 분단과 긴장은 대단히 좋은 조건이었다.

우쓰노미야는 자신은 조선반도에 대한 원조는 대찬성이었지만 한쪽에만 원조를 한다면 원조를 받지 못하는 쪽, 즉 남한이든 북한이든 한쪽은 빈사상태에 빠지게 되어 원조국 일본도 곤란하게 된다고 했다.

동시에 남북 상호간의 신뢰감을 상실케하고 서로의 군사비가 많아진다면 경제를 압박하여 국민의 생활을 위험하게 된다고 주장했다.

조선반도를 38선으로 남북을 분단하는 정책은 제2차 세계 대전후의 조

선반도를 38선으로 남북을 분단하는 정책은 제2차 세계 대전후의 미국과 소련 양대국의 사정에 따라 현실을 무시한 정책이어서 역시적으로도 지리적으로도 경제적으로로도 어떤 합리성도 필연성도 없는 부조리한 정책이었다고 주장했다. **우쓰노미야**는 그 위에 일본 정부의 조선반도에 대하는 잘못된 외교 자세는 우쓰로미야의 비분悲憤을 더욱 조장케했다. 1965년 죄등佐藤내각에 의해서 체경되었던 일한日韓 조약에는 시기상조時機尙부라고 정면으로 이의를 제기하는 의견서를 정부에 제출했다.

일본의 조선 외교에 대한 기본은 조선반도의 조선민족 전체를 항상 염두에 두지 않으면 안된다는 것이었다. 우쓰노미야는 일본과 중국과의 외교 정상화를 위해서도 헌신을 했으며 1964년부터 87년까지 북한을 여러 번 방문했다.

1964년 여름에는 중국 북경에서 중국의 주은래 수상과 회담 후에는 평양으로 향해서 조선 전쟁 후의 훌륭한 부흥에 놀라기도 했다. 74년부터는 김일성과 6번 회담하고 남북통일의 실마리를 탐구하기도 했으며 군축軍縮 기술 원조 등을 정략적으로 상담하기도 했다.[150]

15. 유아사 카쓰에湯淺克衞 (1910-1982)

일본의 근대 문학인 가운데 **유아사 카쓰에** 만큼 조선을 소재로 쓴 문학인은 없을 것이다.

그는 일생을 통해서 조선에 관해서 글을 썼던 적지 않은 문학인 중에서도 그의 존재감은 컸다. **유아사 카쓰이**가 일생동안 작가로서 일관되게 썼던 작품의 테마는 거의 반절이 조선에 관계된 것이었다.

　유아사 가쓰이가 조선에 처음으로 관계를 가졌던 것은 2, 3세 때이었는데 경기도 수원에 정착했던 것이 그의 나이 6세 때였다. 그곳에서 소학교와 경성 중학교를 졸업하고 동경으로 갈 때 까지가 그의 성장기였고 조선에서의 깊은 체험은 그 후에 작가 활동에 심대한 영향을 주었던 것이다.

　동경에 갔던 **우아사 가쓰이**는 와세다早稻田 제일 고등학교에 입학했지만 그러나 2학년 가을에 **근대문예 연구회 사건**에 연루되어 도중에 퇴학을 당하고 다음으로 선택한 것이 작가라는 직업이었다.

　전쟁이 끝나는 종전終戰까지에 그가 조선을 묘사했던 주된 작품을 통해서 **우아사 가쓰이**가 격변하는 시대를 어떻게 살았는가를 알수 있을 것이다. 1935년 4월 문학평론에 발표되었던 그의 처녀작 '**가시나이**'는 **유아사 가쓰이**의 대표적인 작품이기도 하다. 일본인 소년 용이龍二와 조선인 소녀 **가시나이**의 대화인데 일본인 식민자인 **용이**가 소학교에 다니면서 피식민자인 조선인 소녀 **가시나이**를 각자의 입장에서 일상생활에서의 대립적이며 격투적인 장면을 생생하게 묘사했던 작품이다.

　식민지 통치 하에서의 고통, 또 그것에 저항하는 조선을 식민자인 일본인의 한사람의 눈을 통해서 묘사했던 것이다. 최종적으로 그 작품이 묘사했던 것은 민족 자결을 주장하는 **조선 독립 만세 사건**이었다.

　"**가시나이**"와 똑같은 모양의 어린 아이들의 눈을 통해서 식민지의 실정을 묘사했던 작품에 담배라는 뜻의 "**타바코**莨"가 있다. 일본 순사의 아들인 지평地平은 도시락을 가지고 자주 경찰서에 갔었다.

　어두운 건물 한가운데서 벌어지는 여러 가지 광경을 눈으로 목격하는데 어느날 평온한 얼굴을 한 조선인 노인 하나가 웃옷만 입은채 넙죽 엎드린

광경을 목도했다. 그 노인은 담배 농사를 짓는 노인인데 나라의 규칙대로라면 연초煙草는 개전매국皆專買局에 바치고 자기 자신이 피우는 담배는 전매국專買局에서 사서 피워야만 했는데도 자기가 홀로 피울 요량으로 담배잎을 남겨서 그것을 피운 것이 죄가 된 것이다.

"가시나이"나 "담배"와 같이 소년의 눈을 통해서 묘사 되었던 작품으로 "대추나무"와 "엽산도자葉山挑子"가 있다. "담배"라는 소설에서는 김태랑金太郎이라는 조선인 아버지와 일본인 어머니와의 사이에 태어난 소년의 이야기다.

1936년 **미나미지로**南次郎가 조선 총독으로 취임하고 곧 내걸었던 내선일체內鮮一體를 의식해서 썼던 것이다.

1936년부터는 우야사 가쓰이는 조선, 만주, 일본을 정력적으로 여러 곳을 돌아다니며 현지 보고서 같은 소설을 왕성하게 생산해 냈다. 그 시기로부터 전쟁이 끝나는 종전終戰때까지가 그의 작품 활동의 전성기였다.[151]

16. 테라오 고로우寺尾五郎 (1921-1999)

테라오 고로우는 일반적으로는 그의 만년에 관계했던 **안도우쇼우에기**安藤昌益의 연구가로서 기억되고 있지만 최근에는 재일在日 조선인의 귀국 사업과의 연관에서 **"38도 선의 북**北**"** 1959년의 저서에서도 명성이 올라가게 되었다.

그 책에서 **테라오 고로우**는 북한을 많이 찬양했었다. 결과적으로 그의 말을 믿었던 일본에 거주하고 있었던 재일在日 조선인들이 대거 북한으로 귀국하는 일이 벌어지게 되었던 것이다.

오늘의 비참한 상황에서 보면 북한 당국의 선전을 받아들이고 귀국을 선동했던 행위는 용서할 수 없다고 하는 비판을 모면할 수는 없을 것이다. 그렇지만 **테라오 고로우**는 78년간의 그의 생애를 통해서 전쟁을 반대하는 반전反戰운동가, 공산주의자, 조선 문제 연구가, 일본 사상 연구가, 이기도 했다. 특히 일본과 조선 일본과 중국간의 우호友好운동을 위한 조직적 활동에 힘썼고 재야在野의 역사가 로서도 혁혁한 공로를 쌓았던 인물이기도 하다.

전후戰後의 진보적인 문학인의 한사람이었다. 그는 눈에 띨정도의 장신長身에다 선동가로서의 변설辨說도 갖추어져 있어서 그의 연설에 매료 당했던 사람도 적지 않았다.

테라오 고로우는 북해도北海島 실란室蘭에서 태어났다. 그의 나이 17세인 1938년에 와세다 대학 문학부 철학과에 입학하고 그 다음해에 공산주의 운동에 참가했다. 1940년에는 그가 참가했던 학생 서클이 치안 유지법에 저촉되어 검거되었다.

3년 후에는 학도병으로 소집되어 만주의 항공대로 배속되었으나 부대 안에서 전쟁을 반대하는 그의 반전反戰활동이 육군 형법에 위반되었다고 해서 헌병대에 검거되기도 했다. 그해 7월에 동경東京 헌병대 총사령부에 송환, 구류되기도 했다. 전쟁이 끝나자 그는 경시청 특고과特高課에 이관되었으나 그해 10월에 비전향 공산주의자로서 **풍다마**豊多摩 형무소로부터 출옥했다. 전후戰後에는 함께 출옥했던 미야모토겐지宮本顯治의 비서가 되기도 했으며 동시에 일본 공산당의 전문 활동가가 되었다.

테라오 고로우의 조선과의 관계는 최초의 그의 저서 『**미국이 패전할까? 군사적으로 본 조선 전쟁**』길무요삼吉武要三의 이름으로 게제했던 것이 시초가 되었다. 1958년 8월에는 북한의 초청으로 북한 방문 사절단에 참가했다. 약 1개월간의 북한 시찰이었지만 그는 홀로 1개월 더 체류를 허가 받아 북한 각 지역을 방문했다.

그의 견문을 기록한 것이 **"38선의 북쪽"**이라는 것이다. 이것을 간행한 것은 1959년 4월 이었지만 그 시기는 바로 그해 12월에 개시된 일본에 있는 재일 조선인 귀국 사업을 눈앞에 두고서 재일 조선인들 사회에서는 북한이라는 나라의 됨됨이나 북한 주민의 생활 전반에 걸쳐 호기심과 궁금증이 절실히 높았던 시기이기도 했다. 그 당시 일본 공산당은 일본에 거주하는 재일 조선인의 귀국사업을 지지 협력하고 있었기 때문에 그도 공산당을 대표해서 **"재일 조선인 귀국 협력회"** 간부가 되기도 했고 귀국 사업을 추진하는 입장에서 적극적으로 활동했다. 더욱이 1961년 11월의 일본 조선 연구소 창립에도 참가했으며 시작과 더불어 이사직도 맡았다.

일본과 한국이 조약을 체결했던 1965년은 일본 공산당과 중국 공산당과의 분열이 생긴 **문화 대혁명**이 목전에 있었다. 현재로서는 문화혁명은 중국 모택동 주석이 주도했던 잘못된 권력 투쟁이 분명했던 것이지만 **문화혁명**은 일본의 정당이나 사회운동 단체에도 큰 혼란을 야기시켰다. **테라오 고로우가 관계했던 일조협회**日朝協會 조선 연구회도 똑같이 영향을 받았다.

대중 단체인 일조협회도 핵심 부분에는 일본 공산당원의 당원黨員이 있어서 활동을 리드하고 있었다. 문화 혁명에 의한 중국 공산당과 북한 노동당과의 노선 대립은 일본 공산당을 중국 공산당에 대립시키는 북한 노동당 때문이었다.

다만 **테라오 고로우**는 당원이면서 중국 공산당의 입장을 옹호한 그의 집필논문 일한신관계日韓新關係와 **"일본 제국주의의 부활"**은 당 중앙으로부터 엄중한 비판을 받았다.152)

17. 가지세이 초쿠梶井陟 (1927-1988)

가지세이 초쿠는 1927년 6월에 동경에서 태어났다. 본인의 회상에 의하면 집은 그다지 부유했다고 할 수는 없었다고 한다. 그래도 소학교, 초등학교 고등과, 사범학교에 진학했던 가지세이 초쿠는 교사가 될수 있는 길을 선택했다.

가지세이 초쿠의 조선 문제에 대한 관심은 그의 교사 생활을 하면서 시작되었다. 그가 23세 때인 1950년에 시작해서 5년 동안의 동경 도립 조선 중학교에 부임하고 계속해서 그 후에도 중학교 교사를 계속하면서 **"조선 연구"**, **"계간 3천리"**, **"조선 문학 소개와 연구"**등에 정력적으로 집필을 하는 등 조선어 학습 서클에서 강사를 하는 등 바쁜 나날을 보냈다. 그의 51세 때인 1978년에는 부산富山 대학 인문학부 조선어 조선문학 코스의 주임교수에 임명된 후부터는 대학 교육에 관계되어 가지만 10년 후 1988년에 대장大腸에 의한 심부전으로 타계했다.

가지세이 초쿠는 일본의 패전 직후로부터 미국 군정軍政밑에서 일본 국내에서는 일본에 사는 재일在日 조선인 연맹이 결성되었고 소규모의 조선인 학교가 생겼다. 1946년 가을쯤부터는 조선인 연맹은 각 지역에 있는 조선인 학교에 대한 본격적인 정비에 들어가게 되었다. 그러나 GHQ는 그와같은 상태를 좋게 받아들이지 않고 조선인 자녀에 대한 민족교육을 부정하고 1948년 2월에는 GHQ 동경 군정부 교육 담당 장교인 **듀베르**가 도내道內의 조선인 학교에 위협적인 시찰을 한다는 등 노골적인 통제를 강화했다. 얼마 안 있어 문부성도 조선인 학교에 대한 원조금 지원을 하지 않고 조선인 연맹의 해산과 동시에 전국에 있는 조선인 학교의 폐쇄를 통고하고 있었다.

1949년 12월에 동경 도내에 있었던 조선인 학교가 도립道立으로 이관된다고 하는 풍문을 접했다.

가지세이 초쿠는 석신정石神井 중학교 재직 중인 1949년 11월경에 직원 회의 석상에서 도교육장으로부터 조선인 학교를 도립으로 이관한다는 통고를 받고 그리고 일본인 교장으로부터 일본인 교원을 모집한다는 설명을 들었다. 민족 교육을 부정하는 일본으로서는 정규의 교원은 일본인이어야 한다는 논리이다.

그러나 그전에는 **가지세이 초쿠**는 조선인 학교에 부임하는 교사는 급료가 3호봉 인상된다는 점에 매력을 느끼고 조선인의 가난함을 자기의 가난했던 과거를 통해 이해할 수 있었다고 생각했다. 그래서 다음해에 도립 조선 중학교에 이과 교사로서 부임했던 것이다. 부임 후에 즉시 위와 같은 난관에 봉착하게 되었다.

일본인 교사와 조선인 교사 사이의 긴장 관계가 있고 조선인 학생과의 교류에 어려움이 있었다. 특히 가지세이 초쿠를 조선 문제에 끌어 들였던 큰 사고가 학생들로부터 일어났다. 중학 1학년생을 상대로 한 최초의 수업 때 가지세이 초쿠는 학생으로부터 조선어를 모르면서 진실로 조선인을 가르칠 수 있다고 생각하느냐는 질문을 받고서 큰 충격을 받았다.

동료 조선인 교사의 제지를 듣지도 않고 자기의 교재를 조선어로 번역해서 칠판에 쓰기도 했다. 학생들과의 거리도 좁혀졌으며 조선을 이해해야 할 필요성을 느꼈다.

가지세이 초쿠는 조선인 학교 존속 운동의 중심 인물로 되었고 교직원 조합의 결성과 운영을 할때에도 큰 역할을 하기도 했다.

1952년에 도립 조선인 학교가 폐교 직전에 까지 갔을때도 학교가 계속 존립하도록 노력을 다했다. 가지세이 초쿠는 도립 조선 중앙 학교가 폐교된후 풍도구립豊島區立 서소西巢 중학교에 부임했을 때 풍도구豊島區 교육위원회 지도 실장으로부터 조선어 사전까지 출판해서 조선인으로부터 신뢰가 두터운 것 같지만 너무 깊이 들어가지 않는 것이 좋을 것 같다는 충고를 듣기도 했다.

가지세이 초쿠의 필생 사업은 역시 조선어에 대한 일본인의 시선에 대해서 연구하는 것이었을 것이다. 1980년에 간행된『**조선어를 생각한다**』라는 책을 말할 수 있다. **계간 3천리**에 연재되었던 똑같은 제목의 논문을 기반으로 해서 편집되었던 저작은 근대를 중심으로 일본의 조선관朝鮮觀에 대한 궤적軌跡을 다룬 것이다. 조선어를 무시했던 역사에 대해서 비판을 했던 것인데 이런 모험에서 그는 일본인 에게서의 조선어 학습의 의미는 식민지 시기에 일본의 언어 정책은 조선인으로부터 조선어를 빼앗고 일본어로 대치할려고 했던 것을 알리는 것이었다.

조선인의 **황국皇國 식민화**를 궁극의 목표로 했던 일본의 지배가 조선어를 빼앗은 것이었다고 기술했다. 조선어에 대한 깊은 관심은 그의 조선 문학에 걸쳐사도 보여진다. 가지세이초쿠는 조선 문학의 모임, 신新 일본 문학 등에서도 활동을 했고 1950년 말末에서 1970년대 전반기에 집중적으로 번역을 해서 나도향羅稻香, 박팔양朴八陽, 김사량金史良, **김지하金芝河** 등에 대해서도 집필을 했다.[153]

18. 다카하시 도루高橋亨 (1877-1967)

다카하시 도루는 도쿄대학을 졸업하고 조선 총독부 학무국 촉탁으로서 구관제도조사사업舊慣制度調査事業에 참여하여 조선의 구술문화 유산 수집, 고도서古圖書의 정리 해제를 담당했다.

그 후 경성 제국대학 창립 위원회 간사를 거쳐 법문학부 조선어, 조선문학 전공교수 그리고 동국대학교 전신인 혜화 전문학교 교장을 역임했다. 1945년 일본의 패전 후에는 일본에 귀국해서 텐리天理대학 교수로 부임해서 조선 문학, 조선 사상사 등을 강의했고 같은 학교에서 **"조선어학회"**를 창립했다. 그는 교수답게 조선에 대해서 상당히 다각적인 시각에서 조선을 체계적으로 인식할려고 했던 것 같다.

조선을 사상적으로 "**고착된 나라**"로 인식했다. 그는 다음과 같이 논지를 전개해 나간다

"첫째 사상의 고착이다. "**고착성**"은 유동성과 반대이다. 이것은 조선인이 한번 어떤 사상을 수용해서 이를 자신의 것으로 삼으면 끝까지 그것을 붙들고 즐기며 그 권위 아래에 있는 것을 가르친다. 그리고 그러한 사상을 받아들인 당시의 그 동기動機가 무엇이었던

가를 묻지도 않는다. 그 가운데 어떤 것은 새롭게 전래되어 조선의 사상계를 차지해 버린적도 있다. 또 어떤 것은 권위있는 학자의 언행에서 비롯하여 널이 일반적인 사상이 된것도 있다. 이 가운데 어떤 경우라도 조선인은 일단 받아들인 이상은 이후에도 새로운 사상이 전래되더라도 그것으로 옮겨가는 일은 없다. 이러한 예를 조선의 종교인 불교에서 찾아볼 수 았다. 이를테면 신라에 새롭게 전래된 불교는 여러 기존의 예식禮式, 풍속, 신앙과 융화하지 못해서 유포되기 어려웠다. 하지만 일단 왕이 불교에 귀의하자 고구려 백제 신라 세 나라에 일제히 불교가 풍미風靡하여 상하귀천上下貴賤이 없이 모두 믿기에 이르렀다."

그는 조선의 유교에 대해서도 언급한다.

"**유교의 경우**, 고려 충렬왕(재위 1274-1308) 27년에 안향安珦이 처음 "주자전서朱子全書"를 중국 북경에서 얻어 그해 3월에 개성에 가져와서 주자학을 창도했다. 그리고 마침내 고려 대학에서 주자학을 강의한 이래 6백 년이 지난 오늘날까지 **주자학** 이외의 학파는 등장하지 못했다. 중국 명나라 때 **왕양명**王陽明이 일으킨 학문이나 저작 역시 이미 조선에 전해졌다. 조선 명종(재위 1534-1567) 때 퇴계 이황李滉도 왕양명의 저작을 보았고 그 밖에 율곡 이이李珥, 서애 유성룡柳成龍등 여러 명이 보았다. 그러나 오로지 유성룡 한 사람만 겨우 관대하게 보고 충격을 받았을 뿐, 그 밖의 유학자들은 이단사설異端邪說 이라 해서 왕양명의 저작조차 일반 독자들에게 읽히지 않았다. 나중에 중국 청나라에서 **고증학파**考證學派가 성했을 때에도 그들의 저작 또한 한양에 들어오지 못하게 했다. 조선 순조(재위 1800-1834) 때 시서詩書의 대가인 김정희金正喜만 겨우 고증학을 공부할 뿐 그 밖의 유학자들은 모두 성학聖學 과는 상관없는 한심한 학문이라고 여겼다.

이와 같이 조선처럼 오랜 세월 동안 사상의 한 원리에 만족하여 다른 원리를 받아들이지 않은 민족은 세계 사상사에서 드물다는 사실은 말할 나위가 없다."

이처럼 답답한 조선의 학문적 풍토에 대해서 일본의 **다카하시**는 조선 선조(재위 1567-1608)때 유학자였던 장유(張維: 1587-1638)가 쓴 『**계곡만필**溪谷漫筆』을 다음과 같이 인용하였다. 내용이 다소 길지만 조선 사회의 학문적 고착성을 잘 보여주는 논리이기도 하다.

"중국의 학설은 다양하다. **정학**(正學: 儒家의 학문)이 있는가 하면 **선학**(禪學: 불가의 학문)과 단학(丹學: 도가의 학문)이 있고 정주(程朱: 정저와 주자)를 배우는가 하면 육씨陸氏를 배우기도 하는 등 학문의 길이 한 가지 만이 있는 것이 아니다.

그런데 우리나라의 경우는 유식 무식을 막론하고 책을 끼고 다니며 글을 읽는 자들을 보면 모두가 정주程朱만을 칭송할 뿐 다른 학문에 종사하는 자가 있다는 말을 들어보지 못했다. 어쩌면 우리나라의 풍습이 중국보다 실재로 훌륭한 점이 있어서 그런 것인가? 아니다. 그래서 그런 것이 아니고 중국에는 학자가 있는 방면에 우리나라에는 학자가 없기 때문에 그런 것이다. 대체로 중국의 인재들은 그 지취志趣가 결코 녹록碌碌치 않아서 이따금씩 큰 뜻을 품은 인사가 나오면 성실한 마음가짐으로 학문의 길에 매진하기 때문에 그의 취향에 따라 학문의 성격은 서로 같지 않을 지라도 각자 실제로 터득하는 바가 왕왕 있게 되는 것이다.

그런데 우리나라는 그렇지를 못해서 기국器局이 워낙 좁아 구속을 받은 나머지 도대체 지기志氣라는 것은 찾아볼 수가 없기 때문에 그저 **정주程朱**의 학문만이 세상에서 귀중하게 여겨진다는 말을 얻어 듣고는 입으로 뇌까리고 겉모양으로만 높이는 척하고 있을 따름이다. 그런 까닭에 소위 **잡학雜學**이라는 것조차 나올 여지가 없으니 또한 어떻게 정학正學방면에 소득이 있기를 기대할 수가 있겠는가?

이를 비유하자면 땅을 개간하고 나서 씨를 뿌려야만 이삭이 베고 열매를 맺을 것이요 그런 뒤에야 오곡五穀이나 돌피와 쭉정이를 구별해 낼 수 있는 것과 같다고 할 것이다. 그런데 눈에 보이는 것이라고는 말과 비틀어진 땅덩어리뿐인데 거기에서 무엇을 오곡이라 하고 무엇을 쭉정이라 할 수 있겠는가?"

이렇게 말하며 조선인의 사상의 고착固着을 오로지 무기력의 소치로 보았다. 이 또한 탁월한 안목이라 할만하다.[154] 다카하키는 말한다.

"둘째는 **사상의 종속**이다. 이것은 사상이 중국에 종속되어 어떤 것도 조선의 독창적인 사상으로 볼 수 없는 것을 가르킨다. 바꾸어 말하면 "사대주의"라고 해도 무방할 것이다. 조선의 역사를 연구하는 사람은 조선이 정치적으로 중국에 종속되어 있었다고 한다. 그런데 나는 정치적 종속보다 사상적 종속 정도가 한층 심각하다고 본다.

신라 시대에는 당나라의 **정삭**定朔을 받들어 당唐의 보호국이 되었지만 문무왕이 이미 안동安東 진무대사鎭撫大使 총관 설인귀薛仁貴(614-683)에게 이긴 신라는 완전한 독립 행정을 허락 받았고 다만 명목상으로만 당나라에 조공을 바쳤을 뿐이었다. 그 후 고려 또한 중국 송宋나라와 요遼나라에 대해서도 역시 그와 같이 했다.

책봉을 받고 정삭을 받들어도 내정內政의 간섭을 받은 일이 없었다. 오로지 몽고의 원元나라가 고려를 무력으로 정복하여 속국屬國으로 만들었다. **원나라**는 고려에 총독을 파견하여 엄하게 내정을 감독하고 때때로 뜻에 따르지 않는 왕이 있으면 폐위까지 시킬 만큼 왕을 장악하여 마치 나라안에 한사람의 관리를 두듯이 했다. 원나라가 망한뒤 **명**明나라 때에는 다시 중국의 송宋나라 때와 마찬가지로 명목상으로 나마 책봉을 받고 정삭正朔을 받들었다. 그 후 청淸나라는 원나라와 마찬가지로 조선을 정벌하고 남한산성 아래서 맹약盟約을 얻은 이래 조선을 명明나라 때보다 더욱 엄하게 대했다. 명목상으로는 속국이나 실제로는 **자치국**自治國이었다. 그러므로 조선이 그야말로 중국의 속국으로 내정에 이르기까지 제도를 받아들인 것은 고려시대 원종元宗(재위 1259-1274) 원년부터 공민왕 즉위년(1351)까지 모두 1백여 년간이었다.

그러나 종속관계는 그처럼 짧지 않다. 원래 중국과 교통이 시작되어 중국의 문물을 수입한 이래 조선 고종高宗 갑자년(1864년)까지 1천 5백 년 이상 시종일관始終一貫 오로지 중국에 종속되어 있었다. 종교, 철학, 문학 등 모든 범주를 중국으로부터 받아들여 마침내 조선인의 독창적인 것은 없어지게 되었다. 설사 독창적인 창작이 있었다 하더라도 결국 일반적이게 되는 일은 없었다.

조선인은 일본인과 마찬가지로 중국인의 **동이**東夷에 속하며 고유한 문명의 수준은 매우 낮은 정도였다. 다만 일본보다 일찍 중국 문명에 접해서 적극적으로 수입하여 먼저 삼국시대의 고구려 육로를 통해 북부 중국의 문명을 수입하였고 이어서 **백제**가 **해로**海路를 통해 중국 동남부 중국 문명을 수입하였고 마지막으로 신라는 앞서 두 나라보다 후진국이었으나 삼국통일을 하고 적극적으로 당나라의 문명을 배워 동해東海에서 개화의 경지를 이루었다. 그런데 조선의 지리적 관계나 민족의 사상이 없었던 사정으로 중국 문명 수입 후의 나라 정세는 일본과 전혀 달랐다. 오로지 자기를 버리고 중국을 모방하는 데에 이르러 사상적으로는 조선의 특색을 잃어버린 채 두 번 다시 되살리지 못했다.

첫째로 언어에 대해서 말해 본다면 조선에서 한자의 위치가 중요한 정도는 일본어에 비할 바가 아니다. 일본어는 근래 서양의 새로운 사상을 옮기기 위해 종종 한자를 고안해서 순수한 일본어로는 나타내기 어려운 것을 표현하나 원래 한자를 빌리지 않고 순수한 일본어만으로 보통의 지식계급은 사물을 분간하는데 곤란을 겪지 않았다.

그런데 조선어에서는 한자어 외에 마땅히 표현 할만한 조선어가 없는 경우가 적지 않은데 오히여 크게 놀라게 된다. 조선에서 한자어를 걷어내면 대부분의 일상생활의 대화조차 이루어 질 수 없는 결과를 본다. 이는 분명히 오랫동안 중국을 모방하여 재래의 조선어를 버리고 사용하지 않은 결과이다." 155)

다카하시는 조선의 제도의 문제점을 다음과 같이 말한다.

"셋째로 제도 또한 그러하다. 그 가운데 가장 주목할만 것은 **과거제도**와 관련한 법이다. 과거제도는 고려 광종光宗(재위 949-975)이 중국인 쌍기雙冀의 건의에 따라 시작하여 조선시대 고종高宗 갑오년(1894년)까지 계속되었다. 그 사이 많은 반대론이 일어났음에도 불구하고 결국 없어지지는 않았다.

과거제도는 잇점과 폐해 모두가 있지만 학문을 타락케 하여 다만 명리名利를 위한 과업에 그치고 말아서 자유로운 연구를 일으키지 못하게 하고 산업의 지위를 떨어트려 부富의 발달을 가로 막는 것이 되고 말았다.

넷째로 종교에 대해서 살펴본다면 **동학교**만이 조선의 독특한 신新종교라고 할만하나 신앙의 대상인 천주天主는 그리스도교의 유일신唯一神을 참조한 것이며 조선 말기 승려의 교설敎說를 이어받아 유불선儒佛仙의 통일을 표방한다. 경전으로 삼는 동경대전東經大典을 보아도 조선인의 특수한 신앙의 원천에서 비롯한 신종교新宗敎에 값하는 청신한 사상을 발견하기는 어렵다. 유불선儒佛仙의 통일을 제창하나 불교에서 비롯한 것이 가장 많고 종교적 실질면에서는 매우 진부하므로 종교의 측면에서 조선이의 종속성의 특별한 예외라고 보기는 어렵다."

다카하시의 조선의 문제점에 대한 글은 계속 이어진다.

"조선인 **사상의 종속성**이 두드러지게 된 것은 첫째로 지리적 원인에서 비롯하는데 경계를 마주한 대국大國이라 할 중국 사상 이외에는 아무것도 생겨날 수 없었기 때문이다.

그리고 정치적 관계에서 중국의 속국이었으므로 사상의 이상理想도 그러한 관계를 초월할 수 없었기 때문이다. 또한 대륙의 연속인 조선의 자연 광경이 중국과 닮은 바가 많아 섬나리인 일본이 독특한 기후 풍토를 향유하여 빼어난 산수山水와 화목花木이 자라나는 것과는 크게 다르기 때문이다. 그리고 일본이 독특한 국체國體를 지니고 있어서 민족 사상에 변하지 않는 불변의 중심점이 있고 오랫동안 외래 사상에 예속되지 않았으며 외래 사상을 반드시 일본화日本化한 다음 그 존재를 인정했던 데에 비해 조선은 국체國體도 중국과 마찬가지로 민족 중심의 사상이 없이 마치 물이 그것을 담는 그릇에 따라 형태를 바꾸는 것처럼 남의 것을 제것으로 바꾸지 못하고 도리어 제것을 남의 것으로 바꾸고 말았기 때문이다.

조선인은 독창성이 부족하고 연구심이 풍부하지 않아 고착성으로 인한 선입관先入觀이 주된 위치를 차지하여 중국으로모부터 베운 지식을 최선의 것으로 믿고 모든 현상을 그러한 전제前提에 따라 판단하고자 애썼으므로 특별히 새로운 원리를 창안해 내고자 하는 욕구가 없다. 이와 같이 조선인은 일반적으로 최근까지 중국 사상의 굴

레를 벗어나고자 하는 노력을 하지 않은채 지내었다.[156]

우리는 흔히 조선은 선비의 나라 일본은 무사武士 사무라이 나라라고 말한다. 다카하시는 조선의 **문약성文弱性**에 대해 말한다

"일본이 건국한 이래 무武를 숭상하는 상무尚武의 나라였던 데에 비해 조선은 글을 숭상하는 상문尚文의 나라였다. 무武의 폐해는 난폭함이고 문文의 폐해는 약함이라고 하겠다. 조선인의 특성 가운데 문약文弱을 추가하는 것도 그러한 이유이다. "**문文**"을 숭상하고 "**무武**"를 천시하는 것은 유교의 가장 큰 결점으로서 중국은 이미 그 폐해를 들어낸 바 있다. 중국은 개벽開闢이래 다른 민족과 싸워 이긴 역사를 가지지 못한 나라이다. 전쟁에서는 항상 다른 민족에게 졌으니 사회적으로는 다른 민족을 한족漢族에게 동화시키는 능력을 지니고 있었다.

조선도 다른 민족에게 이겨 본 적이 없는 역사를 지녔다는 점에서는 중국과 마찬가지이다. 고려 시대의 **윤관尹瓘** 장군, 조선시대의 **김종서金宗瑞**가 여진을 정벌하여 공을 세웠으나 이것은 한때 개인적인 재능에서 비롯한 예외적인 사례에 불과하다. 그러한 역사를 통해 외국의 침입을 받은 일이 한 두 번이 아니었으나 스스로 다른 나라를 침입해 본 적은 없다 치더라도 무력을 쓰지 않는다는 것이 조선 정치가의 이상理想으로 칼이란 그저 흉기에 불과했다.[157]

위의 글에서 다카하시 도루키의 중국 역사에 대한 인식의 정확도가 떨

어지는 대목은 중국이 다른 이민족과 싸워서 이긴적이 없다는 것은 맞는 지적이 아니다. 중국의 진시황제나 한나라의 한무제 때에는 북방의 흉노족을 멀리까지 밀어냈다는 사실을 못본 것 같다.

다카하시는 조선에는 봉건제도가 없었음을 부정적으로 지적한다.

"그리고 세계 각국의 역사를 보건데 통일된 하나의 국가를 이루기 전에는 반드시 **봉건제도**를 이루었다. 오로지 조선 만이 예로부터 봉건제도가 생겨나지 못했다. 고려 중기 이후부터 조선시대에 이르는 기간 동안 양반의 사전제私田制가 있어서 봉건제도의 맹아萌芽가 나타나기는 했으나 이 또한 끝내 실현 되지 못했다. 세계 역사상 특이한 사례로 꼽힌다. 그 원인은 어디에 있는가 이것은 조선 연구에 있어서 중요하면서도 곤란한 문제로써 여려 방면으로 연구한 후 해결해야 할 문제임에 틀림없다. 또한 이런 문제의 원인으로서는 시종일관始終一貫 중국의 속국으로서 국왕國王 스스로가 중국의 제후로 처신해 온 것을 꼽을수가 있겠는데 그러한 사정은 일단 문약文弱의 특성에만 국한하여 보더라도 분명히 중요한 원인 가운데 하나라고 할 수 있을 것이다.

대체로 봉건제도가 생겨나기 위해서는 중앙정부의 약화弱化와 병권兵權 분활의 두 가지가 필요하다. 그러니까 **병마**兵馬 통솔의 전권全權을 맡은 대관大官이 지방에서 권력의 근간을 이룰때는 중앙정부의 제재制裁와 명령도 미치지 못하기 마련이다. 일본의 무가武家, 중국 한漢나라의 봉왕封王, 당唐나라의 번진藩鎭, 독일의 제후가 그 예라고 하겠다. 공신功臣에게 토지와 백성을 상償으로 주는 것은 봉건제도 성립 이후의 관습이다.

그런데 조선의 역사를 보건데 신라는 일단 제쳐 두고서라도 고려시대에는 **문**을 숭상하고 **무**를 천시하는 관례에 따라 지방의 대관大官은 모두 문관을 임명하게 마련이었다. 그런 까닭으로 조선 역사에서 결국 봉건제도가 생겨나지 못하게 된 것은 관직제도가 "**문文**"을 숭상하고 "**무武**"를 천시하며 무관武官이 지방을 할거할 기회를 얻지 못한 것이 가장 큰 원인이라고 하겠다. 조선의 관료사회에서는 문무 양반의 구별이 있었고 그러한 구별은 세습되었다. 조선의 문신들은 암암리에 중국 **촉한蜀漢**의 대大 재상이자 원수였던 제갈공명諸葛孔明을 이상으로 삼았고 재상으로서 장군의 지위에 오르는 것이야말로 대신大臣의 풍모를 갖춘 자라고 여겼다."

선조시대 이름난 신하로서 조선 제일의 학자였던 **이율곡**은 실제로 야인野人들이 북방을 습격하여 변경의 경비가 날로 위급하게 되자 병조판서의 중책에 임명되어 빔낮으로 군무軍務에 힘썼는데 그 문하門下의 사람들에 따르면 장수의 책임도 역시 어렵지 않은 듯이 수행했던 것으로 보인다. 이 또한 조선인의 **무관직武官職**에 대한 사고思考를 나타내는 사례라고 하겠다. 영조英祖(재위 1724-1776) 때에 이름난 유학자 **한원진韓元震**(1662-1751)은 다음과 같이 말한 적이 있다.

"우리나라에는 세 가지 **우환憂患**이 있다. 첫째는 문관이 무반武班즉 무관을 멸시하는 것이고 둘째는 사대부가 상민常民을 업신여기는 것이고 셋째는 세속의 사람들이 승려를 미워하는 것이다. 이것은 참으로 제앙의 근원이라 하겠다. 이는 대체로 문반文班을 귀하게 여기고 무반을 천하게 여기는 데서 비롯된 것으로서 그 기원은 매우 오래 된 것이라 하겠다."[158]

(참고: 다카하시 도루기, 『식민지 조선을 논하다.』(98-101)

조선 역사에 대해서 다카하시 도루기는 상당한 지식을 가지고 있었음을 알 수 있다.

chapter

04

제1장

조선 총독부가 바라본 3·1 운동

1919년 3월 1일 거족적으로 일어난 3·1 만세 운동은 조선 총독부로서는 상상조차 못한 조선 독립을 위한 엄청난 저항운동이었다. 이 운동이 밑받침이 되어 중국 상해 **임시정부의 태동**을 가능케 한것이기도 했다. 그 당시 조선에서 발행되었던 조선 총독부의 어용御用 신문인 『**경성일보**』는 1919년 3월 7일자 **소위 독립운동**이라고 제목을 붙인 사설社說에서 3·1**운동**에 대해서 언급을 했다. 거기에서 첫째로 3·1운동은 열강列强의 동정을 얻을려고 한다는 것이고 그것은 가공적架空的 몽상일뿐이다는 것이다. 둘째로는 3·1운동이 질서를 존중한다고 하면서도 실제로는 폭행을 유발시키는 것이 도처에 깔려있다는 것이고 셋째로 소위 독립운동이라는 것은 폭도들이 그럴듯한 명분을 내걸고 민중을 현혹하고 부정한 이득을 도모할려고 하고 넷째는 조선은 그 역사를 조명해 보드래도 독립은 불가능하다는 것이라고 기술했다. 경성일보의 3·1운동을 바라보는 관점은 어용御用신문이 3·1운동을 어떻게 보고 있는가를 보여주었다. 『경성일보』가 3·1운동에 관한 기사의 특징을 열거해보겠다.

첫 번째는 자주적인 독립운동이 아니고 세계 열강列强 특히 미국에 의지해서 독립하는 것을 목표로 했다는 것이다. 두 번째는 폭동이라고 보았던 것이다. 오늘은 일본군의 무서운 탄압을 말하는 대표적인 사건인 **"수원 제암리 교회 소각 사건"**이 경성일보 4월 19일에 다음과 같이 보도 되었다.

"많은 교인들이 집합하여 소란을 피우므로 보병 및 경찰관이 직접 출동해서 이들에게 해산을 명령했으나 응하지 않고 폭행을 자행했으므로 발포發砲한 결과 교인들의 사망자가 20명이고 이 혼란 때문에 수십호의 가옥이 불타버렸다."

『경성일보』는 이와 같이 보도해서 일본군의 탄압을 중지시킬수 없다는 핑계를 다음과 같은 기사로 얼버무렸다.

"헌병과 폭도의 대격투", **"평안남도 맹산孟山에서의 사건"**, **"좌등상등佐藤上等의 살해"**, **"조선복장을 하고 사지死地를 탈출했던 건강한 상등병上等兵 부인의 비장한 광경을 말하다"**등의 기사를 내보냈다. 한마디로 3·1운동은 폭동이고 지도자가 어떻게 잔인한가를 인상적으로 보도했다.

세 번째는 3·1운동의 지도자를 인신 공격함으로써 3·1운동의 진의眞義를 파악 못하게 했다. 3월 9일의 경성일보는 **조선인의 망동의 원인, 교도教徒를 현혹시켰던 손병희孫秉熙 일파의 궁여지책窮餘之策 이었던가!** 라고 하면서 다음과 같이 첨부하기도 했다.

조선의 귀족들이 말하는 것을 종합하면 다음과 같다.

"천도교 교도인 손병희는 종래 각지의 교도들에게 병진丙辰년 3월 은 국권國權회복의 기회라고 칭하고 또 같은 해 모월 모일은 성공의 날이라고 설명했다. 여러 번에 걸쳐서 지방 교도들을 속여 운동자 금을 구실로 해서 이미 수백만 원을 징수했다."

운동의 지도자에 대한 인신공격은 새로 부임한 **재등**齋藤 종독을 향해서 폭탄을 투척했던 **강우규**姜宇奎와 상해임시정부의 **여운형**呂運亨에 대해서 도 행해졌다. 강우규에 대해서는

"매명賣名 즉 이름을 날리기 위한 수단으로서 흥행興行을 생각했 다." (10월 17일)

라고 썼다. 여운형에 대해서는

"여운형은 대단히 문제가 되는 인물은 아니다." (12월 4일)

라고 기도했다. 덧붙여서 1월 25일의 사설은 상해上海임시정부를 가르켜

"대부분 사기행위를 하거나 위협 공갈을 하는 사람들의 집단이라 매도하고 추호도 동정의 여지가 없다."

라고 썼다 네 번째는 운동에 참여했던 다수 사람들의 마음가짐, 다시

말하면 3·1운동의 자주적 독립운동으로서의 성격을 이해하지 못했다는 것이다. 3월 11일의 『경성일보』는 동맹 파업이라든가 상점의 영업폐쇄에 대해서

"휴업을 하는 사람이 자발적 의사가 있지도 않았고 다른 사람으로부터 위협 협박 공갈에 굴복할 수밖에는 없었다."

라고 썼다. 한마디로 **불한당**不漢黨의 협박에 의해서 할 수 없이 동조했다는 것이다. 다섯 번째는

"조선은 일본을 떠나서는 단독으로 존재할 수 없는 것이다."

라고 보고 있는 것이다. 이상의 인용은 10월 1일의 사설 **"완전히 변한 조선인, 정상**井上 **대의사**代議士**의 조선관에 대하여"**의 일절이지만 3·1운동의 비합법성을 공격했던 것이다.

여섯 번째는 일본과 조선은 똑같은 조상祖上을 가졌다는 일선 동조론日鮮同祖論에 입각해서 일본과 조선을 합병했던 **일한 합병론**을 정당화했던 것이다. 그 이론화理論化를 위해서 경성일보는 **오류이류조**鳥居龍藏나 **야마다타카오**山田孝雄의 학자들을 동원해서 일본인과 조선인은 똑같은 민족이라는 것이고 그러므로 병합은 당연하다는 것이다.

그래서 조선이 독립할려는 것은 불합리 하다는 것이다.[159]

일곱 번째는 소위 무단정치를 옹호했던 것이다. 4월 24일의 사설제족인 **조선 시정**施政**의 오늘과 내일**에서

"우리보다 저들을 본다면 지금까지의 시정施政은 무단정치는커녕 오히려 너무 지나치게 문치文治에 의존한 경향이 있었다."

라고 썼다. 여덟 번째는 조선인에게 실력 양성을 권勸했다는 것이다. 5월 11일의 **"조선인의 요구, 그 희망을 달성할 수 있는 길"**이라는 제목의 사설에서

"그 소요 때문에 얻은 것은 없고 사상자의 범죄자만을 속출케 했을 뿐이다."

라고 기술했다. 독립운동은 아무 이득이 없다는 것을 주장했으며 11월 25일에는 "조선인의 자성自省을 촉구한다"를 게재하고

"조선인이 크게 할만한 것은 독립운동이라는 망상미몽妄想迷夢에 빠지지 말고 분발해서 산업을 크게해서 동양의 대국민大國民이 되도록 실력을 양성하는데 있다."

라고 기술했다.[160)]

제2장

조선 총독부가 바라본 한국관

1910년 조선을 일본에 강제 합방사킨 일본은 조선을 직접 통치할 기구인 **조선 총독부**를 설치했다. 남의 나라를 직접 통치할려면 그 나라의 역사나 민족성을 잘 파악하여 거기에 맞추어 통치를 할려고 했을 것이다. 조선 총독부가 우리 한국인을 어떻게 파악했는가가 우리의 관심을 끌고 있다. 그들은 한국인의 성격을 다음과 같이 논한다.

1. 한국인(조선인)의 기본 성격

한족(韓族: 조선인)은 문화적이며 평화를 사랑하지만 한편으로는 잔인하며 실리實利를 따지는데 뛰어나고 특히 인색하다. 북인北人은 완강하며 투쟁을 좋아하며 또한 잔인성을 띤다. **고구려는** 바로 이러한 성격을 소유하고 있다. 불교의 교화를 받았기에 문文을 숭상하고 무武를 무시하는 풍습이 있다. 대개 재물에 집착하기는 하지만 **지나인(支那人: 중국인)**처럼 인색하지 않으며 청결성에 있어서도 지나인(중국인)과 비교가 되지 않을 정도로 청결하다. 고구려 야만적 풍습이 횡일橫溢하고 질박하며 남성적 기질이 있었으나 고려 시대부터 이조(조선시대)에 이르기까지 경박, 음험陰險, 참담慘澹이 변하여 인정과 자비심이 없는 일을 주저없이 행한다. 중국 공자의 가르침은 권세權勢를 얻는 도구에 지나지 않았으며 백성을 과롭히고 국사를 쇠퇴시킨 것은 유교의 유생儒生들이었다. 정신을 몰각沒却시키고 유학을 장려한 결과 가짜 유사儒士들을 배출시키고 붕당朋黨이 많아 국가를 위기에 몰아넣었다. 그리고 조선인은 큰 나라를 섬긴다는 **사대성事大性** 있다고 폄하한다.

2. 사대성事大性

조선은 늘 동남東南의 일본, 서남西南과 서북西北의 야만인 등 세 방면의 세력에게 압박을 당해 진정한 독립을 이룰 수가 없었다. 이들 사이에 끼여 있기에 큰 것을 섬기는 사대주의事大主義를 선택할 수밖에 없었다. **사대자존事大自尊**은 조선반도 정치가의 부득이한 방책이었던 바 꼭 자존심이 없어서 그런 것은 아니었다. 정몽주鄭夢周, 이성계李成桂같은 걸출한 인물도 사대事大의 필요성을 언급하고 있다.

3. 음모성

조선의 생산적인 토지는 3남(영남, 호남, 충청)에서 서부 지방으로 이르는 작은 지역이다. 이 작은 지역이야말로 수천 년 이래 **한인韓人 조선인**의 활동 무대였다. 이 작은 지역에서 출세를 할려면 관리官吏가 되는 길밖에 없었다. **군수郡守**를 3년간 하면 평생 안락한 생활이 보장되었다. 전제 정치의 관리들은 관권官權을 남용하여 사복私腹을 채우는 것이 일이다. 조선의 유생儒生 양반은 대부분 이런 무리들이다. 임용되는 관리 자리는 한정되었지만 그 자리를 탐하는 자는 한정이 없다. 그리하여 임관任官을 위해서는 수단을 가리지 않고 진퇴進退에 도덕을 고려할 틈이 없었다.

4. 교섭 양식

조선은 **의논議論**의 나라요 영리한 인간들의 나라이다. 타국他國 즉 외국의 군사가 이미 임금이 사는 왕도王都에 쳐들어와 왕이 도망칠 길밖에 없는 경우에도 외세外勢의 침략을 얕잡아 보고 의논議論에만 열중한다. 국민의 힘으로 이를 막으려 하지 않고 호언장담豪言壯談만 늘어놓고 어찌할 바를 모른다. 이러다가 열세劣勢에 처하면 다른 강대한 세력에게 의뢰한다. 고려 시대에 **요堯**나라가 침입했을 때도 몽고군이 개성에 임박했을 때도 이조(조선왕조) 시대 청나라 태종이 경성을 포위했을 때도 임진왜란 때 일본군이 습격했을때도 마찬가지였다. 조선은 **입**으로 전쟁하는 나라이다.[161]

조선 총독부는 조선의 문제점으로 사상의 고착을 들었다. 다양한 사상이 있는 것이 아니라 오로지 하나의 사상만을 고집하고 집착해서 편향적 사상으로 흘러갔다는 지적이다.

5. 사상의 고착

사상의 고착이다. 고착성固着性은 유동성과 정반대이다. 조선인이 한번 어떤 사상을 수용하여 이것을 자신의 사상으로 정하게 될 때는 언제까지나 이를 붙잡고 기꺼이 그 권위 아래서 안주安住한다는 것을 의미한다. 장구한 세월동안 한 원리에 만족하여 다른 원리를 거절하는 민족은 세계 역사상 희귀한 사실이라고 하지 않을수 없다. 그러므로 조선 선조때의 학자인 **장유張維**는 『계곡만필溪谷漫筆』에서 조선 유학이 중국의 정주학程朱學에만 고착하여 유동하지 않음을 다음과 같이 평했다.

"중국 학술은 많은 갈래가 있으므로 지름길이 하나가 아니다. 그러나 우리나라는 유식한 사람 무식한 사람을 막론하고 모두 책을 끼고 독서하는 자는 오로지 **정주程朱**만을 읊조린다. 우리나라 선비의 풍습이 월등해서 그러한가? 아니다. 중국에는 학자가 있지만 우리나라에는 학자가 없다. 대저大抵 중국은 인재人才의 의지와 취향이 녹녹치 않아 참된 마음으로 향학向學함으로써 왕왕 각기 실제 지식을 얻는다."

그는 조선인의 사상이 고착되었기 때문에 한결같이 무기력에 쏠리게 되었다고 말한다. 이것 또한 당연한 지적이다.[162]

조선의 속담에
"옛법을 바꾸지 말고 세법을 세우려고도 하지 날라"
라고 했다. 이야말로 조선인의 **사상적 고착성**을 잘 표현하고 있는 속담이다.

이는 노인의 성질과 비슷하다. 노인의 특성은 **고착, 무기력과 부쟁**不爭에 있다. 조선인의 이런 돌출한 특성을 지니게 된 주된 원인은 조선 반도를 구성한 지질地質에 있다고 볼 수 있다. 조선의 지반地盤은 지극히 태고太古에 속해 이미 현시대에서는 변화와 발달을 멈추고 시정 **평온**하고 무사무위無事無爲의 시기이다. 연기를 내뿜는 산도 없으며 불을 토하는 화구火口도 없다.

산악을 붕괴시키고 땅을 가르며 바다를 요동치는 지진도 없다. 게다가 습기가 적은 대륙 기후인 까닭에 봄철의 화초, 가을의 단풍도 현란한 아름다움을 발휘할 수가 없다. 변화상이 없고 안일安逸함을 고수하며 위험을 기피하는 성정性情이 양성되는 것은 피할 수 없다. 현존하는 실례로서 조선에 오랫동안 체류해 특별한 수양을 쌓은 일본인은 어쩐지 일본에 살고 있는 일본인과 비교해서 동적動的성질이 감소되는 경향을 나타낸다.[163]

(참고: 『조선인의 사상의 성격』, 151-153)

제3장

조선에 거주했던 일본인이 본 한국관

이장은 일제 강점기에 일본 잡지를 통해서 조선에 거주했던 일본인이 본 한국관이다.

일제 강점기에 일본인이 한반도로 넘어와 거주한 사람이 약 60만 명이었다는 주장도 있다. 이들이 직접 한국에 살면서 조선의 풍습등에서 느낀 한국에 대한 인식의 편린들이 일본 잡지를 통해서도 보여지는 것이다.

일본 식민지 시기에 있어서 1919년 **"한일 합방"** 전후前後의 시기는 조선을 강제 병합한 일본이 조선 총독부를 설치하여 일본 천황의 지휘하에 입법, 행정, 사법 군사 통솔권을 장악한 시기이며 이러한 조선 지배 강화에 의해 재조在朝 일본인의 수가 급증한 시기이기도 하다.

조선 초대 총독인 **데라우치**寺內正毅는 우리 민족에게 이성理性이 발달할 수 있는 교육의 기회를 주지 않는 것을 교육방침으로 삼아 일본어 교육 강화 정책을 펴고 조선어 및 한문 시간 외에는 일본어로 교육을 실시 하였다. 조선인들의 교육은 일본 신민화臣民化의 토대가 되는 일본어 보급, 이른바 충량忠良한 일본 제국 신민과 그들의 부림을 잘 받는 실용적인 근로인勤勞人, 하급관리, 사무원, 양성을 목적으로 하는 것으로 한정하였다. 그럼에도 불구하고 조선 총독부는 조선 강점 직후 실질적으로 조선인을 교육하거나 조선인을 대상으로 행정업무를 담당해야 하는 일본인 교육자 관리자를 대상으로 한 조선어 강습을 실시하였다.

이는 조선어를 보조적 의사 소통 수단으로 인식했기 때문이다. 그러나 정치, 치안 유지를 위한 경찰 업무등에서는 조선어를 사용하지 않았다. 그렇기 때문에 강점 초기에는 실질적으로 조선인을 통치하는데는 어려움이 따르게 되었다. 특히 조선 강점 초기에 일본어를 할줄아는 해독자解讀者가 0.5%에 불과한 현실에서 일본어 만으로 식민지의 교육과 행정을 처리하기에는 어려움이 있었다.

이와 같은 의문 및 교육 정책과 동시에 급증한 조선에 거주하는 재조在朝 일본인들이 정착하는데 직접적으로 필요한 조선의 풍습, 습관 등에 관한 정보를 소개하기 위해 일본어 종합잡지 "**조선만한지실업**朝鮮滿韓之實業(1905-1912)", "**조선**朝鮮(1908- 1912)", "**조선공론**朝鮮公論(1913-1944)"등이 창간되었다. 이들 잡지에는 문예란文藝欄이 설치되었고 그곳에는 한문, 한시, 소품, 소설은 물론이고 하이쿠, 단가, 센류등, 일몬의 전통 문학, 장르가 중심적으로 지면을 차지했다. 동시에 그 안에는 조선의 역사적 일화逸話나 우스갯 소리, 기담奇談, 세시歲時, 풍속 등이 다수 게재되어 있는데 이는 조선 사회와의 교류, 식민생활의 정착에 필요한 정보로서 조선 사회의 실상, 풍속 사상등을 전달하는 것이 목적이었다. 『조선지실업朝鮮之實業』은 1905년 5월 우치다 다케시부로內田竹三郞에 의해 부산에서 창간된 조선 실업 협회의 기관지이다. 1907년 12월까지

제30호를 간행한 후 1908년 부터는 잡지명雜誌名을 『만한지실업滿韓之實業』으로 개명하여 1914년까지 제94호가 발행되었다. 이와 같은 『조선자실업』에는 요시무라 신지吉村眞治의 『조선풍습』이 미에다三枝生의 『한국하등의 민정韓國下等의 民情』, 쇼난湘南의 『한국풍속인정韓國風俗民情』등 한국으로 건너와 사업을 하는데 필요한 정보 차원에서 한국의 풍습을 소개하는 내용이 게재되어있다.

『만한지실업滿韓之實業』으로 개명한 후부터 종간終刊까지 즉 1909년부터 1914년까지는 한국의 가요, 시조, 그리고 웃음거리를 소개한 한국소화韓國笑話, 조선기문朝鮮奇問, 조선고담朝鮮古談 등 다수의 조선 문예물文藝物 등이 게재되었다.164)

1. 한국韓國의 하등下等之 민정民情

"한국의 하등 민정"이란 한국의 저능한 민심, 또는 정서라는 뜻이다.

"한국의 여관에서는 차茶를 주지 않으므로 찻값을 주어도 이상하다는 표정을 지으며 받지 않는다. 술값이라고 하며 주면 기꺼이 받는다. 물론 여관이라고 해도 잠을 자는 것이 목적이 아니라 밥을 파는 것이 목적이므로 저녁때가 되어 밥집에 가서 재워 달라고 하면 필시 거절할 것이다. 이는 잠을 재워 주는 것만으로는 돈을 받을수가 없기 때문이다.

즉 저녁 밥값만 내는 것이고 잠은 그 밥을 먹는 곳에서 몇 명이나 되는 여려 사람과 섞여 나무를 깎어 만든 목침을 베고 입고 있는 옷 그대로 자는 것이다. 그렇기 때문에 바닥이 배겨서 견딜 수가 없다. 광의 흙바닥 같은 곳이라 바닥이 딱딱해서 익숙하지 않으면 좀처럼 잠이 들기 힘들다. 따라서 **적마**(赤馬: 벼룩의 일본 사투리)나 **관음님**(觀音樣: 이, 일본 사투리)은 물론 빈대들에게도 물려 뜯긴다. 조선 내지內地에서 열흘 정도 여행하면 아마 이런 대접을 받지 않을 사람이 없을 것이다.

사람들이 세수를 하지 않고 몸도 씻지 않은 상태로 모여 있기 때문에 일본인처럼 결벽증이 있는 사람들로써는 좀처럼 견디기 힘든 법이다. 대저大抵여행이란 여관에서 그날의 피로를 푸는 것이 무엇보다 우선시 되지만 조선에서는 그렇지 않다. 보행을 하는 동안은 몰라도 숙소에 도착하면 냄새가 나고 불결하고 시끄러워 정말이지 참을 수가 없다.

겨울에는 온돌이 있어서 따뜻한 맛에 견딜만하지만 여름은 그야말로 조선 내지內地 여행은 할 것이 못된다. 첫째 모기장이라는 것이 없기 때문에 실내에 풀이라도 태워서 모기를 막고 문을 닫고 자지 않으면 모기가 침범한다. 게다가 저녁밥을 짓는 물 때문에 마치 뜨겁게 해서 죽이는 뜨끈뜨끈 증살기蒸殺器 에라도 올라가 있는 것 같다."

—『조선지 실업 제5호』사에구사생三枝生 글 165)

일본의 날씨는 습기가 많기 때문에 여름에는 목욕을 하지 않으면 견딜 수가 없는 기후 환경이다. 그래서 일본인들은 위생 관념이 좋기에 목욕을 하는 것이 아니라 끈적끈적한 습기를 견딜수가 없어서 하는것인데 자기들의 생활 습관을 기준으로 이렇게 비아냥 거렸던 것이다.

사에구사생三枝生의 조선에서의 경험담은 다음과 같이 진행된다.

> "조선에서는 여자와 싸워도 말로만 싸워야 하고 손을 대는 것을 용인 하지않기 때문에 여자쪽이 매우 기세가 당당하다. 그래서 항상 영감이 패배하는 것이 마치 서양식이다. 도대체 여자들은 남편에게는 유순한데 남에게는 사납다. 즉 남편에 대해서는 남존여비男尊女卑이고 다른 양반에 대해서는 여존남비女尊男卑이다."
>
> ―『조선지 실업 제5호』[166]

조선과 일본의 남녀 차별은 공통적인 사회 현상이지만 양국간에 정도 차이는 분명이 있었다.

조선 사회 중기中期 이전에는 부모의 재산도 아들 딸이 공동으로 상속 받았으며 조상 제사도 아들 딸이 공동으로 받들었다. 조선 사회에서의 남녀 차별은 상대적이라고 한다면 일본에서의 남녀 차별은 절대적이라 할 것이다.

일본에서는 가장 극단적 표현이 부인이 남편을 **슈진**主人이라고 부르는 것을 보면 알고 보면 알수 있다. 한마디로 남편은 부인의 주인이라는 것인데 부인은 남편의 소유물에 불과한 것이다 이런 남녀간의 불평등 관념으로 우라 풍습을 보았을 때 위와같은 평가가 나올 법도 할 것이다. 일본인 **사에구사생**三枝生은 조선 여인의 물동이 이는 것에 흥미를 느꼈다.

"**조선의 여자**는 모두 머리위에 물건을 올려놓고 걷는데 선수다. 밥그릇 하나를 사러갔다 돌아 올때도 절대로 손에 들고 오는 법이 없다. 물을 길으러 갈때도 빨래를 하러 갈때도 모두 머리를 사용하는데 그 기술이 대단하여 놀랄 지경이다. 특히 그들이 물을 길으러 갈때나 빨래를 하러 갈때는 여럿이서 줄을 지어 가는데 정말로 재미있다. 사진으로 찍어 두기라도 한다면 절호의 조선 풍속이 될 것이다."

—『조선지 실업 제7호』[167]

2. 조선 정벌에 관한 조선인의 전설

불세출의 영웅 도요토미 히데요시豊臣秀吉가 기획한 조선 정벌은 오로지 안일安逸만을 탐하고 있었던 조선 전체에 잠자는 봄, 바다에 갑자기 검은 돌풍이 휘몰아친 것 같은 느낌이었을 것이었다. 따라서 이에 관한 내용을 담은 전설은 결코 적지 않다. 여기에 그 단편을 소개하며 독자들과 독자들과 함께 웃어보고자 한다.

원래 조선은 과거에 풍부한 색체 감각을 가지고 있다. 조선 이라는것이 사람들이 보기에 설령 아리랑의 노래에 망국의 한恨이 담겨져 있고 불쌍하고 덧없는 나라라고 할지라도 조선인들 자신에게는 고향땅이다.

이를 호의적인 시선으로 보는 것이 오히려 자연스런 인정이다.

즉 전설에서 다른 나라를 배척하고 홀로 조선만을 추앙하는 것은 조선인 다수의 심리를 이야기 하는 것이라고 볼 수 있다.

조선 정벌의 장도長途에 대해 아는 사람은 반드시 중국 명나라의 대장인 "**이여송李如松**"의 이름을 기억할 것이다. 그는 병사 수만 명을 이끌고 조선을 위기에서 구하기 위해 중국 연경燕京을 출발하여 왔다. 이 무장武將의 이름은 일찍이 세상에 알려졌고 사백여 주州에 드물게 보이는 인물이었다.

그런데 이 호걸이 일개 조선의 노인에게 어린 아이 취급을 당했다는 전설이 남아있다.

이 이야기는 이여송이 정예부대를 이끌고 남하南下하여 일본의 고니시 유키나가小西行長의 군대와 평양에서 싸워 이겼을 때의 일이다.

이여송은 평양성에 올라가서 멀리 아름다운 조선의 산천을 바라보며 견고한 패권을 천하에 세워야 한다고 생각하고 있었다.

때로는 정권을 찬탈할려고 **다이라노 마사카도**平路?將門을 생각하며 몰래 조선 왕실을 무너뜨리고 스스로 이를 대신하고자 하는 야심을 품고있었다. 장래의 일을 생각하면 즐거운 마음을 참을 수 없어서 미리 축하하고 싶은 마음에 어느날 각료를 연광정練光亭에 초대하여 연회를 벌였다.

한창 연회를 베풀고 있을 때 무심코 대동강 쪽을 보니 한 노인이 터벅터벅 검은 소를 타고 지나가는 것이었다. 기개가 넘치는 **이여송**은 이를 보고 큰 소리로 노인을 꾸짖으며 소에서 내려오라고 명령했다. 그러나 노인은 못 들은척하며 느긋하게 고삐를 잡고 서행徐行을 계속하였다. 이여송은 격노하여 부하 장수에게 잡아오도록 엄명을 내렸다. 장수 여러명이 승낙을 받고 말을 달려 노인의 뒤에 쇄도하였다. 소의 걸음은 빠르지 않아 보였지만 장수들은 붙잡을 수 없어 빈손으로 돌아왔다. 이렇게 되자 이여송은 분노를 누를수가 없었다. 스스로 앞장서서 준마駿馬를 타고 노인을 쫓았다.

 잠시 후 향하는 곳을 보니 소를 타고 있는 노인은 앞에 있고 그 거리는 아주 가까웠다. 이여송은 승기勝機를 잡고 장풍長風에 더욱 채찍을 가하며 번개처럼 달려 노인을 뒤쫓았다. 그러나 노인은 천마天魔인지 귀신인지 질주하며 결국에는 따라 잡을 수가 없었다. 이여송은 조급해져서 노인을 따라 대동강을 건너 수십리를 지나 황폐해진 산촌山村 마을로 들어갔으나 노인을 놓쳐버리고 말았다. 망연茫然해져 가고 있는데 느닷없이 강가에 마을이 나타났다. 자세히 보니 강가의 수양버들에 지금까지 노인이 타고 있었던 것으로 보이는 소가 메어 있었다. 한숨을 내쉬고 사방을 둘러보니 거기에는 허물어져가는 집 한 채만이 달랑 있었다.

 "노인이 이 집에 있는게 틀림없어"

 하고 생각하고 이여송은 말에서 내려 칼을 쥐고 집안으로 들어갔다. 그런데 아니나 다를까 노인은 그곳에서 말쑥하게 이여송을 맞이 하였다. 이여송은 이를 보고 노인에게 말했다.

 "자네는 어느곳의 촌로村老인가? 나는 대大 명나라 황제의 명을 받들어 백만 대군을 이끌고 와서 너희 나라를 구한 이여송이다. 생각건대 네가 이 사실을 모르리 없다. 알면서 나의 군위軍威를 법하였다. 너의 죄, 바로 죽어야 마땅하다. 자 내 검을 받아라"

 하고 이여송은 장검을 휘두르며 소리를 질러 질주하였다. 그러나 노인은 이를 듣고 웃으며 말하였다.

 "내가 산간山間의 촌로에 불과하지만 어찌 장군을 모르겠소? 단지 장군을 번거롭게 할 일이 한 가지 있는데 직접 전언傳言하기도 어렵고 하여 특별히 오늘과 같은 행동을 해서 장군을 여기로 맞이 하였을 뿐이요. 그러니 심하게 책망하지 마시오."

하며 태연자약하게 말하였다.

"도대체 나를 번거롭게 할만한 일이 무엇인가?"

하고 이여송은 의심의 눈을 번쩍였다. 그러나 이여송이 놀란것도 무리가 아니었다. 원정군遠征軍으로 고향을 떠나 수백리의 여정旅程에 조선의 시골에 있는 미지의 노인이게 여우에 홀린 듯이 이끌려 와서 이제 생각지도 않았던 의미 심장한 이야기를 듣게 되다니 말이다.

노인은 조용히 다가가서

"나에게는 아들이 둘이 있소 성질이 모두 흉악해서 집안일에 힘을 쓰지 않고 마음에 몰래 부정한 일을 하고 있소 내가 데리고 몇 번이고 훈계하였으나 내 말을 듣지 않는 구려. 악행惡行은 점점 심해져서 나는 밤낮으로 걱정이 되어 잠시도 안심을 할 수 없는 상황이요. 그런데 요사이 장군이 이곳이 온다는 소식을 들었소. 장군은 신용神勇있는 인물이니 장군의 신위神威로 한다면 나의 두 아들을 사악邪惡함에서 구해줄 수 있다고 생각해서 장군을 이곳으로 불러들인 것이요. 바라건대 나의 고충을 이해해 주시고 이 촌로를 위해 수고를 아끼지 말아 주시오."

라고 말하였다. 이를 들은 이여송은 말과 안색이 모두 비통해져서 기꺼이 노인의 부탁을 허락하였다. 이여송이

"그럼 두 아들은 어디에 있는가?"

하고 물으니 노인이

"뒷마당의 초당草堂에 있소."

하고 대답하였다. 이여송이 칼을 잡고 초당으로 들어가니 과연 두 소년이 책을 읽고 있었다. 이여송이 이를 보고

"너희들이 이 집안의 불효자인가? 너의 부친이 너희들을 제거하기를 나에게 호소하는 바 삼가 내 칼을 받아라"

하며 큰 소리로 외치고 긴 칼을 휘둘렀다. 소년들은 조금도 놀라지 않고 오히려 미소를 띠며 책을 덮고 **죽편**竹片을 잡고 이여송을 상대하였다. 칼날이 부딪치기를 여러 차례 소년의 기예技藝는 입신入神의 경지라서 죽편이지만 영혼이 깃든 것 같이 결국 이여송의 칼은 부러져 땅에 떨어졌다. 이여송이 숨을 헐떡이며 등에는 식은땀이 폭포처럼 흐르며 다리는 후들거리고 마음은 불안해졌다. 바로 그때 노인이 들어와서 두 소년을 책망하고 서둘러 자리에서 물러나게 했다. 노인은 엄연하게 이여송과 대좌對坐하였다. 이여송은 땀을 닦고 노인에게 말하였다.

"당신의 두 아들은 용력勇力이 비범하오. 아무래도 당신의 부탁을 들어줄 수 없겠소."

라고 약한 소리로 토로하였다 노인은 웃으며

"앞서 한 말은 허언虛言이었소. 단지 장군은 시험해 본 것이었소."

노인은 우선 이여송이 당황해하는 것을 가라앉히고 말하였다.

"장군 청컨대 잘 들어주시오. 자식 둘은 용력은 있지만 그들 열 명으로 나 하나 대적 한다오. 내가 이들을 제압하는 것은 문제가 아니오. 내 어찌 이것으로 장군을 번거롭게 하겠소. 내가 장군을 끌어들여 여기까지 온 것은 조용히 한 가지 일을 알려야 하기 때문이오. 마음을 가라앉히고 나의 말을 들어보시오.

이제 장군은 황제의 명을 받들어 **원군**援軍으로 와서 왜적을 멸하였고 우리 조선으로 하여금 왕업王業을 달성케 하였소. 따라서 개선한 장군의 이름은 후세에 남을 것이며 또 우리 전도全道의 백성들이 소리 높여 장군의 덕을 칭송하고 있소. 대장부의 일은 이로써 충분하오. 그러나 장군 이러한 일은 생각하지 마시오. 이제 이국異國을 탐하고 우리 조선을 빼앗고자 하는 일, 어찌 장군이 해야 할 일이겠소 장군! 이를 심사숙고하시오. 만일 장군이 부정한 뜻을 고치지 않는다면 내 늙었지만 아직 장군의 목숨을 빼앗기 어렵지 않을 것이오. 자! 여기서 승패를 결정하시오. 어느 쪽을 취하겠소?"

라고 격한 목소리로 말하였다. 이여송은 아연해져서 말없이 고개를 떨구고 기력을 잃고 도망치듯 진영으로 돌아왔다. 그리고 조선에 대한 패권을 잡고자 하는 의지를 꺾었다고 한다.

— 세이게사이카淸家彩果 글 [168]

3. 조선의 미신迷信에 대해서

나는 미신에 대해 아주 흥미가 깊은데 그것은 미신을 통해 민족 생활의 일단을 상당히 깊게 알 수 있기 때문이다.

본래 어떤 민족이든 어느 정도의 **미신**을 가지고 있다. 그리고 미신은 각 민족에게 공통적인 것도 있지만 대부분은 민족 고유의 것이다. 미신의 기원이 원시종교와 마찬가지로 공포, 놀람, 슬픔과 같이 인간적인 약함에서 나오고 여기에서 벗어나서 편안, 강함, 행복을 얻고자 하는 요구에 기초하기 때문이다. 따라서 그 민족이 가지고 있는 감정, 의지 지혜의 강약과 명암등에 의해 그 미신의 색채도 달라진다. 때문에 이를 역으로 보면 미신으로 그 민족의 정신생활을 알고 정신생활을 기초로 해서 일어나는 물질적 생활을 알 수 있다.

 그러나 미신에는 순수하게 그 민족에게서 발생한 것과 외부로부터 수입된 것이 있다. 그런데 수입된 것이라 하더라도 민족의 정신생활에 들어맞기 때문에 받아들여지고 남겨진 것이라서 이것으로 민족의 생활을 고려해도 지장이 없을 것이라 생각한다.

 미신에는 아주 합리적인 것도 있고 아주 불합리한 것도 았다. 합리적인 것을 미신에 넣을지 고민이 되지만 나는 어느 하나를 진리 표준으로 해서 확실하게 증명되지 않는 한 역시 미신으로 다루는 것이 좋다고 생각해서 미신의 범주에 포함시켰다.

 미신 중에는 불효한 자식은 호랑이에게 잡아 먹힌다는 이야기 가 있는 것처럼 교훈에서 나온 것이 있다. 또 재치 있는것도 있는데 이가 빠지는 꿈을 꾸면 지인知人 누군가 죽는다는 것이다. 여기에서 **'이빨'**은 나이를 의미하므로 나이가 떨어져 나가니 누군가가 죽는다고 하는 것이다. 또 인간 관계가 우연의 일치에서 오는것도 있다. 예컨데 까치가 아침에 지붕에서 울면 손님이 온다는 것과 같은 것이다. 그것은 까치가 아침에 울던 날 손님이 왔기 때문이기도 한데 이는 우연의 일치이지 절대적인 인간관계가 아니다.

 또 상상에서 온 것도 있다. 정월 망야罔夜에 연을 날릴 때 '몸의 액厄'이라든가 '작년 불운不運'은 이 연鳶과 함께 날아가 버려라 라고 적어서 보낸다. 만약 실이 끊어지면 연鳶이 천상의 신神이 있는 곳까지 날아가서 신에게 그 기원祈願이 들린다고 생각했기 때문이다.

 또한 **다신교多神敎**적인 사고에서 온것도 있다. 어떤 사람이 아주 무의미하게 엉터리로 대충 한 말을 믿어서 생긴 것이다. 게다가 틀림없이 다른 여러 가지 상황에서 미신이 생겨났겠지만 나는 이것에 대해서는 아직 충분히 연구하지 못했다. 실은 조선의 미신에 대해서 아직 약간의 자료를 모아 두었을 뿐 이에 대한 어떠한 연구도 달성하지 못하였다. 끝내지 못한 연구를 발표하는 것은 신중하지 못하다 할 수 있겠으나 실은 내가 이 연구를 끝낼 때까지 조선에 있을지 어떨지 모르겠고 또 나와 마찬가지로 조선 연구에 흥미를 가지고 있는 사람도 적지 않을 것이니 빈약하지만 이하 열거하는 미신이 사람들의 연구에 어느 정도라도 자료가 될만한 것이 있다면 더없는 기쁨이라 생각하며 발표하도록 하겠다.

첫째는 인간사人間事에 관한 것인데 아침이나 저녁에 손톱이나 발톱을 깎으면 무재예자無才藝子가 된다는 것이다. 다시 말하면 아무런 재능이 없는 자식이 된다는 뜻이다. 손톱에 있는 하얀 반달 모양이 크면 부자가 된다는 것이다.

윗입술 끝이 아랫 입술보다 길면 아버지가 먼저 죽고 반대로 짧으면 어머니가 먼저 죽는다고 한다. 귀가 가려우면 누군가 자기 말을 하고 있다는 것이다. 갓을 항상 기울려서 쓰면 부인이 먼저 죽는다고 한다. 잘 때 머리 위치를 동쪽으로 하면 **장수**長壽하고 북쪽으로 하면 불행이 찾아 온다고 한다. 아이가 자다가 오줌을 싸면 아침에 일어나서 어머니가 아이의 머리에 키를 씌우고는 옆집에 가서 소금을 얻어 오라고 한다. 그래서 아이가 키를 쓰고 옆집에 가면 "자다가 오줌을 쌌구나" 하고 알아 차리고 주부主婦는 소금을 주면서

"그래도 또 오줌을 쌀거니?"

하면서 작은 막대기로 몇 대 친다. 이렇게 하면 다음부터는 잘 때 오줌을 싸지 않게 된다고 한다. 임산부가 문어를 먹으면 뱃속 아이의 머리가

문어처럼 반들 반들 대머리가 된다고 해서 이것을 먹지 않는다고 한다. 용꿈을 꾸면 남자 아이가 태어나고 호랑이 꿈을 꾸면 여자 아이가 태어난다고 한다. 나병 환자가 인육을 먹으면 낫는다고 한다. 꿈에 감을 보면 감기에 걸린다고 한다. 꿈에 사람을 보면 돈이 생긴다는 것이다. 또 꿈에 물을 보면 술을 마시게 된다고 하며 비가 오는 날 문지방에 다리를 양쪽으로 걸치고 있으면 천둥이 친다고 한다.

— 하마구지 요시미츠 글 [169]

제4장

일제 강점기 조선 지식인들의 일본관

일본인이 한국을 어떻게 보았는가도 궁금사항이지만 반대로 우리 한국인들은 일본을 어떻게 보았는가도 궁금하기는 마찬가지 일 것이다. 이 장에서는 이 부분을 다루고자 한다.

일본이 한국을 1910년 강제 병합한 후 36년간 한반도를 지배하는 동안 일본 통치에 부응하는 친일적 처신을 했던 조선 지식인들 중에서 대표적 몇 사람을 골라 그들의 친일 행적을 보여주고자 한다.

1. 윤치호의 일본관

1945년 조선이 해방되던 해 그 당시 남한에 소속되었던 개성에서 윤치호는 스스로 **자결**自決했다. 다시 말하면 자살했다. 스스로의 친일 행동을 부끄럽게 생각하고 자결했다고 말할 수 있다. 1865년에 태어나서 조선 말기에 걸친 그의 정치 활동은 조선 근대화, 국민에게 독립의식을 부식 시킬려는 점에서 커다란 의미를 갖고 특별히 말할 만큼 활발한 나날을 보내고 있었다. 일본이 전쟁에 패할 수년 전까지 결국 그가 친일 행위를 할 때까지의 윤치호의 이름은 조선 근대화의 **기수**旗手요 민족 운동의 상징적 존재로

윤치호

써 사람들의 가슴속에 깊이 각인되어 있었던 것이다.

그는 1881년 (메이지 14년) 17세 때 고종이 일본에 신사 유람단을 보낼 때 **어윤중**漁允中의 수행원으로서 일본에 건너갔다. 똑같이 어윤중의 수행원으로는 유길준俞吉濬도 있었다. 그 일행이 귀국할 때 3명의 수행원을 남도록 해서 일본의 학교에서 공부하게끔 했다. 조선인 최초의 일본 유학생이었다. **유길준**은 경응慶應에 윤치호는 동인사同人숨에 들어갔다. 유길준과 윤치호는 영어에 전력을 다했다. 두 사람 모두 미국으로 유학을 하지만 **유길준**이 조선인 최초로 미국 유학생이 되었다 윤치호에게 영어를 배우도록 권고한 사람은 **김옥균**이었다고 스스로 쓰고 있다.

"김옥균의 권고로 영어 공부를 시작했다. 조선에서 임오군란이 일어났던 1882년 **동남개척사**東南開拓使였던 김옥균씨가 사신으로 일본에 다녀와서 나를 보고 일본어만 배우지 말고 영어를 배워야만 일본을 경유하지 않고 서양 문명을 직수입直輸入하는 것이 가능하다."

라고 권고했기 때문에 일본어는 그 정도로 하고 영어를 공부하기

로 했다.

— (한말 정객의 회고담 동아일보 1930년 1월 11일자)

윤치호는 갑신정변(1884년)에 직접적으로 참여하지는 않았지만 김옥균에 경도傾倒했던 남자이었다. 부친인 **윤웅렬**尹雄烈은 갑신정변 3일 천하天下때 형조 판서에 임명되었다. 심정적으로는 윤치호는 김옥균 당黨이라고 누구나 생각하고 있었다. 갑신정변으로부터 2개월이 지난 1885년 1월에 국왕 고종을 만나 외유外遊 허가를 구해서 허락을 받았다. 인천에서 배를 타고 나가사키長崎에 도착한 후 다시 중국 상해로 건너갔다. 서울을 떠날 때 푸트 미국 공사는 상해 주재 스톨 미국 총영사에게 소개장을 써서 주었다. 스톨의 알선으로 미국 교회계통의 중서中西학원에 입학했다. 여기에서 4년간 배웠다. 그 학교의 미국인 교장에게 신임을 받은 그는 다시 미국으로 건너가 두 개의 대학에서 5년간 공부했다. 그는 1893년 결국 김옥균이 암살당한 1년 전에 다시 상해로 돌아가 모교라고 할 수 있는 중서中西학원에서 교편을 잡았다.

윤치호가 귀국했던 것은 갑오개혁 후인 1895년 9월이었다. 학부협판(차관)으로 임명되어 다음해 서재필, **이상재**, **이승만** 등과 **"독립협"**을 창설했다. 1898년에는 회장이 되고 독립신문의 사장으로 취임했다. 이 시기의 윤치호의 활약은 놀랄만만 것이었다. 1906년 장지연張志淵이 **"대한자강회**大韓自强會**"**를 조직하고 그 회장이 되었다. 교육을 통해서 민족적 주체의식과 독립 자존심을 높일려고 노력했지만 그것에 두려움을 느낀 조선의 친일 정권 이완용 내상內相에 의해 해산 명령이 내려졌다.

조선과 일본이 병합된후 **"데라우치 암살 사건"**으로 인해 1912년 6년의 형刑을 선고 받았다. 그런 정도로 적지않은 사람들에게 존경을 받는 존재였지만 그런 그가 친일 언동을 시작했던 것이다. 그것도 조국이 해방되기 직전이었다.

　1937년 일본에 의한 중국 대륙으로의 본격적 침략이 시작되었다. 일본과 중국과의 **일ㆍ중日中전쟁**이 발발한 것이다. 그 당시 조선 총독 **미나미 지로南次郎**는 7월 15일에 임시 이사회에서 시국의 중요성, 일본의 지도적 위치 확인, 중국을 과소 평가를 하지 않을것의 3원칙을 제시했다. 이런 취지를 대중들에게 침투시키기 위해서 **"시국 강연회"**를 각 지방에서 개최하기로 했는데 윤치호 이름이 강연자 열명 가운데 나와 있었다. 조선 총독부측에서 그에게 어떤 공작이 있었는지는 지금도 판단이 안된다. 같은 달 20일에는 학무국 주최의 시국 강연회가 경성 여고보 강당에서 다른 세 사람과 같이 윤치호도 강연했다.

　조선인 기독교도의 신사 참배와 관련된 문제인데 1938년 봄부터 여름에 걸쳐서 조선측 교회와 일본측 교회와의 합동문제가 일어났을 때 주요 요원으로써 **윤치호** 이름이 나열되었다. 그것은 조선 기독교의 **황민화皇民化, 내선일체內鮮一切**의 완성이었다.[170]

　조선 총독부는 민간 사화단체를 하나로 합쳐서 후방 봉사활동을 목적으로서 59단체의 대표들을 모아서 1938년 6월 22일 국민 정신 총동원 조선 연맹을 만들었다. 이사장은 총독부 학무 국장인 **시오바라 도키사부塩原時三郎**을 앞히고 조선인 출신 이사 17명중에 윤치호도 들어있었다. 이 것은 이해 봄 일본 의회를 통과하고 5월 4일 조선에서 시행 발표된 **국가총동원법** 체재를 조선에서 펼칠려는 목적이 있었다. 이 시기 윤치호의 친일 태도를 세어보면 끝이 없을 정도이다. 1941년 8월 전쟁을 준비하기

위한 "임전臨戰대책협의회"에서

"우리는 황국 신민으로서 죽어 나라에 보답하겠다는 뜻의 한번 죽어 나라에 보답하겠다는 **일사보국一死報國**을 맹세하며 전쟁에 임하는 나라의 정책인 임전국책臨戰國策에 전력을 다하도록 한다."

라는 결의문을 읽었다. 또 같은 해 **"조선 임진 보국단"** 결성 때에는 위원장으로서 황도皇道 정신의 선양宣揚과 근무보국勤務保國의 정신을 확인하기도 했다. 이 조직은 친일파 세력을 총 망라한 형태이었다.

윤치호의 이런 친일적 공로가 드디어 일본으로부터 보상을 받았다. 1945년 4월 다른 친일파 분자 6명과 함께 **귀족원 일원**이 되고 또 6월에는 당시 조선인으로서는 최고 명예직이었던 **중추원 고문**이 되었다. 그러나 윤치호에게 있어서 유감스러운 것은 2개월 후에 일본은 패망하고 조선은 해방된 것이다. 그 이전의 맹우盟友들은 의기양양하게 해외 망명지로부터 돌아왔다. 윤치호는 생각다 못해 자신의 존재를 스스로 소멸시켰다.

친일파 연구의 일인자인 문학자 **임종국林鐘國**은 **"친일 문학론", "일제 침략과 친일파", "실록 친일파"**등의 그의 저서에서 극명하게 친일파 군상群像들의 실태를 접근했는데 임씨에 의하면 윤치호는 3·1운동 때에 이미 조선과 일본의 융화를 뜻하는 **"일선 융화日鮮融和"** 조선은 독립을 위한 투쟁을 해서는 안 된다는 뜻의 투쟁 무용론을 주장하고 있었다.고 한다.[171]

2. 최남선의 언동에서 보여지는 일본관

최남선은 이름높은 사학자이자 문학자이다. 어릴 때는 한학漢學을 배우고 1904년에 15세의 나이로 일본으로 건너가 와세다 대학에 입학하여 **이광수李光秀**등 유학생과 친교를 맺었다. 서구 러시아 문학을 탐독했다. 이윽고 그는 새로운 형태의 시詩등 새로운 문학운동을 일으킬 목적으로 인쇄 설비를 사서 귀국하고 19세에 신문관新文館을 창설하고 조선의 역사나 지리에 관한 서적을 간행하고 또 『**소년**』이라는 잡지를 간행했다. 자신도 작품을 많이 썼지만 한편으로는 유망한 신인에게 작품 발표의 장場을 제공하여 근대 문학 개척기의 선구자라고 말해져 애국 문학, 계몽 문학에 전력을 다했다.

최남선

그리고 3·1운동 때 **독립선언서**를 기초했기에 체포되고 2년 6개월여의 판결을 받았다. 그런 그가 변절하여 **조선사 편찬위원회**의 편집위원이 되고 중추원 참의가 되어 일본 관동군이 세운 만주국 건국대학교의 교수로 초빙되었다. 이때 육당六堂을 항상 아끼던 **위당爲堂** 정인보 선생은 딱 5 전錢의 술을 사서 최남선의 집 대문 앞에 붓고

"지금 우리 최남선은 죽어 버렸다."

라며 대성 통곡했다고 한다. 『반빈족죄상기反民族罪狀記』에 기록되었다. "**신도神道가 성행盛行했던 고대를 회고함**"은 1934년 3월 최남선이 경성(서울)방송국에서 강연했던 요지를 경성일보가 게재하고 이것을 동경에 있는 동아민족 문화 협회가 팜플랫 제3집으로 만들어 미야지 나오기즈(宮地

直一: 일본 내무성 신사국 고증과장 제국대학 강사)의 "조선인을 제사하는 신사"와 같이 수록하여 4월에 간행했다.

그 대의大意는 조선과 일본의 문학가치의 동일성을 말하고

"일본 신도의 자랑스러운 윤리 관념은 그대로 고대 조선인의 기풍을 전한다."

라고 하여

"일본과 조선의 예 신도는 완전히 똑같은 기구위에 서있다."

라고 할뿐만 아니라 그 위에 귀한 전통을 **"아시아 대륙 대부분"**에 펼치자고 하여 일본의 아시아 침략 사상에 중요한 구실을 맡은 것이다. 이런 의미에서 식민지 지식인의 굴절된 일본관의 전형을 여기에서 보게 된다.

그는 해방후 1949년 **"반민족 행위 처벌법"**으로 특별조사위원회의 법정에 섰다.

일본 제국주의의 주구走狗, **친일매족親日賣族**의 무리로서 규탄을 받았던 것이다. 그는 이 법정에서 **자열서自列書**라는 일종의 자기 비판서를 제출했다. 그 가운데서 자기가 변절한 시기는 일본 총독부의 **조선사 편수 위원**을 수임할 때 라고 쓰고 이후의 반민족 행위를 열거한 후

"이 밖에 나에게 쌓인 죄의 하나는 국조國祖 단군檀君 **조선의 시조로 되어 있는 전설상의 인물**을 왜곡하고 이른바 일본인의 소위 내선일체론內鮮一切論에 보강 자료를 제공했다."

라고 하여 여러 가지 변명을 하였다.

"나는 왕년(1927년)에 불함문화론不咸文化論을 발표해서 동양의 문화는 남북양계南北兩界로 구분되고 그 북구北歐의 문화는 단군의 고도古都를 중심으로 발전한 것이고 **단군문화**는 실로 인류 전소 문화의 중요한 일부를

형성하는 것을 주장한 일이 있다. 그중에는 자연히 일본도 단군 중심 문화의 일익―翼을 이룬다고 언급했다. 이것을 전하여 소위 **"내선일체"**의 주창자主唱者라는 간사한 말을 유포하는 무리를 보게 되었다."

라고 주장했다. 그러나 그가 그의 "자열서"에서 변절 시기를 편수 위원을 맡았을 때이고 또 '**불함 문화론**'을 자기 최대의 문제점으로 설정한 것은 크게 문제가 되기에 충분하다. 먼저 편수 위원이 되었던 것에 대해서 그는 생활 양식을 얻기 위한 것이고 **불함 문화론**은 그의 국사國史 연구상의 편의를 위해 했던 것이라고 했다. 나아가서 조선사 편수 사업은

"다만 예부터 내려온 자료를 수집 배열한 것으로 어떤 창의創意도 학설도 개입되지 않았으며 그 내용은 지금에 와서 반민족 행위의 대상이 될수 있었던 것은 한 건件도 한 줄도 들어있지 않다."

라고 했다.

조선 총독부의 조선사 편수 사업을 먼저 소개했던 『동아일보』가

"우리 역사를 남이 써주는 슬픔"

이라고 표현 한것처럼 기본적으로는 일본의 조선 침략의 합법성 입증을 목적으로 했기 때문에 사료의 왜곡과 조선 역사의 왜곡을 도모한 것이다.

송건호宋建鎬씨는 **"일본 지배하의 한국 현대사"**에서 조선사 편수회의 수사관(경성 제대 교수)이었던 **스에마쓰 야스가즈**(末宋保和: 패전후의 학습원 대학교수)의 다음과 같은 고백을 인용하고 있다.

"이 37책의 **조선사**는 일본의 조선 통치가 준 하나의 선물임이 틀

림없읍니다만 이것이 조선사 연구에 어느정도 플러스가 되었는가 하는 것이 되면 조금 이론異論이 있다고 생각됩니다. 이 조선사 편찬 사업은 조선 통치 즉 정치 일부분으로서의 조선사 편찬입니다."

이 사업에 직접 참여한 학자 조차 이렇게 말하고 있는데 최남선은 이것을 부정하고 있다.[172]

그의 일본 지배에 대한 아첨은 우리 민족에게 해害를 주었던 것만은 아니다. 결국에는 일본의 아시아 침략에 선봉적인 발언을 하기에 이른다.

"시국時局의 중대함에 비교하여 동양의 여려 민족들은 너무나도 인식, 신념, 용기 모두가 지나치게 부족하다는 느낌이 있습니다. 그 마음이 굶주리고 움직임이 위축되고 쇠약해진 사람들에게 활력을 주고 열熱과 힘을 주는 원천의 활력수는 무엇인가 그들(일본인)의 고유한 정신, 공통의 신념 전통문화인 "신도神道"로 돌아가고 신령의 작용으로 불가사의不可思議한 창조적 기능을 살리는 외에 다른 길은 없을 거에요."

라고 말한 것은 이제 완전한 침략의 사상적 선구자이다.

그 때문인지 최남선은 조선인 학생을 **학도병**으로 침략전쟁에 동원 할 때도 선봉이 되었다. 그는 이광수李光洙 등과 함께 일본으로 건너가 동양대학, 명치대학 등에서 조선인 학생들을 모아놓고 독려 연설을 해서 그것이 『매일신보』의 1943년 11월 20일자(임종국, 실록 친일파에서 인용)에 실려있다.

"이번의 전쟁을 의전義戰, 성전聖戰, 이라 하지 않고 무엇이라 말할 수 있을까… 대동아의 건설, 전 인류의 해방, 주의主義의 신념과 이상을 살리기 위한 성스런 전쟁에 나가는 것은 얼마나 유쾌한 일인가… 일본 국민으로서의 충성과 조선 남아의 의기를 발휘하여… 한사람 남기지 말고 출전出戰하기를 바랄 따름이다."

라고 말했다. 친일이라는 루비콘 강을 건넌뒤에는 사상적 피폐가 기다리고 있었다.[173]

제5장

1945년 일본 패망 후 일본 좌익 잡지 세카이世界에서 보여지는 한국관

　일본의 여러 잡지중에서 **좌익 성향**을 가졌다고 할 수 있는『**세카이世界**』잡지가 보여주는 조선관을 보여주고자 한다.

　일본의 대표적 종합잡지인 추우코론中央公論이나 분케이슌주文藝春秋와 달리『**세카이世界**』**는 제2차 세계 대전 전후에 시작된 좌익성左翼性 잡지로**서 새로운 도의道義와 문화의 창조를 추구하는 진보적 지식인들이 그 중심을 이루고 있다. 뿐만 아니라『**세카이世界**』는 전후 일본에서 발행된 정기 간행물 가운데 그 어느 것보다도 한국 문제에 관하여 가장 깊은 관심과 적극적인 의견을 표시해 왔다.

　그런 의미에서 전후 일본 사회의 여론 형성에 중요한 기능을 담당한 지식인의 한국관을 살펴보기에는『세카이』가 가장 적합하다. 물론 진보적 지식인에 대한 개념 정의에 논란이 있을 수 있고『세카이』에 글을 쓰고 있는 사람만이 진보적 지식인이냐 하는 데에는 이론이 있을 수 있다. 그러므로 이곳에서 사용하고 있는 **"진보적 지식인"**이라는 구분은 어디까지나 임의적 자의적 것이라 하겠다.[174]

『**세카이**世界』가 한국에 대하여 최초의 관심을 보인 주제는 **"조선 통치에 대한 반성"**이라는 논문이었다. 그 논문은 서울대학의 전신前身인 경성 제국 대학의 교수였던 **스즈키 다케오**鈴木武雄에 의하면 한국과 일본 두 민족의 심적결함心的結合을 방해한 가장 큰 장애는 한반도에 대한 일본의 영토 지배였다.

이 영토적 지배로 인하여 일본인에게는 **"우월감"**이 배태되었고 반대로 한국인에게는 **"피압박 민족 감정"**이 배양되었다. 라고 쓰고 있다.

그러나 논문의 밑바탕에 깔려있는 기조는 식민통치에 대한 심각한 자기 반성이 아니라 식민통치의 정당화와 식민 지배의 **시혜론**施惠論을 강조하고 있다. **스즈키 교수**에 의하면 일본 통치의 근본 철학은 **일시동인**一視同仁, **내선일체**內鮮一切로서 동화정책同化政策, **모국연장주의**母國延長主義라고 규정하고 있다.

동화정책의 근본 통치 방법은 조선의 정치적 지배를 완전히 확보하려는 의도인 동시에 식민지적 관계를 지양하려는 의도의 상호 배타적 요소가 있었다고 설명하고 있다. 그럼에도 불구하고 동화정책의 근본 철학은 선의적善意的, 긍정적 이었다고 주장한다. 1938년부터 실시한 **내선공학제**內鮮公學制, 전차를 기다리는 승객들의 대열, 영화관에서 입장을 기다리는 행렬, 또는 전쟁 상태에서 배급품을 사기 위해 기다리는 대열에 일본인과 한국인이 구별없이 섞여 있다는 것은 바로 "동포애적 새로운 외령 통치의 이념"을 실행한 것으로써 다른 식민 총치에서는 볼 수 없는 특이한 성격의 일면이라고 높이 평가하고 있다.

동화정책이 전면적 실패로 끝났다는 것을 스즈키는 인정하고 있다. 그러나 실패의 근본 원인은 이념이 아니라 방법이 옳지 않은 것으로 평가하고 있다. 즉 상황에 대한 오판과 행정의 졸속 때문에 성공할 수 없었다는 것을 스즈키는 다음과 같이 설명하고 있다.

> "조선인은 대다수가 **"만주 사변"** 특히 중·일전쟁中日戰爭이래 일본인과의 운명 공동체라는 의식이 짙어지면서 애국심의 앙양昂揚이 현저하게 나타났다. 이와 같은 애국심의 철저한 앙양昂揚은 부정할 수 없는 놀라운 사실로서 우리를 감동시켰다.
>   그러나 이것은 결코 조선인의 민족의식이 쇠퇴했다는 것을 의미하는 것은 아니다. … 민족의식은 더욱더 강하게 각성되었으나 다만 자기 민족의 생존과 행복을 위해서는 일본 국민으로서 살아가는 길 이외에 다른 길이 없다는 운명 공동체 의식에 도달했다.
>   즉 민족 의식에 앞서 점차 국민의식을 자각하게 되었던 것이다. 이는 동화정책이라는 시각에서 볼 때 환영해야 할 현상이고 민족 융합을 향한 한단계 가까워진 것이다. 그러나 이것은 곧 조선 민족이 **야마토 민족화**大和民族化했다고 속단한 것이 커다란 잘못이다."

이와 같은 오판誤判위에서 추진된 **"신사참배"**, **"황국 신민 선서"**, **"창씨개명"**등 황민화 운동은 실패할 수밖에 없었다고 지적하고 있다.
즉 민족의 존재를 간단히 부정한 동화정책, 총독 정치의 치적을 과시하는 형식적 숫자적 황민화 운동, 그리고 말만 행정 당국의 졸속 등은 "내선일체"를 실패하게 했다는 것이다. 일본이 조선에서 실시한 **일시 동인적**

동화장책은 그 근본 이념에서 선의善意였고 또한 성공할 수 있었으나 다만 상황에 대한 오판, 성과 과시 위주의 총독 정치, 졸속 행정 등 방법의 잘못으로 결국 실패로 끝났다고 평가한다.[175]

식민 통치라는 **"원죄"**에 대한 반성이 아니라 다만 그 통치 방법에서 반성을 찾고 있다. 식민통치의 정당화와 은혜의 강조는 경제적 측면에서 더욱 선명하게 나타난다. 스즈키에 의하면

"일본 통치하의 30년간에 경이적인 약진을 이루었고 이 현상은 널리 알려진 사실"

로 인정하고 있다. 일본에 의한 합병이 이루어지기 전의 한국 경제는 원시적 산업구조로 발전되어 농업 생산량이 획기적으로 향상 되었을뿐만 아니라 광공업 등 근대 산업의 기틀이 마련되기 시작했다고 평가하고 있다.

합병당시 (1910년) 한국의 GNP가 3억 8100만 엔에 불과했던 것이 1945년에 이르러서는 64억 8500만 엔으로 늘어났고 농산물과 공산물의 비중이 89%대 4%에서 32%대 42%로 변하여 공업의 비중이 농업을 능가함으로써 일종의 복잡환 종합경제 체계의 모습을 갖추었다고 지적하고 있다. 이와 같이 식민지 통치 기간을 통하여 산업의 후진성을 특징으로 하고 있는 아시아에서

"조선은 비교적 선진성을 과시할 수 있는 지역"

으로 발전할 수 있었고 이와 같은 산업의 발전은

"지금부터 일본을 대신해서 자주적으로 이것을 지배할 조선인에게 확실히 행복한 자산"

이라고 강조함으로써 식민통치의 **"시혜론施惠論"**을 주장하고 있다.

그는 일본의 한반도 식민 통치가 본질적으로 제국주의적 속성을 지녔

음을 인정하고 있다. 그러나 식민통치가 조선에 대한 일본의 제국주의적 착취와 일본의 이익을 위하여 조선인을 노예로 부렸다는 것을 부인할 뿐만 아니라 오히려 조선에 유익했다고 설명하고 있다. 예컨대 1929년부터 34년까지 대규모로 실시한 쌀 증산계획 정책은 일본의 식량문제를 해결하기 위한 "**이기적 정책**"만은 아니었다고 주장하고 있다. 물론 이 정책은 일본의 식량문제에 많은 도움이 되었고 또한 전쟁시에 식량의 원활한 공급 기반이 된 것은 사실이지만 결과적으로 한국에 커다란 혜택을 주었다고 합리화하고 있다.

스즈키에 의하면 동화정책의 궁극적 목표는

"일본인에 비교하여 저열한 조선인의 민도民度를 일본인의 수준으로 향상시키는 것"

이었다. 그러므로 36년간의 식민 통치를 통하여 성취한 조선의 현저한 경제 발전은 다만 물질적 풍요에 그치지 않고 한국인의 민도民度향상에도 크게 이바지 했다고 자부하고 있다. 즉 경제발전은 정지적停止的, 정체적停滯的 경제 체제에 있던 한국인에게 좋은 장소와 기회를 제공함으로써 전체적으로 국민의 생활수준 향상에 기여했다는 것이다. 인구의 증가 현상과 직업의 다양화를 제시하여 이러한 경제 발전과 민도民度 향상의 관계를 설명하고 있다. 즉 경제가 피폐했던 합병 이전의 조선 시대에는 인구가 감소 추세에 있었음에 반하여 합병 후 1943년까지 34년간 조선의 인구는 2배로 늘어났고 이것은 경제 발전에 따른 영향이라고 평가하고 있다. 인구 증가와 병행해서 식민지 기간을 통해서 한국인의 직업도 다양해졌다고 설명하고 있다. 합병 이전의 원시 산업의 경제 구조 속에는 절대 다수의 인구가 농업, 임업, 어업에 종사했으나 합병 후에는 근대 산업의 발전과 함께 한국인의 직업도 공업, 광업, 상업, 교통업으로 확대되었고 이것은 한국인의 민도民度와 생활수준을 향상시키는 결과를 가져왔다고 주장하고 있다.176)

스즈키는 일본의 조선 통치에 대해서 포괄적으로 두리 뭉숭하게 미화시켜 말하고 있으나 다음에 말하는 내용은 전혀 그것이 아님을 알수 있다.

일본의 조선 통치기에 조선인은 매년 지주地主는 자작인自作人으로 변하고 자작인 은 자작自作 또는 소작인小作人으로 변하고 자작 겸 소작인은 순純 소작인으로 변하는 반면에 일본인은 매년 소작인小作人은 자작인으로 변하고 자작인은 지주로 변하면서 매년 농가 호수가 증가하는 까닭에 조선인의 생활상태는 나날이 퇴보하여 살수가 없어서 남부여대男負女戴로 정든 고향을 등지고 북만주北滿洲로 향하게 되었다.

― (1928년 8월 1일 동아일보 '매년 3000여 정보가 일본인의 소유화')

500년동안 조선 농민을 옭아맸던 소작제小作制는 식민 지주제地主制로 진화했다. 식민 조선 농민은 일본인과 조선인 대지주 땅을 빌어 먹으며 살아야 했다. 조선 쌀은 분배 단계에서는 그 지주에게 가공 단계에서는 대규모 정미업자에게 최종 유통단계에서는 미출항米出港의 대규모 미출상인米出商人에게 집중된 분배와 유통 매카니즘에 따라 움직였다.

― (송규진, '일제하 쌀이출 좁쌀 수입구조의 전개 과정' 사총 55권, 고려대학교 역사연구소 2002)

생산성은 증가했고 쌀 생산량 또한 증가했지만 이런 독점적 유통구조로 일본으로 빠져 나가는 비율이 더 많았다. 1910년 조선 쌀 생산량은 1040만석이었는데 수출(일본 미출 포함)은 83만석으로 7.98% 였다. 그런데 1928년 생산량 1351만석 가운데 49.65% 인 671만석이 일본으로 나갔다. 1931년에는 생산된 쌀 가운데 54.29%가 대일 이출 물량이었다. (조선 총독부 총계 연보 농업편) 통계상으로 보면 1920년대 중반-1930년대 중반 조선은 대일 쌀 생산 기지 역할을 했다.[177]

2. 한국전쟁(6·25 전쟁)

한국 전쟁 발발로부터 4개월 후에 나타난 『세카이世界』의 첫 반응은 미국이 취한 신속한 조치를 상당히 의외의 것으로 받아들이고 있다.

전후 미국의 동북아東北亞 정책은 알류산 열도, 일본 오키나와와 필리핀으로 이어지는 방위선 이외의 지역에서 일어나는 무력분쟁에 개입하지 않는다는 **애치슨 선언**(1950년 1월 12일)으로 집약되고 있다. 그러나 미국은 기존의 정책을 뒤엎고 유엔 안전보장 이사회를 소집하여 북한의 침략을 평화 파괴행위로 단정하고 미국 해 공군의 한국군 지원을 명령한 트루먼 성명(6월 27일), 유엔군 합동 사령부 설치(7월 7일) 등과 같이 예상을 뒤엎으며 신속하고 단호한 조치를 취했다.

『세카이世界』는 미국이 이와 같이 신속하게 한국 전쟁에 개입한 것은 한국의 안전보장을 위해서라기보다는 미국의 세계 전략의 일환으로 취한 정책이라고 평가했다. 미국이 기존의 동북아 정책을 파기하고 한국 전쟁에 적극적으로 개입하게 된 첫째 이유는 북한에 의한 무력 정복을 방치할 경우 전후 세계 평화 유지의 기구로써 만들어진 UN이 무력해지고 이것은 곧 UN을 통한 미국의 세계 정책에 차질을 가져오게 되며 둘째로는 미국이 한국 전쟁에 적극적으로 지원하지 않을 경우 아시아에서는 물론 서방 자유 진영에서 미국의 지위가 크게 위축되는 결과를 초래할 것이고 셋째로는 소련의 배후 조종에 의하여 북한이 남침한 것으로 판단할 경우 이를 저지 못하면 다른 지역에서 소련의 팽창을 유효하게 억제하기가 어려워지고 소련이 본격적으로 팽창 정책을 택한 후에 이를 저지하려면 전면 전쟁을 피할 수 없는 상황이 전개될 가능성이 확대될 것이며 넷째로는 **소련의 팽창을 사전에 저지함으로써** 평화 유지가 가능한 것으로 판단하고 택한 것으로 평가했다. 즉 한반도에서의 전쟁은 소련이 공산주의를 세계적으로 확대하기 위하여 미국의 의지를 실험하는 전초전前哨戰으로 판단하고 세계 전략에서 지위를 확고하기 위하여 미국이 한국 전쟁에 신속히 대처한 것으로 분석했다. "세카이"는 한국 전쟁 발발 후 1년 동안은

"미국 군대의 물량物量대 공산군의 인체人體 소모 전쟁"

이라는 치열한 전쟁으로 평가했다. 그러나 1951년 6월 23일 소련이 휴전을 제의하면서부터 실질적 전투의 강도는 점차 약화되기 시작했다.

『세카이』는 다음과 같은 몇 가지 이유를 들어 소련의 휴전 제안을 설명하고 있다. 첫째는 전쟁 시작 1년 후 한반도에서 점차 불리하게 전개되고 있는 전황戰況을 전환시키기 위해서 소련은 북한에 대규모의 원조를 실시하거나 또는 직접 전쟁에 개입해야 할 입장에 놓이게 되었다. 대규모 원조나 전쟁에의 직접 개입은 곧 전면 전쟁을 의미하는 것이다. 소련은 미국과의 전면 전쟁을 피하고 전쟁 이전의 상태로 환원시킬수 있는 휴전을

최선책으로 생각하지 않을수 없었다. 둘째는 소련은 한국전을 통하여 미국의 국력 소모와 서방 진영의 분열를 예상했으나 그와 반대로 한반도에서의 미국과 유럽의 재군비를 강화하는 계기를 만들어 주었고 서방 진영의 결속을 이끄는 결과를 가져왔다.

한반도에서의 전쟁이 계속될 경우 서방 진영의 대소 군사체재를 더욱 강화시킬 것으로 보았다. 따라서 한반도에서의 전쟁을 빨리 종식시키는 것이 서방 잔영의 군비 증강을 약화시키고 나아가서 정치적 결속을 분열시킬 수 있다고 판단했다. 소련이 휴전을 제안한 또 하나의 이유는 무력에 의하여 성취 못한 것을 정치적으로 성취하려는 전술적 전환으로 평가했다.

"세카이"는 미국은 한국 전쟁이 세계 전쟁으로 발전하는 것을 원치 않았고 또한 국내 정치에 또 다른 영향이 미칠 것으로 보았기 때문에 휴전을 책한 것으로 분석했다.[178]

3. 남과 북에 대한 시각

"세카이"는 1950년대 들어서면서부터 남한은 어두운 사회로 그리고 북한은 희망에 찬 사회라는 이미지를 만들기 시작했다. 남한이 **이승만** 체재에 대해서『세카이』는 부정적인 평가를 하였다. 더욱이 그동안 지속되던 한일 회담이 완전히 결렬되자 (1953년 10월 21일) 이승만 정권에 대한 비판은 더욱 고조되었다. 이승만 정권은 한반도에서 외국 군대를 철수시키고 자유로운 국민의 의사에 따라 한반도의 평화 정착과 통일문제를 처리할 자신을 가지고 있지 못하다고 평가했다. 미국의 강력한 지지를 받지 못할 경우 붕괴될 것으로 보고 있는 이승만 정권은 미국에게 아시아 대륙의 중요한 기지로 한국을 제공하는 대신, 그 대가로 정권의 안정을 보장받는다는 것에 상호 이해가 일치하고 있다고 보고 있다. 한·일韓日간의 중요한 쟁점이었던 **"이승만 라인"**도 국내 정국을 안정시키기 위한 정책이라고 평했다. 전쟁의 결과가 분단을 해소하지 못하고 전쟁 전前의 상태로 돌아가는 것에 대하여 국민적 불만이 고조될 것을 예상한 이승만 정권은 이러한 국내적 불만을 해소하고 국민적 긴장상태를 유지하기 위하여 만들어낸 것이 이승만 라인을 구상했고 국민감정을 일본으로 돌렸다는 것이다. 즉 자신의 정치적 생명을 연장하기 위한 수단으로서 배일排日정책을 택했다는 것이다. 따라서 한일 관계의 개선은 이승만 정권이 지속하는 한 진전이 없을 것으로 단정했다. 1953년 이승만 대통령이 자유 중국에서 **장개석 총통**과 회담하는 것에 대해서도 남한과 중국이 반일反日에 대한 공동 전선을 펴기 위한 포석이 아닌가 하여 민감한 반응을 보였다.

그리고 북한에 대한 본격적인 기사는 1954년에 나타나고 있다. 전후 세 번째로 북한을 방문한 일본 노동당의 당수인 구로다 히사오黑田壽男의 방문기 형태로 수록된 이 기사는 이후 세카이에 나타나고 있는 **장밋빛 북한관**을 효시하고 있다. 구로다는 자신의 여행 목적은 이승만의 무력 북진北進에 의한 통일방식과 조산 민주주의 인민공화국의 평화적 통일 방침이라는 통일방식이 다른 조선에서 공화국측의 평화정책의 실체를 파악하는 것과 공화국 인민들의 일본에 대한 기본 입장을 인식하기 위한 것이라고 강조하고 있다. 구로다 하시오에 의하면 북한은 국민 대중을 위한 전후 복구 사업이 활발하게 추진되고 있었다. 1954년 상반기上半期 만도 노동자를 위한 150만 평방미터의 주택을 건설했다. 5인 1세대가 살 수 있는 노동자의 아파트는 수세식 변소, 중앙난방 시스템, 기타 생활에 필요한 일제의 설비가 갖추어져 가방 하나만 가지고 들어가면 그날부터 생활할 수 있도록 모든 시설이 완비되어 있다.

17만 평방미터의 학교 시설, 8만 2천석에 해당하는 극장 시설, 대동강변에 녹지대를 만들어 근로자들을 위한 휴식처를 만드는 등 평양과 그 주변은 눈부시게 부흥하고 있었다.

구로다에 의하면 경제 발전도 크게 진전되어 있었다. 1945년 이후 전쟁 전까지 4년 동안 공업 생산력이 4배로 신장할 만큼 크게 발전했으나 전쟁으로 인하여 평화적 경제 발전이 크게 타격을 입었다. 그러나 휴전 후 인민 경제의 신속한 복구와 발전, 공업화의 기초 확립, 그리고 남북의 평화적 통일을 이루기 위한 3단계의 경제 부흥대책을 수립했다.

구로다 히사오에 위하면 휴전 후 북한의 신속한 경제 성장과 이에 따른 복지 정책이 잘 실시되어 모든 노동자가 충분한 생활을 즐기고 있고 또한 북한의 정치 지도자들은 평화 신봉자였다. 이에 비하면 남한은 어려움 속에서 허덕이고 있고 북진광환자北進狂患者인 이승만으로 대변되는 정치 지도자들은 전쟁광신자였다. 이때부터 이미 남과 북에 대한 이러한 시각의 틀이 확립되기 시작했다.

일본에 대한 남북한의 인식도 전혀 다른 것으로 인식하고 있었다. 즉 이승만은 **다케시마**(竹島: 독도를 말함, 필자주)를 한국 영토라고 주장하며 강점强占하고 있고 "이승만 라인"을 선언하여 일본 어선을 압박하는 등 한국 내에서 반일反日을 강화하고 있으므로 한국과의 국민, 문화교류는 어려운 것으로 평가하였다. 이에 반하여 북한은 제국주의 시대의 식민정책에 대하여 비판하고 있으나 일본 국민에 대하여서는 어떠한 거리낌도 가지고 있지 않을 뿐만 아니라 우호 친선 관계가 회복되고 문화와 경제적 교류가 재개되기를 희망하고 있다고 지적하면서 일본의 정책 전환을 요구하였다. 즉 일본 정부는 남한과의 관계 개선을 모색하기에 앞서 북한과의 관계를 먼저 개선하는 것이 바람직하다고 해서 제시한 것이다.[179)]

위에서 말한 **독도 문제**와 이승만 라인에 대한 다른 평가를 들어보자 1952년 1월 인접 해양에 관한 주권에 대한 대통령 선언(일명, 평화선, 이승만 라인)을 선포하고 1953년 12월 해양 경비대를 창설하여 1965년 6월 **한일 어업협정**이 체결될 때까지 독도獨島를 포함한 인접 해상에서 한국의 주권을 행사하고 어족 자원을 보호한 것은 대일 외교사상, 보기 드문 쾌거였다.[180)]

4. 1960년대 반反 남한 친親 북한

한일 국교 정상화가 이루어잔 1860년의 세카이는 한반도와 한국내 정치문제에 대하여 많은 지면을 할해하고 있다. 그리고 1950년대와 달리 보다 주관적이며 적극적인 논조를 펼치고 있다. 『**세카이**』가 관심을 가진 1960년대의 주제는 한일회담 반대 운동이었다. 동시에 한국 국내 정치에 대한 비판적 시각을 강화하고 있고 남과 북에 대한 편향된 보도가 더욱 확연하게 나타난다.

1960년대의 일본의 진보적 지식인들은 일본속에 한국인에 대한 뿌리 깊은 인종적 편견이 넓게 흩어져 있음을 인정하고 그 원인 규명과 개선을 모색하고 있다. 또한 재일 교포의 처우 문제와 원폭 피해자에 대해서도 관심을 표시하고 있다. 이러한 움직임은 두 민족의 관계 개선을 위하여 바람직한 현상이라 하겠다. 그러나 또 다른 한편 일본인 속에 자리 잡고 있는 식민지 사관의 연속을 찾아볼 수 있다.

도쿄 대학의 **이즈미 세이이치**泉靖一 교수가 실시한 여론조사에 의하면 표본으로 정한 16개국 가운데 흑인 다음으로 일본인이 가장 싫어하는 민족으로 한국인을 들고 있다.

일본인이 한국 민족을 싫어하는 이유는

"교활하고 더럽고 불친절하고 뱃속이 검고 그리고 문화적 수준이 낮기 때문"

인 것으로 나타나고 있다. 이 여론조사에 의하면 16개의 인종 가운데 한민족은

"가장 교활하고 문화 수준이 낮은 민족이다."

이즈미 교수의 분석에 의하면 일본인이 지니고 있는 이러한 편견은 지배자로서 가지고 있는 **우월감**과 패전敗戰으로 나타난 **열등감**이 결합하여 나타난 현상이라고 지적하고 있다.

한국인에 대한 일본인의 편견이 대단히 뿌리 깊은 것이라고 규정하는 하타나 **다카시**旗田巍 교수는 편견의 모습과 그 원인을 보다 선명하게 규정하고 있다. 하타다 다카시에 의하면 일본인의 편견을 낳게 한 직접 원인은 조선에 대한 식민 지배였다. 일본의 식민 지배는 강력한 탄압과 동화정책이라는 이중적 구조를 이루었고 이로 인하여 배태된 그리고 지금까지 지속되는 한국관의 특색을 다음과 같은 세 가지로 요약하고 있다.

첫째로 조선인을 독자적 가치를 지닌 민족으로 보는 의식의 결여이다.

조선인의 역사, 문화, 풍습 그리고 언어도 조선인으로 존재할 수 있는 가치가 결여되었다고 보는 의식이 심어져 있다. 둘째는 조선의 식민지 지배에 대한 **죄악감, 책임감**의 결여이다. 조선 지배는 열등한 조선인을 세계의 일등 국민인 일본인이 인도했다는 생각이다. 즉 일본에 의한 조선인에게 고통스러운 것이 아니라 은혜를 베푼 것으로 생각하고 있다. 셋째로 조선인에 대한 우월감 멸시감이다. 동화되어도 현실의 지배 피지배의 관계는 존재하고 모든 면에서 일본은 압도적 위의를 차지했다. 그것은 모든 일본인에게 당연한것이고 자연스러운 것으로 생각되었다.

일본인들은 전쟁에서 구미歐美 제국이나 또는 중국에 대해서도 패했다는 의식을 지니고 있으나 오직 한국에 대해서는 전혀 그러한 **패배의식**을 가지고 있지 않다는 것이다. 다만 전쟁의 결과로

"**조선을 잃어 버렸다.**"

라고 생각하고 있을 뿐 옛날부터 지니고 있는 우월감을 바탕으로 한 한국관을 그대로 존속되고 있었다. 뿐만 아니라 가장과 TV에 의해서 나쁜 한국 인상은 새로운 세대에도 그대로 이어지고 있다고 하타나 다카시는 지적하고 있다. 이와 같은 한국관은 정도 차이는 있지만 기본적으로 보수주의자나 진보주의자 모두의 심층에 깔려 있었다. 오사카大阪 외국어 대학의 츠카모토塚本勳 교수는 보수주의자들은

"오만한 자세로 부끄러운줄 모르고 조선을 내려다 보고"

있고 혁신주의자들은

"표면적 언동과 달리 실제로는 지배적 의식이 심층에 깔려 있음을 부인할 수 없다."

라고 지적하고 있다. 한국인에 대한 이와 같은 편견을 불식하기 위한 구

체적 대안을 제시하고 있지는 않고 있다.

"조선인에 대한 새로운 이해를 위해서 노력할 것"

을 제시하고 츠카모토는

"본격적 구체적인 조선 문제에 대한 연구"가 필요하다고 강조하고 있다. 그리고 하타다 다카시 교수는 한국인을

"독자적인 역사와 문화를 지니고 있는 존경해야 할 민족이고 대등한 입장에서 교제해야 할 외국인"

으로 간주할 것을 주장하고 있다. 한국인을 보는 편견에 대한 자기비판과 함께 재일 교포의 처우 개선, 2세에 대한 교육문제, 그리고 원폭 피해자에 대한 관심을 표시하고 일본 정부의 보다 적극적인 대책을 요구하고 있다.

『마이니치 신문每日新聞』의 한국 특파원을 지낸 **마츠모토**松本博一는 남한이 겪고 있는 정치적 경제적 어려움의 근본 원인은 36년에 걸친 일본의 식민통치에 있다는 것을 솔직하게 인정하고 있다. 그러나 해방 후, 미군통치, 이승만 시대의 독재정치, 한국전쟁, 장면정권의 무능, 그리고 군부 독재 체재의 시작이라는 정치적 변화를 볼 때

"남조선은 의식의 면에서나 또는 현실의 면에서도 근대 시민사회로 발달하기에는 그리고 남조선을 구성하고 있는 사람들이 독립 국민이 되기에는 무엇인가 기본적인 결함"

을 **파벌의식**에서 찾는다. 즉 조선시대 이후 나타난 동인東人, 서인西人, 그리고 남인南人, 북인北人의 파벌정치는 정치와 외교를 **당쟁**黨爭**의 제물**로 삼았고 그리고 결국 정치를 부패케 했으며 경제를 정체시킨 근본 원인이라는 것이다. 이와 같은 파벌의식은 한국인들의 의식 속에 깊이 뿌

리박혀 있는 것이다. 이와 같은 파벌의식은 사회적으로 문화적으로는 유교적 주류를 이루고 있기 때문인 것으로 분석하고 있다. 그러나 향당鄕黨 파벌의식을 조장은 무엇보다 중요한 원인은 조선 말기 이후 빈번하게 나타난 내우외환內憂外患 속에서 생존을 위한 치열한 자기 방어 본능이라고 지적하고 있다.

1960년대에 들어서면서부터 뚜렷하게 나타난 현상의 하나는 한민족과 한반도를 하나의 민족 공동체로 인식하려고 하기보다는 이를 분화分化하고 **선善 북한 악惡 남한**의 대결적 관계를 상정하고 있다.

그럼으로써 진보적 지식인들은 말과 글로써 그리고 논리적으로는 남북의 통일을 강조하고 있으나 실질적으로는 분단과 대결의 구도를 보다 증폭시키는 역할을 했을 뿐이다.

세카이에 나타난 남南과 북北에 대한 진보적 지식인의 시각은 남쪽은 **반反 통일적, 사대적事大的, 비인도적**, 그리고 혼란한 체재이고 북한은 통일 지향적이며 희망에 찬 사회로 인식하고 있다. 중국 문제 전문가인 노무라 고이치野村浩一 교수에 의하면 남한은 문자 그대로 혼란의 와중에 있는 사회이며 전형적인 군부 독재 체재로서 민족의 자립과 민족적 통일을 반대하고 있는 체재였다는 것이다. 도쿄 대학의 사이토 다카시齊藤孝 교수는 남한을

"외국에 종속된 권력이면서도 민중에 대해서는 식민지 지배가 지니고 있는 잔학성과 파시즘이 융합한 공포 체재인 식민지 파시즘 체재"

로 규정하고 있다. 또한 남한은 경제적으로도 말할 수 없이 비참한 사회였다.[181]

5. 한·일 회담에 대해서

1960년대 세카이가 다루고 있는 중요한 주제의 하나는 **한·일韓日국교 정상화**이다. 국교 전상화가 조인된 1965년에는 세 번이나 이 문제를 특집으로 상정하고 있고 49편의 논문과 기사를 게재하고 있다. 이는 **"세카이"**가 창간된 후 동일 주제를 가장 많이 그리고 집중적으로 취급하고 있는 것이다. 1951년 10월 26일 연합군 총사령부의 주선으로 시작된 한일 회담은 여러 가지의 우여곡절을 겪고 1965년 6월 22일 국교 정상화의 조약이 체결되었다. 1961년 한국에 박정희 정권이 들어서면서부터 한일 교섭에 적극적으로 임했고 일본의 이케다 내각 또한 **일한 국교 정상화**를 창출해 내기 위하여 정치적 생명을 건다라고 할 정도로 적극적 이었다.

정부 차원에서 회담이 진행되는 동안 『세카이』는 편집방향을 국교 정상화 반대로 정하고 진보적 지식인과 더불어 강력한 반대 캠페인을 전개했으며 체결 후에도 반대 입장을 견지하였다. 조약에 대한 의회의 비준을 일본의 민주주의와 의회주의를 형해화形骸化한 것으로 비판하면서 **한·일韓日 조약**이 지니고 있는 기본적 의문을 철저히 규명할 것을 요구하였다. 한일 국교 정상화가 조인되기 전후에 『세카이』지에 나타난 반대 논리는 한일 국교 정상화는

"첫째는 미국이 극동 전략에 봉사하고 둘째는 외교의 실패이며 셋째는 국익의 부당한 양보이며 넷째는 한국 내의 여건이 성숙되지 않았으며 다섯째는 한반도 통일에 저해된다."

등의 여러 가지를 제공하고 있다.

세카이의 논조나 진보적 지식인들이 한일 국교 정상화를 집요하게 반대하는 중요한 이유 중의 하나는 **한·일회담**이 미국의 동아시아 전략의 일환으로 추진된 것이고 따라서 일본은 미국 군사 전략의 말馬의 기능을 하게 된다는 것이다. 미국이 한일 회담을 막후에서 조정 중재하고 있는 것은 크게 두 가지 이유가 있다고 보고 있다.

첫째는 한·일 국교 정상화는 미국의 극동 전략인 **극동 반공 군사동맹 재건**의 전제가 되고 있다는 것이다. 미국은 동아시아의 반공 체재 재편성과 극동 군사 전략 체재의 강화를 위해서 한국과 일본 두 나라의 국교 정상화가 중요한 열쇠가 되고 있다고 판단한 것이다. 라오스 베트남 등지에서 일어나고 있는 민족 해방 운동의 고양高揚은 동남아시아에서 미국의 위치를 크게 위태롭게 하고 있을 뿐만 아니라 극동極東에서 미국이 확립해 놓은 위치를 크게 위태롭게 하고 있을 뿐만 아니라 극동에서 미국이 확립해 놓은 기존의 군사체재의 붕괴를 뜻한다는 것이었다. 더욱이 월남 정세의 악화와 중국에서의 핵실험의 성공 등은 극동 반공체재의 전면적 붕괴를 뜻하는 것이었다. 미국은 이에 대항하기 위한 새로운 방위 전략, 즉 중국과 소련을 **반월형半月形**으로 포위하기 위한 한국, 일본, 대만, 필리핀, 말레이시아를 연결하는 방위체제 구축이었다. 미국은 극동에서 중국과 소련의 진출을 억제할 수 있는 반공의 벽을 재건하는 것이고 그 바탕은 한국과 일본일 수밖에 없다는 판단에 따라 한일 국교 정상화를 통하여 일본을 반공 군사 동맹에 끌어들이기 위한 전략을 편 것이라고 평가하였다.[182]

6. 1970년 북한에 대한 세카이 시각에 대하여

일본의 대표적 좌파 잡지인『세카이世界』에 실린 글들을 분석한 한상일韓相一의 진단은 다음과 같다.

"1970년대의 **북한을 보는**『세카이』의 진보적 지식인들의 시각은 1950년대나 1960년보다 훨씬 더 **긍정적**이고 **찬양적**이다. 1970년대의 남한은 정치적으로 불안정하며 경제적으로 파탄의 벼랑에 이르렀고 사회적으로 혼란하다고 평가한 반면에 북한은 정의롭고 안정적이며 활력이 넘쳐흐르고 통일 지향적이고 밝은 미래를 약속하고 있는 **지상 낙원**으로 묘사했다. …『세카이』는 결과적으로 북한의 선전 잡지였고 진보의 지식인들은 **김일성 사상**을 홍보하는 역할을 했다. 그리고 한국의 정치적 혼란을 기대하고 있는 김일성 북한 정권의 하수인으로서 그 기능을 충실히 수행했다."

— 한상일 "지식인의 오만과 편견" [183]

7. 1970년대 남한에 대한 평가

한국에서 1970년대는 격동의 시대였다. 7·4 남북 공동성명(1972년), 10월 유신(1972년), 김대중 납치사건(1973년), 유신 체재를 강화하기 위한 긴급조치 발표(1974년), 유신헌법 찬반을 묻는 2·12 국민투표, 부마사태(1979년) 등으로 혼란스러운 정국은 드디어 박대통령 암살로 이어졌다.

이에 대하여 베트남의 공산화, 워터게이트 사건으로 인한 닉슨의 퇴진, 그리고 도덕 정치를 내세운 카터의 등장은 국내 정국을 더욱 어렵게 만들었다. 『세카이』도 이 기간에 한반도 문제를 제일 많이 취급했다. 그리고 한국 정부의 권위를 전면적으로 부정했으며 또한 해외에서의 체재 전복을 위한 친위대적 역할을 했다. 『세카이』는 박정희 체재에 대한 적극적인 부정과 비판을 강화하는 한편 북한의 김일성 체재를 긍정적으로 평가하고 선전했다.

『세카이』가 상징하고 있는 1970년대 한국의 대표적인 모습은 **부정, 부패 독재, 인권 유린**이라는 단어로 집약되고 있다. 그리고 한국은 중대한 위기에 당면한 것으로 단정하고 있다. 박정희 체재는 정권 이익을 국가 이익과 동일시하는 **독재정권이며 범죄 집단이고 보지 않고 듣지 않으며 말하지 않는 3대 원칙**이 사회 규범으로 통용되고 있는 나치 체재의 재현再現이며 미국에 의하여 양성된 군사정권의 독재 집단이었다. 일본의 대표적 지식인의 한 사람인 오에겐지부로大江健三郎는 자기의 운명을 자기의 자유의사에 의하여 결정할 수 없는 현상이 한국 사회의 참모습이라고 하였다.[184]

『마이니치』 신문의 한국 특파원으로 만 3년간 취재활동을 하다가 한국 정부에 의하여 강제 퇴거 명령을 받은 **마에다 야스히로**前田康博는 한국 내의 삶의 한 형태를 다음과 같이 과장해서 설명하고 있다.

"일본 특파원과 교제했다는 것이 알려지면 그들에게 재앙이 돌아가게 된다. … 서울에 체류하는 동안 명함을 교환한 사람들은 일본

기자와 교제하더라도 불이익이 돌아가는 것을 두려워하지 않는 사람이거나 또는 지배계층의 사람들이다. 또한 전화번호와 주소를 나에게 알려준 사람들은 외국인과 연결되어 있다는 것 하나만으로도 여러가지 불이익 조치를 받을 수도 있다. … 그러므로 출국하는 날 아침 철저한 감사에 대비하여 그들의 이름이 기록되어 있는 전화번호와 메모를 전부 처분했다. 만일 압수될 겨우 내가 알 수 없는 어떤 조치가 그들에게 돌아갈지 모르기 때문이다."

그 시대에 제약과 통제가 있었던 것은 부인할 수 없다. 그러나 한국 사회가 과연 **마에다 야스히로**가 묘사한 것과 같이 한 일본 기자와 친분관계가 있었다고 해서 불이익을 받는 그러한 전체주의 사회는 결코 아니었다. 대한민국을 경찰국가 그리고 밀고密告와 도청을 수단으로 하고 있는 정보정치, 공포정치가 자행하고 있는 국가라고 서술하고 있는 마에다 야스히로는 한국의 부정적 이미지를 극대화하고 있다. 성경책을 들고 교회를 갈 경우 곧 정보원의 미행이 시작된다고 주장한 마에다는 경이적 발전이라고 평가받고 있는 한국의 경제 발전은 국내외에서 정부의 선전이 만들어낸 하나의 허구라고 강조했다. 그리고 그는 한반도의 분단은 일본의 한반도 강점과 그 후 실시한 식민통치와는 무관하고 오직 비정한 국제적 용인의 결과라고 주장하고 있다.[185]

한국 정부가 추진한 산업 근대화 정책을 부정적으로 평가하던 1960년과는 달리 1970년대에 들어서서는 한국 경제의 고도성장과 공업화의 성공을 인정하고 있다. 그러나 연평균 GNP 10% 이상의 성장을 지속한 경제 발전은 외형적으로만 화려할 뿐 실질적으로 국민 생활과는 무관할 뿐만 아니라 오히려 정치 사회적으로 더 많은 모순과 문제점을 안고 있다는 비판적 입장을 고수하고 있다. 도쿄 대학의 **스미야 미키오**隅谷三喜男 교수와 경제 평론가 다카가와 노부오中川信夫 두 사람이 지속적으로 발표한 경제 관계 논문이 일관해서 지적하고 있는 것은 한국 정부가 추진하고 있는 공업화 정책과 수출 산업을 바탕으로 한 고도 경제 성장은 결과적으로 한국 경제를 자립형自立形으로 발전시키기보다는 **종속형**從屬形으로 전락시키고 사회적으로 심각한 위기 상황을 재생산하고 있다고 비판했었다.

 1962년 이후 한국 정부가 추진한 제1, 2차 5개년 경제 개발 정책과 1972년부터 실시한 제3차 개발정책을 한국 경제의 경이로운 성장을 이룩하게 했고 또한 세계적 주목을 받게 만들었다. 경제 성장 정책의 핵심은 수출 우선의 공업화였고 이 정책은 1960년대 후반부터 1970년대에 걸쳐 연평균 10% 이상의 GNP 성장을 가능케 한 고도 경제 발전의 견인차로 기능했다.

 그럼에도 불구하고 『세카이』의 분석에 의하여 고도성장의 결과 한국 경제는 심각한 위기에 직면하게 되었고 붕괴의 수렁으로 빠져들고 있다는 것이다. 외형상으로는 성장을 이룩했으나 실질적으로는 보다 많은 모순과 문제를 심화 시키고 있다는 것이다. 박정희 정권이 추진한 수출 중심의 고도성장 정책은 물량 중심의 지표 지향적인 것으로서 국민 경제의 성장과는 무관한 것으로 평가하고 있다. 즉 공업화 정책은 결과적으로 대외 종속형 경제체재로 바뀌었고 민생과 직접적으로 관계가 깊은 농촌 경제와 중소기업은 퇴화 및 정체의 현상을 만들었고 계층간의 불균형과 불평등을 더욱 확대 격화시켰고 **정경유착**政經癒着은 정치 사회적으로 부정과 부패를 더욱 심화시켰다고 보고 있다.[186]

근본적 구조적 모순을 안고 있는 한국 경제는 1975년 말의 오일쇼크와 1974년 이후 계속되고 있는 국제 경제의 불황을 계기로 심각한 위기에 직면하고 있는 것으로 평가하고 있다. 즉 국민 경제의 75%가 수출에 의존하고 있는 한국 경제는 원자재 가격의 상승과 수출의 부진으로 더욱더 문제가 확대될 것으로 보고 있다. 따라서 심각한 위기에 직면한 한국 경제를 타개하기 위해서는 성장 정책을 근본적으로 재검토하지 않으면 안 될 시기에 도달했다고 경고하고 있다. 한국이 행해야 할 경제정책은 첫째 지금까지 지속해온 양적 확대 정책을 중단하고 둘째 지금까지 식량 자급자족과 농가의 생활수준을 향상시키는 식량생산 증강정책을 택하며 셋째 국내 중심의 중, 소 공업을 육성 촉진시키고 넷째 부정과 부패의 제거, 그리고 다섯째로 국방비의 축소를 제시하고 있다.[187]

8. 『세카이』가 바라본 북한

1970년대의 북한을 보는 『세카이』의 진보적 지식인들의 시각은 1950년대나 1960년대 보다 훨씬 긍정적 찬양적이다.

1970년대의 남한은 정치적으로 불안정하고 경재적으로 파탄의 벼랑에 이르고 사회적으로 혼란한 것으로 평가허고 있음에 반하여 북한은 정의롭고 안정적이고 활력이 넘쳐흐르고 통일 지향적이고 밝은 미래를 약속하고 있는 **지상낙원**으로 묘사하고 있다. 특히 1975년 **김대중 납치 사건**을 계기로 한, 일간의 미묘한 분위기가 조성되면서 『세카이』는 북한에 대한 옹호, 선전 등으로 일관하고 있다. 1970년대에는 세카이가 7번이나

김일성 회견기를 수록하여 김일성의 주체사상, 혁명사상, 통일사상 등을 부각시킴으로써 그를 **민족의 위대한 지도자**로 분장粉匠시키고 또한 북한의 통일 노선을 적극적으로 선전하고 있다.

『세카이』에 나타난 북한에 관한 기사에는 그 어느 것 하나 부정적이고 어두운 것이 없다. **1970년대 북한을 방문한** 일본인들의 눈에 비친 북한 사회는 눈부신 발전을 이룩하고 있었고 정치 경제 사회의 모든 부문이 안정되어 있었다. 평양을 방문한 정치인 교수 언론인 노동자 등 모두가 하나같이 북한의 발전을 극찬하고 있다.

세카이에 나타난 최초의 **김일성 회고기**에서 도쿄 지사인 미노베 료키치美濃部亮吉는 북한을 사회주의 국가 건설의 상징으로 추대하고 있다. 북한이 이룩한 **신속한 사회주의 건설**과 이를 가능케한 김일성 영도력을 높이 평가하고 있는 미노베 료키치는

"자본주의와 사회주의 경쟁에서 평양의 현상만 보아도 그 결론은 명확하다. 자본주의가 졌다는 것이 현실로 나타났다."

라고 지적하고 있다. 자본주의와의 경쟁에서 북한이 승리할 수 있는 것은

"김일성 중심으로 사회관계 확립, 정치에 대한 국민적 신뢰, 김일성 수상에 대한 신뢰감, 그리고 청소년과 김일성 수상과의 일체감"

때문인 것으로 평가허고 있다.

미노베 료키치는 김일성 체재의 북한이 이상적인 국가로 발전할 것을 믿어 의심치 않았다.

3년 만에 다시 평양을 방문한 일조협회日朝協會 사무국장인 도카사 후미호唐笠文男는 북한의 발전상을 보고 깊은 감명과 커다란 감동을 받았다고 강조하고 있고 1년 만에 다시 방문한 **『아사히 신문』**의 미야타 하로토宮

田浩人에 의하면 북한은 말이나 글로 표현하기 어렵게 발전하고 있었다.

"여러 면에 있어서 문자 그대로 천리를 달리는 천마天馬의 기세로 발전하고 있었다. 작년의 평양은 이미 오늘의 평양이 아니었고 오늘의 평양은 또한 내일의 평양이 아니다. 조선 민주주의 인민 공화국을 말할 때는 몇 년 몇 월 며칠의 시점인가를 명시하지 않으면 알 수 없을 정도로 각 방면이 신속하게 발전하고 있었다. … 세계에서 유례를 찾아볼 수 없는 빠른 속도로 발전된 사회주의 국가로 그 모습을 달리하고 있다."

연 14%의 고도성장을 지속하고 있는 북한의 경제 발전은 독창적인 노선을 지니고 있다는 것이다. 즉 남한과는 달리 북한은 중공업을 선두로 해서 경공업과 농업을 동시에 발전 시킴으로서 자립적 민족 경제의 토대를 확립했다는 것이다. 1975년 가을 약 보름간 북한 사회를 돌아다보고 북한의 경제 발전에 관하여 4편의 논문을 연속적으로 발표한 와세다 대학의 니시카 준西川潤에 의하면

"북조선의 경제적 사회적 발전은 인류 역사상 찾아볼 수 없는 하나의 기적이고 이 기적은 김일성 주석의 위대한 지도력과 조선 민중의 정열이 합친 초인적이고 서사시적 노력의 결과"

라고 극찬하고 있다. 1970년대 『세카이』의 편집장을 하면서 잡지의 논조에 중대한 영향을 미쳤고 세 번의 김일성과의 단독 회견을 가졌던 야스에 료스케安江良介에 의하면

"단순한 경제의 발전만을 뜻하는 것이 아니라 인간 문제를 포함한 발전"

이라는 것이다. 야스에 료스케의 방문 기록에 의하면 북한은 한마디로 표현해서 불안과 불편이 존재하지 않는 **지상 낙원**이었다.

평양은 전체의 25%가 녹지인 전원도시였다. 공해를 막기 위하여 평양시 전체를 집중난방 시스템으로 개조했고 공해와 무질서를 방지하기 위하여 주변에 위성도시를 건설하고 있었다. 시내는 2층 이상의 주택이고 한 블록 가운데 탁아소, 유치원, 집회장, 진료소, 및 작은 공원이 있는 하나의 독립된 생활권 행정권으로 꾸며져 편리한 구조로 되어 있다는 것이다. 이러한 환경 속에서 살고 있는 인민들의 생활은 풍족하고 안락한 것이었다.[188]

북한이 이렇게 짧은 기간 동안에 기적적인 발전을 이룩하고 인민이 안락한 생활을 할 수 있는 근본은 자주 혁명 노선의 기초안 김일성 수상의 주체사상과 김일성 수상의 현지 지도 때문인 것으로 『세카이』는 분석하고 있다. 주체사상은 북한의 존립 근거이고 또한 부단한 발전의 가능성을 안고 있는 위대한 사상으로 높이 평가하고 있다. 김일성도 수차례에 걸친 인터뷰에서 주체사상을 강조하고 있다. 1973년 김일성을 만난 이오나미 서점의 상무이사인 미도리카와 토루錄川亨는 김일성의 주체사상을 다음과 같이 설명하고 있다.

"**주체사상은** 이미 1930년대 김일성의 항일 투쟁 과정에서 마르크스, 레닌주의에 근거하여 조선 민중의 해방과 혁명의 이름으로 출발하여 오늘에 이르기까지 혁명노선의 축을 이루고 있다. 처음부터 사대주의를 배척하고 극좌 모험주의를 비판하며 미국에 의존하지 않고 오직 인민에 근거함으로써 이 노선을 확대 강화해 왔다. 인민은 한사람 한사람 모두가 혁명의 주체가 되고 힘을 배양하며 혁명을 수행하여 사회주의 국가 건설에 매진해야 한다. 뛰어난 실천적 철학 요소를 내포하고 있는 것으로 생각되는 이 혁명사상은 이 나라에서는 모두가 체현화體現化하기 위하여 노력하며 청소년으로부터 간부에 이르기까지 각 분야에 공통되는 규범이다."

주체사상을 바탕으로 추진되고 있는 혁명과 발전은 김일성 수상의 현지 지도로 그 속도를 더하고 충실하게 된다는 것이다. 즉 김일성은 농업, 공업, 어업 교육의 현장 또는 예술 문화 등 각 분야의 활동에 직접 나타나 지휘한다는 것이다.

일본 지식인들의 북한 방문기나 김일성과의 화견기를 읽고 있으며 일본 지식인의 눈에 비친 1970년대의 북한(평양)은 그들이 묘사하고 있는 것과 같은 **지상 낙원**이었을까? 정말 그들은 북한이 남한보다 더 인간다운 삶을 누릴 수 있는 곳이라고 생각했을까? 참으로 그들은 김일성의 주체사상과 현지 지도로 국가 발전이 이루어질 수 있다고 믿었을까? 왜 북한을 "유토피아(utopia)"로 상정했을까? 하는 문제에 대한 의문이 제기된다.

『세카이』는 결국 북조선의 선전 장치이고 김일성 사상의 **"홍보지弘報誌"**와 같은 역할을 했다. 또한 남한의 정치적 혼란을 기대하고 있는 김일성의 하수인적 기능을 했다고 평가하는 것이 지나친 것일까 [189]

chapter 05

제1장

/

일본인의 혐한론 嫌韓論

일본 사회에 혐한론이 구체적으로 등장하기 시작한 것은 1992년 1월 **미야자와 기이치**宮澤喜一 수상이 한국을 방문한 직후부터이다.

우연인지 필연인지 알 수 없으나 미야자와 기이치 수상이 방한 직전 그동안 한일 두 나라 사이에 쟁점이 되어온 종군 위안부의 창설, 모집, 운영에 구舊 일본군이 조직적으로 관여했다는 것이 사실로 밝혀졌고 이를 계기로 한국에서는 국민적 분노가 더욱 고조되었으며 일본 측의 철저한 진상 규명과 보상을 요구하는 소리가 높아졌다. 바로 이러한 시기에 한국을 방문한 미야자와 기이치 수상은 대단히 곤혹스러운 입장에 처할 수밖에 없었다.

미야자와 기이치 수상은

"정신대 문제는 관계자들이 체험한 고통에 마음이 미어지는 심정이다. 글과 말로 다 표현할 수 없는 그분들의 고통과 아픔에 대해 충심으로 사과하고 반성한다."

라고 사죄하고

"하루빨리 진상을 규명하고 적절한 조치를 취하겠다."

라고 약속했다. 그러나 한국 국민의 격해진 감정은 사그라들지 않고 군중 데모, 천황 허수아비 화형식, 일본 대사관에 계란 던지기 등으로 번져 나갔다. 한국에서 일어난 이러한 일련의 사태는 물론 일본의 여론과 국민 감정에 좋은 영향을 미치지 못했으리라는 것은 충분히 짐작할 수 있다. 그가 한국에서는 한국을 잘 아는 지한知韓 인물로 알려진 보수 지식인들은 일본 사회의 여론의 향방에 상당한 영향력을 행사하고 있는 보수계 언론 매체를 통하여 **혐한론**을 공개적으로 전개하기 시작했다. 1992년 3월 이후 **『분게이슌주文藝春秋』**, 『VOICE』, 『쇼군諸君』, 『겐다이 코리아 일보 주간지』 그리고 단행본에 발표된 혐한론의 논지를 대체로 다음과 같은 몇 개의 논리와 가설을 전제로 하고 있다.

1. 식민지 시대에 대한 사죄. 보상과 혐한론

첫째는 36년의 식민지 통치에 한국이 끊임없이 요구하고 있는 사회적 보상에 대하여 일본은 이제 염증을 느끼고 진절머리를 내고 있다.

둘째 한국이 일제 36년을 방패로 책상을 치면서 일본에 강요하고 일본은 하고 싶은 말도 못 하고 그저 사죄만 되풀이하는 것은 더 이상 용납할 수 없다.

셋째 1965년의 **한일 기본 조약 및 협정**을 계기로 지금까지의 역사적 문제를 포함해서 한일간의 모든 문제가 매듭지어졌으므로 더 이상 한국에 대한 일본의 사죄나 보상은 불필요하다.

넷째 지금 일본 사회에서 나타나고 있는 **혐한 감정**은 그동안 마치 지하수가 스며들어 퍼져 나가듯이 일반 일본인 사이에 급속도로 넓게 확산되고 있다.

다섯째 일본 언론은 한국에 대하여 저자세 일뿐만 아니라 일본 사회에서 확산되고 있는 혐한 감정을 사실 그대로 보도 못하는 겁쟁이다.

2. 종군 위안부

종군 위안부는 당시 일본 정부가 인정하고 있던 **공창公娼제도**의 일부로써 완전한 합법이다. 그리고 종군 위안부가 된 한국 여성들 가운데는 돈을 벌기 위하여 그 길을 택한 여자도 있다. 그리고 종군 위안부에는 일본 여성도 있었다. 일본이 전쟁을 수행하기 위해서는 병사에게 위안부가 딸려 있는 것이 능률적이라고 판단했기 때문에 일본 국민인 조선 여자를 활용한 것은 당연한 처사이다.

전쟁에서는 누구나가 어떤 형태의 것이든 고통을 겪게 마련이다. 전쟁 당시 일본의 일부였던 조선인이 일본인과 함께 고통을 겪는 것은 지극히 당연한 것이다. 그리고 50년 전에 있었던 일에 대하여 총리와 외무대신이 지금 와서 대리 사죄하는 것은 일본인의 정신을 의심스럽게 하는 것이다.[190]

혐한론嫌韓論 속에 숨겨져 있는 이러한 논리와 가설이 얼마나 합리적이고 진실에 가까운 것인지는 알 수 없다. 그러나 혐한론자들이 제기하

있는 논리와 가설의 타당성을 그들이 우려하고 있는 혐한론이 심각하게 일반인들 사이에 확산되고 있다는 일반 국민의 한국관을 규명해 볼 수 있다고 생각한다 최근 일반 일본 국민이 가지고 있는 한국에 대한 이미지를 보여주는 조사 결과가 나왔다. 도쿄東京, 오사카大阪, 삿포로札幌, 후쿠오카福岡 등 4개 도시에서 일반 국민을 상대로 실시한 이 여론 조사는 마침 일본에서 혐한론자들이 지니고 있는 **한국상韓國相**의 한 단면을 이해할 수 있을 뿐만 아니라 혐한론자들의 논리나 가설과 일반 국민의 이미지와의 상관성을 찾아볼 수 있는 자료가 되겠다.[191]

3. 일본 일반인의 한국관

한국의 이미지에 의하면 일반적으로 일본인은 한국 문화에 대해 크게 관심이 없는 것으로 나타나고 있다.(65.6%-관심 없다) 그러나 일반 일본인은 한국의 현상 문제나 한, 일 두나라의 현안 문제 또는 역사 문제에 대하여 깊은 관심을 가지고 있는 것을 알 수 있다. 식민지 시대에 대한 인식이나 한, 일 사이에 일어나고 있는 마찰을 보고 있는 일반 일본인의 견해는 혐한론자들의 주장과 크게 다르게 나타나고 있다. 1965년 **한·일 기본조약**의 결과로 두나라 관계가 정상화되었음에도 그 이후에 끊임없이 계속되고 있는 한, 일韓日사이의 마찰의 근본 원인이 일본에 있는 것으로 다수의 일반 국민은 인정하고 있다.(67.1%) 즉 한, 일간의 감정적 대립이 반복되고 있는 것은 일본이 과거 식민지 시대의 잘못과 관련하여 국민 한사람 한사람에게 사죄와 보상이 이루어지지 않았음.(23.8%), 성의를 가지고 충분히 보상한다는 태도의 결여.(23.3%), 한, 일 정부의 불충분한 정리 해결(20%)에서 그 원인을 찾고 있다. 다만 13.8%만이 한국인이 과거 문제에 대하여 지나치게 반복하여 사죄와 보상을 요구하고 있기 때문에 마찰이 발생하는 것으로 이해하고 있다. 특히 주목할 것은 고학력층이고 젊은 세대일수록 과거에 저지른 범죄에 대하여 일본이 성의를 갖고 보상하는 태도가 결여되어 있다는 것을 강조하고 있다. **일한 21세기 위원회**의 조사 결과도 이를 뒷받침하고 있다. 일본의 식민지 통치에 대해 일본인은 반성하고 있느냐는 질문에 다만 15%가 충분히 반성하고 있다고 생각하고 있고 어느 정도 반성하고 있다 가 37.5%로 나타나고 있다.

한국 사회에서 제기되고 있는 사죄와 보상에 대해서도 과반수가 1965년의 **한·일 기본조약** 만으로는 불충분하다는 전제 위에서 일본 국민은 마음속으로부터 진심으로 사죄하고 역사적 사실을 사실 그대로 밝혀야 한다.(49.9%)라고 생각하고 있다. 이에 반해서 1965년 체결된 한일 기본 조약으로 모든 것이 처리되었다고 인식하고 있는 일본인은 14.3%이다. 9.6%는 돈으로 상환하거나 또는 가능한 것부터 처리한다는 것이고 26.2%는 잘 모르겠다는 대답이었다.

종군 위안부 문제와 관련하여 과반수 이상이

"구 일본군이 일본군을 위하여 한국 여성을 강제로 연행하여 위안소를 설치했다."

라는 사실을 알고 있다.(56.8%) 그러나 동시에 상당히 많은 사람(32.4%)이 종군 위안부가 있었다는 사실조차 모르고 있는 것으로 나타나고 있다. 또한 과반수(51.8%)가 일본인은 종군 위안부는 구舊 일본군이 직접 조직 운영한 것으로 이해하고 있으나 동시에 군軍이 관여했는지

안 했는지는 잘 모르겠다.(36.2%) 군대와 무관한 자발적 매춘(2.3%) 등 군軍의 관여를 부정하는 사람 또한 과반수 가깝다. 이러한 현상은 일본이 역사 교육을 어느 정도 성실하게 그리고 진실되게 실시했나 하는 것을 알 수 있게 하는 하나의 척도라 할 수 있다. 한국에 대한 지식이나 정보를 교육을 통해서 획득했다고 대답한 사람이 5.8%라는 사실이 이를 잘 설명해 주고 있다. 과반수가 훨씬 넘는 일반 일본인(63.3%)은 한국에서 제기되고 있는 종군 위안부에 대한 사죄와 보상에 대하여 긍정적인 입장을 취하고 있다. 1965년 **한·일 기본조약**으로 사죄와 보상이 모두 끝났다고 대답한 일본인은 19.9%에 지나지 않았다.[192]

제2장

해방 후 한국 지식인의 일본관

한국 지식인들이 일본을 어떻게 보았는가에 대해서는 많은 한국 지식인들이 언급을 했지만 **『축소 지향의 일본인』**이라는 저서를 쓴 이어령 문인의 일본관이 대체로 독특한 시각이라고 보아서 여기에 그의 저서의 일부를 인용해 본다.

일본인의 정신적 뿌리라 할 수 있는 일본의 역사서인 **『고사기古事記』**나 **『일본서기日本書紀』**에도 "잇슨 보호시" 같은 작은 신神 이 나온다. 밥 공기가 아닌 백렴白敍 껍질로 된 배를 타고 새의 깃털로 옷을 해입은 작은 난장이가 조粟의 줄기에 매달렸다가 그것이 튕겨지는 바람에 영원한 나라로 건너갔다는 작은 신神의 애기가 있다. 일본의 『고사기』와 『일본서기』와 자주 비교되는 한국의 『삼국사기』와 『삼국유사』에서는 결코 구경할 수 없는 신神들이다.

그리고 **"고비또"** 애기 만이 아니다. 문학을 공부하기 시작했을 때 내 가슴에 싹튼 일본 문학의 특색도 바로 그 작은 거인이었다.

세계에서 가장 짧은 형식의 시詩를 만든 것이 다름 아닌 일본인이었기 때문이다. 하이꾸俳句는 한국의 가장 짧은 형태 시의 시조時調에 비해 3분의 1 길이밖에 되지 않는다.

그러므로 "잇싸一茶"는 떠돌이로 돌아다니면서도 머리맡 호롱불에 불붙이는 작은 종이 쏘시개 에다 자신의 시詩를 써보아 둘 수가 있었다.

겨우 17문자로 넓은 우주의 사계절의 시간을 표현한 **"하이꾸俳句"**는 축소 지향을 나타내는 일본 문화의 텍스트 구실을 한다. 형식만이 아니다. 중국의 이태백의 **"백발 삼천장"**처럼 중국 문학은 **침소봉대針小棒大**의 짜장법이 많기로 유명하지만 일본 문학의 수식修飾에는 거꾸로 몽둥이를 바늘로 축소하는 표현이 많은 것이다. **"나방이가 흘린 눈물의 바다 위에 배를 띄우고 삿대질하는 사람의 가는 팔이여!"** 와 같은 광기狂氣 한 수만 보아도 알 수 있다. 물론 병상病床이기는 하지만 "잇싸一茶"는 넓은 밤하늘을 그대로 바라보지는 않는다.

찢어진 창호지의 작은 문구멍을 통해 그 넓은 밤 하늘과 은하수를 바라볼 때 비로소 진짜 하이꾸가 탄생한다. 그것이 바로 **"아름답구나 창호지 문구멍으로 내다본 밤 하늘의 은하수여!"**라는 노래이다. 미美를 나타내는 일본어의 어원을 살펴보아도 일본인은 작은 것, 치밀한 것을 미美로 규정하고 있다는 사실을 깨닫게 한다. **우쭈꾸시이美**라는 말은 일본 헤이안조平安朝시대 이전에는 "사랑愛"이라는 의미로 사용되었었다. **"고지끼, 즉 고사기"**에 나오는 것은 모두 그런 의미이다. 그러므로 옛날에는 현재와 같은 아름답다의 뜻을 표현할 때는 "구하시"라는 말을 썼다는 것이 통설로 되어 있다.[193]

일본인의 축소 지향성이 가장 단순하고 직접적 형태로 나타난 것이 **"쥘**

부채扇"이다. 한자漢字를 보아도 알 수 있을 것이다. **선**扇이라는 한자는 원래는 부채가 아니라 널빤지扉의 뜻을 지닌 글자였다. 그 글자로 미루어 보아도 알 수 있듯이 세계 어디서나 부채는 단선團扇모양으로 되어 있었다. 부채의 역사는 모르긴 해도 아담과 이브 시대까지 거슬러 올라 갈지도 모른다. 그러나 일본은 결국 부채를 접는 형식으로 해서 공간을 적게 활용할 수 있었다.194)

쥘부채의 축소 지향은 일본적 미학에서도 그 원형을 나타내고 있다.

그것이 실용품이기 이전에 예술품으로서의 존재 이유를 지니고 있다는 것은 지루하게 설명할 필요가 없을 것이다. 단지 주목해야 할 것은 "**쥘부채**"에 그려진 그림과 글은 다른 족자에 그린 것이나 벽화와는 그 성질이 다르다는 점이다. 벽화壁畵는 보통 부채(우찌와)의 그림과 같다. 그러나 쥘부채의 그것은 **가동적**可動的이다. 같은 글이나 그림이라도 그것은 접혀지기 때문이다. 그 그림은 언제나 마음만 먹으면 품에 품고 다닐 수가 있다. 벽에 건 그림으로 만족하지 않고 소매 속에 넣고 다닐 수 있게 바꾼 것이 다름 아닌 쥘부채의 그림이다. 쥘부채는 휴대용의 움직이는 미술품인 셈이다.195)

축소 지향 문화에서 가장 흔히 볼 수 있는 것은 "**미니어처**"이다. 실물을 그대로 축소시키거나 그것을 변형시켜 작은 모형을 만드는 방법이다 물론 이 "미니어처, 축소"에서도 일본인은 다른 어떤 민족에게도 그 자리를 양보하지 않는다. 마이크로 세계 기록을 보아도 알 수 있다. 세계에서 가장 작은 비행기의 모형은 전정 1.5밀리 날개폭 1밀리인 파리를 보아도 작은 것인데 제대로 부속품이 붙어 있어서 훌륭하게 날수 있다고 한다. 미국 컬럼비아 시市에서 열린 세계 종이 비행기 대회에서(1970년) 그랑

프리를 획득했으므로 결코 거짓은 아니다. 이 초미니 비행기는 다름 아닌 "메이드 인 재팬"이었다. 세계 최소의 오토바이 기록도 일본인이 그 영광을 얻었다. 전장 17.5센티, 무게 1.7킬로, 의자 바퀴를 이용한 타이어의 직경은 5센티인데 모형 비행기용의 가솔린 엔진을 밧데리로 시동한다.

이것을 만든 도쿄의 **하세가와**長谷川修土씨는 이 오토바이를 타고 10미터나 달렸다고 한다. "미니어처"를 만드는 데는 무엇보다도 치밀성과 섬세성이 있어야 하는데 예부터 일본인은 쌀알에 글자를 써넣는 경주를 해왔다. 이 미니 문자 올림픽의 금메달리스트는 쌀 한 톨에 600자 깨알 한 개에 160자, 콩 한 개에 3000자를 쓴 요시다吉田伍堂씨 였다. 쓰는 기술에서 파는 기술로 발전하여 쌀 한 톨에 46자를 그것도 일분 동안에 파 버린다는 믿기 어려운 이야기도 있다. 그래서 확대경으로 보아야 하는 "**세자예술품**細字藝術品"만 2만 점, 정도 모아서 제시하고 있는 "**마이크로 미술관**"이 있는 것도 결코 이상한 일이 아니다.[196]

작은 것이 큰 것을 이기는 역설이 있다. 소처럼 덩치가 큰 짐승을 잡아 먹고 사는 것이 인간이지만 바로 그 인간의 피를 빨아 먹고 사는 것은 작은 **모기**이다 작은 소리를 내는 것을 **모기소리**라고 하고 가는 형체를 보고 **모기 다리**라고 한다. 아무것도 아닌 일을 가지고 과잉 대응하는 어리석음에 대해 **모기 보고 칼을 뽑는다**고 하는 속담도 마찬가지이다. 그러나 속담 그대로 모기는 작은 것이기 때문에 오히려 칼로 대적할 수 없는 상대이다. 아무리 신병기新兵器를 자랑하는 인간들이지만 인간의 피를 빨고 병균을 옮기는 모기를 향해 "**토마호크**tomahawk"를 쏠 수는 없다.

일본 기업이 거대한 미국과 경쟁하여 이길 수 있었던 것도 "모기 전략" 때문이었다. 야구로 치면 미국의 기업이나 과학기술이 홈런 한방으로 다량 득점을 하는 것이라면 일본은 번트나 희생 플라이, 도루와 같은 "잔기술"로 점수를 벌어가는 형이라고 할 수 있다.

"**모기가 흘린 눈물의 바다에** 배를 띄우고 노를 저어가는 사공의 가는 팔이오."

라는 일본 에도 시대 때의 시민들 노래를 들어보아도 일본의 트랜지스터 같은 마이크로 기술이 어디에서 비롯된 것인지를 짐작할 만하다. 지금 일본은 노래만이 아니라 실제로 각종 마이크로 머신을 만들어내기 위해서 모기 연구를 하고 있다. 캄캄한 어둠 속에서 인간의 미세한 혈관을 찾어내 피를 빨아내는 모기의 그 신비한 힘과 기술은 사자가 먹이를 향해 덮지는 것과 같은 그런 차원의 것이 아니라고 한다. 덮어놓고 아무 데나 무는 것이 아니다. 최근에 발견한 거지만 그 가는 뒷다리에 있는 **초음파 센서**로 인간의 피부 용적의 1.2센트 밖에 안되는 말초 혈관을 찾아낸다는 것이다. 또 혈관을 찾아냈다고 해서 곧바로 피를 빨 수 있는 것도 아니다. 모기와 같은 연약한 힘으로 살갗을 뚫어 바늘을 꽂는 것은 꼭 콘크리트 벽에다 쇠파이프를 박는 것처럼 힘든 일이라는 것이다. 그런데 모기는 ATP 나 ADP의 화학 합성물을 이용하여 혈관에 정확히 파이프를 꽂는다. 그리고 피를 빨아올리는 동안 피가 굳어 펌프가 막히지 않도록 용혈제의 타액까지 집어넣는다는 것이다. 한마디로 그 작은 모기의 전신이 정밀한 화학 공장이요 각종 첨단 장비를 갖춘 레이더 기지인 것이다.[197]

제3장

일본의 한국에 대한 혐한론嫌韓論의 새로운 등장

1. 혐한嫌韓의 뿌리

　1945년 8월 15일 일제로부터 해방이 된 후 일본의 군국주의자들은 일본이 연합국들에게 전쟁에서 패배했다는 사실을 숨기기 위해 일본이 전쟁에서 진 것이 아니라 **전쟁이 끝났다는 것이다.** 지금까지 **패전敗戰** 사실을 숨기고 단순히 전쟁이 종료됐다는 것을 강조하는 자들이 지금도 군국주의자들의 후손들이다.

　일본의 진보 계열의 소장파 학자인 교토 세이카 대학의 "시라이 사토시" 교수는 2013년 『**영속 패전론-전후前後 일본의 핵심**』이라는 탁월한 저작을 펴냈다. 한국에도 번역 출판되어 화제를 불러일으킨 역작이다. 이 책의 핵심인 **"영속적인 패전"** 논리를 처음 접했을 때 받은 충격과 감동을 잊을 수 없다. 전쟁에 패한 일본 군국주의자들이 여전히 일본의 패전敗戰을 인정하지 않고 종전終戰이라고 국민을 계속 속이면서 지금도 미국에 패하는 상황(대미 종속 상황)을 지속시키고 있음을 고발한 것이다. 영속 패전론의 논리를 이해하면 왜 일본에 한국을 비하하고 싫어하는 여론이 강한지 특히 **"아베" 정권**이 한국에 수출 규제를 시행했던 시기를 전후하여 혐한 불길이 들불처럼 번졌는지 그 이유를 알 수 있다. 시라이 교수는 두 가지 사건을 계기로 **영속 패전 개념**을 떠올렸다고 하고 있다. 하나는 2010년 민주당 **하토야마 유기오**鳩山由紀夫" 정권의 붕괴이고 다른 하나는 2011년 3월 11일 동일본 지진으로 인한 **"후쿠시마 원전 사고"**이다.

2010년 오키나와현의 미 해병대 항공기지인 **"후텐마 기지"**를 일본 오키나와 현 밖으로 옮기려 하다가 **"하토야마"정권**이 무너졌다.

이 사건의 본질은 하토야마 정권이 미국의 의사(意思: 오끼나와 밖으로 옮길 수 없다)와 일본 국민의 의사(意思: 오끼나와현 외부로 옮겨야 한다) 중 어느 쪽을 선택할지를 독촉 받았을 때 일본 국민의 의사를 따르려 하다가 "하토야마" 총리가 미국에 의해 간접적으로 해임되었다는 것이다.

그러나 당시 일본에서는 언론 미디어는 물론이고 온 국민들이 우리나라 수상이 미국의 압력으로 해임당했다는 진실을 알고 싶어 하지 않았다. 누가 정권을 담당하더라도 미국의 의향에서 벗어나는 정권교체는 애당초 불가능하다는 엄중한 현실이 이 사태에서 드러난 실상이었으나 객관적 사실을 인정하는 대신 정치가의 인격 운운하며 하토야마 개인을 집중 공격했을 뿐이다. 이런 눈속임은 8.15를 "패전의 날"이 아닌 **"종전의 날"**로 부르도록 세뇌洗腦한 것과 완전히 궤를 같이 한다.

또 다른 계기인 2011년 3월 11일 후쿠시마 원전 사고는 중대한 재난이었으나 도쿄 전력의 대응은 한심했다. 안전 신화를 지키려는 관계자들의 노력은 불충분했고 국가와 시민사회의 대응도 부실했다. 일본 정부는

SPEEDI(긴급시 신속 방사능 영향 측정 시스템) 데이터를 국민에게는 비밀로 하면서 미군에게 흘리는 등 국민의 생명과 안전을 지키는 것에 기본적으로 관심이 없음이 드러났다. 그런데 분노하는 사람은 적었다. 도쿄에서 열린 시위 참가자가 10만 명을 넘을 때도 있었지만 수도권 인구가 3000만 명을 넘는 점을 감안한다면 너무나 적은 수였다. 시라이 교수는 일본인들이 생명체로서 당연히 지키고 유지해야 할 본능이 파괴되었다는 점을 통렬하게 지적했다.

원자력이 큰 불상사를 일으킨 상황을 알게 되었지만 이 사태에 대해 책임을 지는 사람이 한 명도 없었으며 여전히 원전 관련 비판은 상당 부분 금기禁忌로 남아있다. **태평양 전쟁 시기** 일본 국민은 표면적으로는 민주주의로 위장했지만 군국주의 세력에 기반한 지배계층의 노예였으며 이 기본 구조는 지금까지 지속되고 있다. 그러나 전후 냉전 구조와 일본의 경제성장 성공 덕분에 대부분 일본인은 이 사실을 직시하지 않았다. 시라이 교수는 이 구조를 **"영속 패전"**이라고 부른다 패전敗戰 사실을 속여왔기에 패전을 가져온 체제가 끝없이 계속되고 있다는 것이다. 패전을 제대로 마무리하지 않은 것이 현대 일본 사회의 본질과 군력 양상을 강력하게 규정하고 있다. 그런 의미에서 패전은 **"지나가버리지 않은 과거"**이며 이를 제대로 청산하지 않는 한 일본의 전망은 절대 밝을 수가 없다. 패전을 "종전終戰"으로 바꿔치기 한 가장 큰 이유는 패전의 팩임을 애매하게 만들려는 것이었다. 반드시 패배할 것임을 미리 예측했음에도 불구하고 미국과의 전쟁으로 몰아넣었던 일본의 지배층이 전쟁이 끝난 전후에도 자신들의 지배를 정당화하려 했던 것이다. 이런 책동은 천황의 **"항복 선언"** 방송에서부터 항복降伏이니 패배라는 표현을 신중하게 걸러내면서 시작되었으며

"히가시쿠니노미아東久邇宮" 내각의 "1억 총 참회(모든 국민이 패전에 책임이 있다)"라는 표현에서도 보이듯 명확한 의도하에서 추진되었다고 할 수 있다. 이런 흐름 속에서 일본이 패전했다는 사실 자체가 흐려지고 일본인의 머릿속에는 **"패전이 아니라 종전"**이라는 역사의식이 고착되었다. 원래가 패전이 아니라면 아무도 책임을 추궁 받을 이유가 없기 때문이다. 시라이 교수는 이러한 전개 과정을 실로 훌륭한 논리라고 비꼰 것이다.

이러한 고도의 계략은 말할 필요도 없이 미국과 일본의 합작으로 진행되었다. 전쟁 책임은 매우 한정된 형태로 추궁당했고 전쟁 전 지배층이 전쟁이 끝난 전후 통치자로 재기용 되었다. 한편으로는 좌익左翼을 비롯한 비판 세력의 힘은 억제되었다. 이것은 냉전冷戰의 발발로 시작된 "역코스"이후 현저해진 미국에 의한 민주화民主化의 기본 방침이었고 점차 명료하게 모습을 드러내기 시작한 냉전 구조에 일본이 자리매김하면서 나타난 필연적인 결과였다. 그 결과가 독일과 일본 역사를 바라보는 시각 차이를 낳게 했다.

독일은 연합국에 의한 **"나치 전범 재판"**이 뉘른베르크에서 이루어졌으며 독일 국민에 의해서도 계속됐다. "검사청"아래 설치된 "나치 범죄 추궁 센터"는 지금까지 10만 7000명이 넘는 용의자를 조사해 7000명 이상이 유죄판결을 받았다. 반면에 일본은 **"도쿄 재판"**만으로 끝났다. 그뿐만 아니라 전범과 A급 용의자인 **"기부 노부스케**(岸信介: 아베 전 총리의 외할아버지)**"**는 부활하여 1957년부터 1960년까지 일본의 총리대신을 지냈다. 일본의 **"천황제"**가 큰 영향을 미쳤다. 당시 전쟁에서 일본인 310만 명을 포함해 아시아인이 2000만 명 넘게 죽었다. 그런데 미국과 일종의 거래를 통해 "천황제"를 그대로 존속시키며 전쟁 전 최고 책임자였던 천황에 대한 전쟁 책임 추궁이 이루어지지 않았다. 이것이 오늘날 일본의 민주화를 애매한 형태로 남게 만들었다. 이런 경위를 거쳐 전후 일본의 권력 중추가 재편성되었으니 그 체제가 **"대미對美 종속"**을 근간으로 한 반절은 괴뢰적傀儡的인 것은 당연하다. 1955년 보수 합동으로 **"자민당"**이 결성될 때 미국 CIA의 자금이 제공되었다는 사실에서 간파할 수 있듯이 전후 일본 보수 정치의 근본은 미국에 의한 **"반괴뢰 정권"**의 간접 통치였다.

CIA의 원조로 성립한 정당이 거의 일관되게 정권을 차지해왔다는 것 자체가 패전이 지금까지 계속되고 있음을 보여주는 증거이다. 문제는 대다수 일본 국민이 이것을 의식하지 못하고 있다는 점이다. 이와 같은 망각忘却 또는 **"무의식 뇌"**를 가능하게 한 최고의 요인은 전후 일본의 경제부흥과 고도성장이라는 경제적 성공일 것이다. 이로 인해 패전이 아니라 종전終戰이라는 의식이 일본 국민의 머릿속에 뿌리 깊이 자리 잡게 되었다.

아무리 이와 같은 바꿔치기에 성공했다고는 하지만 기만欺瞞은 기만에 불과할 뿐이다. 그 대가는 끝없는 **"대미 종속"**이다.[198]

현재 일본에서 드러나는 몇몇 사태를 보면 **"영속 패전"** 구조가 여전히 계속되고 있으며 사회 체제 내에 순치되어 버린 출구를 찾기가 어려워졌음을 알 수 있다.

그 사태 중 하나는 배외주의拜外主義의 발호다 이른바 일본에 사는 재일교포들에 대한 **"재일在日특권을 용서치 않는 시민 모임(재특회)"**의 활동이 급진화하여 도쿄 **신오쿠보**, **로사카 쓰루하치** 같은 코리아 타운에서 일상적으로 시위가 벌어졌다. 당당하게 **"헤이트 스피치(Hate speech: 특정 집단을 공개적으로 차별 혐오하는 발언)"**를 하는 그들의 모습은 시대착오적이고 충격적이다.

전쟁 전에 일본에서는 한반도를 비롯한 식민지 출신자들을 넌지시 차별해 왔다. 이제는 동등한 권리를 인정해야 하는데 그들은 이를 자신들이 인정하지 않고 있는 것은 일본 패전의 결과로 여긴다. 그러므로 **혐한嫌韓**을 외치는 인종 차별주의자들은 실로 극단적인 방식을 통해 패전을 부인한다. 일본에 살고 있는 재일교포가 자신들과 동등하게 존재하는 자체가 일본 패전의 **"산 증거"**이므로 있는 힘을 다해 그것을 부정하려고 한다. **우리는 패한 적이 없다.** 그러니까 우리는 그놈들을 차별한다. 우리는 그렇게 할 권리가 있다. 이것이 혐오嫌惡 발언의 핵심 메시지와 다름없다. 무서운 것은 이 메시지의 첫 부분 "우리는 패한 적이 없다."라는 의식을 일본 국민 다수가 공유하고 있다는 점이다. 그러므로 인종 차별주의자들이 자신들의 운동을 "국민운동"이라고 칭하는 것이 근거가 없는 것은 아니다.

또 하나의 사태는 후쿠시마 원전 사고 처리와 2020년 올림픽 유치 문제이다.

오염수 처리 문제에서 전문 지식이 없는 초보 중의 초보가 이미 사고 처리를 파탄의 늪으로 몰아넣었다. 시라이 교수는 『**영속 패전론-전후**前後 **일본의 핵심**』에서 이 나라의 무책임 체제가 이 전대미문前代未聞의 사고를 처리할 수 있을지 의문이라며 우려했다. 불행하게도 이 우려는 적중했다. 이 불안을 덮어 가리려고 올림픽 유치라는 헛소동을 연출하기도 했다.[199]

2. 혐한 현상

일본에서 한국을 혐오嫌惡하는 혐한嫌韓 시위가 본격적으로 시작된 것은 2006년쯤부터이다. 일본 내에서 **제일 한국인**의 특권을 허용하지 않는 모임 **"재특회"**라는 혐한 단체가 결성되어 일본에 있는 재일在日 한국인에 대한 혐한 발언과 혐한 시위가 본격적으로 시작되었다. "재특회"같은 혐한 단체의 무기는 가두 시위 이상으로 인터넷을 이용한 혐한 발언과 한국인에 대한 인신공격이다. 그래서 그들을 **"넷우익(일어 축약어로 넷토우요)"**이라고 한다. 한국과 일본이 대립되면 인터넷상에서 과격한 댓글을 쓰는 사람들이 이런 **"넷우익"**들이다. 한국에도 과격한 댓글을 쓰는 사람들이 있으나 한국은 보수와 진보의 균형이 잘 잡혀있는 편이다.

그러나 일본에서는 인터넷상의 과격한 댓글 쓰기가 보수와 우익들의 특허가 되어있다. 넷우익들은 대부분 아베 정권을 옹호하는 극우 세력과 동일하거나 그런 성향을 갖고 있는 사람들로 추정된다. 강제 징용자 판결 문제나 일본의 경제 보복 상황에서는 인터넷에는 **"한국과는 국교를 단절하라", "가상 적국은 한국이다", "한국인을 일본에서 몰아내라"**등의 혐한 발언들이 올라온다. 다시 예를 든다면 일본의 『아쿠타가와상』 작가인 히라노 케이이치로 씨가 자신의 트위트에 일본의 고노 와상은 일본 내에서 폭주하는 혐한 무드를 말리면 어떨까라고 투고하자 넷우익들은 금방 히라노 씨를 맹비난하기 시작했다.

"한국이 반일 교육, 반일운동을 하는 한 불가능해, 지금까지 참았던 일본인이 이제 참을 필요를 느끼게 되었을 뿐이다. 사과하기도 했고 양보하기도 했는데 어른스러운 대응을 했는데도 한국에는 의미가 없다. 그들은 머리가 이상하니까 거리를 둘 수밖에 없다."

차기 총리 후보 중 한 사람인 현직 자민당 국회의원 이시바 시게루가 2019년 8월 23일 자신의 블로그에 다음과 같은 글을 올렸는데 넷우익들에게 심한 공격을 받았다. **이시바**의 글은 다음과 같다.

"한일 관계는 문제 해결의 가망이 전혀 없는 상태에 빠져 버렸습니다. (중략) 우리나라(일본)가 패전한 후 전쟁 책임을 제대로 마주 보려 하지 않았던 것이 문제의 뿌리가 되어 그것이 오늘날 여러 가지 형태로 표출된 것 같습니다."

이런 글에 인터넷에서는 **"이시바는 매국노다"**, **"절대로 총리로 뽑으면 안 된다"**라는 과격한 댓글이 넘쳤다. 일본은 지금 혐한 여론에 반대 의견을 제기하면 매국노賣國奴 취급을 받는 이상한 나라가 되었다. 하지만 **"이시바"**의 지적은 대단히 올바른 지적이다. 평론가이자 아베 정권에 관해서 비판적 저술로 유명한 시타케씨는 다음과 같이 말한다.

"**아베 총리와 아소 재무상**, 고노 외상 등, 아베 정권의 요직을 차지한 정치인들은 모두 세습 정치인들이다. 그들은 도련님이라 불리며 어릴 때부터 뭐든 할 수 있다고 생각하면서 성장했다. 그들은 대인관계도 좋다 싫다는 단순한 시각만 갖고 판단하며 강하게 나가면 상대를 굴복시킬 수 있다는 사고와 나쁜 습관을 가지고 있다. 결국 유치한 사람들이고 지혜를 상실한 유치한 외교에 일본 언론도 가세했다. 현재의 혐한 분위기에는 그런 배경이 있다."

1945년까지의 일본은 민족주의를 부추겼고 영미英美양국이 귀축鬼畜임을 외치며 결국 전쟁이라는 엄청난 불행을 초래한 비극의 역사를 연출했다. 그것을 아베 정권이 잊은 상황이거나 일부러 무시하는 것으로 보인다. 이시바 시게루가 말하고 싶은 것은 이런 내용이겠지만 넷우익들은 이해하려고 하지 않는다. 그들에게는 광기가 있다. 히틀러를 출현 시킨 제1차 세계 대전 이후의 독일인처럼 말이다.[200]

아베 정권 들어서 일본 정부는 보도를 통제하기 시작했다. 가장 심한 보도 통제 중 하나는 후쿠시마 원전의 방사능에 관한 뉴스 보도에 대한 통제일 것이다 아베 총리의 극우 사상과 비슷한 경향을 갖는 미디어로 **"후지 신케이 그룹"**을 뽑을 수 있다. 산케이 신문은 1993년 이후 위안부 문제와 "고노" 담화를 부정한다는 목적을 갖고 특히 왜곡된 역사 교과서를 출판하는데 앞장섰다. 후지 TV는 보수계 방송사로 산케이 신문의 논조와 비슷한 방송 프로그램을 내보내기 시작했다. 이런 보수 언론이나 방송들이 현재 혐한 기사나 혐한 방송을 서슴지 않고 뉴스라 하여 방영하고 있다.

대형 출판사로는 **"문예 출판사"**가 특히 위안부 문제를 왜곡하는데 앞장서고 있다. 일본의 혐한 분위기는 아베 총리가 먼저 "한국은 믿을 수 없는 나라" 등의 혐한 발언을 하면 이어서 혐한 방송사가 그것을 되풀이해 재생산되고 있다.

한국의 유튜버 중에서도 일본어로 혐한 발언을 하는 사람들이 있다. 그들이 시청자로 생각하는 대상은 "혐한층"이다. 만약 혐한층이 일본 인구의 10% 정도 라면 그 인원수는 1200만 명에 달한다. 그런 혐한층 중 1%인 12만 명 10%인 120만 명이 된다. 그러니까 혐한 방송을 하는 사람들은 일본 총 인구로 따지면 0.1%나 1% 정도의 시청자를 확보해도 상당한 수익을 예상할 수 있기 때문에 혐한 방송에 **빠진다**. 상당히 "상행위적商

行爲的"인 요소가 강한 것이다. 일본의 극우 정권에게는 어쨌든 간에 반가운 일이 아닐 수 없다.[201]

2020년 7월 8일 아베 신조는 제26회 일본 참의원 선거 유세 도중에 나라현에서 일본인 야마가미 데쓰야의 총격을 받고 사망하였다.

아베 신조는 2006년부터 2007년까지 그리고 2013년부터 2020년까지 일본 내각 수상을 역임하였다. 일본 역사상 가장 오래 총리를 역임한 인물이다. 그는 일본 군국주의 유산인 일본 극우파의 대표적 인물이었다고 해도 과언은 아니다.

그의 정치적 꿈은 제2차 대전 패망 후 만들어진 **평화헌법**을 개정해 전쟁할 수 있는 나라로 바꾸어 보는 것이었다. 그에게 직접적 영향을 준 사람이 **기시 노부스케** 일본 전직 총리로서 그의 **외할아버지**이기도 했는데 **기시 노부스케**는 2차대전 A급 전범이었으나 겨우 사형을 면했다. 그는 옥중에서도 일본의 침략을 인정치 않는 취지의 글을 남겼을 만큼 위험한 사상의 소유자였다. 그러나 반공反共 전선 구축에 중심을 두었던 미국의 대일對日 정책 아래 1948년 석방되었고 그 이후 1957년에는 일본 총리로 화려하게 부활하기도 했다.

제4장

일본 보수의 역사 보수 본류와 비주류

일본의 보수에 대한 개념은 상당히 복합적이고 어찌 보면 혼돈스러워 보이기까지 한다.

이런 혼란스런 개념을 아주 쉽고 명쾌하게 설명한 인물이 있다. 일본인으로서 한국에 귀화한 **"호소가 유지"**씨의 설명은 우리에게 일본 보수의 본질을 쉽게 이해시켜 주고 있다.

일본의 보수는 도대체 어떤 이념을 가진 것인가는 우리의 관심사의 하나이다.

일본의 보수세력은 크게 **"본류本流"**와 **"비주류"**로 나뉜다. 우선 1945년 태평양 전쟁 패전 이후 일본 국내에서 주류를 이루었던 보수 본류가 어떤 사람인가를 살펴볼 필요가 있다.

태평양 전쟁 초기에는 일본이 우세했지만 **"미드웨이 해전(1942년)"**을 계기로 전세戰勢가 미국으로 기울었다. 결국 히로시마 나가사키에 원자폭탄이 투하되면서 1945년 8월 15일 일본은 미국을 비롯한 연합국에 무조건 항복했다. 패전 후 연합국의 점령 통치를 받던 일본은 1951년 연합국과 "**샌프란시스코 강화조약**"을 체결해 패전과 전범戰犯을 국제 재판의 판결을 받는 대신에 일본의 주권을 회복할 수 있었다.

1952년 4월 샌프란시스코 강화조약의 발효와 동시에 "**미·일 안전보장조약**"을 체결한 일본은 미국과 동맹관계를 맺고 반공反共 진영에 편입되었다. 일본에서 이러한 샌프란시스코 강화조약을 수용한 세력이 바로 "보수 본류"이다.

보수 본류는 기본적으로 세 가지 특징을 보인다. 첫째는 샌프란시스코 체제를 받아들인다. 다시 말해 일본이 침략국가이자 전범戰犯국가였다는 사실을 인정하는 것이다. 둘째 "**평화헌법**"을 지키려고 한다. 1946년 미국의 주도로 제정된 일본 헌법은 평화헌법이라고 불리는데 그 이유는 제9조에 일본이 전쟁을 포기하고 전쟁의 수단으로서의 군대를 가질 수 없도록 규정했기 때문이다.

보수 본류는 특히 헌법 9조를 지키려고 한다. 그리고 보수 본류는 마지막으로 미국과 협력하려 한다는 특징이 있다. 보수 본류의 대표적인 인물은 "**요시다 시게루**吉田茂 (1878-1967)"라는 정치가이다. "**요시다 시게루**"는 샌프란 시스코 강화조약 작성 과정에 개입했고 조약에 직접 서명한 인물이기도 하다. 이 **요시다 시게루** 사상과 정책 방향은 "**요시다 독트린**"이라고 불렀다. 요시다 독트린의 내용은 다음과 같다.

우선 미국에 의존해 국가 안전 보장을 확보한다. 그리고 일본의 방위력을 최소한으로 억제하고 경무장輕武裝 즉 전수 방위의 자위대로 만족한다. 대신 경제 부흥 발전을 국책으로 최우선시한다. 그것으로 일본을 경제 대국으로 만든다는 것이 "**요시다 독트린**"의 핵심이다. 요시다 독트린

은 전후 일본 외교의 기본 원칙이었고 일본은 1945년 이후로 이 기조를 지켜왔다.[202]

다음의 설명이 중요하다. 일본 보수에는 보수 본류와 대비해서 또 하나의 세력인 보수 비주류가 있다. 현재 자민당에서 아베 신조를 중심으로 주류를 이루고 있는 **극우파**極右派 세력이 원래는 보수의 비주류였다.

보수 비주류의 대표적인 인물은 **기시 노부스케**岸信介 (1896- 1987) 이다. 얼마 전 일본 총리였던 아베 신조의 외조부外祖父이기도 하다. 기시 노부시게를 보수 비주류 즉 극우파의 시작으로 본다. 지금은 비주류를 **극우파**라고 부른다.[203]

일본의 **우익**右翼이라 할 때 그 대상이 되는 인물과 세력, 운동의 형식 사상의 내용 개념 등이 분명한 것은 아니다. 현실적으로 일본에서 우익 진영에 속하는 인물조차 서로 주장과 행동이 여러 갈래로 나누어지는 경우가 많기 때문이다. 개념에 관해서도 우익에 해당하는 개념을 국가주의, 초超 국가주의 혹은 파시즘 등의 용어로 표현하기도 한다.

여기에서는 일본의 우익에 관련된 연구들 가운데서 우익 개념을 가장 보편적이고 포괄적으로 정의한 연구 내용을 참조하여 그 사상의 내용 역사 등을 다루고자 한다.

일본에 관련된 서적들 대부분은 **우익**이라는 용어의 기원을 프랑스 혁명 후 의회의 좌석 배치에서 찾고 있다. 즉 프랑스 혁명 후의 의회에서 보수적인 여당은 우측, 급진적인 야당은 좌측에 의석을 차지했으며 그 이래로 국가주의 혹은 민족주의적 경향을 **우익**, 사회주의와 공산주의를 **좌익**이라고 부르게 되었다고 한다.

우익의 개념에 대해서 일본에서 논의된 것을 보면 사회주의나 공산주의

에 대비되는 것으로 보는 경우가 있다. 즉 오카와 슈메이大川周明는

"좌익이라는 것은 사회주의와 공산주의를 말한다. 사회주의 및 공산주의와 가장 극단적으로 대립하는 것이 자본주의다. 따라서 자본주의 및 재벌을 우익이라고 할 수 있다."

— 불이不二 9권 우익사전

라고 기술하였다. 그러나 우익이라고 해서 자본가나 재벌을 언제나 옹호한 것은 아니며 우익의 타도 대상으로 재벌이 손꼽히기도 했다.

특히 1930년대 일본 우익들 대부분은 **반反 자본주의 성향**을 띠고 있었으며 재벌의 우두머리는 테러의 대상이 되었다.

당시 일본 우익들은 일본 사회의 폐단, 예를 들어 빈부의 격차, 혹은 국민 경제의 어려움, 국민 대중의 생활난, 노동조건의 악화 경제 공황의 발발, 정당의 부패, 국민 문화의 퇴폐 등을 자본주의에 기인한 것으로 보았다. 이와 같은 **악폐惡弊**를 만드는 근원으로서 자본주의 경제의 근본 원리인 개인주의, 자유, 경쟁주의, 명리주의 등을 지적하였으며 그 결과 국가 경제 전체로서는 **무정부 상태**가 되었다고 비판하였다.

당시 우익들은 자본주의를 버리고 **국가주의**를 택해야 한다고 주장하였으며 이러한 사정을 바탕으로 대大 자본가를 박멸해야 한다면서 테러를 감행했다. 1930년대 일본 우익들의 사상과 행동을 고려할 때 사상, 정치 사상의 좌익과 우익의 대립축에 의해서는 그들의 사상과 행동의 내용을 이해하기 어렵다.

이처럼 일본에서의 우익의 개념이 다층적인 면이 있기 때문에 그 개념

을 한마디로 요약할 수가 없는 것이다.

그래서 차라리 일본 우익을 이해하기 위해서는 국가주의 혹은 극단적 민족주의라는 개념을 이용하는 것이 보다 실체에 가깝다. **츠쿠이 다츠오**津久井龍雄는

"우익의 정신은 본래 조국을 사랑하는 정신이며 조국의 역사와 전통을 지키고 그것을 자랑스럽게 여기며 살아가는 정신이다. 우익도 시간에 따라 변화할 수밖에 없어서 사회주의 요청을 부분적으로 도입하여 국가 사회주의적인 양상을 띠기도 했지만 그것은 일본의 국풍國風에 입각하여 동포 상애相愛의 정신을 국내의 사화 제도상에 반영시키려는 것이다. 우익이 때로는 테러리즘도 행하지만 그것은 한 사람을 죽여서 많은 사람을 살린다는 **일살다생**一殺多生의 칼로서 어쩔 수 없는 살생으로 마르크스 주의자들이 행하는 피도 눈물도 없는 대량 숙청과는 근본에서 다르다.

일본에 있어서 우익이라는 명칭에 포함되는 의미는 결코 단순하지가 않다. 국체國體주의, 제국주의, 국가 사화주의 전체주의 등 잡다한 요소가 포함되어 있으며 또한 자본주의와 자유주의 및 이기주의도 포함되어 있다."

라고 기술하였다. 이와 같은 일본 우익에는 여러 가지 상호相互간에 다른 조류潮流와 주장이 있으나 다음과 같은 요소를 가지고 있으면 우익이라고 불리는 경우가 있다. 특히 1, 2, 3, 4,의 요소가 강할수록 **극단적 형용사**가 붙게 된다.

1. 천황 및 국가에 대한 절대적 충성
2. 공산주의 사회주의 혹은 여기에 동조하는 세력에 대한 반대
3. 이론보다는 행동을 중시
4. 일본의 민족적 전통문화의 보호와 유지 및 외래문화에 대한 경계
5. 의무 질서 권위의 중시
6. 민족적 사명감
7. 명령 계통에 있어서 권위주의
8. 가족주의적 전체주의
9. 보수적 경향
10. 가부장제적 인간관계
11. 지식층에 대한 경계
12. 현상 타파 쿠데타에 저항
13. 일인 일당적一人 一黨的 경향
14. 소수정예주의

일본 우익들은 일본의 국체國體 즉 **천황제**를 국가의 절대적 요소라고 생각한다. 또 일본 문화 속에서 전통적으로 지속되고 있다고 생각되는 고래古來의 풍습과 도덕을 일본의 현실에서 실현시켜야 할 이상적인 상향으로 본다.

일본 우익사상은 일본의 국체와 풍습 도덕을 보호 유지하고 선양宣揚 하는 이념에 입각한 사상이며 우익 세력이란 이러한 사상을 현실 정치에 실천하고자 하는 세력이라고 볼 수 있다.[204]

그리고 지금 일본에서 **극우파**라는 존재는 우파 즉 우익 중에서도 극단

적 성격을 띠고 활동하는 세력이라고 할 수 있다.

극우파는 보수 본류와는 정반대 내용을 주장해왔다.

우선 극우파 사람들은 일본이 침략 국가였다는 사실을 부정한다. 이들은 **역사 수정주의자**로 불리며 역사를 상당히 왜곡시킨다는 비판을 받고 있다. 극우파는 샌프란시스코 체제를 변경하고자 한다. 샌프란시스코 체제가 일본을 전범戰犯국가 또는 적성국가 국가로 규정하고 있는 내용을 바꾸겠다는 생각을 계속 가져왔다. 또 평화 헌법을 개정해 자위대가 아닌 정식 군대인 **일본군**을 부활시키고자 한다. 마지막으로 미국과 협력하려고 한다. 이 부분은 보수 본류와 일치하기는 하지만 침략하고자 하는 내용에서 큰 차이를 보인다. 그들은 미국과 함께 전쟁을 치르려고 한다.[205]

제5장

일본 전 수상 아베 신조의 한국관

아베 정권은 정권 태생부터 한국 비판 세력이었다. 위안부 문제 등 한국의 역사 인식을 비판하면서 자신들의 정체성을 확립하고 존재감을 부각시키는 사람들이 일본의 극우파이자 **아베 정권**이다. 그 이유는 한국과 중국만이 일본 극우파들의 주장에 강한 반론을 제기하기 때문이다.

그들의 정체성을 확립시키기 위해서는 강대국인 중국 그리고 한수 아래로 생각하는 한국을 때리는 것이 유리하다고 생각하는 것으로 보인다. 사실 한국을 때릴수록 극우파들은 일본 내에서 자신들에 대한 지지를 얻을 수 있었다. **극우파** 중에서도 한국을 싫어하는 혐한파嫌韓派들은 2006년 제1차 아베 내각 때 활동을 개시했다. 그들의 중심은 **"재특회"**이다. 재특회는 재일在日 한국인을 일본으로부터 추방하는 것을 목적으로 하여 인터넷상의 혐한 발언과 혐한 시위로 일본에 사는 재일 한국인뿐만 아니라 한국 자체를 폄하하는 세력이다.

한편 아베 신조의 한국 때리기는 먼저 북한 때리기부터 시작되었다.

그 시작은 **고이즈미 내각** 시절이었다. 2002년 9월 고이즈미 준이치로 총리는 당시 관방부 장관이었던 아베 신조를 동행시켜 평양으로 건너갔다. 목적은 북, 일 수교에 관한 협의를 북한과 하기 위해서였다.

하지만 당시 아베 신조는 북한 현지에서 고이즈미 총리에게 북한과 쉽게 수교를 하면 안 된다고 강력히 주장했다. **북한의 일본인 납치자** 문제가 해결되기 전까지는 절대 북한과는 수교를 할 수 없다는 점을 강하게 주장한 것이다. 이때 일본인 납치자 문제를 중시한 모습이 일본 국민들에게 알려지자 아베 신조는 일약 일본 국민들의 스타가 되었다. 그러나 위안부 문제를 외면하면서 일본인 납치자 문제 해결만 강조하는 아베 신조의 모순이 해외에서는 많은 비판이 일어나기도 했다.206)

2012년 12월 아베가 다시 총리가 된 후 아베는 **북한의 핵문제**를 시시때때로 거론했다. 아베 논리는 이렇다.

북한의 핵 문제에 대항하려면 일본은 강한 군사력을 갖는 나라가 되어야 한다. 따라서 일본이 강해지려면 자위대를 정식 군대로 부활시켜야 한다. 이런 논리를 내세우는 아베 신조는 북한이 미사일을 쏘아 올리거나 핵 실험을 하면 아베 신조는 기다리거나 한 듯 북한에 대해 강경하게 대응해야 한다고 주장했다. 그럴 때면 아베의 지지율은 상승곡선을 그었다.

아베 신조는 남한 때리기에도 열을 올렸다. 특히 아베에게 위안부 문제는 오히려 단골 이슈였다. 한국에는 2011년부터 주요 장소마다 일본군 위안부 문제를 기억하기 위해 **소녀상**이 세워지기 시작했다.207)

그리고 아베 정권 아래서 **"천황 폐하 만세", "독도 탈환"**을 외치는 극우파의 광기에 대해서는 세계일보 2018년 8월 16일자 기사를 소개함으로써 일본 땅 곳곳에서 우리 조선을 향해 침을 뱉는 야만적 행위를 읽을

수 있다.

"**텐노헤이카 반사이**.(천황폐하 만세 天皇陛下 萬歲)" 우리에게는 8·15 광복절 73주년인 15일 낮 12시 1분간의 묵념 종료를 알리는 사이렌이 울리자 제2차 세계 대전 A급 전범이 합사된 일본 도쿄 **지요다구 야스쿠니**靖國 신사 곳곳에서 "**텐노 헤이카 반사이**"를 상징하는 외침이 들렸다.

일본에서는 종전 기념일로 불리는 이날 오전 체감온도가 섭씨 40도에 육박하는 무더위 속에서도 일본 국민의 야스쿠니 신사 참배가 이루어졌다. 매서운 눈초리의 일부 우익단체 회원의 상의上衣 오른쪽 주머니에는 "**디케시마(독도의 일본 명칭) 탈환**"이라는 글귀가 선명했다. 다른 우익단체 회원들은 난징南京 대학살과 종군 위안부(일본군 위안부의 일본 병칭)은 망국亡國 교과서에서 삭제하라 등이 적힌 현수막과 깃발을 들고 행진했다. 종전終戰 당시 20세였다는 93세의 노병은 시민들에게 게릴라 전에 대해 연설하고 구舊 일본군 군복을 입은 사람들이 총을 들고 행진하는 등 과거의 환상幻想에 사로잡힌 모습이었다.

현現 **아키히토 일왕**日王은 내년 4월 30일 스스로 퇴위하고 5월 1일 **나루히토**德仁 왕세자가 즉위한다. 야스쿠니 신사는 전후前後 73년의 일본이 **헤이세이**(平成: 아키히토 일왕의 연호) 최후의 종전일終戰日을 맞았으나 역사 인식은 미래를 향해 나가지 못하고 있음을 보여주는 현장이다. 아베 신조 일본 총리는 이날 "**시바야마 마사히코**柴山昌彦" 자민당 총재 특보를 통해 야스쿠니 신사에 공물료를 납부했다.

시바야마 특보는 기자들에게 아베 총리로부터 참배하지 못해 죄송하다 선조들을 꼭 참배하라는 지시가 있었다고 전했다. 아베 총리가 8·15에 야스쿠니 신사에 공물貢物의 일종인 "**나마구시**(玉串: 물푸레 나뭇가지에 흰 종이를 단 것)", "**대금**代金"을 낸 것은 2012년 이후 6년 연속이다. 아베 총리는 2013년 1월 26일 야스쿠니 신사를 직접 참배해 한국과 중국은 물론 미국 등의 반발을 불러온 적이 있다."

　"**다 함께 야스쿠니를 참배하는 모임**"의 소속 여야 의원 50여 명은 야스쿠니 신사를 집단 참배했다. 대중에게 인기가 많은 "고이즈미 준이치로小泉純一郎"는 개별적으로 참배했다. 반면 아키히토 일왕은 이날 추모식에서 "과거를 돌이켜 보며 깊은 반성과 함께 앞으로 전쟁의 참화가 재차 반복되지 않기를 바란다."

며 이후 4년째 깊은 반성의 뜻을 표현했다.[208]

(참고: 『세계일보』 2018년 8월 16일 13면)

1. 일본 전 수상 아베 신조의 신상 배경

　아베 신조는 이미 일본인에게 저격당하여 고인이 되었지만 그의 수상으로서 재임 중에 한국과 한때 험악한 관계까지 갔었던 것을 우리는 기억한다. 일본 수상으로서의 재임 기간이 상당히 길었으며 따라서 그가 어떻게 성장했으며 그를 둘러싼 가정 환경에 대해서도 조명해 볼 필요가 있다.

　일본 전 수상 **아베 신조**安培晉는 1954년 9월 21일 마이니치 신문사 기자인 **아베 신타로**와 **기시 노부스케**의 외동딸 요코 사이에서 차남으로 태어났다. 아베는 초등학교부터 대학교까지 17년간 쭉 세캉학원成蹊學院이 운영하는 학교에 다녔다. 따라서 한 번도 입시 공부를 한 적이 없다. 아베의 친할아버지, 외할아버지, 아버지는 모두 도쿄대학 법학부 출신이다.

그러나 아베는 유명 대학이 아닌 **세이케이 대학** 출신이란 것에 어느 정도 콤플렉스가 있는 듯하다.

혹자는 아베가 학력 콤플렉스가 있어서 도쿄대학 출신 관료나 학벌이 좋은 정치인을 기용하지 않는다고 쑥덕거린다. 관례적으로 자민당에서는 5선 국회의원이 되면 각료로 발탁된다. 초등학교 시절 아베의 가정교사였던 **히라사와 가쓰에이**平澤勝榮는 도쿄대학 법학부 출신에다 자민당 7선 의원인데도 아베 정권에서 찬밥 신세를 면치 못하고 있다.

아베는 대학 졸업 직후 미국 남캘리포니아 대학교로 유학을 떠났다. 그의 공식 약력에도 1977년 3월 세이케이 대학 법학부 정치과 졸업, 남캘리포니아 대학 정치학과에서 2년간 유학으로 명기해왔다. 2004년 2월 **"슈칸포스트**(週刊ポスト) **일본어"**가 아베의 학력 사칭 의혹을 보도해 큰 파장을 일으켰다. 1978년 1월부터 다음해 3월까지 남캘리포니아 대학교에 다닌 것은 맞으나 1년간의 어학연수였을 뿐이고 정치학 수업은 제대로 이수하지 않았던 것이다.

이후 아베 총리는 약력 사항에서 **"남캘리포니아 정치학과 유학"** 항목을 아예 삭제해 버렸다. 현재 총리 관저의 공식 홈페이지에도 유학에 관한 내용은 한 줄도 없어서 유학 자체가 없었던 일처럼 되어 버렸다.

미국에서 귀국한 아베는 사회 경험을 쌓는다는 명목으로 1979년 4월 고베 제강소에 입사했고 3년만 남짓한 재직 기간 중 1년 동안은 뉴욕 사무소 주재원으로 지냈다. **"부모의 후광은 오래간다"**라는 일본의 속담은 아베에게 딱 맞는 것이었다. 사회 경험 삼아 입사했으니 미련을 가질 이유도 없었다. 퇴사한 후에는 아베는 그의 부친 **아베 신타로** 외무대신의 정무비서관이 되었다. 세상 물정 모르고 자란 도련님이 본격적으로 정치 세계에 발을 들여놓게 된 것이다. 아베 신타로에게는 아들 셋이 있었으나 장남은 정치에 관심이 없고 막내는 기시 집안으로 입양되었다. 차남인 "아베 신조"가 자연스럽게 "정치"라는 가업을 물려받았다.

아베 신조의 생물학적 아버지이자 정치적 아버지인 **아베 신타로**는 1949년 도쿄대학 법학부를 졸업한 후 마이니치 신문사에 입사했다. 정치부 기자로서 **"기시 노부스케"**의 사무실을 출입하던 그는 **"기시"**의 눈에 들었고 1951년 그의 사위가 되었다. 그 후 마이니치 신문사를 퇴사하고 1957년 기시 수상의 비서관이 되면서 정치가로서의 길을 걸었다.

아베 신타로는 1958년 국회의원에 첫 당선된 이래 무려 11선을 기록하며 농림상, 외상 등을 역임한 거물 정치인으로 자리를 굳혔다. **나카소네 야스히로** 내각에서 3년 8개월간 외상을 지냈는데 외빈外賓과 면담할 때면 반드시 아들을 배석시켰고 외국 방문 시에도 수행하게 해서 아베 신조가 정치와 외교를 몸에 익히도록 했다.

그는 유력한 차기 수상 후보였으나 1991년 5월 췌장암으로 급서했다. 할아버지와 아버지의 지역구를 물려받은 아베 신조는 1993년 7월 중의원 선거에서 당선됨으로써 3대 세습 정치인의 1보를 내딛게 된다. 아베 신조는 친할아버지 때부터 닦아 놓은 지역구를 물려받았지만 그가 친할아버지를 언급하는 일은 극히 드물다. 친할아버지 **아베 간安 信寬**은 1937년 총선거에서 군부에 무력한 기성정당을 비판하며 무소속으로 당선되었다. 이어서 1942년에도 **도조 히데키**東條英機 내각의 군벌주의에 반대하며 무소속으로 재선되었다.

당선 후에도 도조 내각의 군벌주의를 비판하고 전쟁 종결 운동을 전개했다. 1946년 전후 제1회 총선거에서 진보당으로 출마 준비를 하던 중,

51세의 나이에 심장마비로 급서했다. 평화주의자였던 **아베 간**은 많은 사람들로부터 존경을 받았다. 특히 야마구치 현에서는 **"쇼와의 요시다 쇼인"**이라는 칭송을 받았다.

아베 간, 아베 신타로, 아베 신조로 이어지는 가계를 보면 고개가 갸웃해지는 지점이 있다. 아베 신조는 생전의 친할아버지를 본 적이 없지만 그가 자신의 출세 가도에 도움이 되지 않는다고 판단했던 듯하다. 자신을 투쟁하는 정치가라 자처하면서도 친할아버지의 정치철학이나 투쟁에 대해서는 외면했기 때문이다.

반면에 자신은 외조부인 **"기시 노부스케"**의 DNA를 물려받았다고 강조했다. **"전쟁과 평화"**라는 양쪽의 혈통을 물려받았지만 그의 행보는 한쪽에 치우쳐 있었다. 아베는 자신의 저서 **"아름다운 일본"**에서 할아버지 "아베 간"에 대해서는 딱 3줄만 언급하고 있다. 아베 가家의 지역구는 현재의 **"야마구치 현"** 과거 조슈번長州藩이다. 1868년 메이지 유신 이후 **"조슈번"**은 폐번치현廢藩置縣 조치로 1871년 **"야마구치현"**으로 개칭되었다. 조슈번과 사쓰마번은 메이지 유신의 주역으로 조선의 국권 침탈에 앞장선 인물들을 많이 배출하였다.

아베 신조 3형제는 외할아버지 **"기시 노부시케"**로부터 **요시다 쇼인, 다카스키 신사쿠, 이토 히로부미** 등 조슈번의 무인들을 이야기를 들으며 잠이 들었다고 하고 있다.

조선의 대신들을 윽박질러 **"을사조약"**을 체결한 **"이토 히로부미"** 조선은 일본의 **"이익선"**이므로 이것이 다른 나라로부터 침범당하면 생명선生命線인 일본도 위험하다고 주장한 **"야마가타 아리토모"** 미국의 필리핀 지배와 일본의 한국 지배를 상호 승인한 **"미·일 각서"**를 교환한 일본의 **"가쓰라 다로", 조선 초대 총독이 되어 무단 통치를 한 "데라우치 마사다케", 돈으로 박정희를 만족시키면 "한·일회담"이 타결될 것이라고 말한 "기시 노부스케", 정한론의 시작인 "요시다 쇼인" 사상의 본류임을 자처한 "사토 에이사쿠", 명성황후 시해사건을 일으킨 "미우라 고로"가 모두 "야마구치 현"출신이다.

야마구치 현은 일본의 어느 현보다 많은 총리를 배출했다. 즉 **이토 히로부미, 야마가타 아리토모, 가쓰라 다로, 데라우치 마사타게, 다나카 기이치, 기시 노부스케, 사토 에이사쿠, 간 나오토, 아베 신조**로 총 9명이다. 그런데 "야마구치" 지역의 정치적 풍토를 단적으로 보여준 일례가 있어 소개하겠다. "**간 나오토**菅直人" 총리가 이른바 **한·일 병합조약** 100주년을 맞아 담화문을 발표했다.

"일본의 식민지 지배가 초래한 다대한 손해와 아픔에 대해 통절한 반성과 마음에서 우러나오는 사죄의 심정을 표명한다."

라는 내용이었다. **야마구치현**은 위의 담화문의 내용을 문제 삼아 그를 야마구치 출신의 총리 명단에서 삭제했다고 한다.

"**아베 신조**"의 극우 사상 저변에는 메이지 유신의 주역이었다는 향토적 자긍심과 **정한론**征韓論의 원조라 할 수 있는 "**요시다 쇼인**"에 대한 종교적 정념과 유사한 존경심이 깔려있다.[209]

부록

주 석

/ chapter 01 /

제1장 한국 고대사 왜곡의 진원지

1) 문정창, 『한국사의 연장 일본 고대사 인간사』, 1989, 13-14쪽.
2) 같은 책, 82쪽.
3) 나까스카 아키라 지음, 이규수 옮김, 『일본인이 본 역사속의 한국』, 川花, 2003, 30-31쪽.
4) 김인배 지음, 『역설의 한일 고대사 任那新論』, 고려원, 1995, 19쪽.
5) 李炳銑 著『任那國과 對馬島』, 東洋書院, 1992, 서문(마에카키).
6) 김석형, 『초기 조일 관계사(하)』, 사회관계사 출판사, 1988, 2-3쪽.

제2장 일본 가마쿠라鎌倉 (1185-1333)시대 이전의 한국인식

7) 미야케 히야토시 지음, 하우봉 옮김, 『역사적으로 일본인이 본 한국관』, 풀빛, 1994, 20-21쪽.
8) 같은책, 25쪽.

제3장 일본 가마쿠라鎌倉 (1185-1333)시대의 한국인식

9) 한국사 대사전 고려 출판사.
10) 미야케 히야토시 지음, 하우봉 옮김, 『역사적으로 본 한국관』, 풀빛, 1994. 40-41쪽.

제4장 일본 무로마치室町 (1336-1573) 시대의 한국인식

11) 미야케 히야토시 지음, 하우봉 옮김, 『역사적으로 본 한국관』, 풀빛, 1994. 42-43쪽.

12) 같은책, 47-50쪽.

제5장 조선 전기前期의 조선 지식인들의 일본관

13) 하우봉 지음, 『조선시대 한국인의 일본인식』, 혜안, 2006, 124-125쪽.

14) 같은책, 129-133쪽.

15) 같은책, 135-136쪽.

16) 같은책, 141-142쪽.

17) 같은책, 144-149쪽.

/ chapter 02 /

제1장 일본 도요토미 히데요시豊臣秀吉 정권의 조선 인식

18) 김희영 지음, 『이야기 일본사』, 청아 출판사, 1997, 334쪽.

19) 기타지마 만지北島萬次 지음, 김유성·이민웅 옮김, 『도요토미 히데요시 조선침략 景仁文化社』, 2008, 16쪽.

20) 국립 진주 박물관 엮음, 오만, 장원철 번역, 『프라이스의 일본사를 통해서 본 임진왜란과 도요토미 히데요시』, 부키, 2003, 163-164쪽.

21) 기타지마 만지北島萬次 지음, 김유성·이민웅 옮김, 『도요토미 히데요시 조선침략 景仁文化社』, 2008, 17-19쪽.

22) 미야케 히데토시 지음, 하우봉 옮김, 『역사적으로 본 일본인의 한국관』, 풀빛, 1994, 61-62쪽.

23) 기타지마 만지北島萬次 지음, 김유성·이민웅 옮김, 『도요토미 히데요시 조선

침략 景仁文化社』, 2008, 19쪽.
24) 같은책, 26쪽.
25) 미야케 히데토시 지음, 하우봉 옮김, 『역사적으로 본 일본인의 한국관』, 풀빛, 1994, 62-63쪽.
26) 기타지마 만지北島萬次 지음, 김유성·이민웅 옮김, 『도요토미 히데요시 조선 침략 景仁文化社』, 2008, 35쪽.
27) 같은책, 54쪽.
28) 김희영 지음, 『이야기 일본사』, 청아 출판사, 1997, 360쪽.
29) 기타지마 만지北島萬次 지음, 김유성·이민웅 옮김, 『도요토미 히데요시 조선 침략 景仁文化社』, 2008, 58쪽.
30) 같은책, 63-64쪽.
31) 같은책, 74-75쪽.
32) 같은책, 77쪽.
33) 같은책, 83-84쪽.
34) 미야케 히데토시 지음, 하우봉 옮김, 『역사적으로 본 일본인의 한국관』, 풀빛, 1994, 63-65쪽.

제2장 도요토미 히데요시 시대 조선 지식인의 일본관

35) 금병동 지음, 최혜주 옮김, 『조선인의 일본관』, 논형, 2008, 36-39쪽.
36) 박상휘 지음, 『선비 사무라이 사회를 관찰하다』, 창비, 2018, 27쪽.
37) 같은책, 32쪽.
38) 같은책, 38-39쪽.

제3장 일본 에도江戸 시대의 한국관

39) 박경희 엮음, 『연표와 사진으로 보는 일본사』, 일빛, 2011, 259쪽.
40) 旗田巍, 勁草書房, 『日本人の 朝鮮觀』, 1969, 12쪽.

41) 미야케 히데토시 지음, 하우봉 옮김, 『역사적으로 본 일본인의 한국관』, 풀빛, 1994, 86-88쪽.
42) 같은책, 90쪽.
43) 금병동 지음, 최혜주 옮김, 『조선인의 일본관』, 논형, 2008, 21-23쪽.
44) 미야케 히데토시 지음, 하우봉 옮김, 『역사적으로 본 일본인의 한국관』, 풀빛, 1994, 96쪽.
45) 같은책, 98-99쪽.
46) 금병동 지음, 최혜주 옮김, 『일본인의 조선관』, 논형, 2008, 26쪽.
47) 미아케 히데토시 지음, 하우봉 옮김, 풀빛, 1994, 104-107쪽.
48) 旗田巍 著, 李基東 譯, 『日本人의 韓國觀』, 一潮閣, 1985, 12-16쪽.
49) 미야케 히데토시 지음, 하우봉 옮김, 『역사적으로 본 일본인의 한국관』, 풀빛, 1994, 110쪽.
50) 같은책, 112쪽.
51) 같은책, 116-117쪽.
52) 같은책, 120-124쪽.
53) 같운책, 129-132쪽.
54) 같은책, 135-137쪽.
55) 池田諭 著, 『吉田松陰』, 大和書房, 2015, 67-68쪽.

제4장 일본 에도 시대 정한론征韓論

56) 미야케 히데토시 지음, 하우봉 옮김, 『역사적으로 본 일본인의 한국관』, 풀빛, 1994, 140-141쪽.
57) 旗田巍 著, 李基東 譯, 『日本人의 韓國觀』, 一潮閣, 1985, 17-18쪽.

제5장 일본 에도江戶 시대 일본 서민들이 본 한국

58) 小倉和夫 著, 『日本人の 朝鮮觀』, 日本經濟新聞社 出版社, 2016, 96-97쪽.

59) 같은책, 89-98쪽.
60) 原尻英樹, 六反田豊, 『日本人と 朝鮮 比較・交流史 入門』, 原尻英樹 六反田豊 編著, 明石書店, 2014, 111-115쪽.

제6장 일본 에도江戶 막부幕府 시대 조선 지식인의 일본관

61) 박상휘 지음, 『선비 사무라이 사회를 관찰하다』, 창비, 2018, 40-41쪽.
62) 같은책, 43쪽.
63) 하우봉 지음, 『조선시대 한국인의 일본인식』, 혜안, 2006, 160-161쪽.
64) 같은책, 173쪽.
65) 박상휘 지음, 『선비 사무라이 사회를 관찰하다』, 창비, 2018, 50-51쪽.
66) 하우봉 지음, 『조선시대 한국인의 일본인식』, 혜안, 2006, 174-176쪽.
67) 같은책, 179쪽.
68) 같은책, 187쪽.
69) 같은책, 189쪽.

/ chapter 03 /

제1장 메이지明治 시대 일본 지식인과 정치인의 한국관

70) 박경희 엮음, 『연표와 사진으로 보는 일본사』, 일빛, 2011, 379쪽.
71) 금병동 지음, 최혜주 옮김, 『일본인의 조선관』, 논형, 2008, 66쪽.
72) 미야케 히데토시 지음, 하우봉 옮김, 『역사적으로 본 일본인의 한국관』, 풀빛, 1994, 166쪽.
73) 금병동 지음, 최혜주 옮김, 『일본인의 조선관』, 논형, 2008, 71쪽.
74) 미야케 히데토시 지음, 하우봉 옮김, 『역사적으로 본 일본인의 한국관』, 풀빛, 1994, 163쪽.

75) 이기용 지음, 『정한론征韓論』, 살림 지식총서, 2015, 35-36쪽.
76) 같은책, 45-46쪽.
77) 금병동 지음, 최혜주 옮김, 『일본인의 조선관』, 논형, 2008, 77-78쪽.
78) 같은책, 81-82쪽.
79) 정일성 지음, 『후쿠자와 유키치』, 지식산업사, 2001, 243-245쪽.
80) 금병동 지음, 최혜주 옮김, 『일본인의 조선관』, 논형, 2008, 90쪽.
81) 미야케 히데토시 지음, 하우봉 옮김, 『역사적으로 본 일본인의 조선관』, 풀빛, 1994, 169-174쪽.
82) 정일성 지음, 『후쿠자와 유키치』, 지식산업사, 2001, 29-30쪽.
83) 같은책. 37-38쪽.
84) 같은책, 42-44쪽.
85) 박은숙 지음, 『김옥균, 역사의 혁명기 시대의 이단아』, 네이북스, 2011, 275-277쪽.
86) 금병동 지음, 최혜주 옮김, 『일본인의 조선관』, 논형, 2008, 120-122쪽.
87) 館野晳(編著), 『36人の 日本人 韓國・朝鮮への まなざし』, 明石書店, 2005, 16쪽.
88) 같은책, 19쪽.
89) 伊藤之雄 著, 『山縣有朋』, 文藝春秋, 2020, 192-195.
90) 최문형 지음, 『명성황후 시해의 진실을 밝힌다』, 지식산업사, 2001, 109-112쪽.
91) 정재정 지음, 『일제 침략과 한국 철도』, 서울대학교 출판부, 2004, 36-38쪽.
92) 금병동 지음, 최혜주 옮김, 『일본인의 조선관』, 논형, 2008, 194-195쪽.
93) 館野晳(編著), 『36人の 日本人 韓國・朝鮮への まなざし』, 明石書店, 2005, 70-72쪽.
94) 박환 지음, 『식민지시대 한인아나키즘 운동사』, 선인, 2005, 31쪽.
95) 『한국 민족 문화 대 백과사전』, 한국 정신 문화연구원, 19-20쪽.

96) 금병동 지음, 최혜주 옮김, 『일본인의 조선관』, 논형, 2008, 134-137쪽.
97) 최문형 지음, 『명성황후 시해의 진실을 밝힌다』, 지식산업사, 2001, 125-127쪽.
98) 같은책, 168-171쪽.
99) 井上馨 堀雅昭者 弦書居 213, 184-188쪽.
100) 이종각 지음, 『미야모토 소위 명성황후를 찌르다』, 메디치미디어, 2015, 238- 241쪽.
101) 금병동 지음, 최혜주 옮김, 『일본인의 조선관』, 논형, 2008, 158쪽.
102) 같은책, 160쪽.
103) 정일성 지음, 『이토 히로부미 알려지지 않은 이야기들』, 지식산업사, 2004, 79-80쪽.
104) 이종각 지음, 『이토 히로부미 동아일보사』, 동아일보사, 2010, 228-241쪽.
105) 이성한 지음, 이토 유키오 편저, 『한국과 이토 히로부미』, 선인, 2010, 86-92쪽.
106) 이종각 지음, 『이토 히로부미 동아일보사』, 동아일보사, 2010, 310-330쪽.
107) 舘野晳(編著), 『36人の 日本人 韓國・朝鮮への まなざし』, 明石書店, 2005, 42쪽.
108) 같은책, 44쪽.
109) 금병동 지음, 최혜주 옮김, 『일본인의 조선관』, 논형, 2008, 164-166쪽.
110) 같은책, 168-170쪽.
111) 같은책, 171-173쪽.
112) 舘野晳(編著), 『36人の 日本人 韓國・朝鮮への まなざし』, 明石書店, 2005, 28-30쪽.
113) 금병동 지음, 최혜주 옮김, 『일본인의 조선관』, 논형, 2008, 175-180쪽.
114) 舘野晳(編著), 『36人の 日本人 韓國・朝鮮への まなざし』, 明石書店, 2005, 64-68쪽.

115) 금병동 지음, 최혜주 옮김, 『일본인의 조선관』, 논형, 2008, 187-192쪽.

116) 같은책, 205-208쪽.

117) 같은책, 214-216쪽.

118) 같은책, 217-218쪽.

119) 같은책, 224-227쪽.

120) 같은책, 228-233쪽.

121) 같은책, 237-240쪽.

122) 같은책, 250-251쪽.

123) 같은책, 254-255쪽.

124) 같은책, 256-261쪽.

125) 같은책, 263-269쪽.

126) 김삼웅 지음, 『몽양 여운형 평전』, 채륜, 2015, 146-147.

제2장 메이지明治 시대 한국과 관련된 정론政論들

127) 旗田巍 著, 『日本人の朝鮮觀』, 勁草書房, 1969, 37-39.

128) 같은책, 25-29쪽.

129) 같은책, 31-35쪽.

130) 같은책, 42-45쪽.

131) 琴秉洞 著, 『朝鮮人の日本觀』, 總和社, 2002, 47-52.

132) 같은책, 53-58쪽.

133) 『한국사 대사전』, 고려 출판사, 1432쪽.

134) 琴秉洞 著, 『朝鮮人の日本觀』, 總和社, 2002, 71-74.

제4장 일본 다이쇼大正 그리고 쇼와昭和 시대 일본 정치인 또는 지식인들의 한국관

135) 금병동 지음, 최혜주 옮김, 『일본인의 조선관』, 논형, 2008, 270-272쪽.

136) 같은책, 274-275쪽.

137) 같은책, 277-279쪽.

138) 같은책, 281-283쪽.

139) 같은책, 285-291쪽.

140) 같은책, 293-299쪽.

141) 같은책, 300-302쪽.

142) 같은책, 306-308쪽.

143) 같은책, 310-312쪽.

144) 館野晳(編著),『36人 日本人 韓國・朝鮮へは まなぎし』, 明石書店, 2005, 112-113쪽.

145) 같은책, 116쪽.

146) 같은책, 118-123쪽.

147) 유미희 지음,『20세기 마지막 페미니스트 최승희』, 민속원, 2006, 114-126쪽.

148) 館野晳(編著),『36人の 日本人 韓國・朝鮮への まなざし』, 明石書店, 2005, 130-135쪽.

149) 같은책, 142-144쪽.

150) 같은책, 148-153쪽.

151) 같은책, 154-158쪽.

152) 같은책, 178-182쪽.

153) 같은책, 196-199쪽.

154) 다카하시 도루, 구인모 번역『식민지 조선인을 논하다』, 동국대학교 출판부 2010, 25-29쪽.

155) 같은책, 36-38쪽.

156) 같은책, 40-42쪽.

157) 같은책, 54쪽.

158) 같은책, 56-58쪽.

/ chapter 04 /

제1장 조선 총독부가 바라본 3·1운동

159) 高崎宗司 著, 『妄言の原形』, 木犀社, 2002, 52-54쪽.

160) 같은책, 51-56쪽.

제2장 조선 총독부가 바라본 한국관

161) 조선총독부 편저, 김문학 번역, 『조선인의 사상과 성격』, 도서 출판 지식여행, 2010, 133-139쪽.

162) 같은책, 141-147쪽.

163) 같은책, 151-153쪽.

제3장 조선에 거주했던 일본인이 본 한국관

164) 『재조일본인이 본 조선인의 심상 1』, 김효순·임다함 편역, 역락, 2016, 편역자 서문

165) 같은책, 21-22쪽.

166) 같은책, 25쪽.

167) 같은책, 31쪽.

168) 『재조일본인이 본 조선인의 심상 2』, "조선 및 조선 문예물 번역집", 김효순·송혜경 번역, 역락, 2016, 137-142쪽.

169) 같은책, 289-290쪽.

제4장 일제 강점기 조선 지식인의 일본관

170) 琴秉洞 著, 『朝鮮人の 日本觀』, 總和社, 2002, 201-203쪽.

17)1 같은책, 204-205쪽.

172) 같은책, 206-208쪽.

173) 같은책, 210쪽.

제5장 1945년 일본 패망 후 일본 좌익 잡지 세카이世界에서 보여지는 한국관

174) 한상일 지음, 『일본 지식인과 한국』, 오름, 2000, 207-208쪽.

175) 같은책, 217-219쪽.

176) 같은책, 220-221쪽.

177) 『조선일보 34면』, 2021년, 10월 27일자.

178) 한상일 지음, 『일본 지식인과 한국』, 오름, 2000, 223-225쪽.

179) 같은책, 234-239쪽.

180) 유영의 지음, 『건국 대통령 이승만』, 일조각, 2013, 173쪽.

181) 한상일 지음, 『일본 지식인과 한국』, 오름, 2000, 238-243쪽.

182) 같은책, 245-247쪽.

183) 복거일 지음, 『한반도에 드리운 중국의 그림자』, 문학과 지성사, 2010, 112쪽.

184) 한상일 지음, 『일본 지식인과 한국』, 오름, 2000, 262-263쪽.

185) 같은책, 264-265쪽.

186) 같은책, 268쪽.

187) 같은책, 271쪽.

188) 같은책, 272-274쪽.

189) 같은책, 276-277쪽.

/ chapter 05 /

제1장 일본인의 혐한론嫌韓論

190) 같은책, 342-344쪽.

191) 같은책, 346쪽.

192) 같은책, 347-348쪽.

제2장 해방 후 한국 지식인의 일본관

193) 이어령 저, 『축소지향의 일본인』, 기린원, 1986, 32-34쪽.

194) 같은책, 50쪽.

195) 같은책, 60쪽.

196) 같은책, 66-67쪽.

197) 이어령 지음, 『뜻으로 읽는 한국어 사전』, 문학사상사, 2019, 72-73쪽.

제3장 일본의 한국에 대한 혐한론嫌韓論의 새로운 등장

198) 이면찬 지음, 『한일 역전』, 서울 셀렉션, 2021, 39-46쪽.

199) 같은책, 51-52쪽.

200) 호사가 유지 지음, 『아베 그는 왜 한국을 무너뜨리려 하는가』, 지식의 숲, 2019, 44-47쪽.

201) 같은책, 71-72쪽.

제4장 일본 보수의 역사 보수 본류와 비주류

202) 같은책, 137-138쪽.

203) 같은책, 140쪽.

204) 김호섭·이면우·한상일·이원덕 지음, 『일본 우익의 연구』, 중심, 2000, 18-21쪽.

205) 호사가 유지 지음, 『아베 그는 왜 한국을 무너뜨리려 하는가』, 지식의 숲, 2019, 140쪽.

제5장 일본 전 수상 아베 신조의 한국관

206) 같은책, 172쪽.

207) 같은책, 174쪽.
208) 『세계 일보』, 2018년 8월 16일자 13면.
209) 서현섭 지음, 『일본 극우의 탄생 : 메이지 유신 이야기』, 라의눈, 발간, 2019, 345-351쪽.

참고 문헌

1. 국내자료

문정창, 『한국사의 연장 일본 고대사』, 인간사, 1989.
나카쓰카 아키라中塚明 지음, 이규수 옮김, 『일본인이 본 역사속의 한국』, 川花, 2003.
김인배 지음, 『任那新論 : 역설의 한일 고대사』, 고려원, 1995.
李炳銑, 『任那國 과 對馬島』, 東洋書院, 1992.
김석형, 『초기 조일 관계사(하)』, 사회관계사 출판사, 1988.
미야케 히야토시 지음, 하우봉 옮김, 『역사적으로 일본인이 본 한국관』, 펄빛, 1994.
하우봉, 『조선시대 한국인의 일본 인식』, 혜안, 2006.
기타지마 만지北島萬次 지음, 김유성·이민웅 옮김, 『도요토미 히데요시 조선 침략』, 景仁文化社, 2008.
『프라이스의 일본사를 통해서 본 임진왜란과 도요토미 히데요시』, 부키, 2003.
금병동·최혜주 옮김, 『조선인의 일본관』, 논형, 2008.
이기용, 『정한론征韓論』, 살림지식총서, 2015.
정일성, 『후쿠자와 유키치』, 지식산업사, 2001.
박은숙, 『김옥균, 역사의 혁명기 시대의 이단아』, 너머북스, 2011.
정재정, 『일제 침략과 한국 철도』, 서울 대학교 출판부, 2004.
박상휘, 『선비 사무라이 사회를 관찰하다』, 창비, 2018.

박환, 『식민시대 한인 아나키즘 운동사』, 선인, 2006.

최문형, 『명성황후 시해의 진실을 밝힌다』, 지식산업사, 2001.

이종각, 『미야모토 소위 명성황후를 찌르다』, 메디치미디어, 2015.

정일성, 『이토 히로부미 알려지지 않은 이야기들』, 지식산업사, 2004.

김삼웅, 『몽양 여운형 평전』, 채륜, 2015.

조선총독부 편저, 김문학 옮김, 『조선인의 사상과 성격』, 도서출판 지식여행, 2010.

김효순·임다함 편역, 『재조일본인이 본 조선인의 심상』, 역락, 2016.

유미희, 『20세기 마지막 페미니스트 최승희』, 민속원, 2006.

다카하시 지음, 구인모 번역, 『식민지 조선인을 논하다』, 동국 대학교 출판부, 2010.

한상일, 『일본 지식인과 한국』, 오름, 2000.

윤영의, 『건국 대통령 이승만』, 일조각, 2013.

복거일, 『한반도에 드리운 중국의 어두운 그림자』, 문학과 지성사 2010.

이어령, 『축소 지향의 일본인』, 기린원, 1986.

이면찬, 『일본인들이 증언하는 한일 역전』, 서울셀렉션, 2021.

호사가 유지, 『아베 그는 왜 한국을 무너뜨리려 하는가』, 지시의 숲, 2019.

김호섭·이면우·한상일·이원덕, 『일본 우익의 연구』, 중심, 2000.

서현섭, 『일본 극우의 탄생 메이지 유신 이야기』, 라의 눈, 2019.

旗田巍 지음, 이기동 역, 『일본인의 한국관』, 일조각, 1985.

시라이 사토시 지음, 정선태 옮김, 『영속 패전론』, 이숲, 2017.

나카스카 아키라 지음, 성해준 옮김, 『근대 일본의 조선인식』, 청어람 미디어, 2005.

2. 외국 자료 단행본

旗田巍 『日本人の 朝鮮觀』, 勁草書房, 1969.

池田諭, 『吉田松陰』, 大和書房, 2015.

小倉和夫, 『日本人の 朝鮮觀』, 日本經濟新聞出版社, 2016.

原尻英樹, 『日本と 朝鮮 比較·交流史 入門』, 明石書店, 2014.

堀雅昭, 『井上馨』, 弦書房, 2013.

舘野晳(編著), 『36人の 日本人 韓國·朝鮮への まなざし』, 明石書店, 2005.

高崎宗司, 『妄言の原形』, 木犀社, 2002.

琴秉洞, 『朝鮮人の 日本觀』, 總和社, 2002.

伊藤之雄 著, 『山縣有朋』, 文藝春秋, 2020.

일본인의 한국인식

인쇄 2024년 10월 25일
발행 2024년 11월 15일

편저자 장세균
발행인 서정환
펴낸곳 신아출판사
주소 서울특별시 종로구 삼일대로 32길 36(운현신화타워) 305호
전화 (063) 275-4000
팩스 (063) 274-3131
이메일 sina321@hanmail.net
출판등록 제465-1984-000004호
인쇄 · 제본 신아문예사

저작권자 ⓒ 2024, 장세균
이 책의 저작권은 편저자에게 있습니다. 서면에 의한 편저자의 허락 없이 내용의 일부를 인용하거나 발췌하는 것을 금합니다.
COPYRIGHT ⓒ 2024, by Jang Segyun
All right reserved including the rights of reproduction in whole or in part in any form.

편저자와 협의, 인지는 생략합니다.
잘못된 책은 바꿔 드립니다.

ISBN 979-11-94198-70-3 (03300)
값 20,000원

Printed in KOREA